甲骨文書籍提要（增订本）

刘一曼 韩江苏 著

图书在版编目(CIP)数据

甲骨文书籍提要:增订本/刘一曼,韩江苏著.
—上海:上海古籍出版社,2017.11
ISBN 978-7-5325-8391-1

Ⅰ.①甲… Ⅱ.①刘… ②韩… Ⅲ.①甲骨文-古籍-图书目录-中国 Ⅳ.①Z838

中国版本图书馆CIP数据核字(2017)第051249号

甲骨文书籍提要(增订本)

刘一曼 韩江苏 著
上海古籍出版社 出版发行
(上海瑞金二路272号 邮政编码200020)
(1)网址:www.guji.com.cn
(2)E-mail:gujil@guji.com.cn
(3)易文网网址:www.ewen.co
浙江临安曙光印刷有限公司印刷
开本787×1092 1/16 印张22.25 插页12 字数460,000
2017年11月第1版 2017年11月第1次印刷
印数1—2,100
ISBN 978-7-5325-8391-1
K·2307 定价:88.00元
如有质量问题,请与承印公司联系

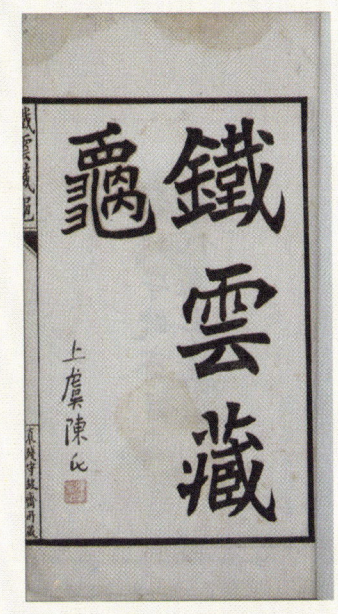

1.《铁云藏龟》 2.《铁云藏龟》（扉页）
3.《国学丛刊》第一、二、三册 4.《殷虚书契》卷一
（刊于《国学丛刊》第一册）

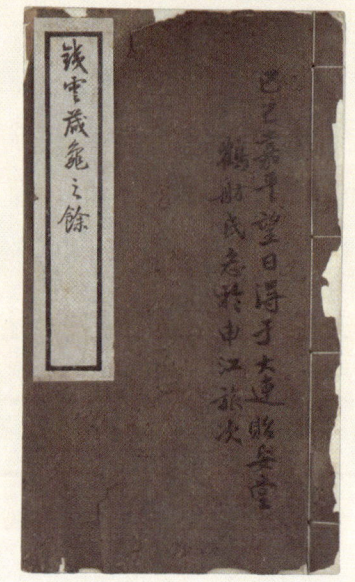

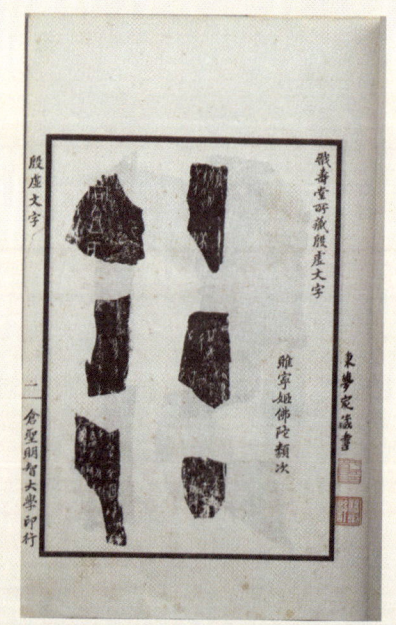

1.《殷虚书契菁华》

2.《铁云藏龟之余》

3.《戬寿堂所藏殷虚文字》
（第二册 考释）

4.《戬寿堂所藏殷虚文字》（首页）

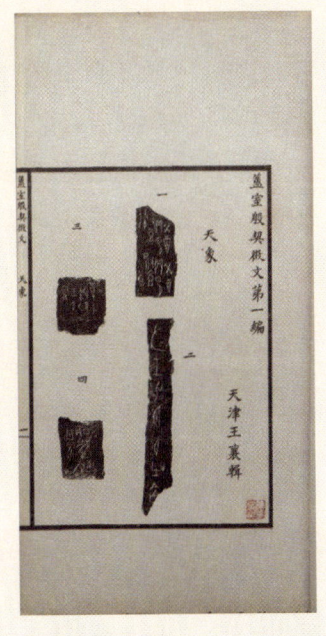

1.《簠室殷契徵文》　　　　　2.《簠室殷契徵文》（首页）
3.《卜辞通纂》　　　　　　　4.《库方二氏藏甲骨卜辞》

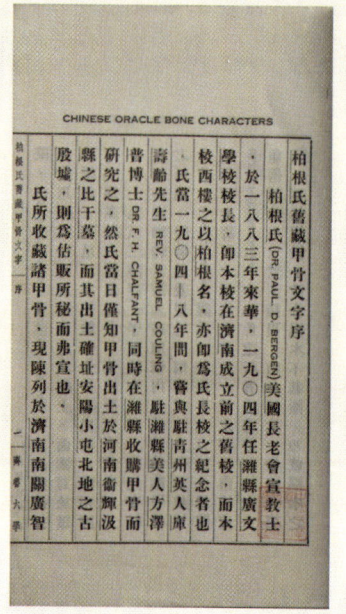

1.《柏根氏旧藏甲骨文字》（首页） 2.《殷契萃编》
3.《殷契遗珠》 4.《殷契遗珠》（扉页）

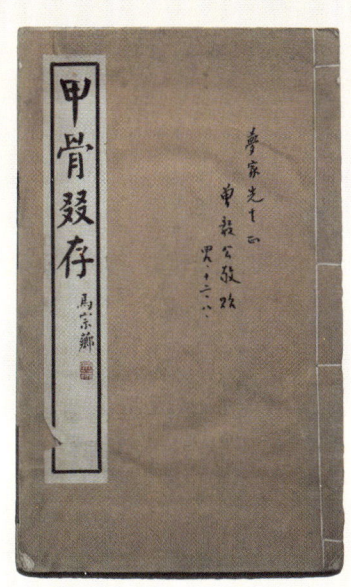

1.《铁云藏龟零拾》 2.《诚斋殷虚文字》
3.《甲骨叕存》 4.《甲骨叕存》(首页)

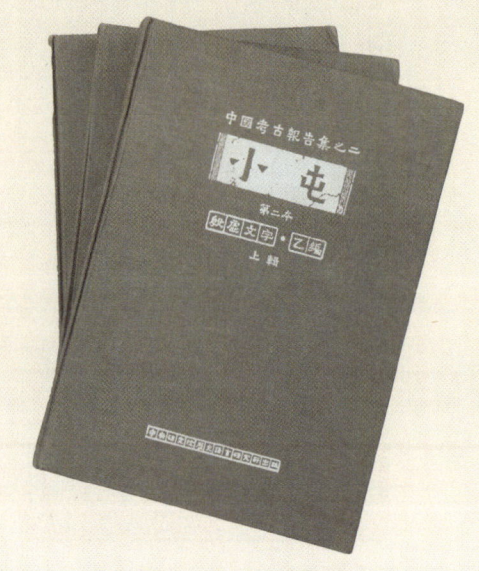

1.《殷虚文字甲编》　　　　　　2.《殷虚文字乙编》
3.《殷虚文字丙编》　　　　　　4.《殷虚文字乙编补遗》

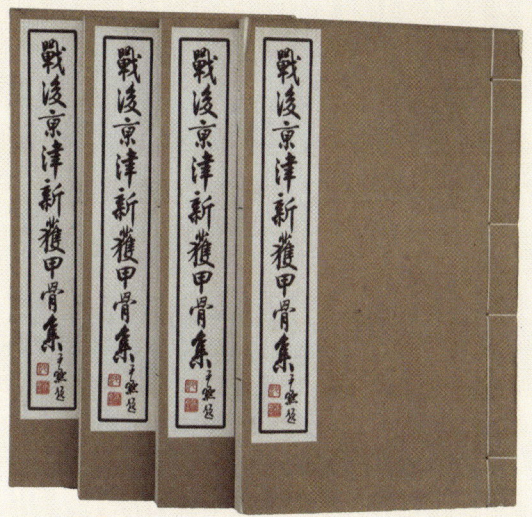
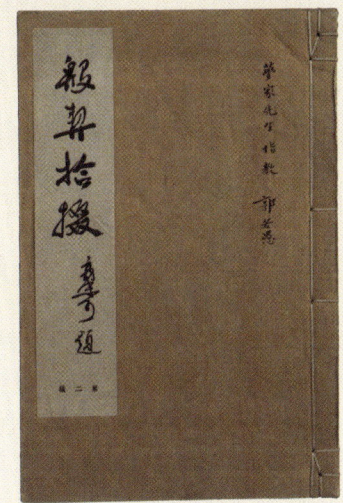

1.《战后京津新获甲骨集》 2.《殷契拾掇》二编
3.《殷契摭佚续编》 4.《甲骨续存》

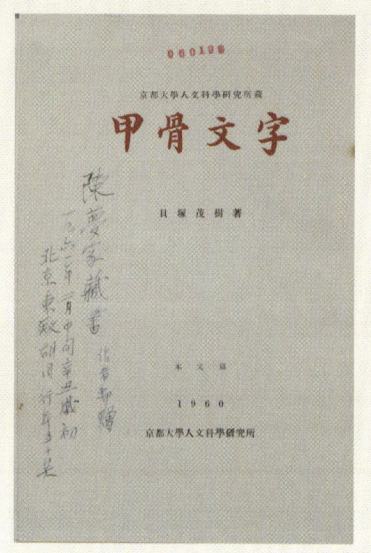 

 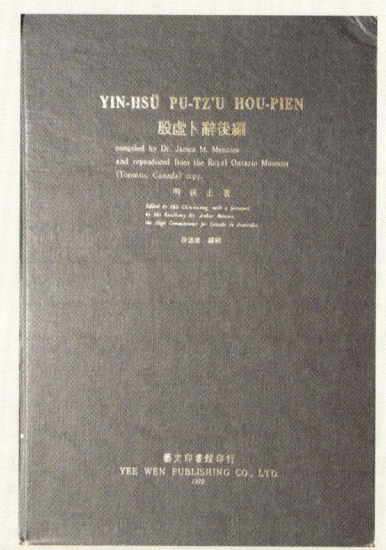

1.《京都大学人文科学研究所藏甲骨文字》（扉页）

2.《京都大学人文科学研究所藏甲骨文字》图版篇与释文篇

3.《美国所藏甲骨录》

4.《殷虚卜辞后编》

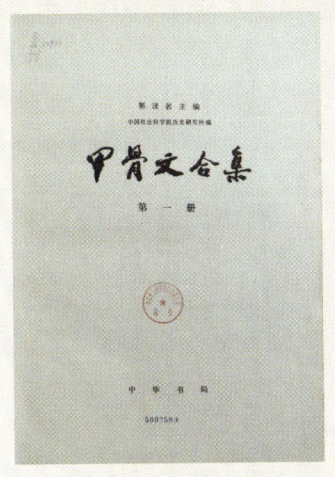

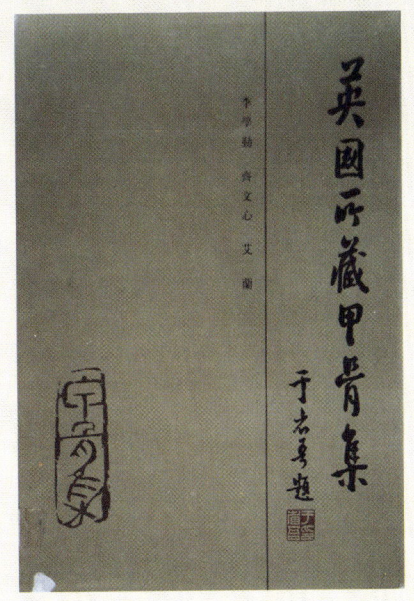

1.《甲骨文合集》第一册（扉页）　　2.《甲骨文合集》
3.《英国所藏甲骨集》（上、下编）　　4.《英国所藏甲骨集》（上编）

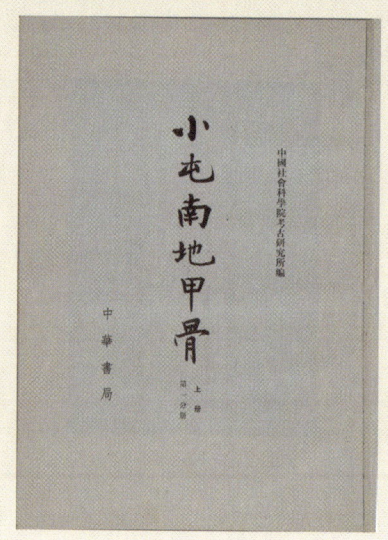

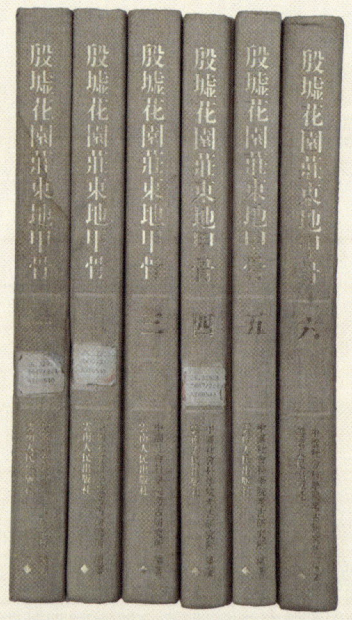
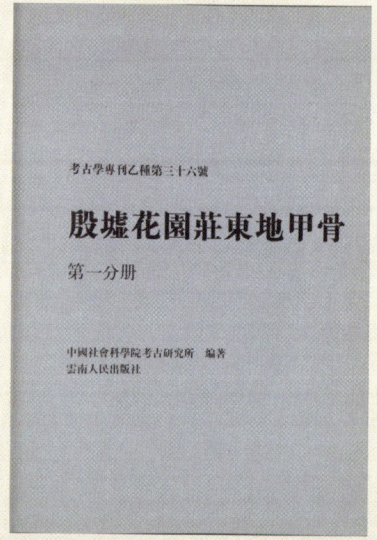

1.《小屯南地甲骨》上册第一分册（扉页）
2.《小屯南地甲骨》（上、下册）
3.《殷墟花园庄东地甲骨》（全六册）
4.《殷墟花园庄东地甲骨》（第一分册）

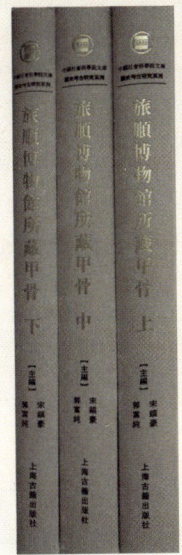

1.《甲骨文合集补编》

2.《中国社会科学院历史研究所藏甲骨集》

3.《旅顺博物馆所藏甲骨》（上、中、下册）

4.《旅顺博物馆所藏甲骨》（上册）

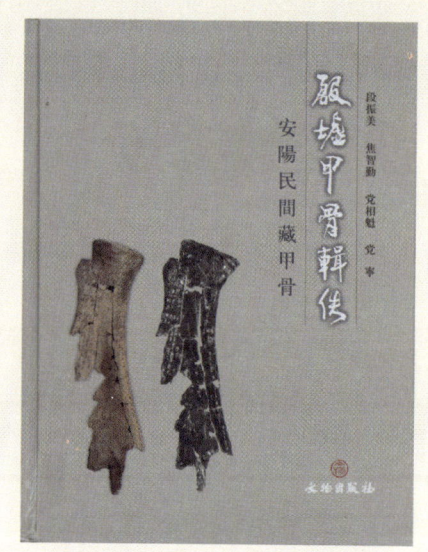
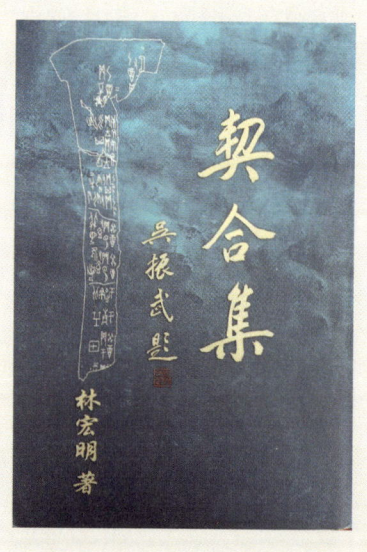

1.《甲骨拼合集》

2.《殷墟甲骨辑佚》

3.《契合集》

4.《甲骨缀合集》、《甲骨缀合续集》、《甲骨缀合汇编》

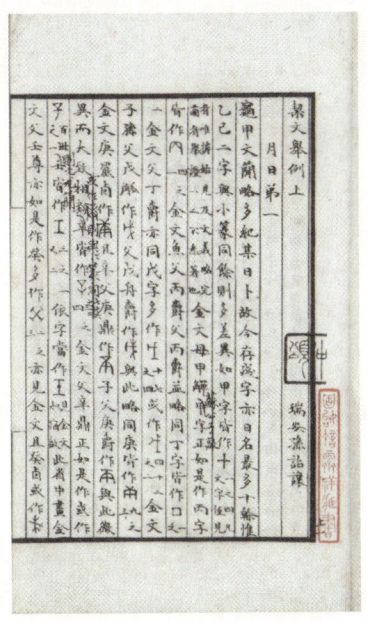
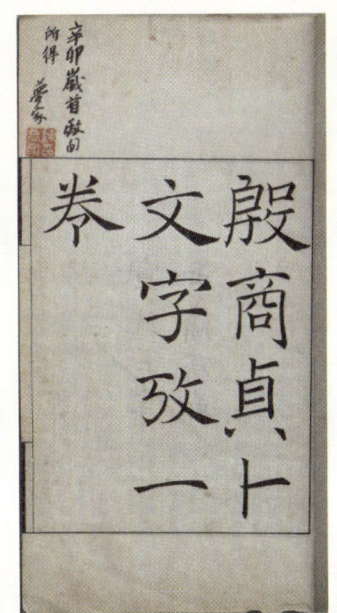

1.《殷墟小屯村中村南甲骨》 2.《周原甲骨文》
3.《契文举例》（首页） 4.《殷商贞卜文字考》（扉页）

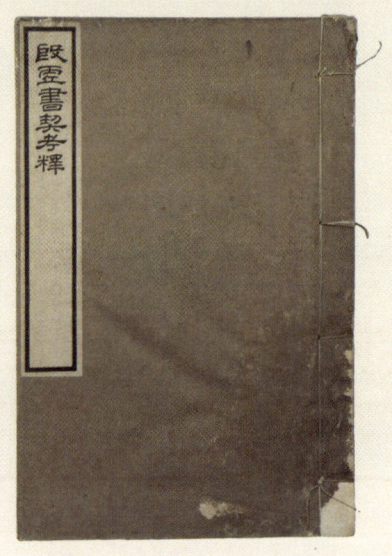

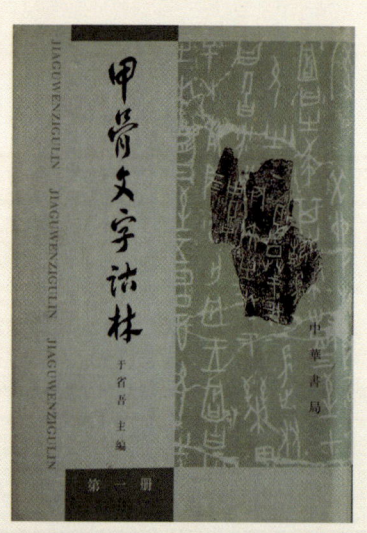

1.《殷虚书契考释》　　　　　　　2.罗振玉像(《殷虚书契考释》封内)
3.《甲骨文字诂林》(第一册)　　　4.《甲骨文字诂林》(全四册)

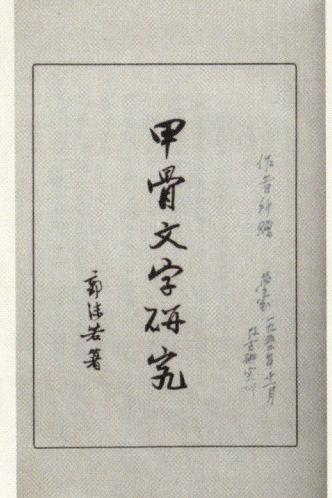
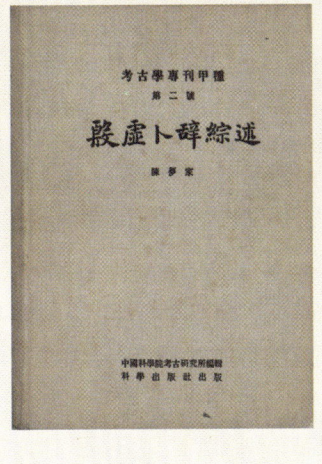

1.《甲骨文字集释》

2.《甲骨文字研究》

3.《殷虚卜辞综述》

4.《甲骨学商史论丛》初集、二集，《甲骨文录》

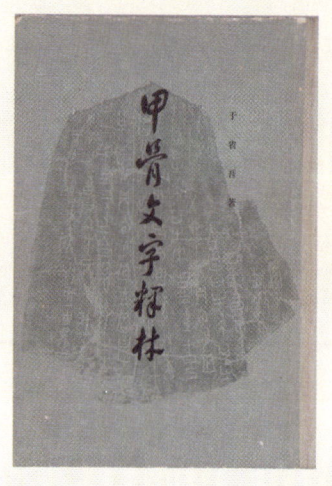

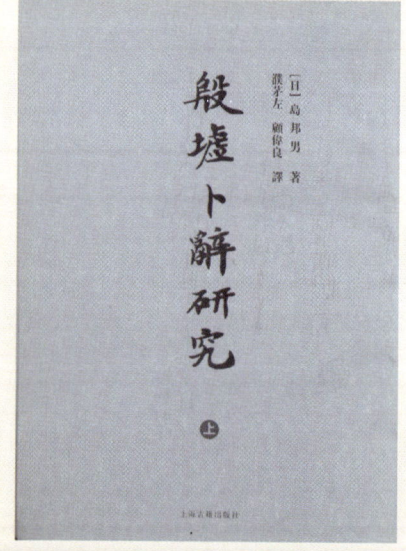

1.《甲骨文字释林》 2.《殷代贞卜人物通考》
3.《甲骨上钻凿形态的研究》 4.《殷墟卜辞研究》

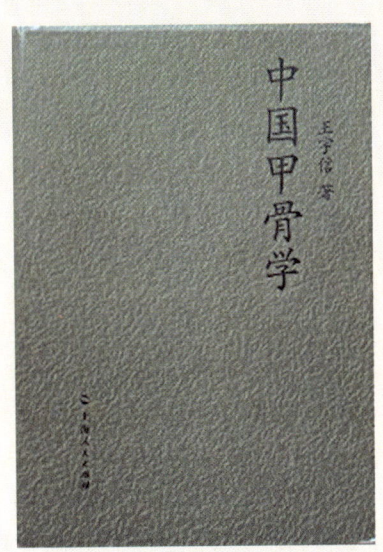

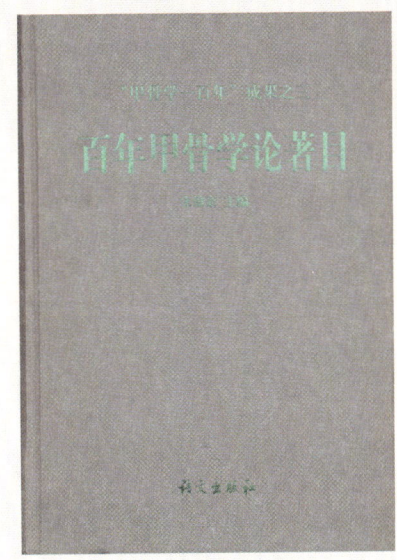

1.《甲骨文与甲骨学》 2.《中国甲骨学》
3.《甲骨学一百年》 4.《百年甲骨学论著目》

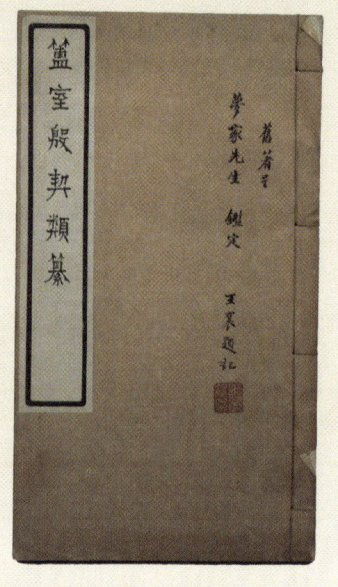
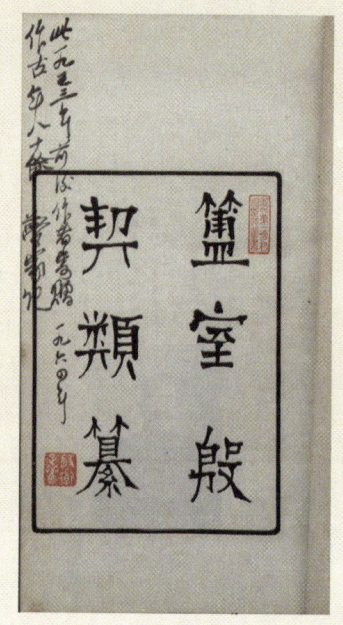

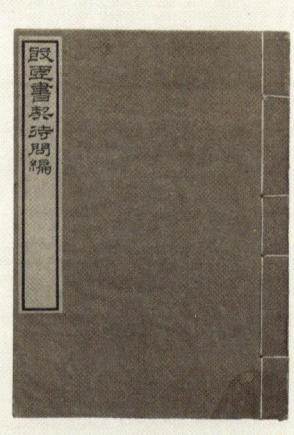

1.《簠室殷契类纂》　　　　　　2.《簠室殷契类纂》（扉页）
3.《甲骨文编》　　　　　　　　4.《殷虚书契待问编》

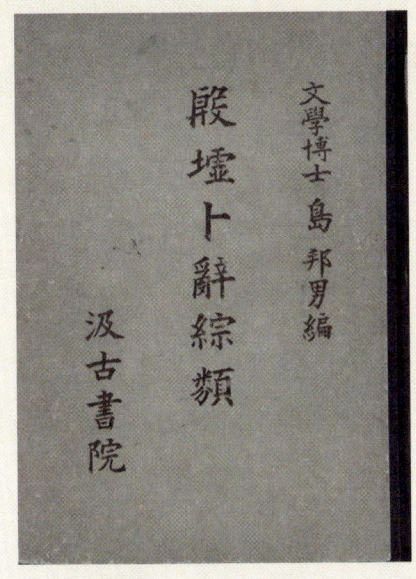

1.《殷墟卜辞综类》   2.《殷虚文字丙编通检》
3.《甲骨文字字释综览》   4.《甲骨文字编》(全四册)

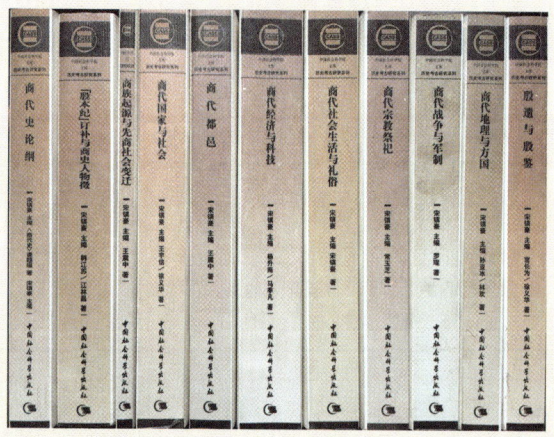

1.《甲骨年表》（扉页）　　　　　2.《殷墟甲骨刻辞类纂》
3.《商代史》　　　　　　　　　　4.《商代史》卷一

出 版 说 明

《甲骨文书籍提要》(原书名为《北京图书馆藏甲骨文书籍提要》)一书于1988年6月由书目文献出版社出版,编著者刘一曼、郭振录、徐自强。该书对1903—1984年以来的两百多种甲骨文书籍(包括少量文章)作了扼要的介绍。二十多年来,为不少甲骨文著述所引用。唯该书出版有年,早已售罄,但求书者不绝。故我社与原书编者商议,对该书加以修订,并补充1985年至2015年的甲骨文书籍。增订版由初版的32开本改为16开本,还增加了甲骨文书籍封面照片近百幅。

上海古籍出版社
二〇一七年十一月

目　　录

序 .... 刘起釪　1
前言(增订本) .... 刘一曼　1
前言(初版本) .... 刘一曼、郭振录、徐自强　1
略例 1

一、著　　录

1. 铁云藏龟 3
2. 殷虚书契(即《殷虚书契前编》) 3
3. 殷虚书契菁华 4
4. 铁云藏龟之余 5
5. 殷虚书契后编 5
6. 殷虚古器物图录 6
7. 殷虚卜辞(Oracle Records from the Waste of Yin) 6
8. 戬寿堂所藏殷虚文字 6
9. 龟甲兽骨文字 7
10. 铁云藏龟拾遗 8
11. 簠室殷契征文 8
12. 新获卜辞写本 9
13. 传古别录第二集 10
14. 殷虚文字存真 10
15. 书道全集第一卷 10
16. 周汉遗宝 11
17. 福氏所藏甲骨文字 11
18. 殷契卜辞 12
19. 卜辞通纂 12

20. 甲骨文 13
21. 殷虚书契续编 14
22. 殷契佚存 14
23. 邺中片羽 15
24. 衡斋金石识小录 16
25. 库方二氏藏甲骨卜辞（*The Couling—Chalfant Collection of Inscribed Oracle Bone*） 16
26. 柏根氏旧藏甲骨文字（*Bergen Collection of the Inscribed Bone*） 17
27. 殷契粹编 17
28. 甲骨文录 18
29. 甲骨卜辞七集（*Seven Collections of Inscribed Oracle Bone*） 19
30. 天壤阁甲骨文存 19
31. 殷契遗珠 20
32. 铁云藏龟零拾 21
33. 甲骨叕存 21
34. 金璋所藏甲骨卜辞（*Hopkins Collection of the Inscribed Oracle Bone*） 22
35. 诚斋殷虚文字 22
36. 中央大学史学系所藏甲骨文字 23
37. 双剑誃古器物图录 23
38. 河南安阳遗宝 23
39. 殷契摭佚 24
40. 甲骨六录 24
41. 战后平津新获甲骨集 25
42. 龟卜 26
43. 殷虚文字甲编 26
44. 殷虚文字乙编 27
45. 甲骨缀合编 28
46. 殷契摭佚续编 28
47. 战后宁沪新获甲骨集 29
48. 殷契拾掇 29
49. 战后南北所见甲骨录 30
50. 殷契拾掇二编 31
51. 台湾大学所藏甲骨文字 32
52. 战后京津新获甲骨集 32

目 录

53. 钞本武乙卜辞十一版	33
54. 殷虚文字缀合	33
55. 甲骨续存	34
56. 殷虚文字外编	34
57. 日本所见甲骨录	35
58. 巴黎所见甲骨录	35
59. 汉城大学所藏大胛骨刻辞考释	36
60. 殷虚文字丙编	36
61. 郑州二里冈	37
62. 中国书谱殷商编	38
63. 海外甲骨录遗	38
64. 京都大学人文科学研究所藏甲骨文字	38
65. 日本散见甲骨文字搜汇	39
66. 甲骨文零拾	41
67. 本系所藏甲骨文字	41
68. 故小川睦之辅氏藏甲骨文字	41
69. "国立中央图书馆"所藏甲骨文字	42
70. 大原美术馆所藏甲骨文字	42
71. 东莞邓氏旧藏甲骨	42
72. 欧美亚所见甲骨录存	42
73. 北美所见甲骨选粹	43
74. 藤井有邻馆所藏甲骨文字	43
75. 明义士收藏甲骨文字	43
76. 殷虚卜辞后编	44
77. 美国纳尔森美术馆藏甲骨刻辞考释	45
78. 辅仁大学所藏甲骨文字——明义士先生藏拓本	45
79. 介绍一片伐人方的卜辞	46
80. 甲骨集成·第一集	46
81. 甲骨缀合新编	47
82. 铁云藏龟新编	47
83. 美国所藏甲骨录	48
84. 日本所见甲骨录	49
85. 甲骨文合集	49
86. 东洋文库所藏甲骨文字	51

87. 怀特氏等收藏甲骨文集	52
88. 谢氏瓠庐殷墟遗文	53
89. 北京大学国学门藏殷虚文字考释	53
90. 小屯南地甲骨（上册）	54
91. 甲骨文选读	55
92. 东京大学东洋文化研究所藏甲骨文字·图版篇	56
93. 法国所藏甲骨录	57
94. 英国所藏甲骨集（上编）	58
95. 天理大学附属天理参考馆甲骨文字	59
96. 苏德美日所见甲骨集	59
97. 殷虚文字乙编补遗	60
98. 甲骨续存补编	61
99. 中岛玉振旧藏甲骨片	61
100. 德瑞荷比所藏一些甲骨录	62
101. 山东省博物馆珍藏甲骨墨拓集	62
102. 甲骨文合集补编	63
103. 瑞典斯德哥尔摩远东古物博物馆藏甲骨文字	64
104. 河南省运台古物甲骨文专集	65
105. 周原甲骨文	65
106. 殷墟花园庄东地甲骨	66
107. 洹宝斋所藏甲骨	68
108. 中国国家博物馆藏文物研究丛书·甲骨卷	68
109. 殷墟甲骨辑佚——安阳民间藏甲骨	69
110. 北京大学珍藏甲骨文字	70
111. 上海博物馆藏甲骨文字	70
112. 史语所购藏甲骨集	71
113. 云间朱孔阳藏戬寿堂殷虚文字旧拓	72
114. 张世放所藏殷墟甲骨集	72
115. 中国社会科学院历史研究所藏甲骨集	73
116. 殷墟小屯村中村南甲骨	74
117. 俄罗斯国立爱米塔什博物馆藏殷墟甲骨	75
118. 旅顺博物馆所藏甲骨	76
119. 甲骨缀合集	76
120. 甲骨缀合续集	77

121. 甲骨缀合汇编 ············ 78
122. 甲骨拼合集 ············ 78
123. 甲骨拼合续集 ············ 79
124. 甲骨拼合三集 ············ 79
125. 醉古集——甲骨的缀合与研究 ············ 80
126. 契合集 ············ 81
127. 卡内基博物馆所藏甲骨研究 ············ 81
128. 殷虚书契四编 ············ 82

二、考　释

129. 契文举例 ············ 85
130. 殷商贞卜文字考 ············ 85
131. 殷虚书契考释 ············ 86
132. 殷虚书契补释 ············ 87
133. 殷虚书契考释小笺 ············ 87
134. 大龟四版考释 ············ 88
135. 殷虚文字存真第一集考释 ············ 89
136. 释后冈出土的一片卜辞 ············ 89
137. 殷虚书契前编集释 ············ 90
138. 殷虚书契解诂 ············ 90
139. 安阳侯家庄出土之甲骨文字 ············ 90
140. 京都大学人文科学研究所藏甲骨文字释文篇 ············ 91
141. 殷虚文字甲编考释 ············ 92
142. 殷周文字释丛 ············ 93
143. 吉林大学所藏甲骨文字选释 ············ 93
144. 甲骨文字集释 ············ 94
145. 安阳新出土的牛胛骨及其刻辞 ············ 95
146. 临淄孙氏旧藏甲骨文字考辨 ············ 95
147. 明义士收藏甲骨释文篇 ············ 96
148. 释流散到德国的一片卜辞 ············ 96
149. 甲骨文字考释 ············ 97
150. 记故宫博物院新收的两片甲骨卜辞 ············ 97
151. 小屯南地甲骨（下册） ············ 97

152. 小屯南地甲骨考释 ……………………………………………… 98
153. 甲骨文选注 ……………………………………………………… 99
154. 英国所藏甲骨集（下编） ……………………………………… 99
155. 甲骨文精粹释译 ………………………………………………… 100
156. 甲骨文字诂林 …………………………………………………… 101
157. 甲骨文合集释文 ………………………………………………… 102
158. 西周甲文注 ……………………………………………………… 103
159. 甲骨文金文释林 ………………………………………………… 103
160. 甲骨文校释总集（全二十卷） ………………………………… 104
161.《洹宝斋所藏甲骨》释读 ……………………………………… 105

三、研　　究

162. 名原 ……………………………………………………………… 109
163. 殷卜辞中所见先公先王考、殷卜辞中所见先公先王续考 …… 109
164. 殷周制度论 ……………………………………………………… 110
165. 文源 ……………………………………………………………… 111
166. 殷契钩沉 ………………………………………………………… 111
167. 挈契枝谭 ………………………………………………………… 112
168. 说契 ……………………………………………………………… 112
169. 古史新证 ………………………………………………………… 113
170. 殷礼征文 ………………………………………………………… 113
171. 殷契拾遗 ………………………………………………………… 114
172. 殷虚薶契考 ……………………………………………………… 114
173. 甲骨文例 ………………………………………………………… 115
174. 商代龟卜之推测 ………………………………………………… 116
175. 殷契说存 ………………………………………………………… 116
176. 殷契辨疑 ………………………………………………………… 116
177. 卜辞中的古代社会 ……………………………………………… 117
178. 殷契剩义 ………………………………………………………… 117
179. 甲骨文字研究 …………………………………………………… 118
180. 甲骨文字研究——今后怎样研治甲骨文 …………………… 118
181. 龟甲文字概论 …………………………………………………… 119
182. 殷契通释 ………………………………………………………… 120

目 录

- 183. 甲骨文断代研究例 120
- 184. 殷契余论 122
- 185. 殷契琐言 122
- 186. 甲骨文字与殷商制度 123
- 187. 殷虚文字记 123
- 188. 甲骨学商史编 123
- 189. 殷虚卜辞讲话 124
- 190. 古文字学导论 125
- 191. 卜辞时代的文学和卜辞文学 126
- 192. 骨文例 126
- 193. 商王名号考 127
- 194. 卜辞杂例 128
- 195. 双剑誃殷契骈枝 128
- 196. 卜辞研究 129
- 197. 甲骨学商史论丛初集 129
- 198. 奭字解 130
- 199. 甲骨学商史论丛二集 131
- 200. 殷历谱 132
- 201. 闻一多全集第二册 133
- 202. 古代研究的史料问题 133
- 203. 五十年甲骨文发现的总结 134
- 204. 甲骨学 134
- 205. 殷虚甲骨刻辞的语法研究 135
- 206. 积微居甲文说·卜辞琐记 136
- 207. 耐林庼甲文说·卜辞求义 136
- 208. 殷墟发掘 137
- 209. 殷代社会生活 137
- 210. 甲骨学五十年 138
- 211. 续殷历谱 138
- 212. 殷虚卜辞综述 139
- 213. 甲骨文所见氏族及其制度 140
- 214. 古史零证 141
- 215. 古代殷帝国 141
- 216. 商殷帝王本纪 142

217. 古史考存	143
218. 殷虚卜辞研究	143
219. 殷代地理简论	144
220. 殷代社会史料征存	145
221. 殷代贞卜人物通考	146
222. 商周史料考证	146
223. 商王庙号新考	147
224. 关于殷墟卜辞中的田猎地——从另方面研究殷代国家构造	148
225. 殷墟	148
226. 安阳殷墟	149
227. 甲骨学六十年	149
228. 殷卜辞中五种祭祀的研究	150
229. 薇顾甲骨文原	150
230. 甲骨文的世界——古代殷王朝的构造	151
231. 卜辞裒田及其相关诸问题	152
232. 卜骨上的凿钻形态	152
233. 董作宾先生全集	153
234. 甲骨学	153
235. 董作宾先生逝世十四周年纪念刊	154
236. 商代史料——中国青铜时代的甲骨文	154
237. 甲骨上钻凿形态的研究	155
238. 中国古代再发现	156
239. 甲骨文字释林	156
240. 文字源流浅说——释例篇	157
241. 说文部首——附简释	157
242. 甲骨文史话	158
243. 殷墟甲骨文简述	158
244. 建国以来甲骨文研究	159
245. 甲骨断代问题	159
246. 说文中之古文考	160
247. 殷墟卜辞研究——科学技术篇	160
248. 古文字学	162
249. 西周甲骨探论	162

目 录

250. 小屯第一本·遗址的发现与发掘丁编·甲骨坑层之一——一次至九次出土甲骨(上、下册) ……… 163
251. 中国甲骨学史 ……… 164
252. 古文字研究简论 ……… 165
253. 甲骨文简论 ……… 165
254. 商代周祭制度 ……… 166
255. 商史探微 ……… 167
256. 文字学概要 ……… 167
257. 甲骨文与甲骨学 ……… 168
258. 甲骨学通论 ……… 169
259. 商周古文字读本 ……… 170
260. 殷商卜辞地理论丛 ……… 171
261. 商周制度考信 ……… 171
262. 殷墟甲骨文字通释稿 ……… 172
263. 商周家族形态研究 ……… 172
264. 小屯第一本·遗址的发现与发掘丁编·甲骨坑层之二——十三次至十五次出土甲骨 ……… 174
265. 殷墟卜辞断代研究 ……… 175
266. 龟之谜——商代神话、祭祀、艺术和宇宙观研究 ……… 175
267. 古文字论集 ……… 176
268. 商代经济史 ……… 177
269. 殷墟甲骨卜辞语序研究 ……… 177
270. 甲骨文字学纲要 ……… 178
271. 殷商社会生活史 ……… 178
272. 殷墟妇好墓铭文研究 ……… 179
273. 殷墟甲骨断代 ……… 180
274. 商代地理概论 ……… 180
275. 夏商社会生活史 ……… 181
276. 殷墟的发现与研究 ……… 182
277. 甲骨研究 ……… 183
278. 早期奴隶制社会比较研究 ……… 183
279. 殷墟甲骨分期研究 ……… 184
280. 甲骨文农业资料考辨与研究 ……… 185

281. 殷商历法研究 186
282. 商周文化志 186
283. 殷墟第三四期甲骨断代研究 187
284. 商代文明 187
285. 甲骨文自然分类法简编 188
286. 甲骨文书法艺术 189
287. 甲骨学一百年 189
288. 甲骨文字学述要 191
289. 明义士和他的藏品 191
290. 甲骨文与商代文化 192
291. 巫史重光——殷墟甲骨发现记 192
292. 甲骨文语法学 193
293. 甲骨文解谜 194
294. 甲骨文讲疏 194
295. 中国古代王朝的形成——以出土资料为主的殷周史研究 195
296. 殷商史 195
297. 甲骨文例研究 196
298. 甲骨文字根研究 197
299. 古文字与商周史新证 197
300. 商代分封制度研究 198
301. 商周祭祖礼研究 198
302. 汉字书法通解·甲骨文 199
303. 殷墟花园庄东地甲骨卜辞研究 200
304. 甲骨学殷商史研究 200
305. 商周甲骨文 201
306. 中国文字学 202
307. 殷墟花园庄东地甲骨卜辞的初步研究 203
308. 殷墟甲骨非王卜辞研究 203
309. 殷商甲骨文形义关系研究 204
310. 殷墟甲骨学 204
311. 殷墟花东H3卜辞主人"子"研究 205
312. 殷墟甲骨文人名与断代的初步研究 206
313. 先秦社会思想研究 207

目 录

314. 商周姓氏制度研究	207
315. 商族的起源、迁徙与发展	208
316. 殷墟王卜辞的分类与断代	209
317. 甲骨文与殷商人祭	209
318. 走近甲骨学大师董作宾	210
319. 甲骨文医学资料释文考辨与研究	211
320. 甲骨文字研究	211
321. 殷虚书契考释原稿信札	212
322. 当甲骨遇上考古——导览YH127坑	212
323. 殷墟花园庄东地甲骨论稿	213
324. 商周甲骨文——中国书法全集第1卷	213
325. 中国甲骨学	214
326. 图说殷墟甲骨文	215
327. 殷墟甲骨文五种记事刻辞研究	216
328. 殷商甲骨文研究	216
329. 殷卜辞先王称谓综论	217
330. 古文字形体考古研究	218
331. 甲骨学导论	218
332. 甲骨文图解——汉字溯源	219
333. 商代史	219
334. 甲骨文字源流简释	223
335. 甲骨文的由来与发展	224
336. 殷墟YH127坑甲骨卜辞研究	224
337. 先秦卜法研究	225
338. 殷契释亲——论商代的亲属称谓及组织制度	226
339. 百年来甲骨文天文历法研究	226
340. 宾组甲骨文字体分类研究	227
341. 殷墟考古发掘与甲骨文研究	228
342. 中国最早的历史空间舞台——甲骨文地名体系概述	229
343. 颜色与祭祀——中国古代文化中颜色涵义探幽	229
344. 安徽大学汉语言文字研究丛书——高岛谦一卷	230
345. 商代青铜器铭文研究	230
346. 殷代商王国政治地理结构研究	231

347. 殷墟YH127坑宾组甲骨新研 ………………………………… 232
348. 殷墟花东H3甲骨刻辞所见人物研究 …………………… 232
349. 甲骨文字形类组差异现象研究 …………………………… 233
350. 凿破鸿蒙：纪念董作宾逝世五十周年 …………………… 233
351. 新中国甲骨学六十年 ……………………………………… 234
352. 甲骨文与殷商时代神灵崇拜研究 ………………………… 235
353. 殷墟花园庄东地甲骨文例研究 …………………………… 235
354. 殷墟村南系列甲骨卜辞整理与研究 ……………………… 236
355. 殷墟甲骨文宾语语序研究 ………………………………… 237
356. 甲骨文与民族传统体育因素研究 ………………………… 237
357. 甲骨文书法探微 …………………………………………… 238

四、汇　集（字书、诗联、目录、索引、年表）

358. 殷虚书契待问编 …………………………………………… 241
359. 簠室殷契类纂 ……………………………………………… 241
360. 殷虚文字类编 ……………………………………………… 242
361. 集殷虚文字楹帖汇编 ……………………………………… 243
362. 殷契书录 …………………………………………………… 243
363. 甲骨类目 …………………………………………………… 243
364. 甲骨学文字编 ……………………………………………… 244
365. 甲骨文编 …………………………………………………… 245
366. 甲骨书录解题 ……………………………………………… 246
367. 古籀汇编 …………………………………………………… 246
368. 甲骨集古诗联·上编 ……………………………………… 247
369. 甲骨年表 …………………………………………………… 247
370. 甲骨地名通检 ……………………………………………… 247
371. 集契集 ……………………………………………………… 248
372. 五十年甲骨学论著目 ……………………………………… 248
373. 续甲骨文编 ………………………………………………… 249
374. 殷墟卜辞综类 ……………………………………………… 250
375. 京都大学人文科学研究所藏甲骨文字索引 …………… 251
376. 集契汇编 …………………………………………………… 251

377. 甲骨关系文献序跋辑成 ... 251
378. 汉语古文字字形表 ... 252
379. 古文字类编 ... 253
380. 殷虚文字丙编通检 ... 254
381. 甲骨文集句简释 ... 255
382. 龟甲兽骨文字集联 ... 255
383. 甲骨学小词典、甲骨学词典 ... 256
384. 甲骨文简明词典——卜辞分类读本 ... 256
385. 殷墟甲骨刻辞摹释总集 ... 257
386. 殷墟甲骨刻辞类纂 ... 257
387. 甲骨文字典 ... 258
388. 新编甲骨文字典 ... 259
389. 甲骨文虚词词典 ... 259
390. 甲骨文字字释综览 ... 260
391. 百年甲骨学论著目 ... 261
392. 甲骨文合集材料来源表 ... 261
393. 新编甲骨文字形总表 ... 262
394. 殷墟甲骨刻辞摹释总集校订 ... 262
395. 甲骨文合集分组分类总表 ... 263
396. 殷墟甲骨文实用词典 ... 263
397. 新甲骨文编 ... 264
398. 甲骨文字编 ... 264
399. 甲骨文献集成 ... 265
400. 甲骨文研究资料汇编 ... 266
401. 殷墟花园庄东地甲骨刻辞类纂 ... 267

五、其　他

402. 五十日梦痕录 ... 271
403. 安阳发掘报告 ... 271
404. 甲骨文字理惑 ... 272
405. 洹洛访古记 ... 272
406. 殷虚书契续编校记 ... 273

407. 甲骨文辩证(上卷) …………………………………………………………… 274
408. 甲骨文之父——王懿荣 …………………………………………………… 274
409. 罗振玉评传 …………………………………………………………………… 275
410. 灿烂的殷商文化 ……………………………………………………………… 275

后记 ……………………………………………………………………………………… 277
再版后记 ………………………………………………………………………………… 278

六、附　　录

附录一：甲骨文书籍编年简目(1903—2015) ……………………………………… 281
附录二：著者索引 ……………………………………………………………………… 311
附录三：甲骨文书名通用简称 ………………………………………………………… 325

序

我国古代历史早期的夏、商、周三代，只有不多的文献史料可供研究。因此，在孔子时已有"文献不足"的感叹，至于实物资料就更谈不到了。

值得庆幸的是，清末光绪年间以后，各地陆续出土很多文物史料。金毓黻先生的《中国史学史》最后一章说："近四五十年内所发现之史料，其最有价值者凡六：一曰殷墟之甲骨文字，二曰敦煌及西域各地之汉晋简牍，三曰敦煌石室之六朝唐人所书卷轴，四曰内阁大库之书籍档案，五曰古代汉族以外之各族文字，六曰各地之古金文字。"其中对三代历史关系最大的是甲骨文与金文二项。但金文自汉宋以来就有零星发现，到这时虽发现增多，仍然是分散的，不是系统的。只有安阳殷墟甲骨文的发现，才是最集中、最大量的，而且是商王朝统治中心地区的文物，是足以使中国古代历史研究起划时代变化的重要发现。

可以毫不夸张地说：自从有了甲骨文的发现和甲骨学，才使中国古代史研究能真正臻于科学研究。

在甲骨学的初期，已有孙诒让根据甲骨金文的文字资料，循吴大澂等人的旧迹，对古代史料进行考订，写有《尚书骈枝》、《逸周书斠补》等名著。到罗振玉、王国维二氏，不仅奠定甲骨学之巍然成为一门学科，尤其对于商代历史研究有空前的贡献。罗氏确定了安阳小屯是殷墟，也就是商都，甲骨文为商王室处理大事进行占卜的原始文书，从而初步审释商代帝王名号。到王国维《殷卜辞中所见先公先王考》及《续考》，运用甲骨文记载，参以《山海经》、《竹书纪年》、《楚辞》、《世本》、《帝系》等书，证明了《史记·殷本纪》所载的商代世系完全可靠，并纠正了其中一些较小的舛误。这是古史研究上一件非常了不起的大事，从而证明了司马迁《史记》所载三代史事是基本可靠的。不仅《殷本纪》因有证据而可信，即《夏本纪》虽还未得到证据，但也可相信它原是有史料根据的，不能轻易抹杀。王氏在其《古史新证》里提出利用地下材料的二重证据方法，对研究古史关系甚为重要，使我国古史研究在这种考古研究基础上进入了一个划时代的新阶段。

在甲骨学研究上，郭沫若同志以马克思主义观点运用甲骨文字资料，使中国古史研究真正成为科学研究的代表。他既把甲骨文字研究推向新的科学水平，取得许多精辟的成就；又把这新的科学水平运用到古史研究上，解决了商代社会性质这一马克思主义历史科学的首要问题。他的《中国古代社会研究》、《奴隶制时代》等是学术史上的出色著作。至于他运用甲骨金文成就,考订文献史料中的许多具体问题的优异成绩,更是不胜枚举了。

与此同时,其他甲骨学专家,也都卓有成就地对古代史问题进行了探讨,如关于商代社会性质问题,包括社会成员身份问题;商代民族问题;商代图腾与宗教问题;商代政权组织、军队、刑法、监狱问题;商代疆域地理问题;等等。这些问题,李亚农、吕振羽、唐兰、陈梦家、于省吾、张政烺、胡厚宣、丁山、徐中舒、李学勤等,都参加了研究,并各自做出了贡献。综考商代历史的,有丁山先生的《商周史料考证》,并试写《新殷本纪》;胡厚宣先生的《甲骨学商史论丛》;陈梦家先生的《殷虚卜辞综述》阐述了商代各种重要制度、史迹,还有专章论商代社会历史文化;而于省吾先生则有大量专文论析商代社会、奴庶身份、交通、作物、农田等各方面的问题。至于根据甲骨文成就(当然也兼及金文成就)考订研究史料的尤多,最著者有于省吾先生的《尚书新证》、《诗经新证》、《诸子新证》等书,使过去不少误读误解的重要文献史料开始得到正确理解。此外,过去不懂或解释错了的文献字句,由于甲骨学研究成果而获得正确解释的还不少,不能备举。由此可知甲骨学的成就与古史研究和古代史料考订的关系的密切与重要。

甲骨文字资料从发现至今已八十多年,共出土十五万片以上,著录甲骨的书刊、专书近百种,考释和研究的专书达一百多种,总计约二百多种。而其研究论著,在解放前五十年中,发表著作的作者达三百人,各种论著近九百种。解放以后的三十年中,在国内,新出现的甲骨学著作者近百人,发表论著四百种以上(据王宇信著《建国以来甲骨文研究》胡厚宣《序》)。凡研究古史者迫切需要了解这些著作,而有志于研究甲骨的人更是需要了解。但这些著作如此丰富繁多,要全面而系统地了解这些著作非常不容易,这就迫切需要有一本综合介绍这些甲骨文著作的书,方便学者参考。现在刘一曼、郭振录、徐自强三同志编成了这本《甲骨文书籍提要》,对八十几年以来的两百多种甲骨文书籍,作了系统、扼要的介绍,同时对较重要的甲骨文著作的优缺点及其在甲骨学研究上的作用也略加评论,必将受到读者重视。大凡一部好的书目,往往能促进有关学术的发展。我们也将看到这本书的问世,在甲骨学的学习和研究上发挥其重要作用。

刘起釪
一九八五年一月

前　言
（增订本）

《北京图书馆藏甲骨文书籍提要》（以下简称《提要》）于1988年出版。该书出版后不久，殷墟甲骨文陆续有新的发现：1989年安阳小屯村中出土刻辞甲骨297片；1991年花园庄东地H3坑出土刻辞甲骨689片，其中完整的卜甲300多版；2002年小屯南地出土刻辞甲骨232片。这些新的发现，促使新的甲骨著录和研究成果不断涌现，推动了甲骨学的发展。为适应甲骨学和古文字学的发展，目前全国已有近二十所高校和科研机构招收甲骨文或古文字的硕士、博士生，培养出一批又一批的研究人才。与此同时，还有一些文科大学生、其他学科的研究者、收藏家等对甲骨文也产生了浓厚的兴趣。据悉，全国各地还成立了数十个甲骨文学会或甲骨文书法社团。不少人希望更多地了解甲骨文的基础知识和研究成果。十几年以前，就不时有中、青年同志来电话询问《提要》一书，但此书早已售罄。在本世纪初，曾有出版界朋友，建议我将该书再版，但当时我正从事《殷墟小屯村中村南甲骨》的整理与编纂工作，无暇顾及此事。

2014年10月中旬，我与罗琨先生均被邀请参加《旅顺博物馆所藏甲骨》首发式暨甲骨文国际学术研讨会。大家有较多的交谈机会。她对我说，《甲骨文书籍提要》是本很有用的工具书，应当将它再版。她还对与会的上海古籍出版社六编室（考古、文博）主任吴长青先生提及此事。吴先生立即与我面谈，希望能将《提要》在上海古籍出版社出版，他还提到最好能增加三分之一以上的内容，出增订版。因我手头还有老年科研课题需做，且年逾古稀，精力有限，要增添新的内容实有困难，所以犹豫不决。10月下旬，我与安阳师范学院（甲骨学与殷商文化研究中心）的韩江苏教授谈及《提要》再版事宜。她当即表示，能帮助我完成《提要》的再版工作，并答应撰写1985年以后出版的甲骨文书籍。由于她的大力支持，使我信心大增，不久我们便与上海古籍出版社签订了出版合同。

增订本基本保持了原书的内容，但亦作了一些改动与增补，主要有如下几点：

1. 关于书名。此书原名《甲骨文书籍提要》，于1985年春编成，由张政烺先生提写书名，刘起釪先生作序。后来，为了能顺利地申请到出版经费，我们将原名前冠以"北京图书馆藏"六个字，成为《北京图书馆藏甲骨文书籍提要》，由书目文献出版社出版。现在此书修订再版，增加了不少甲骨文书籍，我们考虑还是恢复1985年定的书名为好，这样更符合张政烺、刘起釪二位先生的意愿。

2. 1988年出版的《提要》，介绍甲骨文著述237篇，以专书为主，也适当收入少量的散篇文章。此次增订本，删去了7篇，其中大多数是甲骨论文汇集。由于本书增订本只介绍专书，不再介绍论文集，故予以删除。

3. 修改了原书的错字、漏字，并补充了一些甲骨文书籍于1985年后重印或再版情况。

4. 增订本收录1985—2015年的甲骨文书籍180篇，仍按著录、考释、研究、汇集、其他五项归类，按书的出版时间为序来编排。

5. 增订本在书的扉页之后，刊出较重要的甲骨文书籍彩照图版80幅。其中有的年代较早的线装书籍，为陈梦家先生的藏书。这些书，保存较好，有的在封面或扉页上有简短的文字，可知其来源于朋友惠赠或自购，从中可以了解到前辈学者之间的友谊和陈先生对甲骨书籍的钟爱，所以这些书籍非常珍贵。

此书即将付梓之际，我们对已故的原《提要》二位编著者郭振录、徐自强先生表示深切的怀念，此书的修订再版也是对他们最好的纪念。

刘一曼

二〇一六年九月

前　言
（初版本）

　　安阳殷墟出土的甲骨刻辞是商代后期的遗物，据不完全统计，其数量约十五万片。甲骨文单字近五千个，其内容相当广泛，包括祭祀、征伐、方国、农业、气象、卜旬、卜夕、田猎、疾病等。它是研究商代历史的可信资料，也是研究我国古文字的宝贵资料，对于研究自然科学史、古代书法艺术都很重要。

　　甲骨文自1899年发现以来，迄今八十多年。几十年来，国内外学者对它进行了长期不懈的研究，发表了许多论著，出现了一些专门从事甲骨文研究的专家，甲骨学已成为一门专门的学问。

　　我国学者在甲骨文字资料的整理、著录出版、考释文字、分期断代、商史研究等方面作了很多工作，取得了很大的成绩，特别是解放后，在中国共产党的领导下，学者们用马克思主义指导甲骨文的研究，不但在文字考释上取得了新的进展，而且在探讨商代的社会生产方式、阶级关系和社会性质等方面，也取得了空前未有的成就。

　　近十几年来，随着我国考古工作的发展，又有许多刻辞甲骨出土。较为重要的是1973年安阳小屯南地发现了近五千片刻辞甲骨；1977年陕西岐山县凤雏村发现西周甲骨一万七千多片，其中，有字卜甲二百九十余片。这些新发现，对甲骨文的研究产生很大的推动作用。目前，学术界对殷代甲骨文的研究正向纵深发展，讨论的问题也更广泛，而西周甲骨的探讨也方兴未艾。为适应甲骨学和古文字学的发展，一些古文字研究的刊物应运而生。不少高等学校和科研单位相继开设了古文字课，招收了一批攻读古文字的研究生。这一切，也促使全国为数不少的青年同志和一些其他学科的研究者，对甲骨文产生浓厚的兴趣。他们迫切要求了解甲骨文的基础知识和研究情况。

　　八十多年来，甲骨文著录及研究的专书已出版了近两百种，论文一千数百篇。但解放前甲骨文书籍印数有限，有的只印数十册或一两百册，现在有些书已不容易看到，或者残缺不全。因此，编印甲骨文书目提要，实为读者学习和研究所必需。

　　关于甲骨文图书目录的书籍，已有容媛《甲骨类目》（1930年）、董作宾《甲骨文论著目录》（1932年）、胡厚宣《五十年甲骨学论著目》（1952年）。这些书，一般只举书名、著者、出版单位、出版年月等。介绍甲骨文书籍内容并对各书作简单评价的，只有邵子风的《甲骨书录解题》，但此书出版于1935年，所介绍的著作至1934年为止，因而不能满足今天的读者学习甲骨文的要求。

有鉴于此，我们编了这本《甲骨文书籍提要》，对二百多种甲骨文著作作了系统的扼要的介绍，以供一般历史、考古、语文、图书馆工作者参考，也可作为初学甲骨文者的一本入门工具书。

北京图书馆是综合性的国家图书馆，有关甲骨文的著作收藏甚富，所以，我们在编写过程中，主要是采用该馆所藏的此类书籍，但对其缺藏者，也适当参阅其他有关单位的藏书。

由于我们知识有限，本书的缺点错误在所难免，希望读者批评指正。

刘一曼、郭振录、徐自强
一九八五年三月

略　例

一、本书所收甲骨文著作,以专书为主,散见于杂志和他书的甲骨刻辞及重要的研究文章一般不收入。

二、所收的著作,按〈一〉著录、〈二〉考释、〈三〉研究、〈四〉汇集、〈五〉其他等五类排列,每类中以出版年月的先后为序,出版年月又以公元为准,其后注明各时代年号,以便查检。

三、所录各书均载篇名、作者、版本、出版时间、各章目录、主要内容、有关的书评等项,对较重要的著作,对其优缺点和它在甲骨学研究上的作用也略加评论。

四、本书对甲骨文分期,采用五期分法,即第一期武丁时代,第二期祖庚、祖甲时代,第三期廪辛、康丁时代,第四期武乙、文丁时代,第五期帝乙、帝辛时代。

五、本书所收的著作,以我们所见者为主,有知而未见者,只录其篇名、作者、出版时间、出版单位等,列入《编年简目》中,并在书名前加△号标明。

六、书末附:〈一〉甲骨文书籍编年简目,〈二〉著者索引,〈三〉甲骨文书名通用简称。

一、著　录

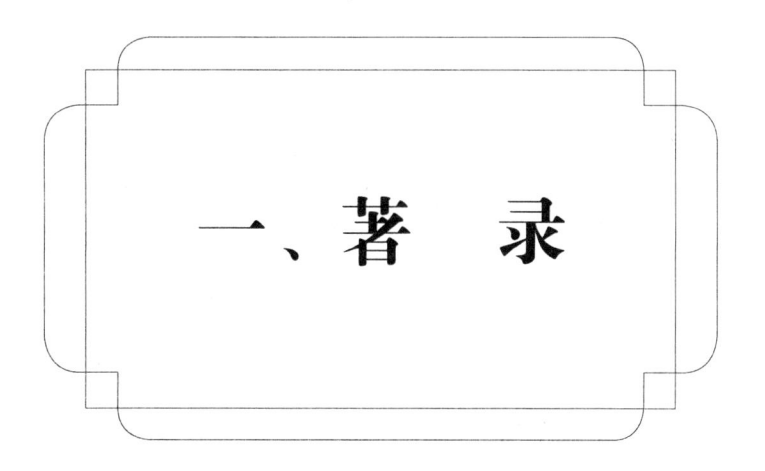

一、著　录

1. 铁云藏龟

刘鹗编著。1903（清光绪二十九年）10月抱残守缺斋石印本，线装，六册。又，1931年（民国二十年）5月上海蟫隐庐石印本，与《铁云藏龟之余》合六册，附鲍鼎释文。1959年台北艺文印书馆重印本。

1903年本分六册：第一册，有罗振玉、吴昌绶、刘鹗（铁云）序，收甲骨拓本一百六十片；第二册，收拓本一百七十四片；第三册，收拓本一百七十八片；第四册，收拓本一百七十六片；第五册，收拓本一百八十片；第六册，收拓本一百九十片。总计全书共收录甲骨一千零五十八片，除去伪刻与重复出现者外，实得一千零五十一片，是刘氏从所收藏的五千多片甲骨中选出。

本书所录大多数为龟甲，但也有一部分牛肩胛骨。其时代，以第一期为多，第二期次之，第三期极少，没有第四、五期卜辞。[①]

这是著录甲骨文的第一部书，编者刘鹗在甲骨学史上是有开山之功的。他在此书的自序中，叙述了龟版出土始末，购求原委，并考证繇辞体例。从甲骨上刻有祖乙、祖辛、祖丁、母庚诸称，认为这是殷人之遗物，引起当时学术界极大的重视。

本书是石印本，甲骨拓本不大清晰。1931年蟫隐庐重印本，用粉重描，颇失真。1959年艺文印书馆重印本，虽附摹本，但仅就原书摹录，仍是不大清晰。

本书所载甲骨，伪刻的四片，57.1、84.1、130.1、254.1；拓本倒置的十二片，23.4、28.4、32.2、43.2、43.3、89.4、149.2、193.2、216.2、225.2、227.1、233.3。

1931年版本将鲍鼎所作的《铁云藏龟》释文，分注各拓本之旁，间有考释，但十分简略。鲍氏释文，基本上是从孙诒让《契文举例》。孙氏误释者，则采各家之说，注明某字从某释。此释文，错误较多，对此，许敬参曾作《铁云藏龟释文补正》，载1936年（民国二十五年）12月《考古社刊》第三期。

2. 殷虚书契（即《殷虚书契前编》）

罗振玉编著。载1911年（清宣统三年）《国学丛刊》，石印本，三卷（不全）。又，1913年（民国二年）珂罗版影印本，线装，八卷四册。1932年（民国二十一年）重印本。1970年台北艺文印书馆翻印本。2015年3月中华书局出版《殷虚书契五种》将《前编》收入该书

[①] 甲骨文第一期为武丁时代，第二期祖庚、祖甲时代，第三期廪辛、康丁时代，第四期武乙、文丁时代，第五期帝乙、帝辛时代。

的上册与中册里。

罗氏原将甲骨拓本分为二十卷,1911年《国学丛刊》只刊出其中的三卷,载甲骨拓本二百九十二片。这种版本,流传甚少。

现在流行的是1913年编的八卷本,共收甲骨拓本二千二百二十九片,前附编者自序,谈及搜求及整理甲骨之经过。八卷本分为四册:第一册,一、二卷;第二册,三、四卷;第三册,五、六卷;第四册,七、八卷。

1932年的版本是重印1913年八卷本,所以两者基本相同。但也存在一些差别,其差别之处读者可参考明义士《表校新旧版殷虚书契前编并记所得之新材料》,张秉权《记先师董作宾先生手批殷虚书契前编——附论〈前编〉的几种版本》。①

本书所收的甲骨,大多数为罗氏自藏。此外,有一百十三片是日本三井氏听冰阁所藏实物拓本,1921年(日本大正10年)林泰辅印《龟甲兽骨文字》重出;有十五片是刘铁云所藏,已见于《铁云藏龟》中。②

本书印刷工致,拓本清晰。书中所收甲骨的时代,各期均有,但以第一、五期为多。卜辞的内容十分丰富,例如:有关阶级关系的有4·30·2"贞叀小臣令众黍",6·19·2"隹我奚不正";有关农业的有4·40·1"黍年,有足雨",1·50·1"帝令雨足年";有关军队编制的有3·31·2"𢆶马,左、右、中,人三百",等等,都是研究殷代历史的重要资料。所以,郭沫若曾说:"这些书,特别是《前编》和《后编》,是研究甲骨文字必要的典籍。"③

3. 殷虚书契菁华

罗振玉编著。1914年(民国三年)出版,珂罗版影印,线装,一册。2015年3月中华书局出版的《殷虚书契五种》,将《菁华》收入该书的中册里。

全书包括序、拓本照片,收录甲骨六十八片。

罗氏在序中谓:"予曩搜集殷虚遗文,得骨甲逾万,既拓其尤要者为《殷虚书契》,而箧中所存最大之骨,尚未拓墨,盖骨质至脆,惧或损文字也。然又不忍使湮没不传,爰影照精印,并取往者拓墨所遗、脆弱易损者数十枚益之,颜之曰《殷虚书契菁华》,俾与《前编》并行焉。"

本书第2—8页,是武丁时期的四版大牛胛骨正反两面的照片,其中两版拓本曾发表在罗福成编《传古别录》第二册中。第9—11页是六十版小片甲骨,大多为第一期和第五期,少量第二、三期,因字体较小,不少照片字迹模糊不清。

---

① 明义士文刊于齐鲁大学《齐大季刊》第2期,1933年6月;张秉权文刊于《中研院历史语言研究所集刊》第54本2分,1983年6月。

② 陈梦家认为,《前编》取材于听冰阁实物拓本的一百零八片,取材于刘铁云藏骨的九片,不明出处的二十片。见《殷虚卜辞综述》655页。

③ 郭沫若:《卜辞中的古代社会》。见《中国古代社会研究》208页。

一、著　录

　　书中所载四版大的牛胛骨,大字涂朱,内容很重要,是甲骨卜辞的珍品。其中有两版,记载武丁时殷王朝与舌方、土方的关系,是研究殷代方国关系的重要史料。

4. 铁云藏龟之余

　　罗振玉编著。1915(民国四年)1月出版,珂罗版影印,线装,一册。1927年(民国十六年)再版。

　　全书包括序、拓本图版,收录甲骨四十片。

　　罗振玉序云:"予之知有贞卜文字也,因亡友刘铁云。刘君所藏,予既为之编辑为《铁云藏龟》,逾十年,予始考订其文字为《殷商贞卜文字考》,时君则以事流西陲死矣。……欲揭君流传之功以告当世,乃搜箧,得君曩日诒予之墨本,选《藏龟》所未载者,得数十纸为《铁云藏龟之余》,以旌君之绩,以慰君于九泉。"

　　本书的甲骨均属小片,多数是卜甲,少量卜骨。其时代绝大多数为第一期,少量为第二期或三期,不见第四、五期的卜辞。

5. 殷虚书契后编

　　罗振玉编著。1916年(民国五年)出版,《艺术丛编》第一集本,珂罗版影印,线装,一册。又,1970年10月台北艺文印书馆重印。2015年3月中华书局出版的《殷虚书契五种》,将《后编》收入该书的中册里。

　　全书分上、下卷。上卷有罗氏序,刊甲骨拓本三十二页;下卷刊拓本四十三页。两卷共收录甲骨一千一百零四片,其时代包括第一期至第五期。

　　罗氏在序中谓:"尽出所藏骨甲数万,遴选《前编》中文字所未备者复得千余品,手施毡墨,百日而竣。"但是,实际上《后编》也曾采用别家的甲骨拓本。王国维在1920年秋作的《随庵所藏殷虚文字跋》中说:"徐积余随庵藏骨为数不多,罗振玉已选入书契后编。"这批甲骨,后来归刘体智,郭沫若编善斋甲骨为《殷契粹编》时,曾选用了一部分。因此,《后编》与《粹编》有相重之片,其中有一部分则属随庵原藏,这点罗氏在序中并无交代。

　　《后编》的内容也较丰富,其中有一些有价值的史料,例如:有关征伐的卜辞有《后·上》31·5"丁酉卜,㱿贞:今[字]王收人五千征土方,受业(有)又(祐)? 三月";有关农业的有《后·下》28·16"庚子卜,贞:王往萑耤,叀往? 十二月";有关天文的有《后·下》9·1"七日己巳,夕[字]……有新大星并火";有关货币的有《后·下》8·5"庚戌……贞:易多女业(有)贝朋"等。

6. 殷虚古器物图录

　　罗振玉编著。1916年（民国五年）4月出版，影印本，线装，一册。又，《艺术丛编》第一集本。1969年7月收入台湾大通书局出版的《罗雪堂先生全集》续编第六册中。

　　全书包括罗振玉序、目录、图版、附说。

　　本书刊出五十五幅图版。除1915年罗氏在殷墟购得的一件珧璧外，其余器物是罗振常、范恒轩于1911年往殷墟收购的，包括骨笄、骨镞、骨管、雕骨残器、玉璧、玉磬、石磬、贝、兽角、兽骨、卜骨等。

　　书中收录刻辞卜骨四片。第一片载第3页，其辞为"贞：我受年？"第二片载第4页，其辞为"贞：王从沚彧伐土方？"第三片载第4页，其辞为"贞：业来自西？"第四片载第12、13页，是完整的兽胛骨，其内容主要卜问伐舌方之事。

　　上四片均属第一期武丁时代的刻辞。

　　本书的卜骨，又重印于1975年台北艺文印书馆出版的《甲骨集成》中。

7. 殷虚卜辞
(Oracle Records from the Waste of Yin)

　　［加］明义士（James Mellon Menzies）编著。1917年3月自写石印本，一册。1980年台北艺文印书馆影印本。

　　全书摹写甲骨二千三百六十九片，前附英文自序一篇。

　　作者在序中云，本书发表的甲骨是从所藏五万片中选出，曾三次易稿，历时三年。又云将著述《史前之中国》一书，专论中国历史之黎明及其文化之发展，《殷虚卜辞》是该书的第一部，其第二部为《殷虚卜辞字典》，第三部以后诸书则根据甲骨、古代石器、陶器、骨器等论述中华民族之古代宗教及中国古代之文化。

　　所收甲骨，各期均有，以第一、五期为多，次为第二期，第三、四期较少。甲骨多属小片。

　　本书的甲骨摹本，有些片摹写不大准确，也常有错字。

8. 戬寿堂所藏殷虚文字

　　王国维编著。1917年（民国六年）5月出版。《艺术丛编》第三集石印本，线装，二册。

一、著　录

又，1980 年台北艺文印书馆影印本。

本书原书题为睢宁姬佛陀类次，实际上编次考释均为王国维。因当时姬佛陀主广仓学宭事，故以类次之名归之。

第一册包括罗诗氏序，甲骨拓本图版，著录甲骨六百五十五片；第二册考释。

书中之甲骨，大多为卜骨，卜甲较少。原为刘铁云旧藏。刘氏死后，1916 年哈同之妻罗迦陵于上海购得其所藏甲骨千片，其中见于《铁云藏龟》者十一二，而未见者十八九。后，王国维从中选出 655 片发表。

王国维的考释，多有创见，如关于报乙、报丙、报丁的次序，中宗祖乙即祖乙滕等（已见于《殷卜辞中所见先公先王考》）。又如，谓殷人祭其先公先王，皆以其名之日祭，亦以其名之日卜（第 7 页）。在考释文字方面，释上甲（第 3 页），释"王受又"为"王受祐"（第 3 页），释"物"为杂色牛（第 10 页），释 诸变体为"翌"（第 27—28 页），释"颷"为"凤"而为"风"之借字（第 60 页），等等。

对本书进行校补的有两篇文章：1. 许敬参：《戬寿堂殷虚文字考释补正》，1935 年（民国二十四年）12 月《考古社刊》第三期；2. 沈之瑜、郭若愚：《戬寿堂所藏殷虚文字补正》，1981 年 7 月《上海博物馆馆刊》第一期。

后一篇文章是将上海博物馆所藏戬寿堂旧藏甲骨 780 片与原书进行对照，发现失背拓者四十片，失正拓者四片，正反失联者六片，骨白失联者六片，失白拓者四片，新缀合者十七片，并将这七十多片重新墨拓发表。

9. 龟甲兽骨文字

［日］林泰辅编著。1921 年（日本大正 10 年）日本商周遗文会影印本，线装，二卷二册。又，1930 年北京富晋书社翻印本，二册。1973 年台北艺文印书馆翻印本。

这是日本出版的第一部著录甲骨文字的书。每册各有甲骨拓本三十页，共收甲骨拓本一千零二十三片。后附文字抄释，收二百六十一字。第一册前有编者序言。

序言中谈及此书的编著目的及甲骨之由来，"然殷虚出土之龟甲兽骨，不知其几万。异文逸辞刘氏罗氏所未收者，亦复不尠。我吉金文会有慨于此。据诸家所藏实物拓本，编印《龟甲兽骨文字》，且抄释其字体明白无疑者，附录卷末，颁之同好，庶几足以助学术研究之一端乎！编中所载与《殷虚书契》同者，系听冰阁所藏实物拓本，非袭《殷虚书契》所录也。"

书中各期甲骨均有收录，以第一期为多，第五期次之，第二、三期较少。

后附的龟甲兽骨文字抄释，是把书中可以释读的文字摹录，隶定出汉字，有天干、地支、数字、祖先名及一些常见的字，但没有在该字下注出卜辞的号数，故不便查阅。

本书中有一部分拓本曾见于《前编》。如：1·12·11、1·22·1、2·2·9分别见于《前编》1·7·6、1·28·6、1·36·5。据《综述》653—654页统计，两书相重之片达一百零六版之多，这是罗振玉编《前编》时，采用日本听冰阁拓本之故。

10. 铁云藏龟拾遗

叶玉森著。1925年（民国十四年）5月出版，石印本，线装，一册。1972年香港书店影印本，一册。

全书包括自序、拓片、释文。

作者在序中谓，"今年春，闻先生（指刘铁云）所藏，家不能保，王君瀣与同年柳君诒徵，先后抵余书，爰得收其千三百版，乃就《藏龟》及《藏龟之余》未录者，选集二百四十版，手自拓墨，编订成册，颜曰《铁云藏龟拾遗》，管见所逮，并附考醳（释）于后，将以付印，就正鸿达。……"

实际上此书著录甲骨二百四十五版，全是小片。其时代以第一期为多（约占百分之九十），第三、四期次之，少量第二期，没有第五期的卜辞。

本书拓工及印刷均不精，故拓本字迹不清。考释也有不少错误，如：第1页第14片"甲戌……𠂤日……二牛"，叶氏释"𠂤"为"沮"，释"日"为"丁"，并认为"沮丁即祖丁，假沮为祖，卜辞仅见。同声相假，此为明证。"其实该字当是小且乙之合文。第4页第9片"贞兹邑其㞢屖"，叶氏释"邑"为"兄"，释"㞢"为"之"。

11. 簠室殷契征文

王襄著。1925年（民国十四年）5月天津博物院石印本，线装，四册。

本书甲骨拓本分上、下两册，以事类为次序排列，共著录甲骨一千一百二十五片。

上册：第一编，天象，拓本九十三片；第二编，地望，拓本六十二片；第三编，帝系，拓本二百四十三片；第四编，人名，拓本一百十一片；第五编，岁时，拓本二十四片；第六编，干支，拓本二十三片；第七编，贞类，拓本三十六片。

下册：第八编，典礼，拓本二百二十二片；第九编，征伐，拓本五十二片；第十编，游田，拓本一百三十五片；第十一编，杂事，拓本一百三十九片；第十二编，文字，拓本八十五片。

考释也分上、下两册，将本书所载拓本逐片考释。

作者在序中谓："自殷契出，考释其文，知所存殷礼为多于祀典尤详，今言其略。寮与貍沈之祭备用之。先王卜牲，兼牲毛牲数二事。祈雨曰雩祀。寮于东西，即祭四方之礼。

若告祭,若薦羞,若禹册,典制甚繁,殷人非专尚质也。福、酒、衣、御之祭、卯、叀用牲之法,皆经传所不载,卜文则屡言之。至岁终置闰,则记十三月,为归余于终之法所昉,登人之文与伐国并举,类于周之比军众,与登民数之典不同。殷世特重卜贞,几无日不卜,无事不贞。凡兹大端,颇为周礼所因。足补载纪阙略。"

将著录的甲骨进行分类,自此书开始。

本书为石印,有些拓本字体不大清晰,故书出版后,曾有不少学者疑为赝品。实际上王氏所藏甲骨拓本是真,只因作者把那些拓得不清或夺字的拓本,加以手摹,故使文字失真。此外,有时作者还把一版分割为二片、三片甚至四片,以就其分类,使甲骨拓本失去原状。后来,罗振玉编《殷虚书契续编》,收入此书拓本七百五十五片,若要了解其甲骨原状,可参阅该书。

对本书进行的校补,见孙海波:《簠室殷契征文校录》,载1937年(民国二十六年)6月《考古社刊》第六期。文中举出本书因摹写而误、分析而误、夺字而误之片,可资参考。

12. 新获卜辞写本

董作宾著。1928年(民国十七年)12月石印本,一册。又,载1929年(民国十八年)《安阳发掘报告》第一期。收入1977年台北艺文印书馆出版的《董作宾先生全集》甲编第二册中。

全书包括:1.卜辞摹本,摹录甲骨381片;2.新获甲骨统计表;3.新获卜辞写本后记;4.余永梁跋文。

本书发表的甲骨摹本共三百八十一片,是从中央研究院历史语言研究所1928年10月第一次发掘小屯所得的七百八十四片刻辞甲骨中选出。这些甲骨出自小屯第1区(即E区)9坑,第2区(A区)26、33坑,第3区(F区)24、27、28、30、31、35、36、37坑。

后记分六章:(一)地下之知识;(二)时代之考证;(三)文辞之研究;(四)契法之探索;(五)骨料之发现;(六)涂饰之一斑。由于当时缺乏田野工作经验,作者在第一章中提出甲骨漂流冲积问题,即三区之龟、骨是从一、二两区漂泊所致,这种看法是错误的。

董氏在第三章中,把本书的卜辞按内容分为九类进行释文,即:卜祭、卜告、卜享、卜行止、卜田渔、卜征伐、卜年、卜雨、杂卜。他还对不少字作了考释。

本书的甲骨摹本摹写比较准确,字体基本上与原物拓本相符。这些甲骨,大多数见于《殷虚文字甲编》1—447号中,但也有一部分未被《甲编》收录。《殷虚卜辞综述》168—189页,将《甲编》的拓本号与《写本》的摹本号进行对照,可资参考。

13. 传古别录第二集

罗福成编。1928年（民国十七年）出版，墨拓石印本。又，1976年台北艺文印书馆重印。

本书所收为殷墟出土的古器物的拓片，有雕象牙、雕犀角、雕石器及牛肩胛卜骨，共十三件，大都是《殷虚古器物图录》及《殷虚书契菁华》二书已录之物。其中所收的两片卜骨拓本（四页），是《菁》之一、二、三、四影印照相。

14. 殷虚文字存真

关葆谦编著。河南省博物馆拓本，线装本，共八集，每集一册。1931年（民国二十年）6月至1935年（民国二十四年）出版。

每集均著录甲骨拓本一百片，每片一页，前附编著者序及分集拓售说明。说明谓："河南省博物馆之甲骨为1929年（民国十八年）冬省政府派员前往殷墟所掘获，共有三千余品，同时全拓，颇感困难，兹定分集出书，以每百品为一集，庶几拓者易成，阅者易购。"又谓："书中所列甲骨，不论片段大小，以有第一全文，第二异式，第三奇字者为主，若三者无一可取，则不选入。"

书中的甲骨，多属小片。其时代以第二期（祖庚、祖甲）之甲骨为多，第一期次之，第三、四、五期很少。内容有祭祀、卜王、田猎、征伐、天气等。

书中之拓本，大部分与孙海波编的《甲骨文录》相重复，而且发行量很少，所以在学术界影响不大。

近悉台湾历史语言研究所李宗焜等，正在对河南省博物馆早年于殷墟所掘获的三千多片甲骨进行系统的整理工作，这批甲骨资料有望全部发表。参见李宗焜：《何日章发掘甲骨》，《旅顺博物馆所藏甲骨》首发式暨甲骨文国际学术研讨会论文（提要），第12—15页，2014年10月16日。

15. 书道全集第一卷

［日］下中弥三郎编。1931年（日本昭和6年）平凡社出版，一册。

全书包括目次、器物及文字拓本图版、概说、释文、解说。

一、著　录

本书收录殷代甲骨文、殷周铜器及铭文、春秋战国货币、石鼓文、秦权、秦量、秦瓦、秦始皇诏版、泰山刻石、琅邪刻石等拓本。书中图版第1—3页、25—50页，收录甲骨文九十六片，计卜甲六十八片，卜骨二十八片。这些甲骨大多数是第一期，也有少数第二期和第五期，在《铁云藏龟》一书中已发表。

16. 周汉遗宝

〔日〕原田淑人编著。1932年（日本昭和7年）日本帝室博物馆出版，一册。1981年日本国书刊行会重印本。

全书有图版七十五版，收录殷、周、汉代的铜器、陶器、银器、铁器、骨器、漆器等照片，以铜器为主。在图版四中，收甲骨五片（三片卜骨，二片卜甲），是东京中村不折氏所藏。

17. 福氏所藏甲骨文字

商承祚编著。1933年（民国二十二年）4月金陵大学中国文化研究所出版，线装，一册。1973年香港书店影印本。

全书包括自序、拓本图版、考释、跋文。著录甲骨三十七片（因其中四片骨臼上有刻辞，三片有背文，故发表的拓本为四十四片）。

作者在序中谓，本书的甲骨拓本，是从美国福开森所藏及福氏赠予金陵大学的甲骨中选拓的。除第7、8、9、11、13、29六版原为徐梧生旧藏外，其余均为刘铁云故物。

董作宾在跋文中依书体、文法、贞人等标准，将三十七片甲骨进行分期。除13、28为第三期，8、9为第五期外，其余各片均为第一期。他又依内容分这些甲骨为九类，各类所属片号如下：

祭祀：1.4、7、15、18、23、26、27、28、30、31。

征伐：3、25、36。

田游：8、9。

狩猎：5。

疾病：11。

风雨：10、24、32。

卜旬：13、17。

杂卜：2、6、12、14、16、19—22、29、30背、32背、33—35、37正、背。

骨臼刻辞：5、31、35、36。

18. 殷契卜辞

容庚、瞿润缗编著。1933年（民国二十二年）5月北平哈佛燕京学社出版，石印本，线装，三册。又，1971年台北艺文印书馆影印本，题为《燕京大学所藏甲骨卜辞》。

第一册，包括容庚序、甲骨拓本图版，著录甲骨八百七十四片。第二册，包括凡例、释文，编者对八百七十四片甲骨逐一考释。策三册，文编（即索引），包括正文（分十四部）、附录、备查、检查。

作者在序中谓，"十八年（1929年）五月，余为燕京大学以千金购得徐坊所藏甲骨千二百片于德宝斋，徐氏所藏虽不详其购置年月，然彼卒于民国五年，其时赝品犹少，故此中伪刻不及百分之一，今既加以淘汰，使不至真伪杂糅，则所存者自可信据。……遂于暇日选取八百七十四片，命工拓之，略事排比，时瞿子润缗从余治甲骨文字，属其同为释文，并撰集文编附于后。商承祚、唐兰、董作宾、魏建功诸先生，复为校勘一过，取以印行，庶几为甲骨文字多一参证焉。"

八百七十四片甲骨中，包括二百三十一片卜骨（1—231号），六百四十三片卜甲（232—874号）。卜骨与卜甲按内容分类，依祭祀、田猎、往来、征伐、卜旬、卜夕、受年、天气、其他等项次序排列。其时代以第一期为多，第二期、第五期次之，第三、四期甚少。

有一些内容较重要的卜辞，如：第20片，"甲戌翌上甲，乙亥翌报乙，丙……报丁，壬午翌示壬，癸未……翌大丁，翌……"，可证王国维论证殷先王世次上甲、报乙、报丙、报丁、示壬、示癸之次序是完全正确的。又如：第6片，"大示卯一牛，小示卯䵼羊"（释文错释为"翌辛卯一牛，小示大示卯䵼羊"），据此片可以推知，殷人祭祖，大示一般用牛祭，小示用羊祭。

第三册文编收本书所著录的甲骨文字，排列依《说文》分为十四部。《说文》所无，而偏旁可识之字，则附于各部之末，不可识者则归入附录。合文附于各字之末。最后附检字，把可以隶定的字以笔画多少为序排列。

本书有拓本、释文及索引，对读者查找有关卜辞的材料，颇为方便。

19. 卜辞通纂

郭沫若著。1933年5月（日本昭和8年）日本东京文求堂石印本，《通纂》合别录一、别录二、考释、索引，共四册，线装。1982年，收入《郭沫若全集·考古编》第二卷，由科学出版社再版。再版本增加郭氏一些校语、注释和傅学苓重编的索引。对一些不甚清晰的

一、著　录

拓本和照片，也做了更换新拓或附摹本的工作。

第一册收甲骨拓本与照片共九百二十一片，前有序文、后记及述例。

本册之甲骨可分为三部分：

一、正文，著录甲骨七百九十二片（书中的编号是八百片，但内有跳号八个，即缺340—347片），多采自《铁云藏龟》、《殷虚书契前编》、《殷虚书契后编》、《殷虚书契菁华》、《铁云藏龟之余》、《龟甲兽骨文字》等书及马衡凡将斋所藏甲骨拓本。

二、别录之一，著录甲骨四十二片，包括大龟四版拓墨，新获卜辞拓本二十二片，何氏甲骨拓本十六片。

三、别录之二，是日本所藏甲骨择尤，著录甲骨八十七片，均是照片。包括十一家藏品：岩间氏藏大龟一版，河井氏藏大龟一版，中村氏藏巨兽骨一片、甲骨十七片，桃山中学藏兽骨一片，田中氏藏甲骨十九片，中岛氏藏甲骨八片，东洋文库藏甲骨七片，上野博物馆藏甲骨七片，东京帝国大学藏甲骨十四片，京都帝国大学藏甲骨七片，内藤湖南氏藏甲骨四片。

第二册，考释第一册所录甲骨第1—362片。第三册，考释第一册所录甲骨第363—694片。第四册，考释第一册所录甲骨第695—800片及别一、别二之甲骨，并附"书后"、"勘误"、"索引"。

过去著录的甲骨，有的是一版之折，散为数片者，本书发表的拓本中，作者作了缀合，由四片缀合者一片，由三片缀合者二片，由两片缀合者三十片。

甲骨拓本编排目次，按① 干支，② 数字，③ 世系，④ 天象，⑤ 食货，⑥ 征伐，⑦ 畋游，⑧ 杂纂。索引分人名、卜人名、地名三类，各类又按笔画顺序排列，后是奇字。

本书的考释简明通俗，至今仍可作为初学甲骨文的一部较好的入门书。考释中有不少新见解，例如：考定殷王阳甲、沃甲、河亶甲的名字；证明殷代祭典先妣特祭而仅祭所自出之妣，犹存母权时代之残遗；推断卜辞迄于帝乙，卜祭文武丁及武祖乙的卜辞都是帝乙时代之物，等等。此外，作者还考释出一些新的字和词。

本书的评论，见刘节：《评〈卜辞通纂〉》，载1933年（民国二十二年）6月《燕京学报》第十三期"国内消息"栏。

20. 甲骨文

王子玉著。1933年（民国二十二年）8月，与《金石录》合一册，载《续安阳县志》中。

本书包括序、正文。目录如下：

一、殷墟文字著作书目一览表；二、殷墟古物发现年月考；三、殷墟出土古物表；四、殷墟沿革表；五、殷时邑东故大河图考；六、邑西五里小屯村摄影；七、殷商世系考；

八、殷商世族今古文字对照表;九、腹甲外面左右部位图;十、腹甲里面七十二钻图;十一、大甲四版影印图;十二、大甲四版写真;十三、四大龟版释义;十四、甲骨文分类。

在甲骨文分类一项中,共录甲骨文一百七十二版。包括:一、祭祀类四十五版;二、征伐类七版;三、祈求类十版;四、告享类七版;五、建设类二版;六、雨霁类十四版;七、行止类十五版;八、巡省类七版;九、命令类六版;十、灾异类四版;十一、婚姻类六版;十二、旬夕类八版;十三、田渔类十一版;十四、杂卜类十九版;十五、补遗五版;十六、兄癸彝正误六版。

本书之甲骨是以摹本木刻入录,故字体风格有些失真。这些甲骨又分别著录于《殷虚卜辞》、《殷契粹编》、《殷虚文字甲编》、《甲骨文录》、《殷虚书契前编》等书中。

21. 殷虚书契续编

罗振玉编。1933年(民国二十二年)9月出版,珂罗版影印拓本,线装,六卷六册。又,1970年台北艺文印书馆重印。2015年3月中华书局出版的《殷虚书契五种》将《续编》收入该书的中册与下册中。

第一册有罗振玉序。

罗氏在序中谓,自《殷虚书契后编》出版后,"十余年间,复得墨本约三千纸,欲为类次以续两编"。"以一月之力,就此三千余纸,选三之二,成书六卷。往昔《前》、《后》两编,约得三千余纸,合以此编,总得五千余纸,虽不敢谓殷虚菁华悉萃于是,然亦略备矣。此二千纸中,大率为丹徒刘氏、天津王氏、北京大学、四明马氏所藏,其什之一,则每见估人所售,于千百中遴选一、二而手拓以存之者"。

《续编》共录甲骨二千零十六片,其中辑自《戬寿堂所藏殷虚文字》五百七十片,《簠室殷契征文》七百五十五片,凡将斋所藏八十三片,北京大学所藏一百八十三片,此四项合计一千五百九十一片。

全书拓本,内容丰富。其排列大体依祭祀(卷一、二),农业(卷二),征伐、方国、往来、田猎(卷三),干支、天气、诸妇、旬夕(卷四),疾病、人名、杂卜(卷五),卜旬、卜王、其他(卷六)等项为次序。

这二千多片甲骨,五期均有,以第一期为多,第二、五期次之,第三、四期较少。

22. 殷契佚存

商承祚编著。1933年(民国二十二年)10月金陵大学中国文化研究所丛刊甲种,珂罗

一、著 录

版影印拓本,线装,二卷二册。1966年日本东京影印本。

第一册包括董作宾序、唐兰序、作者序、拓本图版。第二册包括凡例、考释。

作者在序中简述了这批甲骨的来源,它们包括八家藏品:

一、北平孙壮藏,本书1—21页,1—193,一百九十三片。

二、侯官何遂藏,本书22—27页,194—254,六十一片。

三、美国施密氏藏,本书28—32页,255—316,六十二片。

四、冀县王富晋藏,本书33—35页,317—343,二十七片。

五、丹徒陈邦怀藏,本书36—37页,344—373,三十片。

六、海城于省吾藏,本书38—40页,374—380,七片。

七、江夏黄浚藏,本书41—48页,381—440,六十片。

八、番禺商承祚藏,本书49—92页,441—1000,五百六十片。

其中,862—869、915九片是冯汝玠藏,987—994八片是柯昌泗藏,故商氏所藏实为五百四十三片。

这一千片甲骨,包括第一至五期,但较重要的是一批第三期廪辛、康丁时代的。如:255—316片,大多数属廪、康卜辞,其出土地点在小屯村北大连坑附近。

董作宾在序中指出:此书第一期贞人有宾,第二期贞人有行,第三期贞人有尤、宁、狄、逆、口、彭、卯。

此外,本书的426、427、518是有关田猎的雕骨刻辞,其正面均有精美的花纹,427片在字中还嵌绿松石,这在殷代甲骨文中属罕见之物。

本书的评论,见刘节:《评〈殷契佚存〉》,载1933年(民国二十二年)12月《北平图书馆馆刊》七卷六号。

23. 邺中片羽

黄浚编著。共三集,每集分上、下两卷,每卷一册。初集出版于1935年(民国二十四年)2月;二集出版于1937年(民国二十六年)8月;三集出版于1942年(民国三十一年)1月,珂罗版影印,线装。此书的甲骨拓本,1972年收入台北艺文印书馆影印的、由严一萍编的《邺中片羽甲骨编》一书中。

本书收集铜器、玉器、骨器、陶范、甲骨等物。

初集,上卷前有柯昌泗序,下卷收录甲骨二百四十五版;二集,上卷前有省吾序,下卷收录甲骨九十三版;三集,上卷前有于省吾序,下卷收录甲骨二百一十四版。总计三集共收甲骨五百五十二版。

1972年,严一萍将三集所录的甲骨并合为一集重印,在重印本跋中,他指出《邺中片

羽》与《殷契佚存》有许多处整页相重,这是由于商承祚先借黄氏所藏拓本影印。两书重出的页数如下:

《邺初》	《佚存》	《邺初》	《佚存》
24 页	42 页	34 页	45 页
25 页	40 页	35 页	38 页
26 页	41 页	36 页	43 页
27 页	44 页	43 页	48 页
28 页	39 页	47 页	47 页
30 页	46 页		

本书收录的甲骨,第一期至第五期均有。初集和二集以第一、二期为多,三集则以第三、四期为多。

24. 衡斋金石识小录

黄浚编著。1935年(民国二十四年)2月北京尊古斋影印本,线装,二册。

本书共收录古器物八十八件。

第二册录雕花骨二片,其上有刻辞。一片是"获白兕"(第44页),其拓本已见于《殷契佚存》第427片。另一片是著名的"宰丰骨"(第45页),拓本已见《佚存》第426片。

25. 库方二氏藏甲骨卜辞
(The Couling—Chalfant Collection of Inscribed Oracle Bone)

[美]方法敛(Frank H·Chalfant)摹,白瑞华(Ro. swell S·Britton)校。1935年(民国二十四年)12月商务印书馆石印本,线装,一册。1966年6月收入台北艺文印书馆影印的、由严一萍编的《方法敛摹甲骨卜辞三种》一书中。

本书摹录库寿龄和方法敛藏甲骨一千六百八十七片,包括甲一千零十六片,骨六百七十片,鹿角一只,前附白瑞华序。

这批甲骨,后来库、方二人分别售于美、英四家博物院:

一、苏格兰博物院七百六十片,即本书1—37页,1—760号。

二、美国卡内基博物院四百三十八片,即本书38—66页,971—1408号。

一、著　录

三、英国伦敦博物院四百八十五片，即本书 67—131 页，1506—1989 号。

四、美国芝加哥费尔德博物院四片，即本书 132 页，2175—2178 号。（各部分之间不相连续的号为缺号。本书共缺 492 号。）

在摹本中杂有许多伪刻。《殷虚卜辞综述》第 652 页中指出伪刻的片号可资参考。全部伪刻的七十片，部分伪刻的四十四片，可疑之片四片。

又，《库》1506 是刻有家谱的一片大骨，学者们对此片是否伪品，持有不同的看法，① 这个问题至今仍悬而未决。

26. 柏根氏旧藏甲骨文字
(*Bergen Collection of the Inscribed Bone*)

〔加〕明义士编著。1935 年（民国二十四年）齐鲁大学国学研究所出版，线装，一册。又，同年在《齐大季刊》六、七期登载。1978 年 3 月台北艺文印书馆影印本。

全书包括著者序、拓本图版（每片拓本旁附摹本）、考释，共著录甲骨七十四片。

本书之甲骨是库寿龄、方法敛收购，后转售柏根氏。大多数均属小片甲骨。其时代除几片为第二期、第四期外，其余全部是第一期，即武丁时期之物。

本书的考释多数是正确的。但作者把宾、殻、争等贞人认为非人名，"乃表示龟卜一部分事类之专门名词"；又把"帚妌"之"帚"，释为"归"，则是不妥的。

27. 殷契粹编

郭沫若编著。1937 年（日本昭和 12 年）5 月日本东京文求堂石印本，线装，五册（拓本二册，考释三册）。又，1965 年 5 月，由中国科学院考古研究所编辑，列为考古学专刊甲种第二号，科学出版社重新出版，十六开本，一册。1976 年 2 月，日本东京三一书房重印。

1965 年的新版书，图版部分换了新拓的善斋旧藏甲骨拓本，按照原书号码编排，因而拓本印刷清晰。新拓本全部按甲骨原形拓全，有些拓本增加了字数，增出的文字由胡厚宣考释，列表附书后。全书由于省吾校阅一遍，于氏的一些看法，录于眉批。索引由考古研究所重编。

1965 年新版书，目次如下：一、序；二、述例；三、甲骨拓本（一千五百九十五片）；四、考释；五、追记二则；六、编后记；七、新换拓片中增补及并号表（附释文）；八、干支

---

① 参见胡厚宣：《甲骨文"家谱刻辞"真伪问题再商榷》；于省吾：《甲骨文"家谱刻辞"真伪辩》。两文均载《古文字研究》第四辑，1980 年 12 月。

表;九、殷代世系图;十、索引。

本书的甲骨为刘体智所藏。作者从中选择1595片加以排比和考释,其分类大体与《卜辞通纂》相同。这些拓本的时代,包括甲骨分期的第一至五期,其中又以第三、四期卜骨为多。卜辞内容相当丰富,有不少精品。如:《粹》第1222片"贞:王令多羌坚田",《粹》第597片"丁酉贞:王乍三𠂤,右、中、左"等,都是研究殷代历史的重要资料。

考释简明扼要,多有创见。如:关于殷代先公之排列次序为上甲、报乙、报丙、报丁、示壬、示癸,《粹》113、114提供了更多的例证,以助证王国维的说法,纠正《殷本纪》之误;作者据《粹》17"出入日,岁三牛"一片,谓"日之出入有祭,足证尧典'寅宾出日'及'寅饯入日'之为殷礼"。从《粹》1326片及其次五、六片"卜王"辞,每两数字之间隔不仅一骨之中者相等,即普通诸骨均约略相等,推测殷代必有简单之尺度单位,每一间隔可能是一寸,约当于0.29米,殷尺比周尺要大二寸,等等。

28. 甲骨文录

孙海波编著。1937年(民国二十六年)10月河南通志馆出版,珂罗版影印拓本,线装,二册。又,1958年5月台北艺文印书馆重印。1971年又依原式再重印。

第一册包括作者序、例言、拓本,著录甲骨九百三十片。第二册包括释文、索引。

作者在序中谓,1934年河南修省志,因编文物志而辑录甲骨。所以从河南省博物馆藏三千六百版甲骨中,选其精萃者九百三十版,编成此书。

本书的甲骨以第二期为多,第一期次之,第三、四、五期数量极少。

拓本之排列按干支、天象、卜贞、世系、征伐、畋游、奇字等项为序。

释文大多数是正确的,但也有不妥之处,如:释"㞢"字(祭名之"侑"或有无之"有")作"之"等。

索引是按笔画顺序编排可以隶定的字和词,然后把不能隶定的字、词,分为卜人、人名、地名、室名、方国等项,加以排列。在各字、词之下标出其出现在本书之号数,这对读者查找材料比较方便。

严一萍在台北艺文印书馆第一次重印此书所写的序言中,指出书中可以缀合、重出、误合的片号如下:

1. 可以缀合的甲骨:26+27、28+29、34+38、40+41、68+724、75+76、77+91+92、87+93、200+226、240+233、259+343、398+485+718、410+431、403+424、275+484、534+535、544+629、669+672、725+726、794+795+849。

2. 重出之甲骨:171与575、320与441。

3. 第 600 片,是两首甲所误合,应分之为二片。

本书的评论,见[日]保坂三郎:《评〈甲骨文录〉》,载《史学》第十六卷四号,1938 年。

29. 甲骨卜辞七集
(*Seven Collections of Inscribed Oracle Bone*)

[美]方法敛摹,白瑞华校。1938 年美国纽约出版,影印本,一册。又,1966 年 6 月收入台北艺文印书馆影印的《方法敛摹甲骨卜辞三种》一书中。

全书收甲骨摹本五百二十七片。所录甲骨来源于七家:

一、天津新学书院二十五片,为王懿荣旧藏。

二、前上海皇家亚细亚学会博物馆一百九十五片,这批甲骨已为《殷契拾掇》所著录。

三、柏根氏旧藏七十九片,后归前济南广智院,经明义士将拓本影印并重加摹写,编录为《柏根氏旧藏甲骨文字》出版。

四、美国普林斯顿大学藏一百十九片,拓本著录于 1976 年出版的《美国所藏甲骨录》中。

五、卫理贤旧藏七十二片,后归瑞士民俗博物馆,实物照片已为饶宗颐著录于 1958 年出版的《海外甲骨录遗》中(发表六十八片),刊香港大学《东方文化》第四卷第一、二期。

六、临淄孙氏所藏三十一片,其中十四片的拓本发表在胡厚宣的《临淄孙氏旧藏甲骨文字考辨》一文中,刊《文物》1973 年第 9 期。

七、伦敦皇家亚细亚学会所藏六片。

关于第六部分临淄孙氏所藏甲骨,学术界有不同看法。1937 年,明义士认为其中有三片可疑。后来董作宾、陈梦家[①]、严一萍[②]均认为是仿刻的伪作。胡厚宣在 1973 年的文章中认为,这批甲骨"全部为真,没有一片是伪的,也没有一片是仿刻的伪品"[③]。

我们认为,胡氏的意见比较正确。

30. 天壤阁甲骨文存

唐兰著。1939 年(民国二十八年)4 月北京辅仁大学出版,编为辅仁大学丛书之一,线装,二册。

---

① 陈梦家:《殷虚卜辞综述》,第 672 页,1956 年。
② 严一萍:《甲骨卜辞七集中孙氏藏甲骨的真伪问题》,台湾《中国文字》第五十二册,1974 年 6 月。
③ 胡厚宣:《临淄孙氏旧藏甲骨文字考辨》,《文物》1973 年第 9 期。

上册包括自序、拓本图版（收甲骨一百零八片）、检字。下册为考释，将一百零八片甲骨依次考释。

本书甲骨为王懿荣旧藏，时代大多数是第一期，少数是第二期和第五期。拓本依干支、贞旬夕、卜雨、祭祀、受年、征伐、往来、田猎、生育、其他等项排列。每片甲骨均有摹本和释文。作者对某些卜辞还作了详细考释。

考释中有不少创见，如：第 30 片释文，释更为语词，读如惠，其义与惟字同；第 42 片释文，释 ᛋ ᛈ 为寻之古文，谓卜辞 ᛋ 象两臂与杖齐长，当为寻丈之寻。《大戴·王言》："舒肘知寻。"《小尔雅》："寻，舒两肱也。"古尺短，伸两臂为度，约合八尺。

本书的评论，见陈梦家：《读〈天壤阁甲骨文存〉》，载 1939 年（民国二十八年）9 月北平图书馆《图书季刊》新一卷三期；魏建功：《读〈天壤阁甲骨文存及考释〉》，载 1939 年（民国二十八年）11 月 12 日重庆《中央日报》"读书"第三号；储皖峰：《评〈天壤阁甲骨文存〉》，载 1939 年（民国二十八年）12 月《辅仁学志》八卷二期。

31. 殷契遗珠

金祖同著。1939 年（民国二十八年）5 月上海中法文化出版委员会出版，编为孔德图书馆丛书第一种，线装，三册。又，1974 年台北艺文印书馆重印。

全书著录甲骨一千四百五十九片。

上册收拓本七百零六片（1—706 号），前有郭沫若、罗振玉及作者序各一篇。下册收拓本七百五十三片（707—1459 号）。发凡一册（即释文）。

本书拓本为日本六家所藏甲骨之精品：

一、河井荃庐氏藏三百三十七片，上册 1—337 号；

二、中村不折氏藏二百八十三片，上册 338—620 号；

三、堂野前种松氏藏八十六片，上册 621—706 号；

四、中岛蠔叟氏藏一百二十七片，下册 707—833 号；

五、田中救堂氏藏二百零二片，下册 834—1035 号；

六、三井源右卫门氏藏四百二十四片，下册 1036—1459 号。

除三井氏拓本外，其余五家都是金氏在日本所手拓者。全书拓本清晰。

书中著录的卜辞，按卜事归类，其次序：卜祭、卜牲、田游、风雨、受年、征伐、卜旬、卜夕、卜王、卜疾、杂卜、干支。各类卜辞以五期书体先后排列。

本书释文，作者是选择拓本之模糊者或拓本虽清晰，但有新解的卜辞加以考释。若其文字意义明确，笔画清楚者则从略。

本书的评论，见陈梦家：《评〈殷契遗珠〉并论罗氏前编的来源》，载 1940 年（民国二十九年)3月北平图书馆《图书季刊》二卷一期;孙海波:《评〈殷契遗珠〉》,载1940年(民国二十九年)2月《中和》一卷二期。

32. 铁云藏龟零拾

李旦丘编。1939年(民国二十八年)5月上海中法文化出版委员会出版,编为孔德图书馆丛书第二种,珂罗版影印拓本,线装,一册。

全书包括序、凡例、拓本图版(著录甲骨九十三片)、考释、追记。

编者在序中谓:"去夏,吾友金祖同携会稽吴振平先生所藏甲骨拓墨九十三片来寄存馆中,且嘱余为之考释……按吴氏所藏甲骨,本铁云旧物,其中数片已见《铁云藏龟》,然多半系未经著录者,今得公诸于世,其于学术岂无小补。"

凡例中谓:"本编拓片为数不多,故未加分类编号,次序悉依吴氏之旧。"

本书甲骨大多为卜甲,少部分为卜骨。时代大多是第一、二期,少数为第三、四期,没有第五期卜辞。

编者将九十三片甲骨逐片考释。考释中有些不妥之处,如:第30页,释"河"为"没"等。

本书有九片甲骨,已见于《铁云藏龟》,片号如下:

《铁零》	《铁》	《铁零》	《铁》
11	178.3	50	12.2
26	146.1	53	12.2
29	40.4	64	261.3
32	14.4	81	263.3
33	105.1		

本书的评论,见陈梦家:《评〈铁云藏龟零拾〉》,载1939年(民国二十八年)12月北平图书馆《图书季刊》一卷四期;孙海波:《评〈铁云藏龟零拾〉》,载1940年(民国二十九年)2月《中和》一卷二期;唐兰:《评〈铁云藏龟零拾〉》,载1941年(民国三十年)7月《文史杂志》一卷七期。

33. 甲骨叕存

曾毅公编著。1939年(民国二十八年)11月齐鲁大学国学研究所出版,线装,一册。

全书包括序、凡例、拓本、释文。

序有两篇，一是孙海波作，一是作者自序。孙氏序谈到缀合工作的重要性，谓："甲骨为物其质脆弱，沈埋既久，掘采不慎，易致损折。以故近年出土之卜辞虽多，什九皆残泐之片，求其完好无缺者稀若星凤。夫欲据卜辞以订正古史，必当综合比较，观其会通，而后考证之功始有所施。乃若残泐之版，片辞只字，董理殊难，此所以叕合卜辞视著录为尤要焉。"

全书缀合的甲骨为七十五片（卜甲十八片，卜骨五十七片），取材于《铁》、《拾》、《铁零》、《戬》、《前》、《后》、《续》、《菁》、《簠》、《林》、《明》、《燕》、《佚》、《卜通》、《粹》、《文录》等十六种书。拓本之排列是先卜甲后卜骨，在这两类中又按五期之先后为次。每片甲骨之下标明号数，并于号数之下注明残片出自某书、某卷、某页、某片。

各版释文之排列以卜日先后为次，无卜日者，则自下而上排列。

本书之排列，基本上是正确的。但也有少数片因分期不确，次序排得不大恰当。如：第40、41两片卜骨是第四期，但本书排在第一期之后、第二期之前；第7片是武丁时代的"自组卜甲"，排于第二期至三期之间。

《甲骨叕存》是收录甲骨缀合片的第一部专书，它的出版，表明甲骨学界对甲骨缀合工作的重要性予以充分重视，同时也推动了此项工作的进展。

本书的评论，见孙海波：《评〈甲骨叕存〉》，载1940年（民国二十九年）2月《中和》一卷二期。

34. 金璋所藏甲骨卜辞
(*Hopkins Collection of the Inscribed Oracle Bone*)

［美］方法敛摹，白瑞华校。1939年（民国二十八年）美国纽约影印本，一册。又，1966年6月收入台北艺文印书馆影印的、由严一萍编的《方法敛摹甲骨卜辞三种》一书中。

全书摹录甲骨之编号为1—743号。但此书空号缺片很多，据董作宾的《方法敛博士对于甲骨文字之贡献》一文指出，共缺266号，故全书实际只摹录甲骨四百七十七版。

本书所收甲骨，有少量是伪刻的，如123、457等片。

本书的评论，见孙海波：《评〈金璋所藏甲骨卜辞〉》，载1940年（民国二十九年）2月《中和》一卷二期。

35. 诚斋殷虚文字

孙海波编著。1940年（民国二十九年）2月北京修文堂出版，珂罗版影印，线装，一册。

全书包括作者序、孙诚温序、拓本、考释。

作者序云:"民国二十八年春,冀县孙实君(诚温)南游沪渎,得甲骨墨本数册以归,既启视,乃杨天锡氏之所蒐集,皆新出未录之品,意甚珍惜,将谋梓板流传,因属予为之,斥其重复,撮其菁英,得五百版,稍加编次著于篇。"这五百片甲骨,时代包括第一期至第五期。拓本排列依干支、农业、旬夕、天气、祭祀、田猎、生育、人名、方国、贞人名、卜王、其他等项为次序,其中以天气、祭祀、田猎等内容的拓本较多。作者将甲骨逐片考释。

36. 中央大学史学系所藏甲骨文字

李孝定编著。1940年(民国二十九年)8月出版,石印本,线装,一册。

全书包括金毓黻题记、李孝定摹本、蒋维崧释文。

本书著录甲骨二百五十二片。但164、179、235三号缺,18、37、64、102、141、169、193七片无字,实际有字甲骨二百四十二片。多为刘铁云旧藏,少量为叶玉森故物。以卜甲为主,少数卜骨,均属小片。时代以第一期为多,少量为第二、三、四期,无第五期之物。

本书所摹的甲骨,错漏颇多。后来胡厚宣又把这批甲骨,收进《甲骨六录》中,除了另行摹本、释文外,还发了拓本。

37. 双剑誃古器物图录

于省吾编著。1940年(民国二十九年)11月出版,影印本,线装,二册。又,1976年台北艺文印书馆翻印本。

第一册(卷上)包括作者序、目录、图版。第二册(卷下)全为图版。

两册共著录铜、石、玉、甲骨、陶五类器物九十七种。其中铜器六十八种,石器九种,玉器六种,甲骨类八种,陶类六种。时代从殷、周、战国至汉、魏、宋。

殷代刻辞甲骨四片,即武丁时期卜甲三片,武乙时期卜骨一片,刊于第二册32、33、34页。

38. 河南安阳遗宝

[日]梅原末治编著。1940年(日本昭和15年)出版,影印本,一册。日文版。又,1984年收入梅原末治《考古图录集》第7种。

全书包括:一、序说;二、调查经过;三、遗迹的概观;四、流落各地的安阳出土物的性质观；五、利器（兵器）类；六、彝器附镕范；七、石制品及玉器；八、雕牙骨器类；九、后记。

图版九十七版，均属安阳出土的殷代文物照片，包括甲骨、铜器（容器、兵器）、陶器、石器、骨角器、贝……等。

本书图版1—12是甲骨照片，共一百四十四片。

第1版，卜甲一片，金州岩间也氏藏。第2版，甲骨十五片，京都帝国大学文学部陈列馆藏。第3—12版，一百二十八片，东方文化学院京都研究所藏。这些甲骨的拓本，在1959年又收进《京都大学人文科学研究所藏甲骨文字》中。

39. 殷契摭佚

李旦丘编。1941年（民国三十年）1月出版，上海孔德图书馆丛书第三种，珂罗版影印拓本，线装，一册。

全书包括编者序、凡例与诸家著录目、释文、拓本图版。

编者在序中谓，1939年春，上海孔德图书馆购得罗振玉藏甲骨拓本千余片，从中选出"其文句之较完整者与乎文字之较值注意者"得一百一十八片，编为《殷契摭佚》。

甲骨多属小片，时代以第一期武丁时的为多，第三、五期次之，第二、四期数量较少。

拓本按祭祀、贞夕、贞旬、田猎、征伐、农业、杂卜等项排列。

释文多数是正确的。但李氏把"工"字释为"示"，"多工"释作"多示"，则是错误的。

本书有几片重见于《殷虚书契前编》、《后编》，其号如下：

《摭佚》	88	《后下》	5.15
《摭佚》	61	《后下》	23.3
《摭佚》	91	《前编》	7·21·4
《摭佚》	114	《前编》	6·3·5

40. 甲骨六录

胡厚宣著。1945年（民国三十四年）7月，成都齐鲁大学国学研究所专刊之一，一册。又，收入《甲骨学商史论丛》三集中，石印拓本，线装，二册。1983年台北大通书局翻印本。

全书载六家所藏甲骨六百七十片，先刊拓本、摹本，再释文；但《双剑誃》只有摹本、释文。

一、著　录

胡氏在序中谓："……会二十九年(1940年)辞研究院来四川,讲授之暇,于公私所藏,乃尽力搜访,数年之间,凡得五家,都五六百片,施以墨拓,副以摹录,加以考释,更益以双剑誃近在北平所发布之三甲,共六家,编为一集,颜曰《甲骨六录》……书中所录材料,以数量言,虽不甚多,然其记事之辞,刻画之例,龟卜之制,四兄之称,皆极为重要。"

六家所藏甲骨简况如下:

一、中央大学所藏甲骨文字,36页,刊甲骨二百七十七片。为刘铁云旧藏,今归南京大学。这两百多片,以卜甲为多,少部分卜骨,均属小片。其中第一期甲骨有二百四十多片,第二期、第三期各十多片,第四期二片,无第五期之物。

二、华西大学所藏甲骨文字,3页,刊甲骨十六片。十二片卜甲,四片卜骨。其中十四片为第一期,二片为第二期。

三、清晖山馆所藏甲骨文字,28页,刊甲骨二百零一片。陈钟凡所藏,为刘铁云旧物。大多数是卜甲,少部分是卜骨,多属小片。第一期的一百五十多片,第二期约二十五片,第三期十六片,第四期一片,无第五期甲骨。亦编入1956年董作宾《殷虚文字外编》中。

四、束天民氏所藏甲骨文字,21页,刊甲骨一百四十九片。现归复旦大学。以卜甲为多,卜骨少量。第一期甲骨约一百三十多片,第二期和第三期甲骨各数片,无第四、五期之物。

五、曾和寯氏所藏甲骨文字,6页,刊甲骨二十四片。绝大多数属第一期,个别为第二、三期,无第五期之物。

六、释双剑誃所藏龟甲文字,9页,刊卜甲三片,属武丁时期。其中二、三两片可以和《乙编》YH127坑之卜甲缀合,推测双剑誃这三片卜甲可能也是YH127坑所出。

41. 战后平津新获甲骨集

胡厚宣著。1946年(民国三十五年),成都齐鲁大学国学研究所专刊之一。又,收入《甲骨学商史论丛》四集中,石印甲骨摹本,线装,二册(五月出版第一册,七月出版第二册)。

第一册包括总目及第一册目录、《元嘉造像室所藏甲骨文字》、《颂斋所藏甲骨文字》,先刊摹本,再释文。

《元嘉》刊甲骨二百七十片,为安阳谢午生旧藏,现一部分已售归香港大学平山图书馆。武丁时期之甲骨有一百九十六片,祖庚、祖甲时期四十一片,廪辛、康丁时期二片,武乙、文丁时期一片,帝乙、帝辛时期二十九片。内容包括祭祀、征伐、天气、田猎、农业、卜旬、记事刻辞、王事等。

《颂斋》刊牛胛骨十三片,为容庚旧藏,胡氏认为均是廪辛、康丁时期之物(实际上第二片应为武乙卜辞)。有三片内容是关于祭祀的,一片卜雨,其余均为田猎卜辞。

第二册包括目录、《双剑誃所藏甲骨文字》。

《双剑誃》刊甲骨二百五十四片,为于省吾旧藏。武丁时期一百二十片,祖庚、祖甲时期四十六片,廪辛、康丁时期十六片,武乙、文丁时期十四片,帝乙、帝辛时期五十八片。内容包括祭祀、农业(受年)、征伐、卜旬、田猎等。

《元嘉》《颂斋》所藏甲骨,后来均以拓本编入《甲骨续存》上册,《双剑誃》之甲骨则以摹本编入《甲骨续存》下册。

42. 龟卜

金祖同编著。1948(民国三十七年)1月上海温知书店影印本,线装,一册。又,1974年台北艺文印书馆翻印《殷契遗珠》,将《龟卜》附于该书之后。

全书包括郭沫若序、拓本图版(收甲骨一百二十五片)、跋、校勘记。

金氏在跋中谓:"予既自河井荃庐氏所赠三井源右卫门氏藏契墨本中选辑四百二十八片编入殷契遗珠,今又自丛残中检出'龟卜百二十五片'者,加以诠次,辑为此集,仍原名曰:龟卜百二十五片,存其真也。""其间虽与《书契前编》《龟甲兽骨文字》《殷契遗珠》三书有重出者,而未之前见者亦几及半。至前编及林书有剪失者,此均得存其真,此则是书之足以自存自见者也"。

本书拓本之排列,以类为次。金氏将其分为征伐、田猎、先公先王、祭祀、用牲、卜旬、卜夕、卜雨、习语、干支、杂存十一类。甲骨以卜甲为主,卜骨次之。时代以第五期为主,第一期次之,第二、三、四期极少。

校勘记将本书与《遗珠》、林书重出之片号作了对照。

43. 殷虚文字甲编

小屯(河南安阳殷墟遗址之一),第二本,中研院历史语言研究所中国考古报告集之二。1948年(民国三十七年)4月商务印书馆出版,八开本,一册。又,1976年中研院历史语言研究所重印本。

总编辑李济,编辑梁思永、董作宾,编著者董作宾。董作宾作序、李济作跋。

图版329幅,收录甲骨三千九百四十二片,除少数朱书影印外,全部为拓片。图版号之下,每片都附有发掘次数及原编号。

董氏序着重介绍书中收录的甲骨是历史语言研究所在殷墟第一次到第九次发掘所获。对各次发掘时间、次数及甲骨实物登记号与本编拓片号、出土地点等,作一对照表。

一、著　录

书中收录的拓本计：甲二千五百十三片，骨一千四百二十五片，加上三件兽头刻辞及一件鹿角器，共三千九百四十二片。

序中分别对下述几个问题作了阐述：一、断代研究法的启示；二、对以前著录的甲骨文字出土地的推求；三、甲骨文字在地下埋藏情况；四、确证遗址遗物的年代。

序文又发表于《中国考古学报》第四册，1949年12月。

李氏跋主要对董氏序中所说第四次发掘的E16坑，谈了一些发掘现场情况及看法。

本书收录的甲骨，是科学的发掘材料，作者在编著时，注意到田野发掘情况，每片皆附有发掘次数与原编号，使读者利用这批材料感到方便和可靠。但由于没有详细注明坑号层次，对复原各坑甲骨不便。

本书的评论，见高景成：《〈殷虚文字甲编〉略评》，《光明日报》1950年4月2日。

44. 殷虚文字乙编

小屯（河南安阳殷墟遗址之一），第二本，中研院历史语言研究所中国考古报告集之二。八开本，全三册。分上、中、下三辑，上辑，1948年10月（民国三十七年）商务印书馆出版；中辑，1949年3月（民国三十八年）商务印书馆出版；下辑，1953年12月历史语言研究所出版。又，1956年3月下辑列为中国社会科学院考古研究所特刊第四号，由科学出版社出版。1994年6月历史语言研究所重印本（上、中、下三册）。

总编辑李济，编辑梁思永、董作宾，编著者董作宾。上辑有董作宾序。

上辑，1—400页，拓本1—3472号，登记号13·0·1—13·0·7275号。中辑，401—800页，拓本3473—6272号，登记号13·0·7276—13·0·13349号。下辑，801—1200页，拓本6273—9105号，登记号13·0·13350—15·2·50号。

三辑全部为拓本，共收录甲骨九千一百零五片。极少数朱书者为影印。每片编号下皆附有坑位登记号。

本书收录的甲骨是历史语言研究所在殷墟第十三次到第十五次发掘所获。这三次所得，以第十三次占大多数，而第十三次中又以YH127坑龟甲占多数。这几次所获甲骨情况是：第十三次，甲13·0·1—13·0·17766，骨13·2·1—13·2·48；第十四次，甲14·0·1—14·0·2，骨（无）；第十五次，甲15·0·1—15·0·549、骨15·2·1—15·2·50。三次合计甲一万八千三百零七片，骨九十八片。

《乙编》的材料数量，超过《甲编》数倍。出土坑位明确，内容新颖丰富，研究价值在《甲编》之上。

对本书拓本的粘对、排列工作，先后由屈万里、李孝定及张秉权担任。

在《乙编》序末,列了《本编登记号与坑位对照表》,使读者对该书各片甲骨的出土坑位有清楚的了解。

董作宾在序中重点介绍了 YH127 坑所出一万七千零九十六片甲骨文字资料,并分别对坑位和出土、包含时代、刻划卜兆的龟版、毛笔书写的字迹、硃与墨、改制的背甲、武丁大龟及甲桥刻辞等八个方面作了研究。尤其是以该坑为基础,着重对文武丁时代的卜辞提出了新的见解。以"揭穿了文武丁时代卜辞的谜"为中心,根据文武丁时代的甲骨文字特征、历法及祀典的特点、贞人、卜贞例、卜贞事类及三代一癸和五世四戊等,提出文武丁卜辞"复古之说"。将《断代例》认为武乙、文武丁不录贞人时期,改变为将"扶、自、余、子、勺、鼐、史、幸、卣、叶、我、车、万、彶、匡、㽙、取"等十七个贞人,统归于文武丁时代。董氏提出文武丁卜辞"复古说"后,甲骨学界基本上分为两种看法:一种以董氏等为代表,将扶等十七个贞人统归文武丁时代;另一种以陈梦家、贝塚茂树等为代表,将上述卜辞归入武丁时代。经过多年的讨论,现在学术界都采纳后一种观点。

45. 甲骨缀合编

曾毅公编著。1950 年修文堂书房出版,线装,二册。

目次包括容庚序、陈梦家序、作者自序、凡例、附图(拓本)、缀合编摹本三百九十六片(包括其他学者的缀合成果)。

本书缀合的三百九十六片中,版片特大者,则缩小若干,未见著录的拓本,附拓影于编首,共七十二片。缀合各片的排列略以王号、祭祀、方国、地名、天象、田猎、卜年、卜旬、卜夕、卜日及甲子表为序,复以时期定先后。对每片所缀合者,标以号码,并注明出自某书、某卷、某页、某片号等。作者进行缀合工作,用力甚勤,成绩卓著,为甲骨学研究提供了许多有价值的资料。但不足之处是:一、据拓本所缀,缀错者不少;二、收录书中的特大片甲骨,因缩小过多,有所失真。

本书的评论,见徐宗元:《甲骨缀合编》,《燕京学报》三十九期,1950 年 12 月。

46. 殷契摭佚续编

李亚农(且丘)编著。中国科学院考古研究所特刊第一号,1950 年 9 月商务印书馆印行,线装,一函一册。

目次包括自序、图版、释文三部分。

本书收录甲骨拓本三百四十三片。另外,有六片(344—349 号)是骨器残片,因其上

一、著　录

刻有花纹,故附于甲骨拓本之后。

本书所收甲骨拓本的来源:一部分是画家顾青瑶所藏,后归孔德研究所;一部分是购自上海古董商人。这批甲骨,据陈梦家《殷虚卜辞综述》一书第 656 页所记,现归上海博物馆。甲骨拓本除一——三号为大片外,其余多属小片,按类分为:祭祀、用牲、食货、田游、征伐、天象、贞夕贞旬、杂卜八项。

本书收录的甲骨,各时期皆有,但主要是以康丁、武乙、文丁时期为主,而且骨多甲少。

47. 战后宁沪新获甲骨集

胡厚宣编著。1951 年 4 月来薰阁书店出版,线装,三卷二册。

目次包括序言、述例、图版。全书共收录甲骨一千一百四十三片,并附著者关于甲骨学专著十二篇、论文三十二篇的篇名目录。

本书为战后新获甲骨集之二,因是在宁、沪两地所得,故名《宁沪》。分为三卷:卷一,收录甲骨六百八十八片;卷二,收录甲骨一百六十六片;卷三,收录甲骨二百八十九片。全部为摹本。

甲骨以时代为序,即:第一期盘庚、小辛、小乙、武丁;第二期祖庚、祖甲;第三期廪辛、康丁、武乙、文丁;第四期帝乙、帝辛。各期甲骨,以类别分为气象、农产、祭祀、田猎等项。

本书收录的甲骨共三批。一部分传为 1940 年前后安阳出土的一大坑甲骨,作者收其中六七百片,编为卷一。这批甲骨片大字多,其时代多属廪、康、武、文时期,大约出在小屯村中。一部分是作者 1946 年收买的约一百六七十片,编为卷二。这批甲骨与罗振玉早年收得者相类,大约出土在小屯村北,多属武乙与帝乙、帝辛时期。另一部分是作者在宁沪间零星收集,共二三百片,编为卷三。

作者对一些同文卜辞列举了一部分实例,使读者对此问题加深了了解。

48. 殷契拾掇

郭若愚编著。1951 年 8 月上海出版公司出版,线装,一册。

目次包括陈梦家序、自序、图版。收录拓本五百五十片。

据陈序所述,本书收录的一些甲骨,是出在小屯,为叶叔重收购的一坑甲骨,后由胡厚宣收录在《战后宁沪新获甲骨集》中,最后归清华大学收藏。在自序中,作者介绍了本书收录的七家甲骨来源与归宿:

一、上海亚洲文会博物馆藏甲骨文字。这批甲骨,吉卜生于1934年在《中国杂志》第二十一卷第六号上发表过摹本;1938年《甲骨卜辞七集》中也收录过。作者1948年春墨拓一百七十六片,收录于本书,即1—8页,1—176片。

二、上海市立博物馆藏甲骨文字。共收藏甲骨一千二百片,全部为刘铁云旧物,比较有研究价值的均收入《殷契佚存》一书。1948年又拓二百零二片,收录于本书,即8—19页,177—378片。

三、智龛自藏甲骨文字。1948年收购千片,经缀合,选收七十二片,即本书20—34页,379—453片。

四、胡厚宣藏甲骨文字。从胡氏所藏万片中精选十片,其中四片已归严一萍收藏,即本书35—39页,454—463片。

五、王懿荣旧藏甲骨文字。共二片,由方豪氏收藏,已收入《天壤阁甲骨文存》(第24、91片)中,即本书40页,464—465片。

六、刘铁云旧藏甲骨文字。因《铁云藏龟》一书石印,拓本模糊不清,故本书从上海市立博物馆藏骨与自藏的拓本中选取八十五片,即本书41—44页,466—548片。

七、孔德研究所旧藏甲骨文字。所收二片,为本书中最大者,曾在《殷契摭佚续编》收录,即本书45—46页,549—550片。

49. 战后南北所见甲骨录

胡厚宣编著。1951年11月来薰阁书店出版,线装,全三册。

目次包括:诗题、作者自序、图版。共收录甲骨三千二百七十六片,全部为摹本。

本书收录的甲骨来源:

一、辅仁大学藏甲骨文字。13页,收录一百零七片。这批甲骨又发表在1973年台湾《中国文字》第五十册。

二、诚明文学院藏甲骨文字。10页,收录九十一片。原为戬寿堂旧藏,先归武进同乡会,后归诚明文学院,现藏上海博物馆。

三、上海市文物保管委员会藏甲骨文字。12页,收录一百五十七片。

四、南京博物院藏甲骨文字。1页,收录四片。

五、无想山房旧藏甲骨文字。22页,收录五百零九片。这批甲骨即冬饮庐所藏,拓本发表于1967年6月台湾《中研院历史语言研究所集刊》第三十七本。现藏台湾中研院历史语言研究所。

六、明义士旧藏甲骨文字。100页,收录八百十七片。现已为许进雄收录在《殷虚卜辞后编》中。

一、著　录

七、《南北师友所见甲骨录》。分二卷：卷一,19页,二百零四片；卷二,29页,二百七十一片。

八、《南北坊间所见甲骨录》。分五卷：卷一,7页,一百十一片；卷二,14页,二百零八片；卷三,8页,一百四十四片；卷四,15页,五百五十六片；卷五,11页,六十七片。

本书为战后新获甲骨集之三。

各篇所录甲骨以时代为序；各期再分类,共分为来源、气象、农产、祭祀、神明、征伐、田猎、刍鱼、行止、占卜、营建、梦幻、疾病、死亡、吉凶、灾害、诸妇、多子、家族、臣庶、命唤、成语、纪数、杂类等二十四项。其时代分为四期,即：第一期盘庚、小辛、小乙、武丁；第二期祖庚、祖甲；第三期廪辛、康丁、武乙、文丁；第四期帝乙、帝辛。作者将所收录三千二百七十六片甲骨的来源、现存情况,一一作了介绍,为读者研究提供了方便。

另外,1973年在小屯村南地所发现的一片甲骨,即《屯南》2951与《南明》第536片为一骨之折。由此更能证实明义士所藏的一部分甲骨,其出土地应为小屯村南地一带。

50. 殷契拾掇二编

郭若愚编著。1953年3月来薰阁书店出版,线装,一册。

目次包括自序、图版。共收录甲骨四百九十五片。

本书收录二十五家所藏甲骨。即：

一、北京图书馆藏,1—5页,1—49片；

二、南京博物院藏,6页,50—53片；

三、上海市文物管理委员会藏,7—10页,54—87片；

四、浙江省文物管理委员会藏,10页,88—96片；

五、浙江省立图书馆藏,11页,97—108片；

六、沈曾植旧藏,12页,109—122片；

七、张丹斧旧藏,13—14页,123—133片；

八、陈伏庐旧藏,15页,134—148片；

九、龚心钊藏,16—17页,149—151片；

一〇、黄宾虹藏,17页,152片；

一一、陈器成藏,18页,153—156片；

一二、严一萍藏,19页,157片；

一三、刘体智藏,19—21页,158—159片；

一四、陈伯衡藏,22 页,160—173 片;

一五、边政平藏,23 页,174—184 片;

一六、张彦生藏,23 页,185 片;

一七、孙叔仁藏,24—25 页,186—188 片;

一八、金祖同藏,25 页,189—190 片,

一九、刘华瑞藏,26—28 页,191—215 片;

二〇、童大年藏,28 页,216—217 片;

二一、吴进恩藏,28 页,218 片;

二二、杜亚贻藏,29 页,219—240 片;

二三、潘盃盦藏,30—33 页,241—340 片;

二四、智龛自藏,34—39 页,341—436 片;

二五、智龛藏本,40—50 页,437—495 片。

以上全部为拓本。

著者在序中介绍了手头拓本与印行的摹本(主要是《宁沪》、《南北》二书之比较),发现许多片有夺字、错讹的情况,并予以缀合。这一部分作者花费了较大的功力,为读者提供了方便。其次,作者对本书中一些重要资料的特点,如关于人头骨刻辞、四方风名刻辞、殷奭的补充、最大牛胛骨及洹水对殷代迁都的关系等,都作了简要的论述。收录的这批甲骨拓本,比摹本准确,这样就较好地恢复了甲骨的原貌。

51. 台湾大学所藏甲骨文字

董作宾编著。载 1953 年 5 月《台湾大学文学院考古人类学刊》第一期。又,收入 1977 年 11 月台北艺文印书馆出版的《董作宾先生全集》甲编第二册中。

共收录甲骨拓本六片,其中一片为背文。每片都有考释。

这批甲骨原系厦门大学中国文化研究所藏,后来收在胡厚宣 1955 年编著的《甲骨续存》一书中。其中 1—5 号分别是《续存》412、89、348、1 074、1 979 诸片。

52. 战后京津新获甲骨集

胡厚宣编著。1954 年 3 月群联出版社出版,线装,四册。

目次包括杨树达序、序要十一条、图版。

本书为战后新获甲骨集之一。各册页数及收录甲骨:第一册,1—70 页,1—1 422 片;

第二册,71—140 页,1 423—3 098 片;第三册,141—210 页,3 099—4 261 片;第四册,211—280 页,4 262—5 642 片。共收录甲骨五千六百四十二片,全部为拓本。

甲骨以时代为序,分四期:1—3 160 片为第一期,即盘庚、小辛、小乙、武丁四王,其中 1—2 907 片为武丁时期,2 908—3 160 片疑皆属于武丁以前,或为盘庚、小辛、小乙时之物,而 3 115—3 160 片或以为武乙、文丁之物。3 161—3 802 片为第二期,即祖庚、祖甲二王。3 803—4 986 片为第三期,即廪辛、康丁、武乙、文丁四王。4 987—5 642 片为第四期,即帝乙、帝辛二王。

同期甲骨,以类为次,依其性质,分来源、气象等二十四项。

本书的一些重要材料,如 5281、5282 人头骨刻辞、四方风、中商卜辞,以及五种记事刻辞等,作者都进行了详细统计。

本书拓本与《粹编》一书重见者较多。

53. 钞本武乙卜辞十一版

董作宾编著。载 1954 年 9 月台湾《大陆杂志》第九卷第二期。又,收入 1977 年 11 月台北艺文印书馆出版的《董作宾先生全集》乙编第三册中。

收录十一片甲骨,作者认为全部为武乙时代的卜辞,皆为未画出甲骨边缘的摹本。

作者认为王、卜等字,字体是沿袭第三期的风格,戋字是武乙时代专用。

从这十一片卜辞字体风格看,如更、王等字,都为康丁卜辞的特点。但戋字不只武乙时代专用,在康丁卜辞中已多见。故这批卜辞不全是武乙卜辞,有一部分可能属康丁卜辞。

54. 殷虚文字缀合

郭若愚,曾毅公,李学勤编著。中国科学院考古研究所编辑,考古学专刊乙种第一号。1955 年 4 月科学出版社出版,八开本,一册。

目次包括郑振铎序、编者附记、图版收录甲骨(二百四十一幅)。

本书是用《甲编》、《乙编》的拓本进行缀合的。1—324 号为郭若愚缀合,325—482 号为曾毅公、李学勤缀合。每幅图版还标出各缀合片之部位及原来的编号,使读者能了解缀合甲骨片的全貌。

本编由于根据拓本缀合,其中有少部分与实物不符;复原的程度不如《丙编》完整,缀合的甲骨也不如《丙编》多。但是也有一些缀合,是《丙编》所没有的。

55. 甲骨续存

胡厚宣编著。1955年12月群联出版社出版，十六开本，分上、下编共三册。

目次包括自序、凡例、图版。上编二册，收录甲骨拓本二千七百五十五片；下编一册，收录摹本九百九十八片。

本书体例仿《京津》、《宁沪》、《南北》三书。所收甲骨以时代为序，同一时代，依其性质再分类。因收录的家数众多，采用混合编排方法。上编全部为拓本，下编全部为摹本。甲骨时代分四期：第一期包括上编1—1 465片、下编1—598片，即盘庚、小辛、小乙、武丁四王之物。其中上编1—1 442片、下编1—578片当为武丁时物；上编1 443—1 465片，下编579—598片疑为武丁以前的盘庚、小辛、小乙时物。第二期包括上编1 466—1 727片、下编599—730片，即祖庚、祖甲之物。第三期包括上编1 728—2 270片、下编731—861片，即廪辛、康丁、武乙、文丁四王之物。第四期包括下编2 271—2 755片、下编862—998片、即帝乙、帝辛之物。

作者对本书一些特殊的甲骨，如：据下编166片记载，考证殷人施用粪肥问题，又对杀人祭祖、征伐、田猎等按类别进行了详细、全面的统计。

书后附《采录资料索引表》，介绍所录四十家甲骨收藏者的名称及片数。

56. 殷虚文字外编

董作宾编著。1956年6月台北艺文印书馆出版。又，收入1977年11月台北艺文印书馆出版的《董作宾先生全集》乙编第七册。

目次包括严一萍序、图版（收录甲骨四百六十四片）、严一萍释文。

本书是收辑十四家所藏甲骨拓本编纂而成，即：

一、历史博物馆，1—29号，旧藏原骨二十版；

二、中研院，30—75号，购自南京，原骨四十五版；

三、何春畲，76—94号；

四、刘铁云旧藏，95—109号，由商锡永借拓，原甲骨一五版；

五、何叙甫，110—144号，202—227号；

六、沈麈庐，145—171号，在苏州购自刘铁云旧藏甲骨二十五版；

七、梁思永，172—175号，任公旧藏甲骨四版；

八、徐旭生，176—188号，购于西安十三版，现已归公；

九、庄慕陵,189—196号,旧藏七版;

一〇、陈中凡,197—201号,228—418号,原甲骨一百七十八版;

一一、历史语言研究所,419—434号,1928年调查殷墟时购得甲骨标本十六版;

一二、商承祚,435—451号,原铁云旧藏十五版;

一三、李玄伯,452—459号,旧藏七版,已归台湾大学,1961年11月由董作宾及金祥恒编著《本系所藏甲骨文字》,发表在《台大文学院考古人类学刊》第十七、十八期合刊;

一四、严一萍,460—464号,购藏原骨四版,现已归公。

这些甲骨是发掘以外所得,由公、私家购藏,虽然零碎,但其内容则五期俱备,也多有罕见之文,而且又都是尚未著录的。

本书特点,除全部为拓本外,每片又皆附其原大摹本,弥补了拓本不清之处,对读者参考比较方便。另外,释文中的隶定又都附在摹本内部或外部,使读者对各片字词顺序有明确了解。

57. 日本所见甲骨录

饶宗颐编著。1956年6月香港大学《东方文化》三卷一期。又,抽印本,三十二开本,一册。

目次包括作者序、图版,选收《东京大学考古学研究室所藏甲骨文字》一百十八片中的五十三片。附图三,即:一、东洋文库及硲伊氏所藏甲骨共三片,皆为影印,并附摹本,其中硲伊氏收藏的一片见《遗珠》第628片。二、甲骨所见的"中子",共十六片,全为摹本,分别为《明》1201、1117,《甲》3281,《粹》408、409,《文录》339、340,《七集》卫70,《东集》孙19,《南北》明192,《后》上8.9,《邺》三下34.10,《续》5·5·6、1·46·5,《宁沪》3·194,《京大》1294诸片。三、甲骨所见之"大子",三片,全为摹本,分别为《乙》7751,《前》4·16·6,《后》下34·8诸片;补记,"论中子、大子"。

本书所录甲骨图版为照相影印,少数几版为摹本,并附考释。对收录的五十三片甲骨的出处,释文中都作了说明。如本书1、4、5、24、25、43号分别为《卜辞通纂》别二13·10、13·13、13·8、13·7、13·11、13·12诸号,使读者能了解这批甲骨的出处。

作者在序中还介绍了日本自林泰辅研究甲骨文以来,学者们的研究情况及日本各地公私收藏甲骨的情况。

58. 巴黎所见甲骨录

饶宗颐编著。1956年12月香港出版,线装,一册。

目次包括作者自序、图版、附录。

图版收录甲骨二十六片,计:一、巴黎大学中国学院所藏甲骨,1—13号,十三片;二、策努斯奇博物馆所藏甲骨,14—22号,九片;三、归默博物馆所藏甲骨,23—26号,四片。附录共有释囹、释贵、释鬻、释舌禳四篇。

本书收录的甲骨全为摹本。作者对每片都作了考释与分期。另外,作者还将本书的甲骨与其他著录进行对照,指出本书中的1、2、3、5号同于《佚存》572、570、525、571,故知是商承祚旧藏之物。又指出另外四片分别与其他著录为同文。但经核对,除本书7号与《前》1·1·1或《续存》下177为同文外,其他数片恐不可靠。

59. 汉城大学所藏大胛骨刻辞考释

董作宾著。载1957年5月台湾《中研院历史语言研究所集刊》二十八本下册。又,收入1977年11月台湾艺文印书馆出版的《董作宾先生全集》甲编第二册。

目次包括前言、释文、考证。

前言中,作者叙述了在汉城大学博物馆发现此大胛骨刻辞的经过。这块大的牛胛骨,大字涂朱,正、反两面均有文字,可称为殷墟书契的精华之一。

释文中除对这块大胛骨正、反两面刻辞进行考释外,并附录了其他著录中记载有"俎于义京"的七片卜辞。

考证中,通过这片刻辞,着重研究了三个问题:一、订补武丁日谱的新资料;二、必分左、右、中的问题;三、关于义京合文的问题。同意郭沫若在《通纂》361、362片考释中认为是合文之说,但不同意郭氏考证的常仪(人名)。董氏认为义京既是合文,又是地名,地在殷之东南,武丁田游所在地。

60. 殷虚文字丙编

小屯(河南安阳殷墟遗址之一)第二本,中国考古报告集之二。台湾中研院历史语言研究所出版,八开本,三辑六册。

总编辑李济,编辑董作宾、石璋如、高去寻,著作者张秉权。

本书有作者自序。

各辑内容和出版情况:

上辑(一),1957年8月出版,图版1—95版,考释1—128页。

上辑(二),1959年10月出版,图版96—196版,考释129—273页。

中辑(一),1962年出版,图版197—301版,考释275—360页。

中辑(二),1965年出版,图版302—410版,考释361—479页。

下辑(一),1967年出版,图版411—512版,考释481—561页。①

下辑(二),1972年出版,图版513—632版,考释1—115页。

1992年中研院历史语言研究所出版《丙编》上、中、下辑的重印本。

《丙编》是由《乙编》及其编余的甲骨拼对复原,重新传拓、编辑,并加以考释而成。本编可说是《乙编》的甲骨复原选集,图版较《乙编》清晰。每册图版、考释同时发表。图版的编排,不按原发掘号顺序,而是采取类聚的办法,尽量使前后图版互相印证。每一图版均附一薄纸,注明缀合部位等,以方便读者与《乙编》对照。

考释内容,每版皆分为释文、考证。在考证上有其特殊点,即实物的描写与文字史实的考诠。考释大部分采用孙诒让、董作宾、罗振玉、王国维等人之说。在这一部分中,标出每版各缀合片之原编号及坑位号,注明时代、骨质特征等,尤其对缀合过程的详尽描述,和对一些文字史实的详细考证,虽给读者提供资料情况甚多,但嫌失之过繁。

在考证中,除了对一些术语一一说明外,值得指出的是作者对成套卜辞、同文卜辞加以比较、分析,并举一些实例加以研究。尤其是成套卜辞的发现,对于研究卜辞内容和考察商代的占卜制度有着重要意义。

总之,《丙编》的出版,对甲骨学、商史研究有着重要的价值。

61. 郑州二里冈

河南省文化局文物工作队编著。中国科学院考古研究所编辑,考古学专刊丁种第七号。1958年8月科学出版社出版,十六开本,一册。

本书主要是整理了1953年至1954年初,在郑州二里冈发掘的商代遗址的全部资料。

二里冈商代文化层中,卜骨普遍存在,出土数量甚多,但皆为碎残片,以牛肩胛骨为多,其中有字的仅见二片,即:

一、在发掘范围内捡到一片失去地层关系的牛肩胛骨,其上刻有:"又土羊,乙丑贞,从受……七月。"此片赵全嘏、裴明相已分别在《新史学通讯》1953年第六号及第十一号专文报导。

二、出于T30,为牛的骨臼部位,其上只有一个"业"字。

以上两片带字的甲骨,均属习刻。

另外,这两片甲骨的情况,在李学勤:《谈安阳小屯以外出土的有字甲骨》一文中也作

---

① 本书中辑(二)考释最后一页号码为479,而下辑(一)考释第一页为481,两者不相连接。

了介绍,见《文物参考资料》1956年第11期。

62. 中国书谱殷商编

严一萍编著。1958年9月台湾艺文印书馆出版。

本书收录甲骨八十八版,多为《甲编》、《乙编》之缀合者。其中也有些材料是甲骨著录中所未见的,如四方风腹甲、武丁大龟缀合等。

63. 海外甲骨录遗

饶宗颐编著。1958年香港大学出版社出版。又,载1961年香港大学《东方文化》第四卷第一至二期。

本书辑录李棪所藏甲骨,以拓本及照片对照。第二部分是德国卫礼贤旧藏甲骨,共七十二片,后归瑞士民俗博物馆,已刊于《甲骨卜辞七集》。这次发表的是实物照片,共六十八片。

64. 京都大学人文科学研究所藏甲骨文字

[日]贝塚茂树辑著。1959年(日本昭和34年)3月日本京都大学人文科学研究所出版,八开本,上、下二册,日文版。1980年日本京都同朋舍再版本。

目次分凡例、图版。

上卷为拓本,图版1—119版,甲骨编号一至一千七百七十七号。其中1—88版,一至一千二百五十号为第一期;89—114版,一千二百五十一至一千六百八十一号为第二期;115—119版,一千六百八十二至一千七百七十七号为第三期。

下卷分拓本、实物照片。拓本图版120—226版,甲骨编号一千七百七十八至三千二百四十六号。其中120—155版,一千七百七十八至二千二百五十七号为第三、四期;156—185版,二千二百五十八至二千五百六十四号为第四期;186—205版,二千五百六十五至二千九百七十七号为第五期;206—225版,二千九百七十八至三千二百四十号为王族卜辞;226版,三千二百四十一至三千二百四十六号为多子族卜辞。

实物照片为227—249版。其中227—231版为第一期,232—238版为第一、三、四期,239—243版为第四期,244版为第五期,245—248版为王族卜辞,249版为王族、多子族卜辞。

本书共收录甲骨三千二百四十六片,图版二百四十九版,其中拓本二百二十六版,照片二十三版。甲骨为黑川幸七、上野精一及贝塚茂树所藏。甲、骨分别编号。甲骨文字,既以时代,又按内容分类收辑。卜辞内容参考各家之说,分为祭祀、求年、风雨、旬夕、田猎、往来、方国征伐、使令、疾梦、卜占、贞人、杂卜十二类。

本书甲骨整理、分类为著者与伊藤道治,编辑为斋藤菊太郎,拓本为贝冢美代。

甲骨时代基本上按董氏五期说,不同点则是创立了"王族"、"多子族"卜辞,并归为第一期,亦即陈梦家《殷虚卜辞综述》中的"𠂤组"、"子组"卜辞。

本书的评论,见金祥恒:《谈〈京都大学人文科学研究所藏甲骨文字〉》,载台湾《大陆杂志》第十九卷三期,1959年8月;赤塚忠《贝塚茂树著〈京都大学人文科学研究所藏甲骨文字〉读后感》,载日本《甲骨学》第八号,1960年3月。

65. 日本散见甲骨文字搜汇

[日]松丸道雄编著。载日本《甲骨学》第七号(1959年3月)、第八号(1960年3月)、第九号(1961年8月)、第十号(1964年7月)、第十一号(1976年6月)、第十二号(1980年8月)。

这批甲骨全为摹本。共收录三十八家藏品五百六十片。

本文连载六次,目的在于汇集日本公私家零星所藏。其中有的甲骨虽已著录发表过,但亦在收录之列。所收集的有:

一、早稻田大学东洋美术馆陈列室(会津纪念馆藏)二十三片,收二十一片,1—25号;

二、谷边橘南氏藏十八片,26—43号;

三、园田湖城氏藏五片,收三片,44—46号;

四、富冈昌池氏藏一片,47号;

五、佐藤武敏氏藏一片,48—49号;

六、东京大学文学院考古学研究室藏一百十九片,收一百十三片,50—165号;

七、小仓武之助氏藏五十三片,166—220号;

八、小林斗庵氏藏三十四片,收三十三片,221—256号;

九、国学院大学文学院考古资料室藏十一片,257—268号;

一〇、早稻田大学高等学院藏七片,收六片,269—275号;

一一、明治大学文学院考古学教研室藏四片,276—279号;

一二、岩井大慧氏藏五片,280—284号;

一三、东京大学教育学院博物馆藏一片,285号;

一四、国立上野博物馆藏二十五片,收二十一片,286—307号;

一五、松谷石歆氏藏二片,308—309号;

一六、八木正治氏藏十四片,310—323号;

一七、白川一郎氏藏八十九片,收四片,324—327号;

一八、庆应义塾大学考古教研室藏二十三片,收二十二片,328—349号;

一九、庆应义塾图书馆藏一片,350号;

二〇、松丸道雄氏藏一片,351号;

二一、不言堂藏十二片,352—363号;

二二、约翰·法丽亚(美国人)藏十五片,364—378号;

二三、明治大学文学院考古学教研室(考古学陈列馆)藏十片,收八片,379—386号;

二四、京都大学文学院考古学教研室(考古学博物馆)藏九十四片,收五十九片,387—445号;

二五、西川静庵氏藏一片,446号;

二六、武藏大学历史研究室藏六片,收五片,447—451号;

二七、东京教育大学东洋史研究室藏七片,452—458号;

二八、小川睦之助氏藏七片,459—465号;

二九、狩野直祯氏藏三片,466—468号;

三〇、桢村清次氏藏一片,469号;

三一、江口宽氏藏三片,470—472号;

三二、河口尚雅堂氏藏七片,473—479号;

三三、三浦清吾氏藏二片,480—481号;

三四、管原保氏藏一片,482号;

三五、东京大学东洋文化研究所藏二片,483—484号;

三六、工藤鑫氏藏九片,485—493号;

三七、秋山公道氏藏四十二片,494—535号;

三八、今井凌三氏藏二十五片,536—560号;

又,《桃山兽骨探访记》一篇附于三十五之后。

上述三十八家在《甲骨学》各期的收录情况是:第七号,一—六、1—165号;第八号,七——四、166—307号;第九号,一五—二〇、308—351号;第十号,二一—二五、352—446号;第十一号,二六—三五、447—484号;第十二号,三六—三八、485—560号。

对诸家甲骨收藏、来源、著录及现状等,作者皆分别予以介绍。

刘明辉(即刘一曼、温明荣、郭振录)将此编译成中文并摹图,包括一—三五、1—484号甲骨,发表于《古文字研究》第三辑,1980年11月。三六—三八、485—560号甲骨的译文与摹图发表于《古文字研究》第八辑,1983年2月。

一、著　录

66. 甲骨文零拾

陈邦怀编著。1959年9月天津人民出版社出版，线装，一册。又，1970年(日本昭和45年)6月日本汲古书院翻印本。

目次包括自序、图版、考释。图版共收录甲骨一百六十片，全部为拓本。考释按拓本编号次序，先隶定，后考释。一般是隶定。有些字，从他人之说，作者补充看法；有些字，如烄、叙、弁等字，作者提出了自己见解。

本书收录之甲骨，如作者自序所言，是十余年间在京津两市所搜集者，计百六十片，大都零星得之，故书名《甲骨文零拾》。

不足处是在拓本编排上，各期及甲、骨混乱，没有介绍各片甲骨来源、出处等情况，也未附有关的索引。

本书的评论，有松丸道雄：《陈邦怀编著〈甲骨文零拾附考释〉》载日本《甲骨学》第九号，1961年8月。

67. 本系所藏甲骨文字

董作宾、金祥恒编著。载1961年11月《台湾大学文学院考古人类学刊》第十七、十八期合刊。

这批甲骨原系李玄伯旧藏，共八片，曾发表在董氏的《殷虚文字外编》一书中，即452—459号。现归台湾大学历史系收藏。又名为台湾大学所藏甲骨文字之二。后收在1977年11月台北艺文印书馆出版的《董作宾先生全集》甲编第二册。

68. 故小川睦之辅氏藏甲骨文字

[日]伊藤道治编著。载1966年(日本昭和41年)3月日本《东方学报》(京都)第三十七册。日文版。

共收录甲骨七片，都附有照片与拓本。作者介绍了这批甲骨的收藏情况。

在释文中，为了弥补照片、拓本不清晰之不足，对每一片甲骨都附有摹本。各片都按期别、事类等详细考释。

这批甲骨，又收录在伊藤道治1977年7月编撰的《日本所见甲骨录》一书中。

69. "国立中央图书馆"所藏甲骨文字

金祥恒编著。载 1966 年 3 月、6 月台湾《中国文字》第十九、二十册。

这批甲骨共六百四十八片，全部是碎小之片，由著者摹录发表。

不足之处是缺少拓本。

70. 大原美术馆所藏甲骨文字

[日]伊藤道治编著。载 1968 年（日本昭和 43 年）1 月日本《仓敷考古馆研究集报》第四号。又，抽印本，十六开本，一册。

目次包括前言、图版、释文。

作者前言中叙述了书中发表的三十九片甲骨的收藏情况，尤其是先后被商承祚《殷契佚存》(1933 年)、金祖同《殷契遗珠》(1939 年)和一些其他著录介绍过的情况，并对甲骨的分期断代提出了自己的见解。

本书收录的三十九片甲骨，附有不同比例的照片和原大拓片。在每片释文中，又皆附有摹本。对每片甲骨都按分期分类，并详细考释。作者将本书中各片甲骨的编号与其他著录的编号对照注明，为读者研究提供了方便。

本书甲骨，作者又收在 1977 年 7 月由日本朋友书店发行的《日本所见甲骨录》一书中。

71. 东莞邓氏旧藏甲骨

李棪编著。载 1969 年香港《联合书院学报》第七期。

这批甲骨是邓尔雅氏的遗物，1969 年联合书院的学生邓祀玄，奉母命将其捐赠该院图书馆。共五十五片，其中甲三十二片，骨二十三片。

这批甲骨中，大多数已著录过。仅 1、3、7、8、21、25、31 七片未曾发表。

72. 欧美亚所见甲骨录存

饶宗颐编著。载 1970 年（新加坡）《南洋大学学报》第四期。

一、著 录

本书所选欧、美、亚共十五家所藏的甲骨,其材料均已在其他甲骨著录发表过。所选情况是:

欧洲四家:一、大英博物院;二、剑桥大学图书馆;三、牛津大学亚士摩兰博物院;四、瑞士巴黎尔民俗博物馆。

美洲五家:一、加拿大多伦多大学安大黎奥博物馆;二、明义士;三、哈佛大学佩波第考古人种学博物馆;四、普林斯顿大学;五、卡内基博物馆。

亚洲六家:一、日本东京国立博物馆;二、日本东洋文库;三、日本书道博物馆;四、韩国汉城大学考古系博物馆;五、香港大学冯平山博物馆;六、香港大会堂美术博物馆。

73. 北美所见甲骨选粹

李棪编著。载1970年香港中文大学《中国文化研究所学报》第三卷第二期。

本书选印的甲骨共四十二片,其中:一、加拿大多伦多皇家博物馆藏三片;二、匹斯堡卡内基博物馆藏三十二片;三、哈佛大学藏六片;四、哥伦比亚大学藏一片。

作者考释这批甲骨文字时,曾对其中的一、三、四藏骨情况作了较详细的介绍。

该批甲骨,除1、2、3、15、42、43号为影印拓片外,其余都为拓本。

1976年出版的周鸿翔《美国所见甲骨录》一书中对此书二至四所列的甲骨也有介绍。

74. 藤井有邻馆所藏甲骨文字

[日]伊藤道治编著。1971年(日本昭和46年)3月日本《东方学报》(京都)第四十二册,日文版。

共收录甲骨十六片,有照片、拓本。

作者介绍了这批甲骨收藏情况,释文中对每一片甲骨都附摹本,可弥补照片或拓本不清楚的缺点。

这批甲骨后来又收录在伊藤道治1977年7月编著的《日本所见甲骨录》一书。

75. 明义士收藏甲骨文字

许进雄编著。1972年加拿大多伦多皇家安大略博物馆出版,一册。

目次包括序文(作者自序、英文序)、引书简目、图版(有拓本三千一百七十六片、缀合六例、背文二片）、附录（与其他著录缀合四十二例）。

本书甲骨为明义士旧藏，现藏于加拿大皇家安大略博物馆，由作者将其选拓、整理、编撰。

序言中主要介绍了本书卜辞，依董作宾氏分期法分为五期，即武丁以前、武丁期，祖庚、祖甲期，康丁期，武乙、文丁期，帝乙、帝辛五期。① 每期按甲、骨分开，并按其内容分事类为祭祀、祈年、风雨、旬夕、田猎、往来、内外诸事、使令、疾病占梦、杂卜等十项。据钻凿形态不同，作者将自组（王族卜辞）归入第四期中。

作者对钻凿形态和这批甲骨的发掘、购入年月及出土地的推定，以及在分类、缀合上，都做了大量的工作，进行了细致的研究。

这批甲骨中，有一些重要资料，如：有新见的地名及新见的字等。本书不足之处是没有编制有关资料的索引。

本书的评论，有金祥恒：《殷虚甲骨新书介绍》，载1972年台湾《中国文字》第四十四期；[日]前川捷三：《介绍著录明义士旧藏甲骨的新刊二书》，载日本《甲骨学》第十一号，1976年；又，此文由刘锐译成中文，载1979年《古文字研究》第一辑。

76. 殷虚卜辞后编

[加]明义士著，许进雄编辑。1972年3月台北艺文印书馆印行，八开本，上、下二册。目次包括编者的话、图版。

共收录甲骨二千八百零五片。其中一至一千五百五十四片为龟甲，一千五百五十五至二千八百零五片为兽骨。

本书所收录的全部甲骨，现藏加拿大安大略博物馆，原为明义士旧藏。

编者着重介绍了以下四部分：

一、明义士收藏的数万片甲骨的来源、著录及现状。1928年明义士编拓《殷虚卜辞后编》收拓本二千八百十九片，因有七片与他片缀合，故为二千八百十二片，其中二片被撕去，以及确实伪刻的二片，模糊无法辨读的三片，实数是二千八百零五片，全部编入本书。现在原甲骨已去向不明。

二、本书编排体例，与《明义士所藏甲骨文字》同，即先分期别，分甲与骨，再分事类。

三、指出明义士施拓的甲骨，不论大小，均在传拓之中。本书的精华部分是第三和第四期卜辞，其上有许多卜问上一世的祭祀，可从称谓上决定其年代。

四、指出本书二千八百零五片甲骨，其中十七片与商承祚藏拓《殷契佚存》重复，尤其

---

① 序言中，作者将这批卜辞分为五期，但第三期中仅列康丁，没有提及廪辛。从本书所收甲骨卜辞看，实际有廪辛时期之物。

是与胡厚宣编《战后南北所见甲骨录》重见的更多。重见者,均以表一、表二列举出来。表一是由《明续》对照《南明》,表二是由《南明》对照《明续》。这也是编者用力较大的工作,方便读者查阅。

本书甲骨卜辞分期,沿用董作宾氏五期分法。尤其在甲骨分期存在争议的部分,是按董氏观点:即同意董氏的"复古"之说。也就是将陈氏在《综述》中所称武丁时期的"𠂤"、"午"、"子"组卜辞(贝塚氏称王族、多子族卜辞)统统归入武乙、文丁时期。

本书是当时传拓的拓本,原实物虽去向不明,但拓本仍可保持原物之状。所以,本书的出版,可与《南明》所摹甲骨进行对照,以补充其疏漏之处。

1973年小屯南地出土大批甲骨,其内容多与此书甲骨接近,推测明义士当年所藏的这部分甲骨的出土地应距小屯村南不远。

本书的评论,见严一萍:《读〈殷虚卜辞后编〉》,载1972年6月台湾《中国文字》第四十四册;[日]前川捷三:《介绍著录明义士旧藏甲骨的新刊二书》,载日本1976年《甲骨学》第十一号;又,此文由刘锐译成中文,载1979年《古文字研究》第一辑。

77. 美国纳尔森美术馆藏甲骨刻辞考释

严一萍编著。1973年1月台北艺文印书馆出版,十六开本,一册。

目次包括自序、图版(十二版,收录甲骨十二片)、考释。

1966年日本梅原末治赴美时告知著者,纳尔逊美术馆收藏有未著录的甲骨,以后并由梅原氏在该馆收集摄影寄给著者。这批甲骨,严氏在《中国文字》第二二、二三、二四、二五、二九各期先后发表,1973年又将这十二片甲骨汇集成书。全部为影印,而且每片都附摹本。

考释部分是分片进行详细考证,每片又分期别。释文中,凡引用其他著录的例片,都作摹本附于书后,这种形式方便读者参考。

另外,这批甲骨又以拓本全部收录在1976年周鸿翔编撰的《美国所藏甲骨录》一书中,即685—696号。严书与周书对十二片甲骨编排次序不同,现列表对照如下:

严书号	1	2	3	4	5	6	7	8	9	10	11	12
周书号	689	687	692	690	688	693	696	691	695	694	686	685

78. 辅仁大学所藏甲骨文字——明义士先生藏拓本

金祥恒编著。载1973年12月台湾《中国文字》第五十册。

著录甲骨拓本一百零九片。

据严一萍在《甲骨学》一书中介绍,这批拓本是许进雄自加拿大寄给金氏,现为多伦多安大略博物馆所藏。原实物属辅仁大学,拓本原为辅仁大学托明义士研究,金氏在《辅仁大学所藏甲骨文字》后记中误认为是明义士的。

另外,这批甲骨的摹本,见于胡厚宣《战后南北所见甲骨录》一书,其序云:"辅仁大学所藏甲骨二百二十九片……除《邺中片羽》已著录外,得片一百零七。"《中国文字》发表一百零九片,编排次序照胡氏。

《邺中片羽》三集实录甲骨二百十四片。陈梦家在《殷虚卜辞综述》656页中云"辅大收藏三百二十片,《邺》三收录一百二十片"。而严氏云辅大所藏甲骨实为三百零七片,加上明义士所藏辅大拓本多出的二片,实为甲骨三百零九片。此数与上述胡氏所说的二百二十九片及陈氏所说的三百三十片都不一致。

79. 介绍一片伐人方的卜辞

沈之瑜著。载《考古》1974年第4期。

这片卜辞是上海博物馆征集的一批未曾著录过的甲骨中的一片,是殷末伐人方的材料。作者释文(并附有拓本及摹本):"……从多侯甾伐人方白(伯)……人方白爯。"

这片卜辞是牛胛骨残片。从内容及字体风格看,作者认为是帝乙、帝辛时代之物,并对内容进行了考释。

80. 甲骨集成·第一集

严一萍编著。1975年台北艺文印书馆出版,十六开本,一册。

目次包括作者自序、图版。

本书原为整理甲骨总集而作。作者在自序中说:"其原因是自甲骨著录以来,一些甲骨先后在几家著录中重见,造成混乱,使读者不便。为免重复之患,惟有采取名归主人之法,一一寻其最早之藏家,沿流溯源,方可还其真相。亦即编印《甲骨集成》之意。"

第一集共辑六家甲骨:

一、罗振玉藏,1—49页。其中:(一)1—4页,四片,影印本附摹本;(二)5—35页,一百一十六片,全部拓本附摹本;(三)36—42页,二百五十一片,除十六片为摹本外,其余二百三十五片都为拓本附摹本;(四)43—49页,二百五十一片,全部为摹本。

二、易均室藏,50—56页,二十八片,全部为拓本附摹本。

一、著 录

三、王永元藏,57页,四片,拓本附摹本。
四、罗伯昭藏,58—61页,十六片,拓本附摹本。
五、杨天锡藏,62—191页,五百零五片,全部为拓本附摹本(此批即《诚斋殷虚文字》)。
六、王懿荣藏,192—240页。其中:(一)192—237页,一百三十七片,全部为拓本附摹本;(二)238—240页,二十五片,全部为摹本(此批即《天壤阁甲骨文存》及《甲骨卜辞七集》中的天津新学书院藏甲骨)。

拓本附摹本的办法,弥补了拓本不清的缺点。

但是,此书所收诸家所藏甲骨没有编号,也没有原藏甲骨号与一些著录中重见号的对照索引,此为不足之处。

81. 甲骨缀合新编

严一萍编著。1975年6月台北艺文印书馆印行,线装,全十册。又,1990年收入台北艺文印书馆出版的《严一萍先生全集》甲编第四、五函中。

目次包括自序、凡例、引用书名简称(共六十四种)、图版。

图版分为:第一至九册,1—740页,是诸家缀合及作者自缀甲骨,共六百八十四版。第十册,1—97页,是将诸家缀合错误者,作者进行订讹,共三百八十四版。

作者收录各家之缀合及自己缀合,都花费了不少工夫。尤其是所缀合的各片不但有拓本,还附有摹本,并分别注明缀合之出处,以A、B、C等英文字母标出。同一甲骨在不同书中见,也列其出处。同时,凡诸家所缀合片,都在编号下注明。另外,作者对各家缀合的甲骨进行订讹,除拓本及附摹本外,还指出不能相缀的位置及原因。所以,这是一本对甲骨文研究很有参考价值的著录。

但是,本书一至九册中亦有一部分不能缀合,如72—75、289—291等片。另外,没有附索引,读者查找不便。

本书除《乙编》缀合不录外,凡其他著录中所缀合的甲骨,全部收录,是集诸家缀合而成。

82. 铁云藏龟新编

严一萍编著。1975年7月台北艺文印书馆出版,十六开本,一册。

目次包括序,凡例,附王懿荣、刘铁云像,原《铁云藏龟》罗振玉、吴昌绶、刘鹗(铁云)序,图版。

新编为弥补旧编之缺陷而作,旧编拓印模糊,辨识困难;1931年蟫隐庐翻刊石印,粉描讹刻较多;1959年严氏曾重印,因原书模糊过甚,也辨认不清;另外,这批甲骨一再易主,分散四方,各家辑录重印颇多,所以才撰此新编。

新编不同于旧编的有:选换拓本,断代分类,缀合,补背拓,去复去讹等。

本书甲骨按分期、分类重编。编中以第一期为多,第二、四期次之,第三期仅见数片,第五期无。内容细分为四十六项,即卜、祭祀、求年、帝、晉、使人、若祟、征伐、供人、雉众、命、田猎、乎、取、挈、步、至、王出入、往出、来、去、风雨、旸启、梦、疾、死、有子、娩、王、旬、夕、归、得、用、㞢、陟降、堙、雈、王听、循、从、卜告、监王事、舞、乍、固曰、小告二告、不㞢等。其意义不明、不能分类者,列最后。一版内容有数类者,择其一而列入。

本书收甲骨一千四十三版,每页一版,上方为拓本,下附摹本;各片都注明原编号,又注出各著录中曾收录的编号,前者弥补了拓本不清,后者方便读者参考。缺点是没有新、旧编号对照及重见号索引。

83. 美国所藏甲骨录

周鸿翔编著。1976年美国加利福尼亚大学出版,十六开本,一册。

本书收录美国十一个大学及美术馆收藏的甲骨,文字部分全用英文写成。

目次包括:一、简介;二、绪言;三、美国所藏甲骨的报告——介绍各处收藏情况;四、索引,包括本书号与各收藏号、各收藏号与本书号、本书号与已著录号三个对照索引;五、词汇表;六、文献目录;七、图版。

收录的十一个单位:

一、卡内基博物院藏四百十三片。此批甲骨是美国方法敛于1909年收买,已收在《库方二氏藏甲骨卜辞》中,但比该书摹本四百三十八片少二十五片,这是因为已除去伪刻。本书编号1—413号。

二、哥伦比亚大学藏六十七片。此批甲骨,原为美国施密氏所藏,编号414—480号。

三、佛利尔美术馆藏一片。481号。

四、哈佛大学藏六十一片。482—541号。

五、国会图书馆藏四片。542—545号。

六、大城会美术馆藏十一片。546—556号。

七、历史和技术博物馆藏二片。557—558号。

八、自然史博物馆藏六片。即《库》书中的费尔德博物院。559—564号。

九、普林斯顿大学藏一百十九片,实为一百十五片。已见于《甲骨卜辞七集》中的普林斯顿所藏甲骨。565—684号。

一、著　录

一〇、纳尔森美术馆藏十二片。685—696号。这批甲骨严一萍收录并考释,已发表在《中国文字》第二二、二三、二四、二五、二九册中。1973年艺文印书馆又刊行单行本。其中35、115、12版原有背文,但本书未著录。详情见《美国纳尔森美术馆藏甲骨刻辞考释》一书中的对照表。

一一、M·H的新纪念馆藏四片。697—700号。

以上全部为拓本。除部分原是《库方二氏所藏甲骨卜辞》及《殷契佚存》曾著录外,大部分材料是首次著录的。

上述卡内基、哈佛大学、哥伦比亚大学所藏甲骨情况,李棪著录的《北美所见甲骨选粹》中有详尽介绍。

本书的评论,见陈炜湛:《读〈美国所藏甲骨录〉》,载《学术研究》1980年第3期。

84. 日本所见甲骨录

[日]伊藤道治编著。1977年(日本昭和52年)7月日本京都朋友书店发行,十六开本,一册。日文版。

本书收录流散于日本的五家所藏甲骨九十七片:

一、故小川睦之辅氏藏七片。1966年3月载《东方学报》(京都)第三十七册。

二、藤井有邻馆藏十六片。载1971年3月《东方学报》(京都)第四十二册。

三、桧垣元吉氏藏十三片。载1972年1月《神户大学文学部纪要》。

四、关西大学考古资料室藏二十二片。载1977年3月《史泉》第五十一号。

五、大原美术馆藏三十九片。载1968年1月《仓敷考古馆研究集报》第四号。

以上五家所藏,除桧垣元吉氏藏甲骨仅有拓本、摹本外,其余四家皆有拓本、照片与摹本。

作者对所录各家的甲骨,都分别介绍了收藏情况。在释文中,每片甲骨都附有摹本,对各片都划分期别、事类,并详细考释。尤其是对《大原美术馆所藏》的甲骨文字,作者逐片与《佚存》、《遗珠》、《前编》等书的甲骨进行对照,凡相同者,都注明其号码,方便读者查检。

书后的结论,着重评价了郭沫若编辑的《卜辞通纂》一书。

85. 甲骨文合集

郭沫若主编,胡厚宣总编辑,中国社会科学院历史研究所编辑。中华书局印行,八开本,共十三分册。

本书1978年是从第二册开始出版发行,1983年图版部分已全部印齐。

各册出版时间、期别及甲骨编号:

第一册,1982年10月,一期,1—1139号。

第二册,1978年10月,一期,1140—4974号。

第三册,1978年12月,一期,4975—7771号。

第四册,1979年8月,一期,7772—11479号。

第五册,1979年10月,一期,11480—14821号。

第六册,1979年12月,一期,14822—19753号。

第七册,1980年8月,零期,19754—22536号。

第八册,1981年1月,二期,22537—26878号。

第九册,1981年6月,三期,26963—29695号。

第十册,1981年12月,三期,29696—31968;四期,31969—32977号。

第十一册,1982年1月,四期,32978—35342号。

第十二册,1983年6月,五期,35343—39476号。

第十三册,1982年3月,第一至五期(摹),39477—41956号。

     第一期,39477—40814号。

     附一期,40815—40910号。

     第二期,40911—41302号。

     第三期,41303—41453号。

     第四期,41454—41694号。

     第五期,41695—41956号。

在第一册中,前面附有尹达的《甲骨文合集》前言,胡厚宣的《甲骨文合集》序,及《甲骨文合集》编辑凡例(共二十例)。

本书由郭沫若任主编,胡厚宣任总编辑,历史研究所先秦史研究室担任编辑工作,经二十多年的努力,才编成这一大型甲骨著录。

本书材料主要来自国内外一百多种收录甲骨文的书刊及全国一百多个单位和许多私人收藏的甲骨;公私收藏的拓本、照片及部分新发现的甲骨。在广泛收集大量的材料基础上,经过了对重、去讹、换片及进行拼合等工作。全书十三册,共收录甲骨四万一千九百五十六片,第1至12册,全部为拓本(少部分为照片),第13册则全部是摹本。

本书所收录的甲骨材料,是按时间先后而分期编排的。分期的原则基本上是按董作宾的五期分法进行,即:一、武丁期;二、祖庚、祖甲期;三、廪辛、康丁期;四、武乙、文丁期;五、帝乙、帝辛期。另外,"𠂤组"、"子组"、"午组"卜辞,因诸家意见分歧,故作为"零期"附在一期之后。①

每一期分四大类：一、阶级和国家；二、社会生产；三、科学文化；四、其他。其下设二十二类：1. 奴隶和平民；2. 奴隶主贵族；3. 官吏；4. 军队、刑罚、监狱；5. 战争；6. 方域；7. 贡纳；8. 农业；9. 渔猎、畜收；10. 手工业；11. 商业、交通；12. 天文、历法；13. 气象；14. 建筑；15. 疾病；16. 生育；17. 鬼神崇拜；18. 祭祀；19. 吉凶梦幻；20. 卜法；21. 文字；22. 其他。

本书的出版，是甲骨学史上的一件大事，其特点是：

一、收集的材料范围广而全面，内容较精，从十几万片甲骨中精选出四万多片，经过科学的整理，尤其是在编辑过程中作了校重、辨伪、缀合工作。

二、经过换片，选用最清楚的拓本，使过去一些著录中存在的拓本不全、摹本不确、印制不清、缩小失真等缺陷，得到改正和弥补。

三、对选用的拓本和一部分照片，均用珂罗版影印，效果较好。

四、分期分类排列，使读者便于查检某一方面材料。

五、一部分甲骨采取摹本，另成一册，弥补了拓本、照片的不足处。

不足之处是分类较细，而且有些分类不大合适。有些甲骨有两条或两条以上内容的，又仅归为某一类中，不便读者查找。另外，只有本书的甲骨顺序号，没有附每片的出处和原来的号数，读者参考不便。所收录的影印片中仍有一部分不甚清晰，甚至有部分照片缩小，效果不大好。

总之，本书是八十多年来发现的甲骨文的集大成的著录，为今后甲骨学和殷代历史的研究提供了比较全面而科学的资料，有很高的学术价值，在学术界产生很大影响。

86. 东洋文库所藏甲骨文字

[日] 东洋文库古代史研究委员会编著。1979 年（日本昭和 54 年）3 月东京株式会社印刷，十六开本，一册。日文版。

目次包括序、凡例、图版、释文、索引、检字表（已释字、未释字）。

本书收录甲骨拓片六百一十四片，除无字或伪刻的二十三片外，实收五百九十一片，全部为林泰辅所收集。

这批甲骨，先由林氏编入《龟甲兽骨文字》一书，后金祖同的《殷契遗珠》、《龟卜》，郭沫若的《卜辞通纂》别录之二，饶宗颐的《殷代贞卜人物通考》诸书也都利用了这批材料。1975 年由松丸道雄与渡边共同选片、手拓分类、断代、释文、索引、校勘，并由渡边校误，编

---

① 该书所指"零期"，即陈梦家在《殷虚卜辞综述》一书中所称的"午组"、"自组"、"子组"等卜辞，也即贝塚茂树所称的"王族"、"多子族"卜辞。亦即该书十三册中所言及的"附一期"。

成此书。

本书甲骨分别按甲和骨收录,时代按董作宾氏五期分法,不能划分者则放在第五期后。最后本书称异体的,即为"自组"(或"王族"卜辞)卜辞。分类按祭祀、求年、风雨、旬夕、田猎、往来、方国、征伐、使令、疾梦、卜占、贞人、杂卜等十三项。释文按新编顺序号,每片之后,又注原编号。索引按《说文》顺序排列。

本书的拓本,照原骨大小拓印,弥补了《龟甲兽骨文字》仅取原骨某一部分、将其他部分剪掉的缺陷,同时又补拓了背文。不足之处是有些拓本字迹不清晰的,没有附摹本,而且也没有本书编号与其他著录号对照的索引表。

87. 怀特氏等收藏甲骨文集

许进雄编著。1979年6月加拿大皇家安大略博物馆出版,十六开本,一册。

目次包括序言(分为英文版、中文版)、甲骨拓本、甲骨缀合例、甲骨摹本、甲骨长凿图、释文。

本书共收录甲骨一千九百十五片,全部为拓本。其来源有:一、绝大部分是怀履光1931年收藏的三千片;二、1920年George Grotts收藏的六十五片;三、1967年spanfaing夫妇捐赠的七片,原为Samnel Mircir教授藏品;四、属于明义士的一些藏品,但以前专著未曾采用或与该馆尚未出版的甲骨缀合者;五、其他。

本书甲骨以时代为序,分为五期,即:第一期武丁及其前世,1—1009号;第二期祖庚、祖甲,1010—1297号;第三期康丁[①] 1298—1480号;第四期武乙、文丁,1481—1680号;第五期帝乙、帝辛,1681—1915号。

每一期的排列先甲(以S为代表)后骨(以B为代表),再以事类为次。刻辞涂朱者、背面刻辞、骨臼刻辞等,都标明区分符号。

本书收录的甲骨,近半数为第一期的碎甲,但仍有一些相当珍贵的材料。如最后一片1915号,是迄今唯一的一件虎骨刻辞;1914号是为数不多的人头骨刻辞;1464号中的东行、上行、左旃、右旃,1504号中的中行,1581号中的大行,1901号中的大左族等,对于研究殷代的军事编制提供了一些新的资料。

作者研究了甲骨上的钻凿形态,认为它可作为甲骨断代分期的标准,所以在释文中,对许多甲骨的长凿形态进行了描述,并对一些保存较完整的长凿,绘图附于拓本之后。另外,本书甲骨的分期是按董作宾的"五期法",作者也同意董氏文武丁时代的"复古"之说。

---

① 序言中,作者将这批卜辞按五期划分,但在第三期中仅列康丁,没有廪辛。从本书所收这批甲骨卜辞看,实际是有廪辛时期的。

一、著　录

88. 谢氏瓠庐殷墟遗文

[日] 松丸道雄解题。1979年(日本昭和54年)9月日本东京汲古书院发行,十六开本,一册。日文版。

目次包括:关于"谢氏瓠庐殷墟遗文"解题(松丸道雄作);图版,收录甲骨五百五十片,全部为拓片影印;附录:一、谢书拓本重出于《京》《存》两书者,二、《京津》拓本重出于谢书者,三、《存》下摹本重出于谢书者(华东师范大学历史系藏骨)。

本书所收录的五百五十片甲骨卜辞,除全部拓片按原来一片一张影印外,凡是与《京津》《存》下重出者,均在重见片页上注明两书中的有关页数、号码等。

作者在解题中,首先介绍了重印该书的情况,指出这次重印是根据绵纸本(八册装)的版本所影印的。原八册本是:第一册,35页,收一至七十片;第二册,35页,收七十一至一百四十片;第三册,37页,收一百四十一至二百一十四片;第四册,36页,收二百一十五至二百八十六片;第五册,35页,收二百八十七至三百五十六片;第六册,31页,收三百五十七至四百一十八片;第七册,33页,收四百一十九至四百八十四片;第八册,33页,收四百八十五至五百五十片。

解题中,对胡厚宣之《五十年甲骨学论著目》所写的"北平富晋社"的问题,对《五十年甲骨文发现的总结》所说的瓠庐谢氏拓本六百片及陈梦家之《殷虚卜辞综述》附录中的数字等,均提出了不同看法。

此外,松丸氏在解题中还推测瓠庐氏可能是谢国桢(据我们最近了解,瓠庐谢氏应是谢国桢之弟谢国彦)。

这批甲骨,一部分现藏上海华东师大,大部分现藏故宫博物院。

89. 北京大学国学门藏殷虚文字考释

严一萍编著。1980年9月台北艺文印书馆印刷,十六开本,一册。

目次包括:自序、图版(收录甲骨二百八十九片,全为摹本)、文字考释(分为四卷)。

本书所收甲骨原是北平霍保录所赠。据董作宾、胡厚宣的《甲骨年表》1922年条载:"达古斋主人霍保录以所藏甲骨文字,捐赠国立北京大学研究所国学门,凡463版。"几十年来,这批甲骨在1933年商锡永的《殷契佚存》中著录了拓本三十四版,在胡厚宣的《战后南北所见甲骨录》中师友部分也收录过摹本多片。

作者对本书所收录的每一片甲骨都与过去著录过的书一一进行了核对,并在编号下注明其出处。因作者近年来先后对《柏根氏旧藏甲骨文字》、《凡将斋所藏殷虚文字》、《戬寿堂所藏殷虚文字》、《殷虚第一次发掘所得甲骨》进行了考释,甲骨文字内容颇有雷同,故在考释本书时,为避免重复,有的考释从略,并指出参见上述某书考释。注明每片是甲或骨,并注出期别。凡是《南师》、《佚存》、《续编》等书已收录的,分别注明,有些在《续编》中未录,释文中也予指出。释文基本上是隶定,有些则进行考证,如1·8·4片中"丁妻二妣己",编者认为是先祖丁有二妻名妣己的。凡《续编》未著录者,在图版释文部分皆附有摹本,已著录者不附摹本。释文中作者进行了一些补证:有补背文者,如1·24·2、2·27·4、3·12·2、4·23·2等;有纠正过去的一些错误者,如1·28·4中的血字《南师》释为祖字,1·32·2为《续编》2·23·9。但缺少摹本图版。在释文中也注意这批甲骨中的同文卜辞或与其他著录中的同文卜辞问题。

不足之处是本书没有把《续编》未录之片及《续编》、《南师》、《佚存》已著录之片编制索引表,不便于读者查对。

90. 小屯南地甲骨(上册)

中国社会科学院考古研究所编著。1980年10月中华书局出版,八开本,二册。

目次包括凡例、前言、图版号及拓片顺序号目录表、龟甲统计表、与背文统计表、图版。

本书收录拓本图版834页,收甲骨四千六百十二片,是1973年在小屯南地发掘的全部刻辞甲骨。因缀合五百三十片,加上有背文等,共收四千五百八十九片。其中甲七十一片,骨四千五百十八片;此外还收录了自1971年以来在小屯一带发掘及零星采集的甲骨拓本二十三片,作为附录。除八片朱书为照片外,其余都为拓本。拓本图版是按灰坑、房基址、墓葬、探方为序。1—822版(1—4589号)是1973年发掘的,823—834版,(4590—4612号)是零星发掘与采集的。

编者在整理过程中,注意到考古发掘的地层、坑位关系及甲骨与陶器共存等情况,在《前言》中,对这些问题作了具体的叙述。由于甲骨出土时都有明确的地层关系,而且与陶器共存,这为甲骨文分期断代、为殷墟文化分期提供了证据。

编者指出:小屯南地早期时代大约是武丁前后,即大司空村一期;中期时代大致是康、武、文时代,即大司空村三期;晚期大致已进入帝乙时代,即大司空村四期。又指出小屯南地的早、中期间有缺坏,即缺大司空村二期。

编者依据小屯南地地层、灰坑叠压打破关系,并结合对卜辞的字体、文例、内容等方面的分析,对学术界一些有争议的问题提出了自己的看法。如:对"自组"、"午组"卜辞,认为是属于武丁时期;对康丁、武乙、文丁卜辞进行了比较,指出它们之间的区别和各自的特点。

一、著 录

本书收录的甲骨,内容丰富、范围较广,其中出现了不少新的材料。如:新出现属武丁时代的贞人㔾;新出现如小卜辛、㫃乙、后祖妣庚、中宗祖丁、高祖上甲及后父丁等各时期一些新的称谓;新发现如毇方、𢀛方、沚方及北方方国;还发现天文方面的"月又𢦏";军旅编制方面的左、右旅及右、中、左戍;以及诸如"大学"、"百工"等新材料。

总之,《小屯南地甲骨》上册是一部较重要的甲骨著录。它收录的甲骨是解放后发掘所获数量最多的,而且有明确的地层、坑位关系及附有同出的陶器,为甲骨文的分期断代,为古文字研究都提供了许多有价值的材料。另外,图版拓本,不但注明其单位与顺序号,而且还标明出土时的层位或坑位等,为恢复田野发掘原貌提供了根据。

本书的评论,见史任:《〈小屯南地甲骨〉书刊评介》,载《考古》1981年第4期;晁福林:《评介〈小屯南地甲骨〉》,《考古》1986年第10期;裘锡圭:《读〈小屯南地甲骨〉》,《书品》1987年第3期。

91. 甲骨文选读

李圃编著。1981年6月,华东师范大学出版社出版,十六开本,一册。

目次包括:序(商承祚、戴家祥及作者分别作序)、附记、凡例、图版。

图版共分九类:

一、先公先王,1—30页,一至一百三十二片;

二、数算历法,31—49页,一百三十三至二百零三片;

三、天体气象,50—70页,二百零四至二百七十二片;

四、农业生产,71—85页,二百七十三至三百二十三片;

五、政治活动,86—101页,三百二十四至三百八十三片;

六、军事活动,102—115页,三百八十四至四百三十三片;

七、田游狩猎,116—126页,四百三十四至四百七十一片;

八、日常生活,127—141页,四百七十二至五百二十二片;

九、其他,142—159页,五百二十三至六百三十五片。

以上共选收甲骨文六百三十五片,全部为摹本。

本书为文科有关专业高年级选修课教材。选片兼顾内容、形式方面的典型性、代表性,尽量选全辞、全句。全书按文辞内容编排,只有内容相同时才按时代排列。

书后附四种表,即:殷代先公先王世系表、天干、地支表、史官贞人表及引用书名简称表。尤其是引用书名简称表,对读者了解选片引书情况很有帮助。

另外,作者在自序中主要论述了甲骨文造字的有关问题。

本书摹本较准确。

不足之处是没有编甲骨片索引,查找不便;书名为《甲骨文选读》,实际只为"选片",没有"释读"。

92. 东京大学东洋文化研究所藏甲骨文字·图版篇

[日]松丸道雄编著。1983年3月30日东京大学出版会印刷,东京大学东洋文化研究所发行,为本所报告之一,十六开本,精装一册。

目次包括:序、凡例、故·河井荃庐氏旧藏甲骨、故·田中救堂氏旧藏甲骨、三浦清吾氏旧藏甲骨。

该书共收录甲骨一千三百一十五片。每片甲骨,皆标出图版号、期别、甲或骨(龟甲用 S 表示,兽骨用 B 表示)、内容及其编号;同时,该书每版甲骨均以拓本、照片相互对照印出;凡有背面施钻凿者,亦均以拓本与照片表示出来,以便于读者使用。

现简略将本书所收录的甲骨情况介绍如下。

故·河井荃庐氏旧藏甲骨:

第一期: 卜甲 0001—0239　　图版 1—17
　　　　卜骨 0240—0621　　图版 18—80
第二期: 卜甲 0622—0642　　图版 81
　　　　卜骨 0643—0665　　图版 82—84
第三期: 卜甲 0666—0672　　图版 85
　　　　卜骨 0673—0677　　图版 86
第五期: 卜甲 0678—0888　　图版 87—97
　　　　卜骨 0889—0958　　图版 98—103
族卜辞: 卜甲 0959—0962　　图版 104
　　　　卜骨 0963—0971　　图版 105
人头骨刻辞: 0972　　图版 106
补遗: 卜甲卜骨零片　　图版 107

故·田中救堂氏旧藏甲骨:

第一期: 卜甲 0973—1136　　图版 108—123
　　　　卜骨 1137—1181　　图版 124—128
第二期: 卜甲 1182—1202　　图版 129—130
　　　　卜骨 1203—1239　　图版 131—134
第三期: 卜骨 1240　　图版 134
第四期: 卜骨 1241—1276　　图版 135—138

一、著　录

族卜辞：卜甲 1277—1303　　　图版 139—141
　　　　　卜骨 1304—1313　　　图版 141
补遗：卜甲零片　　　　　　　　图版 142
　　　卜骨零片　　　　　　　　图版 143
三浦清吾氏旧藏甲骨：
第一期：卜骨 1314　　　　　　图版 144
第五期：卜骨 1315　　　　　　图版 144

书后有英文目次；书尾附有作者简历及主要著作目。

需要指出的是，作者在序言中除了简略谈了本书所录河井氏（九百七十二片）、田中氏（三百四十一片）及三浦清吾氏（二片）共计一千三百十五片甲骨外，还较详细地分别介绍了三氏的简单生平、收藏甲骨的经过及甲骨被著录的情况等。

该书不足之处：一、有些甲骨上的刻字、在拓本或照片上不大清晰，如果加上一些摹本，则效果可能更好；二、对收录的一千三百十五片甲骨的收藏过程，它们过去被著录的情况，缺少一份详细的目次对照表。

93. 法国所藏甲骨录

[法] 雷焕章著。1985 年 1 月台北光启出版社、利氏学社出版，八开本，一册，影印本。

全书有雷焕章序、上编、下编、简称表、附录（征引甲骨学考释书籍简称表、文字索引）四部分。

上编著录分 A、B 两部分：收录甲骨照片（带摹本）59 版（包括正、反面），各片甲骨编号均以 S、B 标出其材质为龟甲和牛骨。中、法文相互对照。按董作宾五期分期法编排甲骨顺序，并注明每版甲骨之期别；同一时期则按照其内容分类。此 59 版甲骨的收藏家、代码（A 为对照表代码、B 为著录与编译代码）及收藏数量分别是：

A1、B1	中国学术研究院藏	13 片（1—13）
A2、B2	季梅博物院藏	8 片（14—21）
A3、B3	池努奇博物院藏	9 片（23—31）
A4、B4	雅克博先生藏	2 片（32—33）
A5、B5	戴迪野先生藏	2 片（33—34）
A6、B6	法国国立图书馆藏	25 片（35—59）

著录甲骨为实物之照片，且标其尺寸，注明其时代及卜辞之内容，每一片甲骨的正、反面，均照相刊出，另附摹本。这种著录格式对研究甲骨文字、甲骨钻凿形态、辨认左右牛胛

甲骨及卜辞的准确性,具有重要作用。

下编分中、法、英三种语言之甲骨释文,便于各国学者阅读,同时对藏片来源详细介绍。

饶宗颐先生的《巴黎所见甲骨录》,曾收录26版法国所藏甲骨摹本,这些收录不如本书既有照片还有摹本全面。其余33片为首次发表,其中,有的甲骨刻辞内容较重要,如B17版与《前》7.28.1同文,可残辞互补;B17版"小疒"、S18贞人邲的贞旬卜辞,等等。此外,S44至59小片甲骨有助于缀合研究。

《法》一书照片精美,但缺少拓本,略有遗憾,考释也有不少值得商榷之处。

《巴黎》与《法》所收甲骨对照表,见陈炜湛的《读〈法国所藏甲骨录〉》一文。

本书的书评,有陈炜湛:《读〈法国所藏甲骨录〉》,载《学术研究》1990年第2期;[美]吉德炜:《评〈法国所藏甲骨录〉》,载《中国史研究动态》1990年第11期。

94. 英国所藏甲骨集(上编)

李学勤、齐文心、艾兰编著。1985年9月中华书局出版,八开本,上、下两册。

本书著录了英国所藏的全部殷墟甲骨。内容包括胡厚宣序、前言、图版编辑凡例和图版(典型甲骨另附彩色图片8版)、分期分类目录。

图版部分均为拓本,共收2 674版(正、反、臼同号)甲骨。《下编补正》又收录61版(57片为拓本,4片为照片),共2 735版。图版著录与《合集》相同,先分五期,再按照甲骨内容分二十类。

《英藏》的2 735版甲骨,在《库》、《金》中已发表过摹本约1 662版,《欧美亚所见甲骨录存》发表照片8版,《英藏》首次发表约1 065版。

《英藏》出版前,《库方》、《金璋》两书在学术界流传甚久,且部分摹本收录于《合集》,有关甲骨内容常被征引,因误摹、漏摹,导致卜辞内容错误。如《库方》310,即《合集》39902,过去释为"登妇好三千,登旅万,呼伐羌",现在《英藏》150,将该辞的"呼伐羌"订正为"呼伐囗方"。

《英藏》886版,所记月食,拓本清晰,对研究古代历法十分重要。其他几版伐人方卜辞,如《英藏》2562、2563、2565等,拓本清晰,对征人方的排谱研究意义重大。

又如:《库方》1506为《英藏》2674正,内容是著名的家谱刻辞,有关其真伪,胡厚宣、齐文心等认为该版甲骨为伪片,[①]饶宗颐、于省吾、李学勤、艾兰等认为该版为真片。[②] 本书不仅著录了其拓片,而且用照片把甲骨正、反两面清晰著录,为学者观摩、研究打下了坚

[①] 胡厚宣:《甲骨文"家谱刻辞"真伪问题再商榷》,《古文字研究》第4辑,第115页。齐文心:《关于英藏甲骨整理中的几个问题》,《史学月刊》1986年第3期。

[②] 饶宗颐:《殷代贞卜人物通考》,香港大学出版社,1959年,第740页。于省吾:《甲骨文"家谱刻辞"真伪辨》,《古文字研究》第4辑,第139页。李学勤:《再论家谱刻辞》,《华学》第7辑,2004年12月,第89页。艾兰:《论甲骨文的契刻》,《英国所藏甲骨集》下编上册,第203—216页。

实基础。

《英藏》是《合集》的重要补充,弥补了《合集》收录《库》、《金》二书摹本的不足。因《库》、《金》收录有伪刻,引用材料时需加注意。也可参考下编释文,作者在释文中分别指明了各版中的伪刻。《英藏》缀合了《库》、《金》中的许多碎片,大大提高了甲骨利用的价值。

本书的书评,见[美]吉德炜:《〈英国所藏甲骨集〉书评》,载《中国史研究动态》1991年第7期。

95. 天理大学附属天理参考馆甲骨文字

[日]伊藤道治编纂。1987年2月天理教道友社出版,十六开本,一册。

本书分序、平泽兴的特别寄稿、江村治树的总论、凡例、部分甲骨彩色图版、黑白照片与拓本对应图版、甲骨文字的风景(座谈会纪要)、天理参考馆所藏甲骨来源介绍、参考文献、摹本及释文(中日文对照)十部分。本书共收692版甲骨,牛肩胛骨代号称B,龟甲称S,拓本分正、反两面,反面称b,骨臼称c。

彩色图版共收录58片甲骨彩色照片,每片甲骨在编号前注明质料,编号后注明此版甲骨的主要内容。照片与拓本部分,每一版甲骨都有照片、拓本两部分,两者相互对应,便于对比、校勘。释文与摹本另附一册,摹本上若有两段以上刻辞,在摹本轮廓线外标出段落序号1、2……,并在摹本上方,按照甲骨文行款、字数分布作出释文。摹本文字准确、清晰,卜兆、兆序等均摹出。释文是伊藤道治所作,较准确。

天理参考馆所藏甲骨来源部分,全面介绍了天理参考馆入藏殷墟甲骨文的经过及每批甲骨的数量、期别等。

本书采取黑白照片、拓本、摹本形式,另加释文加以著录。甲骨的编排采取先分期后分类的做法,把所录甲骨分为五期(师组、子组附于第一期后),分为宗教、祈年、卜旬卜夕、天候、疾病等十一类。《天理》收录有重要材料B460版"大宗"、"小宗",B308版上的"雀师",S156版上的"望潢伐戈"等内容,是研究商代社会的重要史料。

本书的甲骨照片、拓片非常清晰,摹本、释文相对准确。有不少甲骨为首次刊出,为甲骨学研究增加了一批重要材料。现大部分甲骨拓片已收录于《甲骨文合集补编》。

96. 苏德美日所见甲骨集

胡厚宣编集。1988年3月四川辞书出版社出版,十六开本,一册。

本书有胡厚宣总序、甲骨文摹本、附录三部分。

甲骨文摹本共收录甲骨576版,分四卷:卷一,苏联国立爱米塔什博物馆所藏甲骨文字选,共79版。卷二,德国西柏林民俗博物馆所藏甲骨文字,摹本分两部分,第一部分1—112版(《合集》已收录),第二部分113—422版(《合集》未收录)。卷三,美国所见甲骨补录,摹本24版(第一版附照片),其中,第1、7、11、19等片,材料均很重要。卷四,日本天理大学参考馆所藏甲骨文字选,摹本51版。其中,第2、3、8、10、11等版,材料较为重要。附录有三:一、德国私人收藏牛肩胛骨卜辞(拓本及照片);二、香港大会堂美术馆所藏牛肩胛骨卜辞(拓本);三、美国旧金山亚洲艺术博物馆所藏四片牛肩胛骨卜辞(照片),共6版。

本书收录分藏于苏联、德国、美国、日本国家的582版甲骨。在每部分甲骨摹本前,作者详细介绍甲骨源流及如何接触到甲骨等过程,学术界据此可了解本批甲骨的基本情况。

据与《天理》甲骨对照,本书的日本所藏甲骨第48版,摹本有误,正确者可参考《天理大学附属天理参考馆甲骨文字》第479版,或《甲骨文合集补编》第9713版。第33、34版不见《天理大学附属天理参考馆甲骨文字》收藏,其余49版与《天理》重复。据胡厚宣先生在卷四中讲,日本天理大学参考馆所藏甲骨为819版,《天理》一书共收录692版。

《苏》未收录拓本和照片,美中不足。排版略有错误,如"自251至246为第三期,自247至389为第四期"应为"自251至326为第三期,自327至389为第四期"。书中断代也有问题,如卷二第120、256、258等,应为第四期卜辞。

本书收录甲骨,是胡厚宣先生利用出国访问,或托友人帮助从海外搜得,使流散到海外的殷墟甲骨得以早日面世,为甲骨学商史研究增加了弥足珍贵的资料。

97. 殷虚文字乙编补遗

钟柏生主编。1995年5月中研院历史语言研究所出版,八开本,一册。

内容有钟柏生前言、图版、表(《殷虚文字乙编补遗》甲骨出土坑层表、《殷虚文字丙编》所引《殷虚文字乙编》拓本编号更正及漏列表、《殷虚文字乙编》与《殷虚文字丙编》拓本编号对照表、《殷虚文字丙编》与《殷虚文字乙编》拓本编号对照表、《殷虚文字乙编补遗》拓本编号对照表、《殷虚文字乙编补遗》与《殷虚文字丙编》拓本编号对照表)三部分。

图版部分,共收录7 441版甲骨拓本,这是殷墟第十三次至第十五次发掘出土的《殷虚文字乙编》中未加收录之有字甲骨,大多属小片,字数不多。编辑体例与《甲编》、《乙编》相同,即按照考古发掘出土编号类次,每一编号分四部分,数字依次为本书著录号、第几次发掘、龟(0)或骨(2)、甲骨出土登记号。

本书收录的甲骨,为甲骨缀合工作提供了大量新材料,而且还为《乙编》、《丙编》的利

一、著　录

用和勘校提供了极大方便,[①]也为全面、系统研究及整理 YH127 坑甲骨奠定了基础。

98. 甲骨续存补编

　　胡厚宣编辑,王宏、胡振宇整理。1996 年 6 月天津古籍出版社出版,十六开本,七卷,上、中、下三册。
　　内容有饶宗颐序言、崔志远前言、拓本及摹本、后记共四部分。
　　全书收录甲骨文 4 507 版甲骨拓本(骨臼、正、反各自一号),28 版摹本,按原收藏单位及性质接近者编排。上册三卷,分别是:卷一,国内 19 家博物馆藏品(334 版拓本,15 版摹本);卷二,国内 13 家大学藏品(230 版拓本,6 版摹本);卷三,已被 15 种甲骨著录收录者(686 版拓本)。中册两卷,分别是:卷四,省市文管会及研究机构 9 家所藏甲骨(88 版拓本);卷五,34 位私人收藏家个人所藏(1 414 版拓本)。下册两卷,分别是:卷六,21 位私人收藏家个人所藏(1 681 版拓本,7 版摹本);卷七,15 处其他单位藏品(74 版拓本)。
　　《续补》收录的甲骨,是从胡厚宣先生摹写、拓印国内公私所藏甲骨两万多版中选出,部分是《合集》所无,部分拓本较《合集》清晰。本书与其他甲骨书不同之处是与拓片一起,收有胡厚宣及甲骨名家的珍贵手迹,是研究甲骨源流和甲骨学史的第一手资料。
　　《续补》在著录上,存在不足之处:一、本书未作对重表,对已著录与未著录的甲骨未作说明,不利于读者使用其材料。二、甲骨著录不大科学,虽然每卷目录中介绍收藏单位(私人姓名)及甲骨刊出的书页号,但各家甲骨通编于一卷内,每家甲骨既无编号,也不标藏家,使用时需返回目录查看收藏情况。三、所收甲骨既不分期,也不分类。

99. 中岛玉振旧藏甲骨片

　　[日]荒木日吕子编著。1996 年 4 月日本创荣出版(株),影印本,十六开本,一册。
　　内容有经纬、内容、甲骨片的性格、图版、释文、后记六部分。
　　甲骨图版共收中岛玉振旧藏甲骨 56 版:一期 38 片,二期 8 片,三期 2 片,四期 1 片,五期 7 片。所收甲骨统一编号,并注明甲骨材质,牛肩胛骨代号称 B,龟甲称 S。著录格式为拓本、写真、摹写(原大)。拓本分正、反两面,正面称 a,反面称 b,其中,有字甲骨有摹本。释文部分,按照董作宾的五期分法,在竖排的释文下面,标明每一版甲骨的期别。
　　《中岛》所收 56 版甲骨,其中 28 片是《殷契遗珠》所未收录者,与部分无字甲骨缀合,

[①] 王宇信:《中国甲骨学》,上海人民出版社,2009 年,第 95 页。

使更为完整的甲骨达24版。如《中岛》B31缀合了《珠》770+有字甲骨，B46缀合了《珠》714+有字甲骨+无字甲骨等，使破碎甲骨得以复原。尽管本书所收甲骨多数片小字少，但几版重要缀合为甲骨形态及内容的深入研究，提供了条件。

100. 德瑞荷比所藏一些甲骨录

雷焕章编著。1997年1月台北光启出版社出版，影印本，八开本，一册。

内容有简称表、(雷焕章)序(中英文)、上编著录、下编释文、附录五部分。

上编著录分A、B两部分：上编共收甲骨照片228版及摹本图版(包括正、反面)，中、法文相互对照。此228版甲骨的收藏家、代码(A为对照表代码、B为著录与编译代码)及收藏数量分别是：

A1、B1	(德)库恩市东亚艺术博物馆	140片(1—140)
A2、B2	(瑞)巴塞尔市民族艺术博物馆	68片(141—208)
A3、B3	(荷)来登市国立人种博物院	9片(209—218)
A4、B4	(比)布鲁塞尔皇家艺术暨历史博物院	2片(219—220)
A5、B5	(比)玛丽蒙皇家博物馆	5片(221—225)
A6、B6	(荷)阿姆斯特丹国立博物院	3片(226—228)

上编A部分，分两部分，一、藏片来源与介绍；二、释文。下编为上编所著录甲骨之释文，先说明每家藏片之来源，再对该藏家甲骨按照统编号顺序逐一考释。附录有四：一、贞人组类与分期；二、征引甲骨著录书籍简称表；三、征引甲骨学考释书籍简称表；四、文字索引。

著录甲骨为实物照片(另带摹本)，均标其尺寸，注明每版时代及卜辞之内容，每一片不论是否有刻辞，一并照相刊出。雷焕章赞成李学勤甲骨分期观点，按照"两系说"演进分组、分类整理甲骨。本书还收录了阿姆斯特丹国立博物馆藏骨柶3件，兽面纹饰，非常美观，也具有重要研究价值。

《德瑞荷比》是一部较为全面地公布欧洲各国所藏殷墟甲骨文的著录；作者对各宗甲骨来源有详细介绍，在甲骨学史上应占有较重要的地位；它还是第一部接受"两系说"的观点，按照字体分组、分类来整理甲骨的著录书。

101. 山东省博物馆珍藏甲骨墨拓集

刘敬亭编著。1998年3月齐鲁书社出版，墨拓本，三十二开本，一册。

一、著　录

全书有胡厚宣序、拓本(附释文)、后记三部分。

胡厚宣先生序,详细说明了甲骨来源于罗振玉、明义士、王惠堂、孙文澜、美国柏根氏等著名收藏家以及广智院和齐鲁大学等著名的收藏单位。拓本部分,收录1970版(正、反,或骨臼为一个号)甲骨。在甲骨图版的左侧,附录未加标点及占卜顺序的甲骨释文。本书大部分甲骨被《合集》收录,其中,第883片缀合了《合集》9776与8179版,为实物复原及深入研究其内容,具有重要作用。

蔡哲茂的《〈山东省博物馆珍藏甲骨墨拓集〉辨伪一则》(中国社会科学院历史所先秦室网站,2009年11月3日),认为《山东》第1466版,系抄自《甲编》第359版。

本书也有不足之处,一、没有分期、分类著录甲骨;二、印刷时有的拓片缩小处理,失去其原貌;三、少量释文存在错误,如第332版,本与《合集》21879重复,释文误释;四、《合集》既收山东博物馆所藏甲骨1 026片,应建立与《合集》重复的对应表,便于读者了解哪些是已经著录过的,哪些是新材料。

102. 甲骨文合集补编

彭邦炯、谢济、马季凡编著。1999年7月语文出版社出版,八开本,上、下两编,七分册。

《补编》共收13 450版殷墟所出甲骨及缀合甲骨(拓片为13 170版,摹本为280版),另附"殷墟遗址以外出土甲骨"316版。

上编是图版,著录于第一至第四册,第一册包括总序、序言、前言、凡例、甲骨图版。下编是释文及来源表、索引,著录于第五册至第七册。

本书收录的甲骨材料,原则上依《合集》体例,先分期,再按照分类编排。分期的原则,仍是按照董作宾的五期分法进行,即:一、武丁期;二、祖庚、祖甲期;三、廪辛、康丁期;四、武乙、文丁期;五、帝乙、帝辛期。另外,𠂤、子、午组附于一期之后,标以甲、乙、丙三组。

每一期又按照内容分为二十类:(一)奴隶和平民及其反抗斗争,(二)奴隶主贵族及其活动,(三)官吏,(四)专政工具,(五)战争方域,(六)贡纳,(七)农业,(八)渔猎畜收,(九)手工业与建筑,(十)商业交通,(十一)天文历法数学,(十二)气象,(十三)疾病,(十四)生育,(十五)鬼神崇拜,(十六)宗法、祭祀,(十七)吉凶梦幻,(十八)卜法,(十九)文字,(二十)其他。

《补编》材料来源大约有五种:一、《合集》拟选用,而在编排过程中遗漏者。二、20世纪80年代之前海内外著录中,《合集》选用过的剩余片中有价值者。三、《合集》未选用的中国社会科学院历史所收藏的甲骨拓本和藏片。四、80年代以后,除《屯南》、《英藏》、《甲骨续存补编》以外陆续公诸于世的甲骨拓本、摹本、少量照片以及少量收藏者提供的未公开发表的材料。五、缀合片只限于跟《合集》图版相关者。

本书的出版，弥补了《合集》不足，正如《前言》所谓："一、查明、增补了《合集》拟选用而遗漏的重点材料。如《乙编》4810 入《补编》6925，8818 入《补编》6829 等。二、抢救、整理了编纂《合集》中，从海内外收集来的大批尚未来得及整理的拓片以及零散拓片与照片。三、完善了《合集》中一些本有正、反、臼或本完整的甲骨拓片而缺其一部分的材料。四、《合集》中有的非原大或字迹不清的拓本、照片、摹本，予以更换。五、《补编》不仅收录了海内外有关《合集》的缀合成果，还纠正了一些误缀。总之，在特殊年代编纂而成的《合集》，留下的遗留问题，编纂《补编》时，通过查找、对重研究，都尽量弥补其不足。另外还收录《殷墟以外遗址出土甲骨》316 片（主要是西周甲骨，包括岐山凤雏遗址、扶风齐家遗址、西安丰镐遗址，山西洪赵坊堆遗址，北京昌平白浮木椁墓、房山琉璃河遗址、房山镇江营遗址，河北邢台南小汪遗址，河南郑州二里冈遗址、郑州电校遗址，山东桓台史家遗址，河南舞阳贾湖遗址等，各遗址所出甲骨，按出土地集中编次，按内容相对集中排列）。

本书对收录的甲骨，依次逐字隶释，逐条、逐片释读，为学者充分利用其材料，做了大量基础工作。本书另附《补编》资料来源索引总表，选收著录书（文）表，选收各家缀合表，选收著录书缀合表，殷墟遗址以外出土甲骨来源表，殷墟遗址以外出土甲骨与《补编》附号对照表，引用、参考著录书（文）简称表等 7 种表格，方便读者检索材料来源、了解缀合情况。

《补编》是继《合集》之后又一部大型甲骨资料汇编，为甲骨学、古文字研究、殷商史研究提供了丰富、珍贵的资料。

《补编》在查重、缀合、辨伪、释文、分期方面存在一些问题，读者可参阅蔡哲茂、沈培、沈建华、王蕴智等人述评与校重。分别见蔡哲茂：《读〈甲骨文合集补编〉》，《大陆杂志》2001 年第 103 卷，2002 年第 104 卷；沈培：《初读〈甲骨文合集补编〉》，《书品》2000 年第 2、3 期；沈建华：《〈甲骨文合集补编〉校勘记》，《华学》2001 年第 4、5 辑；王蕴智等：《〈甲骨文合集补编〉著录片校重》（上、下），《殷都学刊》2003 年第 1、2 期。

103. 瑞典斯德哥尔摩远东古物博物馆藏甲骨文字

李学勤、齐文心、[美] 艾兰编著。1999 年 6 月中华书局出版，十六开本，一册。

内容分前言、前言英译本、编辑凡例、图版（原骨照片及馆藏拓本）、摹本、释文、附录（图版号与藏品号对照表及馆藏拓本著录情况表）、字词索引凡例、部首、索引十部分。

全书共收 108 片甲骨，是为正编。采用照片及摹本方式发表，每一甲骨照片与摹本号相同。编排顺序是按分组方式排列，这批甲骨分属于宾组（1—55 号），出组（56—73 号），

一、著　　录

何组(74—86号),黄组(87—100号),师组(101—103号),子组(104—105号),历组(106—107号),无名组(108号)。附编为该馆的甲骨拓本13号(甲骨不属于该馆),分别是历组(附1—7号)、无名组(附8—13号)。甲骨著录时,出现分号,主要是为了同一甲骨片上的文字更清晰而从不同角度拍摄的多张照片,如第65号,照片有65甲、65乙,摹本65号。本书收录的各片甲骨,均有释文,同版甲骨上有两条以上刻辞者,则各辞用(1)、(2)……顺序号标注;若有涂朱、笔画缺刻等特殊情况,则在释文下注明。

该书收录的是瑞典斯德哥尔摩远东古物博物馆前后收藏的六宗甲骨,照片清晰,摹本与释文较准确,是海外甲骨整理的一大重要成果。

104. 河南省运台古物甲骨文专集

董玉京主编,于镇州等编纂。2001年7月河南省运台古物监护委员会出版,十六开本,一册。

内容有于镇州序、董玉京前言、正文、编辑及编审委员名录、编后记、刊印说明六部分。

正文部分为:一、甲骨文摹写(实际是临写)图片。共分四部分:第一部分,编号1.001—1.1000,应为1000片,缺90片,实际为910片;第二部分,编号1.1000(实际上应为1001)—1.2000,应为1000片,缺133片,实际为867片;第三部分,编号1.2001—1.2673,应为673片,缺124片,实际为439片;第四部分,盒装及零片部分,共81片。共计临写2297片。并附董玉京对此批甲骨的说明。二、甲骨文拓片,只有754片。

此书的甲骨是河南省博物馆于1929和1930年春派人到小屯发掘所得的。此部分甲骨曾被《殷虚文字存真》、《甲骨文录》等书著录过,相当一部分甲骨收录于《合集》中。

这批甲骨十分重要,但其著录,令人遗憾,简要总结于下:一、本书所谓的摹本,实际上是临写甲骨文字,出现文字错误。二、摹本与拓本,部分号码相对应,部分编号次序错乱,部分摹本阙如,部分摹本与拓本内容不符。三、没有编制与此批甲骨有关的各种表格,不利于学者使用材料。

本书的评论,见李立新:《论河南运台甲骨——兼评〈河南运台古物·甲骨文专集〉》,《中国社会科学院研究生院学报》2003年第2期。

105. 周原甲骨文

曹玮编著。2002年10月世界图书出版公司出版,十六开本,一册。

内容有前言、周原甲骨及同坑出土器物、周原甲骨文摹本著录对照表、周原甲骨文释文对照表、周原甲骨文论著目录、后记六部分。

前言部分记述了1977年在陕西岐山凤雏建筑遗址11号和31号灰坑中发现的一万七千片西周甲骨研究现状、整理方法、周原甲骨的保存状况及保存地点等基本情况。周原甲骨及同坑出土器物部分，共收录300版西周甲骨，其中，收录H11共283版，收录H31共10版，采集甲骨7版。著录格式为：有字甲骨采用放大照片，部分重要甲骨旁或再制全版放大照片，或在旁附"局部"放大照片，以清晰地显示周原甲骨文字，能够让学者正确地辨认周原甲骨文字形体。每页之眉上皆置毫米单位标尺，以供研究者掌握甲骨原片尺寸大小。已经缀合的甲骨，著录其缀合版，并标明与那块甲骨相缀合。已经粉化的甲骨，因字形漫漶不清，采纳以往研究者的摹本。在图版下面，采用竖排方式，对甲骨文进行不标点的释文。甲骨反面照片，有比例尺显示，可知甲骨版的原大。器物部分，指与西周有字甲骨一起出土的如无字甲骨、玉珠、象牙饰品、贝壳、石鸟及其他石制品、角质料等遗物。

本书还把陈全方、王宇信、徐锡台、朱歧祥四位学者的研究著作做成"周原甲骨文摹本对照表"、"周原甲骨文释文对照表"，以本书收录300版甲骨著录号为顺序号，与各家著录同版号码一一对应，方便学者查对、辨别。本书另附"周原甲骨文论著目录"（仅限于1998年以前在大陆出版的著作和发表的文章），便于学者参考。

本书还对原来被认定的300片甲骨重新进行辨认，指出H11：35、H11：79等58片甲骨为非人工刻划符号，H11：149、H11：166等16片甲骨为刻划界栏或甲骨刻划符号。在释文方面，吸收了以往学者的研究成果，对模糊不清造成的误释进行了修正。

本书的出版，不仅是对周原甲骨文发现20多年来的研究成果详细的总结，而且用照片放大的形式放大甲骨文字，对准确把握西周甲骨文字形、研究西周早期的镌刻技术，书写风格，先周及西周早期历史，具有推动作用。

本书的书评，见王宇信：《一部西周甲骨研究里程碑式的著作——读曹玮著〈周原甲骨文〉》，《考古与文物》2003年第2期；[台]魏慈德：《读〈周原甲骨文〉记》，《2004年安阳殷商文明国际学术研讨会论文集》，社会科学文献出版社，2004年9月。

106. 殷墟花园庄东地甲骨

中国社会科学院考古研究所编著（编纂者刘一曼、曹定云）。2003年12月云南人民出版社出版，八开本，六册。

第一分册包括前言、各种统计表（甲骨顺序号、图版号目录表、刻辞卜骨统计表、刻辞背甲统计表、卜甲反面文字统计表、卜甲缀合统计表）、图版凡例、拓本及摹本图版1—130页（含甲骨1—146号）。第二、三分册包括拓本、摹本图版131—297、298—464页（含甲骨147—320、321—561号）。第四、五分册包括照片图版1—273、274—546页（含甲骨1—

一、著 录

250、251—561 号)。第六分册包括释文凡例、释文、殷墟花园庄东地钻凿形态研究、引书目录及简称、索引凡例、部首、字形检字表、字词索引表、笔画检字表、附录(殷墟花园庄东地出土龟甲的生物学研究、卜甲属种统计表)、后记等部分。

前言部分,论述了殷墟花东 H3 甲骨的发掘、整理经过、甲骨出土情况、甲骨坑的时代、H3 卜甲的生物学考察、关于 H3 的有孔卜甲、刻辞特点、"子"的身份、地位等问题。编者指出,花东 H3 卜辞的年代为武丁前期,"H3 卜辞主人'子'是一个地位很高、权力很大的人物。他不仅是族长,可能是沃甲之后这一支的宗子,而且又是朝中重臣"。"其地位远在目前所知其他非王卜辞主人之上"。

第一至三册将 1991 年花东 H3 坑所出的 689 片刻辞甲骨(经缀合为 531 片,其中有的反面有字,编为 561 号)的拓本与摹本对照发表。

第四至五册是 561 号甲骨的彩色照片,其中内容较重要者还有局部放大照片 2—3 张,共发表 910 张。

第六册释文,对每片甲骨文进行隶定、句读,对一些重要字词作扼要的考释。每片释文前,对甲骨的颜色、质地、保存状况、钻凿形态等作简要的描述,字词索引是将花东甲骨中的全部字词,按照 141 个部首加以编次。

本书有几个显著特点:

一、发表资料完备。将甲骨拓本、摹本、照片、钻凿形态、龟甲种属鉴定、释文、字词索引等一并发表,是以前的甲骨著录书从未有过的,这给不同需要和从不同角度查找甲骨文资料进行研究的学者,提供了极大方便。

二、运用考古学方法对甲骨进行科学整理。本书在发表甲骨资料的同时,在前言中,将甲骨出土的地层、坑位、坑的堆积、共存陶器、甲骨坑与周围遗迹的关系,作了详细介绍,同时,又将考古发掘时所绘的十六张甲骨出土时叠压状况的线图加以发表。这对于研究甲骨的埋藏情况、甲骨坑的性质等有重要意义。

三、拓本与摹本对照并列发表。过去的甲骨著录,凡有拓本与摹本者,都是将二者分开排版,而本书则将它们并列在一起,方便读者阅读。

四、本书不仅刊载甲骨资料,而且在前言和释文中对 H3 刻辞的内容进行了一定的研究,编者对 H3 卜辞的文例及字体特点、卜辞的性质、"子"的身份与地位、H3 卜辞的时代、H3 的记事刻辞、H3 卜辞中部分新出现的字词的释读等问题,提出了不少独到的看法。

有学者认为:"书中所提供的花东 H3 甲骨坑的全面、准确、完整的科学信息和编著者颇富启示意义的创见,将推动今后甲骨文分期断代、非王卜辞和商代社会结构及家族形态研究的深入,因此《花东》一书,将在甲骨学史上占有重要地位。"[①]

本书的书评,见黄天树:《体例最完善的大型甲骨文新著——〈殷墟花园庄东地甲

---

① 王宇信:《中国甲骨学》,上海人民出版社,2009 年,第 272、272 页。

骨〉》，《中国文物报》2004年4月14日；葛英会：《大型甲骨学研究专著——〈殷墟花园庄东地甲骨〉》，《文物》2004年第9期；张永山：《甲骨著录新模式——读〈殷墟花园庄东地甲骨〉》，《考古》2004年第12期。

107. 洹宝斋所藏甲骨

郭青萍编著。2006年7月内蒙古人民出版社出版，十六开本，一册。

本书收录的是安阳洹宝斋所藏甲骨302版，另附存疑4片甲骨。本书采用拓片、照片、摹本三位一体方式，进行甲骨著录，另在书后，附有释文。

本书出版后，蔡哲茂在中国社会科学院历史研究所先秦室网站发表的《〈洹宝斋所藏甲骨〉辨伪二则订正》(2008年11月10日)一文，认为《洹宝》106抄自《合集》31030(《殷契粹编》1543)，《洹宝》301抄自《〈殷契粹编〉161》。蔡哲茂的《〈洹宝斋所藏甲骨〉新缀一则》及《补缀》把《洹宝藏所藏甲骨》第101号与《合集》6820正(明续683正)、《合集》5451(历拓6730)、《合集》17466几版甲骨缀合，大大提高了甲骨材料的史料价值。

本书公布了一批研究新资料，为甲骨缀合打下了基础。不足之处是没有对甲骨进行分期、分类著录。

108. 中国国家博物馆藏文物研究丛书·甲骨卷

中国国家博物馆编。2007年7月上海古籍出版社出版，影印本，十六开本，一册。

内容包括(吕章申)总序、(王冠英)前言、凡例、甲骨文图录及考释、引用甲骨来源著录简称、后记六部分。

图录共收268版甲骨(正、反为一个号)，以照片形式著录，标注甲骨片尺寸。甲骨排列以贞人和字体分成八组，分别是(一)𠂤组，(二)宾组一类、二类、(三)子、午组非王卜辞，(四)历组一类、二类，(五)出组，(六)无名组，(七)何组，(八)黄组(附：与黄组年代相同的记事刻辞)，另有：(九)非卜辞类刻辞，(十)无字卜骨与卜甲。每一组卜辞又以内容先后排列，内容可分：(一)祭祀，(二)战事，(三)农业，(四)气象，(五)田猎，(六)其他王事，(七)生育，(八)卜旬，(九)地理，(十)人物，(十一)文字，(十二)记事。

考释部分，仍以𠂤、宾、出等组为单位，详细记载每一版甲骨的馆藏编号、《合集》等著录情况、尺寸(长宽)、质地是骨或龟、字数多少、分组情况、释文、卜辞内容详解等；释文有两条以上者，以(1)、(2)……标出；释文后还作字、词的考释，并注明该书所从看法之出处。

另附五篇论文，分别是朱凤瀚的《武丁时期商王国北部与西部之边患与政治地理——

再读有关边患的武丁大版牛肩胛骨卜辞》；宋镇豪的《记国博所藏甲骨及其与YH127坑有关的大龟六版》；沈建华的《从〈菁华〉大版卜辞看商人风俗与信仰》及《重读小臣墙刻辞——论殷代的西北地理及其有关问题》；刘源的《从国博所藏甲骨谈殷墟王卜辞中的子某》。

本书收录的268版甲骨，过去已著录者为122版，此次新著录者共146版，为甲骨学商史研究提供了一批新资料。

本书收录的35、36、56（正、反）三版大肩胛骨，片大字多，字口涂以朱砂，史料与文物价值极高。

本书以李学勤倡导的卜辞分组分类和殷墟王卜辞"两系说"为理论指导，以贞人与字体约略分为八组著录甲骨，是国内第一部以此理论而整理的甲骨著录。以彩色图版著录甲骨，把龟甲、卜骨的原始状态更形象真实的再现给研究者，不仅能深入研究其卜辞内容，而且甲骨的整治（如钻凿形态等）及书法艺术也将得到深入研究。朱凤瀚等人的五篇研究文章，深化了甲骨学史与商史的研究内容。

109. 殷墟甲骨辑佚——安阳民间藏甲骨

段振美、焦智勤、党相魁、党宁编著。2008年9月文物出版社出版，十六开本，一册。

内容包括李学勤序、凡例、段振美的《私家收藏甲骨的几个问题》、焦智勤的概述、党相魁的《辑佚》文字隶释稿、党宁的释文、党相魁的后记、拓本（摹本）、（彩色）图版、编后记十部分。

《辑佚》收集民间散见甲骨，拓片（不清晰者另附摹本）共1008片，附录94片。1008片甲骨按照董作宾的五期分类法，分成五大部分：第一编（第一期）296片，第二编（第二期）249片，第三编（第三期）72片，第四编（第四期）59片，第五编（第五期）332片。附录94片分期不如前五编严格。[①] 本书著录，根据拓片统一编号，正、反有字甲骨共用一个编号，个别拓片字迹不清者，另附摹本；甲骨拓片按原大著录，个别缩小的拓片，有缩小比例说明；甲骨缀合，或《辑佚》自缀，或与《合集》等缀合，缀合版置于原片之后，便于对比。照片以原拓片号为序，尺寸原大，颜色逼真，文字影像清晰。释文部分的新字，或《辑佚》出现原有字的同字异形体，均做案语说明。本书共发现10个新字。

《辑佚》虽是民间甲骨面世，但也有不少新材料，如罕见的鹿头刻辞残片（736号）、羊肩胛骨刻辞（323号）、新出地名（576号）和贞人名（89号）、新出伐人卜辞（689、690号）、新出辞例（548号等）和字例（293号等）、缀合等，对甲骨学与商史研究有重要收获。《辑

---

① 王宇信：《甲骨学六十年》，中国社会科学出版社，2013年，第264页。

佚》自缀 15 版,与《合集》相缀 11 版,①提高了甲骨文资料的学术价值,如《辑佚》690 与《合集》36182 缀合,《辑佚》74 与《合集》13799、7693、7702、6568 缀合,将大大深化商史研究。朱歧祥在《甲骨辨伪——读〈殷墟甲骨辑佚〉》中认为《辑佚》328 片为伪刻。②

110. 北京大学珍藏甲骨文字

李钟淑、葛英会编著。2008 年 11 月上海古籍出版社出版,十六开本,上、下两册。

上册包括李伯谦序一、王宇信序二、前言、编辑凡例、甲骨影本及拓本图版、遗失甲骨拓本图版、伪刻甲骨拓本图版七部分。甲骨复印件及拓本图版部分,按照甲骨刻辞内容,分十二类,分别是:一、农事;二、田猎;三、祭祀;四、战争;五、巡狩;六、刑狱;七、征调、贡纳;八、王事;九、天象、气象;十、干支、历数;十一、卜法;十二、其他(遗失甲骨拓本图版、伪刻甲骨拓本图版),每类甲骨再按照五期分法类次,每期在图版上标注期别以醒目,共收甲骨 2 929 版。

下册包括甲骨摹本及释文图版,与甲骨拓本相对应,也分十二类(与拓本号相同)。另附北京大学所藏甲骨文字著录重见表、后记两部分。

《北珍》每版甲骨彩色照片与拓本互相对应、摹本与摹本上甲骨文字的楷体片形部位释文也相互对应,便于检索、校勘、引用。重见表便于读者了解北大甲骨所藏历史及被著录现状,也便于了解新材料概况。采用原骨照相、拓本、摹本、片形部位释文四位一体的形式著录传世甲骨,以原位释文与摹本相对应,为准确利用此批甲骨,提供了方便。

对此批甲骨进行的缀合,见蔡哲茂的《〈北京大学珍藏甲骨文字〉缀合表》(中国社科院历史所先秦史网站,2009 年 6 月 4 日)。

111. 上海博物馆藏甲骨文字

濮茅左编著。2009 年 1 月上海辞书出版社出版,八开本,上、下两册。

内容有书首印彩色甲骨图版 16 版、陈燮君代序(《甲骨风云与文化之谜》)、濮茅左序、凡例、书目简称、甲骨图版及释文、附录、参考书目八部分。

上册收录 5 002 版甲骨,分彩色甲骨图版和拓片两类。以馆藏藏家为类著录,依次是:一、上海博物馆接管甲骨(6 宗)共 2 596 片;二、受赠甲骨(12 宗)共 927 片;三、征集

---

① 黄天树:《甲骨文拼合集》之"2004—2010 年甲骨新缀号码表",学苑出版社,2010 年,第 586 页。
② 朱歧祥:《甲骨辨伪——读〈殷墟甲骨辑佚〉》,《中国文字博物馆》第 2 期,2009 年,第 91—123 页。

一、著　录

甲骨(21宗)共1120片；四、退还甲骨(19宗)共90片；五、上海所见甲骨(26宗)共268片。所收甲骨以宗为单位，不分期、分类，全书没有统一编号。仅在五大宗内编有小号，编排在入藏登记号之后，再以.(间隔号)把两者隔开。下册是每一版甲骨摹本和片形部位释文两种。

附录有二：一、日本姬街道资料馆藏骨；二、上博所藏孔德研究所甲骨主要著录表，上博所藏武进文献征集社甲骨主要著录情况表，《戬》的现藏与主要著录情况表，上博所藏前上海市历史博物馆甲骨主要著录情况表。

本书采用彩照、拓片、摹本、片形部位释文的著录格式，彩色照片逼真，拓片清晰，摹本较为准确。

本书在著录上存在不足之处，有以下两点：一、按照诸宗甲骨顺序编排甲骨，全书没有统一著录编号，不方便使用者引用甲骨材料。二、上海博物馆入藏的甲骨著录，曾在《铁》、《前》、《戬》、《续》、《拾掇》、《佚》、《合集》等著录过，本书缺少各号甲骨著录与现藏情况表，不利于分辨哪些甲骨是未著录过的新材料。

112. 史语所购藏甲骨集

中研院历史语言研究所编。2009年11月出版，十六开本，一册。

本书有王汎森所长序、出版说明、史语所购藏甲骨照片·摹本·拓片、《李启生拾得甲骨》照片·摹本·拓片、缀合、释文、附录、李宗焜的编后记八部分。

本书收录的是中研院历史语言研究所自1928年至1946年由董作宾、李济、傅孟真等购藏甲骨338版，另附《李启生拾得甲骨》42片，共著录甲骨380片。本书按照字体风格和事类依时代顺序排列，以师组、历组、宾组等编排(这种排列有时也采用权宜措施，如师组后是师历间组，再后是历组一、二类，之后才是宾组一、二、三类，目的是让历组与宾组卜辞相对集中，绝不表示历组二类的时代早于宾组①)。采用彩色照片(原大)、拓本、摹本三位一体的著录格式，并附有甲骨释文，便于学者全方位、多角度地研究、利用这批材料。

附录有三：一、来源说明，对史语所7次购买的甲骨数量、原著录出处、本书收藏数目列表说明。二、材料来源表，对380片甲骨在史语所的库房典藏号、《甲骨》的正反面、第几次购买的及其他著录出处列表说明。三、相关照片三张，包括：董作宾摄影记录龟甲兽骨文字出土地、附于甲骨文上"购自小屯"的文物清单及甲骨文317号骨臼上董作宾题字的照片。

本书收录的甲骨，内容十分重要，其中，有七十版甲骨被《甲骨文合集》收录，因《合集》

---

① 李宗焜：《史语所购藏甲骨集》出版说明。

只有拓片，模糊之处难于辨识，对照本书的照片、参看其摹本及释文，可以更科学地使用相关材料。本书还有不少甲骨是第一次著录，为甲骨学研究提供了新材料。

113. 云间朱孔阳藏戬寿堂殷虚文字旧拓

宋镇豪、朱德天编集。2009 年 12 月线装书局出版，十六开本，上、下两册。

内容有宋镇豪序、朱德天前言、正文、附录四部分。

正文分殷虚文字（殷虚文字序、殷虚文字弁言、殷虚文字说明、殷虚文字、殷虚文字考释校正）、甲骨文集锦（殷虚文字拾补、殷虚文字之余）两部分。

附录有二：一、（王国维）戬寿堂所藏殷虚文字考释和（朱孔阳）关于殷虚卜辞医药史材料辑录。二、（宋镇豪）朱孔阳旧藏戬寿堂甲骨拓本校订及参考目录、（孙亚冰）甲骨文集锦校勘记。

戬寿堂甲骨最初为刘鹗所藏。刘鹗客死新疆后，有近千片被哈同夫人罗迦陵收藏，罗氏请王国维编集《戬寿堂所藏殷虚文字》，选收甲骨 655 片。据朱德天介绍，其父从罗氏后人处购得这批戬寿堂殷虚甲骨拓片，收录 639 片（缀合后），辑成《戬寿堂殷虚文字旧拓》（简称《朱本》），并撰《殷虚文字考释校正》一册。朱孔阳于 1976 年辑集的编余甲骨文拓片、摹本《甲骨文集锦》二卷一册，上卷名为《殷虚文字拾补》，收入 135 片；下卷名为《殷虚文字之余》，收入 158 片，合计 293 片。《朱本》与《集锦》共公布 932 片。

《戬旧拓》著录格式为：拓本及摹本，以便供研究者互相勘校。

《朱本》印制精良，如朱本 8.9 拓片，为《历拓》6177 版及《合集》25029 版，文字多出 13 字。朱本 4.12，比《合集》多出"王受又"三字。朱本 9.6，比《戬》多出八字。《甲骨文集锦》中，还收录了《戬》甲骨的反版、正版或骨臼的拓本。《集锦》收录的 293 版甲骨，未作释文，部分收录于《合集》、《补编》外，仍有 65 版新材料。

本书所录甲骨，有的可与其他著录缀合，大大提高了其史料价值。

114. 张世放所藏殷墟甲骨集

宋镇豪主编。2009 年 12 月线装书局出版，十六开本，一册。

内容包括宋镇豪前言、图版、释文、无字甲骨、收藏者张世放之《天地有神氐，甲骨撼中华》、后记六部分。

本书著录的是安阳"四堂书屋"主人张世放先生多年收藏的甲骨。有关收藏的动机、过程，张世放在"天地有神氐，甲骨撼中华"中作详细地记述。本书共收 384 版甲骨，按照

一、著 录

字体分类方法,将全部甲骨分为自组(1—8)、宾组(9—201)、子组(202)、出组(203—300)、何组(301—306)、无名组(307—316)、黄组(317—384)七组甲骨,并以此顺序排列。每一版甲骨以拓片,甲骨正面、反面照片格式著录。每组卜辞大致按照内容分类,同文卜辞或内容相近者,尽量排在一起。释文部分,因片小字少,一般读者释读较为困难,故图版后即释文,遗憾的是释文不使用标点符号。此书还收录了46版无字甲骨,以照片的形式发表,这对研究甲骨的钻凿形态、卜兆、缀合等均有参考价值。

115. 中国社会科学院历史研究所藏甲骨集

宋镇豪、赵鹏、马季凡编著。2011年8月上海古籍出版社出版,八开本,上、中、下三册。

上册有(宋镇豪)前言、编辑凡例、甲骨彩版、附录(碎骨、无字骨、伪片)。中册有甲骨拓本。下册有甲骨释文、附表(四种)。

前言部分,宋镇豪梳理了历史所甲骨的来源、流传与入藏事略,考订了来自郭沫若、胡厚宣、容庚、康生、罗福颐、罗福葆、王杏东、王献唐、顾铁符、易忠箓、罗守巽、叶玉森、郭若愚、徐宗元、徐坊、臧恒甫、顾承运、陈侃如、邵友诚、方曾寿、周伯鼎、蒋楚凤、英国考文夫人及北京琉璃厂庆云堂、韵古斋、振寰阁、富晋书社和1956年公私合营后的北京文物商店等28家的甲骨旧藏品。部分属20世纪20年代及1937年至1945年抗战期间的盗掘后散落民间者。

甲骨彩版及附录,著于第一册,彩版收有字甲骨1 920版(包括正、反、侧部分),按照五期分类法编排。第一期收录1 294版,页码是1—164页。第一期附收录1295—1324版,页码是166—169页。第二期收录1325—1505版,页码是172—192页。第三期收录1506—1543版,页码是194—198页。第四期收录1544—1625版,页码是200—219页。第五期收录1626—1920版,页码222—257页。附录包括:碎骨41块,无字骨33块,伪片30片。共收录甲骨2 023版(包括伪片,另有1片有号无骨)。其中,《合集》、《补编》已著1 278片,未著者642片。中册是拓本,下册是释文。检索表有说明及六个表,分别是:一、历史所藏甲骨检索总表;二、《合集》收录检索表;三、《合补》收录检索表;四、历史所甲骨缀合检索表(本所甲骨缀合表和与他书甲骨缀合表);五、历史所甲骨盒藏一览表;六、甲骨著录书、拓本及来源简称表(引用甲骨著录书简称表、甲骨拓本简称表、甲骨来源简称表)。

本书的特点:一、以照片、拓本兼备的方式发表材料,照片注重对甲骨钻凿和背、侧面的拍摄,向研究者展示了更为立体、全面、真实的甲骨信息。二、甲骨缀合,尽可能利用原骨做缀合工作,该书缀合甲骨13组,分别是第20+21、26、120、157、520、532、614、811、

1318、1410、1469、1780、1801片。如第157版是由6片残骨拼缀而成,大大提高了甲骨的史料价值;碎骨、无字骨为甲骨缀合提供了材料;伪片的公布则为辨伪研究提供了宝贵的资料。三、甲骨分组分类,对全部材料进行细致的分组分类工作,再按分期分类的传统方式编排,突出了甲骨文的时代性。四、文字释读较准确,释文中吸收了最新的文字考释成果,并通过甲骨实物观察,纠正了以往的误释,对兆辞调整,使兆辞与卜辞关系更具有内在联系。

本书照片精美,拓片清晰,释文较准确,表格信息一目了然,为学术界重新认识这批甲骨的丰富内涵与学术史价值具有重要意义。

本书的书评,见常耀华:《〈中国社会科学院历史研究所藏甲骨集〉读后》,《中国史研究动态》2012年第2期;刘一曼:《甲骨资料整理与学术史研究相结合的新成果——读〈中国社会科学院历史研究所藏甲骨集〉》,《文物》2012年第12期。

116. 殷墟小屯村中村南甲骨

中国社会科学院考古研究所编著(编纂者为刘一曼、岳占伟、严志斌)。2012年4月云南人民出版社出版,八开本,上、下两册。

上册主要有前言,并附有甲骨出土地层、坑位及共存陶器图版48幅,考古发掘及甲骨埋藏状况彩色照片24幅。各种表格(甲骨顺序号、图版号目录表、甲骨反面文字统计表、甲骨缀合统计表)、图版凡例、拓片、摹本图版(1—169版)。下册为照片图版(1—198)、释文凡例、甲骨释文、引书目录及简称、小屯村中村南甲骨钻凿形态、甲骨钻凿形态摹本图版号(25页)、甲骨钻凿形态照片图版号(16页)、索引凡例、部首、字词索引表、笔画索引表及后记。

本书正文共收两批甲骨,第一批是1986—1989年中国社会科学院考古所安阳工作队在小屯村中所获甲骨305片(缀合后为291片,293号)。第二批是安阳工作队2002—2004年在小屯村南发掘所获甲骨233片(缀合后207片,221号),共著录甲骨514号,附录收刻辞甲骨17片,包括小屯村北12片,花园庄东地3片,苗圃北地1片,大司空村1片。《村中南》甲骨包括午组、师组、宾组、无名组、历组、黄组等组别,宾组、黄组卜辞很少,主要是其他四组甲骨。

该书采用拓片与摹本、照片三位一体方式著录,531版甲骨共有594幅彩色照片使读者能更好地辨识甲骨文字。释文部分,把甲骨刻辞进行隶定、句读,对该版上重要字词作简要考释;另标出每版甲骨的组别,简要描述甲骨色泽、质地、保存状况、钻凿形态等。

该书的学术价值主要有以下几点:一、发表资料完备,给不同需要和从不同角度查找甲骨文资料进行研究的学者,提供了极大的方便。二、运用考古学方法对甲骨进行整理,在发表甲骨资料的同时,将甲骨出土的地层、坑位、坑内堆积、共存陶器作了详细叙述。对一些学术界有争议的卜辞组的时代提出看法,认为"师组卜辞"、"午组卜辞"属于武丁前期卜辞,"历组卜辞"属于武乙、文丁卜辞。三、编者对书中的甲骨刻辞内容进行了一定的研究,如编者总结了书中的"午组卜辞"、"师组卜辞"、"无名组卜辞"、"历组卜辞"中新见的人名、地名、祭祀对象以及涉及商代史方面的新资料,将对这几组卜辞的深入研究起推动作用;再如书中对212号"王作三师"卜辞,提出了新的看法,认为这是商王为应对土方的入侵而作出的决策。四、书中新见的字、词四十多个,编者对其中的26个作了隶释。

该书也有不足之处,如有些甲骨彩色相片不大清晰,缺少重要甲骨的侧面图像等。

总之,此书甲骨刻辞内容丰富,为甲骨文及商史研究增添了一批新资料,有重要的学术意义。

本书的书评,见宋镇豪、徐义华:《评〈殷墟小屯村中村南甲骨〉》,《中国文物报》2013年10月14日;韩江苏:《甲骨新材料与旧问题——读〈殷墟小屯村中村南甲骨〉》,《殷都学刊》2013年第3期。

117. 俄罗斯国立爱米塔什博物馆藏殷墟甲骨

宋镇豪、玛丽娅主编。俄罗斯国立爱米塔什博物馆、中国社会科学院历史研究所编著,2013年12月上海古籍出版社出版,八开本,一册。

内容有皮奥特洛夫基前言(中/俄/英文)、宋镇豪序言(中/俄/英文)、玛丽娅序(中/俄/英文)、编辑凡例、甲骨彩版、拓片与摹本、甲骨释文与简说(中/俄/英文)、附录、检索表八部分。

正文分两部分:一、甲骨彩版、拓片与摹本部分,收录197版甲骨,另附6版无字碎骨和1版摹本。先按照董作宾的五期法分期,再按甲骨卜辞内容对197版分类,共分第一期,第二期,第三、四期,第五期,碎骨五部分。采用甲骨彩版(分正、反、侧三面)、拓本、摹本格式著录。二、甲骨释文、甲骨释文简说(中/俄/英文)两部分,可深入了解甲骨卜辞内容。

附录有三:一、刘克甫的忆两位先哲(中/俄文);二、胡厚宣、宋镇豪的爱米塔什博物馆所藏甲骨文字考释;三、刘华夏、刘克甫的爱米塔什博物馆所藏甲骨与师组卜辞若干问题。

检索表有二:一、爱米塔什博物馆藏甲骨著录表;二、爱米塔什博物馆藏甲骨检索表。

本书前言部分详细介绍了这批甲骨的来龙去脉,以往的著录情况及这次全方位整理的过程。甲骨图片部分印刷清晰精美,对甲骨卜辞内容、钻凿形态、甲骨边缘锯截锉磨整治等深入研究,提供了翔实资料。甲骨释文及简说部分,解说透彻,为利用这批甲骨内容进行商文化研究,提供了便利。附录所收的三篇研究文章,可增加读者对俄藏甲骨的深入了解。甲骨卜辞的史料内容对研究商代殉葬制度、商代社会生态环境十分重要。

118. 旅顺博物馆所藏甲骨

宋镇豪、郭富纯编著。2014年10月上海古籍出版社出版,八开本,三册。

上册有宋镇豪前言、郭富纯序、编辑凡例、彩版第一至五期、附录无字甲骨与伪片。中册为拓片与摹本第一至五期、附录甲骨伪片。下册为释文第一至五期、检索表。

本书共收2 211片甲骨,分为甲骨图版、释文、检索表三大部分。甲骨图版:第一期为1—1331版,第二期为1332—1753版,第三期为1754—1860版,第四期1861—1912版,第五期1913—2211版。采用彩照、拓片、摹本三位一体的格式著录。彩照包括甲骨正面、反面以及有完整钻凿痕迹的甲骨侧面照片;拓片包括全部有字甲骨的正、反面;摹本还摹录相关甲骨的缀合图形。无字和伪片甲骨收录6版。释文部分,包括甲骨质料、馆藏号对照、著录情况、甲骨辨伪、正文释定、同文例互补、释文说明、新字形简释及甲骨残片缀合等内容。

检索表有三:一、旅博甲骨新编号与馆藏号对照表;二、旅博甲骨馆藏号与新编号对照表;三、旅博甲骨著录表。

甲骨图版编次排序,先按照董作宾的五期分法分期断代,再按照字体别其类,然后再按照内容次第排序。这样编排,妥善处理"五期说"和"甲骨分类分期"等学术界之争议。甲骨释文及检索表有助于检索馆藏号、著录号,了解甲骨缀合数量(本书甲骨缀合近60组,其中自缀11组)等诸项信息。全书三大部分浑然一体,这种甲骨著录范式,为甲骨文的深入研究提供了内涵丰富的新资料。

宋镇豪的《旅顺博物馆所藏甲骨整理经过及其学术价值》(《光明日报》2014年10月29日),有助于学界了解该书的情况。

119. 甲骨缀合集

蔡哲茂著。1999年9月台北乐学书局出版,十六开本,一册。

内容有裘锡圭、雷焕章、松丸道雄三序及自序、缀合图版、释文考释、引用甲骨文书目简称表、参考书目、作者所发表缀合文章目录、引用诸家缀合出处、后记八部分。

本书共收361版缀合甲骨图版,著录格式为:以(1)、(2)……顺序号来标注每一版甲骨;图版分拓本、摹本两种。若甲骨图版为《合集》所收,仅用合集号表明其出处,如第1版,仅标26628、26630两号;若为《英藏》、《库方》同时收录,两编号均标注,如第4版,标613(即《合集》613版)与英557、库1574;若甲骨图版太大,不利于排版,则将之缩小并标注缩小比例,如第4版标缩影65%。据著者在自序中谓,图版310版相对可靠,310版至348版,为遥缀碎片,以供参考。349至361版为本书定稿后的缀合。释文部分,先列释文,再对卜辞详细考释,不但介绍了各家有关意见,还有不少是作者的创见,因此内容比较充实。

本书之表,有《甲骨缀合集》组别号码表、《甲骨缀合集》缀合号码表、《甲骨文合集》未收缀合号码表、《甲骨文合集》缀合号码表、《小屯南地甲骨》缀合号码表、《英国所藏甲骨集》缀合号码表,附录(有二:《甲骨文合集》重片号码表、《甲骨文合集》同文例号码表),此八类表,为迅速检索缀合出处提供了便利条件。

甲骨缀合是对甲骨价值的再提升,本书收录的361版缀合甲骨,将大大提高其学术价值。本书收录的各种表格,不仅反映了各家缀合《合集》的新成就,也能使后学者避免重复劳动。

120. 甲骨缀合续集

蔡哲茂著。2004年8月文津出版社出版,十六开本,一册。

内容有李学勤序、缀合图版、《甲骨缀合集》补正图版、释文与考释、诸家所作缀合出处、作者所发表缀合文章目录、参考书目、引用甲骨文书名简称表、后记九部分。

本书是《甲骨缀合集》之续集,收录的缀合图版自第362组至546组,共收录185组。著录格式与《甲骨缀合集》相同。在排列图版时,缀合拓片图版与摹本图版安置在同一平面内,只要打开书本,均是左边图版是拓本,右边图版是摹本,可以相互对照、勘校、研究,十分方便。

本书所录表格有:《甲骨缀合续集》组别号码表、《甲骨文合集》缀合号码表、《甲骨文合集》重片号码表、《甲骨文合集》误缀号码表、《甲骨文合集补编》缀合号码表、《甲骨文合集补编》重片号码片、《甲骨文合集补编》误缀号码表、《甲骨缀合集》组别号码及发表出处表、《甲骨缀合续集》各组发表出处表、《小屯南地甲骨》缀合号码表、《甲骨缀合集》勘误表(附于书后)。

《甲骨缀合集》与《甲骨缀合续集》是甲骨缀合的重要著作,李学勤教授对蔡哲茂在甲骨缀合方面的成果予以高度评价:"自王国维以来,许多学者都从事过拼缀甲骨,而在今天又能集前人大成,又不断有新的创获者,自应推崇蔡哲茂先生。"[①]

[①] 李学勤:《甲骨缀合续集》序,台北文津出版社,2004年。

121. 甲骨缀合汇编

蔡哲茂著。2011年3月花木兰文化出版社出版，十六开本，两册。

上册有蔡哲茂自序、编辑凡例、缀合图版、组别号码表、缀合者编号五部分。

本书收录的是《合集》漏收的缀合，《合集》出版后，《殷契拾掇三编》、《中岛》、《英藏》、《天理》、《续补》、《山东省博物馆珍藏甲骨墨拓集》、《东京》、《辑佚》以及曾毅公《论甲骨缀合》遗稿的公布等，诸家利用新公布材料所作的新缀合，斟酌采于本书中，对《补编》收录有误者，重新收录便于纠正其误。但不收录《甲骨缀合集》、《甲骨缀合续集》、《醉古集》、《甲骨拼合集》之成果，仅有部分成果不便更换，收录其中。共收录20多位其他作者著录。(台湾)中研院历史语言研究所对一至九次、十三次、十五次挖掘甲骨整理与研究中，作者本人及助理的缀合成果收录于本书中。共收录1 036版缀合甲骨图版，著录格式与《缀合集》、《续集》相同。

下册为：一、释文与考释；二、释文及参考文献；三、引用诸家缀合出处。另附所录四种：一、《甲骨缀合汇编》所录《合集》缀合号码表；二、《甲骨缀合汇编》所录《合集》未收缀合号码表；三、《甲骨缀合汇编》所录《屯南》缀合号码表；四、《甲骨缀合汇编》所录《合集补编》缀合号码表。

蔡哲茂的三部缀合著作，有很高的学术价值，成为甲骨文研究者所必备的重要参考书。

122. 甲骨拼合集

黄天树主编。2010年8月学苑出版社出版，十六开本，一册。

内容有黄天树《甲骨拼合集》序、凡例、缀合图版、说明与考释、附录、引用甲骨著录简称表六部分。

图版缀合收录黄天树、姚萱、赵鹏、方稚松、刘影、齐航福、莫伯峰、何会、李爱辉、李延彦、郭艳、田敏缀合成果326则，先按作者编排，在作者之下再按缀合文章发表先后的顺序排列。全书缀合图版按"第1则、第2则、第3则……"顺序号排序；在编号后注明甲骨新缀若干例(即片)及缀合者姓名，其下再注明新缀的甲骨片号，编为A(某著录书片号)+B(某著录书片号)+C……便于使用者与该则序号下列所缀部位著录书相互对照。缀合图版分拓本、摹本两部分，为便于排版，有些缀合图版或缩小，以利于同一版甲骨的缀合拓片与摹本放于同一页内，这样有利于读者对照参阅。说明与考释部分，每一则甲骨，其下另列释文，有的释文略加考释，并以页下注的方式注出刊登该则甲骨缀合文章的出处。

附录有六：一、殷墟龟腹甲形态研究；二、关于卜骨的左右问题；三、甲骨形态学；四、《甲骨文合集》同文表；五、《甲骨拼合集》索引表；六、2004—2010年甲骨新缀号码表。

本书主题部分是"缀合图版"，采自《合集》、《合补》、《乙编》、《屯南》、《花东》、《英藏》等多本较重要的甲骨著录，以及《洹宝》、《辑佚》等刊布的民间所藏甲骨书籍，涉猎的材料范围是很广泛的。

本书的几个附录，特别是附录一至附录三，有关甲骨形态学的叙述很重要。黄天树指出"甲骨形态学研究完整的肩胛骨的构造，研究完整龟腹甲、背甲和甲桥的外层和内层构造；研究骨缝片外形轮廓及其盾纹、齿纹形态；研究钻凿、兆坼形态，总结规律，以利于甲骨残片材质的识别、残片部位的判断、残片的缀合和卜辞的释读"。[①] 所以，甲骨形态学的研究对推动甲骨学研究的深入发展，具有积极的意义。

123. 甲骨拼合续集

黄天树主编。2011年12月学苑出版社出版，十六开本，一册。

内容有黄天树序、凡例、缀合图版、说明与考释、附录、引用甲骨著录简称表六部分。本书收录的是：2010年至2011年7月之前，由黄天树、赵鹏、刘影、莫伯峰、王子扬、何会、李爱辉、李延彦等269则缀合成果。著录体例一如《甲骨拼合集》，既有拓本又有摹本，为了同一块甲骨的拓本、摹本编排在一页内，个别拓本缩小了尺寸。图版缀合号接续《甲骨拼合集》，自"第327则"始，按顺序号排序。

黄天树在《序》中论述，以该书缀合为例，补充介绍了兆枝断边、兆顶序辞、界划线、盾文、齿缝五种甲骨缀合验证方法，对甲骨缀合正确与否的检验，有帮助作用。

附录有二：一、《甲骨拼合续集》索引表，便于读者查找原版甲骨出处；二、2004—2011年甲骨新缀合号码表，收录2004年至2011年7月15日各家缀合成果，本表所收的缀合成果，主要见于《合集》、《怀特》、《英藏》等八种甲骨著录书，故本表先以甲骨著录书的出版时间为序来排列，再以每一甲骨著录的顺序号为顺序立表，可清楚地了解自2004年至2011年7月之间甲骨缀合的新成果。

本书还另附黄天树的《殷代卜辞分类分组表》一份。

124. 甲骨拼合三集

黄天树主编。2013年4月学苑出版社出版，十六开本，一册。

---

① 黄天树：《甲骨文拼合集》，学苑出版社，2011年，第515页。

内容有黄天树序、凡例、缀合图版、说明与考释、附录五部分。本书收录的是：2011年至2013年1月之前，由黄天树、马宝春、赵鹏、方稚松、刘影、莫伯峰、何会、李爱辉、王红、李延彦、连佳鹏、杜锋、黄文、秦建琴等219则缀合成果。著录体例一如《甲骨拼合集》、《甲骨拼合续集》，图版缀合号接续《甲骨拼合续集》，自"第596则"始，按顺序号排序，至814则止。

黄天树在《序》中论述，以支离破碎的残辞、拼合后成为完整的卜辞为例，论述了甲骨缀合之重要，它是对甲骨史料的再整理。

附录有二：一、《甲骨拼合三集》索引表，便于读者查找原版甲骨出处；二、2004—2012年甲骨新缀合号码表，继续收录2004年至2012年12月30日各家缀合成果，与《续集》中的附录二存在部分重复现象。

黄天树及其学生团队编纂的三部《甲骨拼合集》（初集、续集、三集），共拼合刻辞甲骨814则（组），成绩卓著。王宇信认为："缀合研究成果的较快增长，与缀合理论的愈益完善，特别是'甲骨形态学'的深层次观察，使表面的'定位法'，求其全体的缀合复原，向深层次、多角度、全方位缀合甲骨残片的方向前进，因而提高了缀合效率和准确性，甲骨缀合取得了丰硕的成果。"[①]这些缀合成果将推动甲骨学与殷商文化的深入研究。

125. 醉古集——甲骨的缀合与研究

林宏明著。2011年3月（台湾）万卷楼图书股份有限公司出版，十六开本，一册。

内容有黄天树序、再印说明、前言、缀合图版、审查意见、后记、醉古集引用著录简称表、参考书目、与《醉古集》有关的释文刊定表、释文与考释及各种表。

本书共收录382版甲骨缀合图版，并对其释读及甲骨文内容进行研究。

表有：醉古集组别号码表，醉古集缀合学者一览表，醉古集与甲骨文合集对照表，醉古集与合集补编对照表，醉古集与殷虚文字乙编对照表，醉古集与殷虚文字乙编补遗对照表，醉古集与殷虚文字丙编对照表，醉古集与其他甲骨著录对照表，醉古集与殷虚文字缀合对照表，醉古集与殷虚第十三次发掘所得卜甲缀合集对照表。

该书刊出的缀合图版精良，其编排是拓本在右页，摹本在左页，便于对照阅读。作者对书中缀合的甲骨所作的释文与考释，既介绍了甲骨学界最新的研究成果，还有不少自己的新见解。最值得称道的是，有不少甲骨缀合内容十分重要，具有很高的学术价值，可称为甲骨的再发现。例如：第73组"四方名卜甲"，第207组"商王世系胛骨"，第241组、第247组、第261组、第263组、第272组、第353组、第367组等。总之，它的出版，为甲骨学

[①] 王宇信：《新中国甲骨学六十年》，中国社会科学出版社，2013年，第356页。

者研究提供更为完整的新资料,极有意义。①

本书的书评,见刘源:《甲骨缀合与研究的佳作〈醉古集〉》,《中国史研究》2012年第3期。

126. 契合集

林宏明著。2013年10月(台湾)万卷楼图书股份有限公司出版,十六开本,一册。

内容有蔡哲茂序、前言、缀合图版、插图、各种表格、参考书目、契合集引用著录简称表、后记八部分。

本书共收382版甲骨缀合图版,并对缀合甲骨释读及缀合图版上的甲骨内容展开研究。

表有:契合集组别号码表,契合集缀合学者一览表,契合集、醉古集与甲骨文合集对照表,契合集、醉古集与甲骨文合集补编对照表,契合集、醉古集与其他甲骨著录对照表,契合集、醉古集与甲骨缀合专著对照表,契合集释文及考释,与契合集有关的释文刊定表,契合集、醉古集缀合出处表。

《醉古集》与《契合集》共缀合764版甲骨,在甲骨缀合史上占有重要地位,大大增加了甲骨文的史料价值。

127. 卡内基博物馆所藏甲骨研究

周忠兵著。2015年8月上海人民出版社出版,十六开本,上、下两册。

内容有林沄序、凡例、各家使用的钻凿型式对照表、前言、正文、参考文献、附录、后记八部分。上册为:第一部分,图版。一、照片,分14小组。分别是1.师组(1—12);2.丙种子卜辞(13);3.师宾间组(14—17);4.师历间组(18—70);5.宾组(71—95);6.历组(96—106);7.出组(107—364);8.历无(365—366);9.何组(367—379);10.无名组(380—393);11.习刻(394—402);12.伪刻(403—404);13.护身符(407—609);14.钻凿照片。二、摹本,是照片部分中的1—12组(即1—404号)及两片遗失甲骨(405、406号)的摹本。

下册为:第二部分,释文,对以上收录的甲骨逐条释读。第三部分,相关问题研究,分别是甲骨钻凿形态研究,试说甲骨中的异代使用问题,从卡内基博物馆所藏甲骨实物看早

---

① 参见黄天树《醉古集——甲骨的缀合与研究·序》,2008年。

期甲骨的作伪问题。甲骨著录简称全称对照表,常用甲骨学工具书及研究论著简称全称对照表。附录有十:一、库方二氏小传;二、《卡》著录号与其他著录号的对照表;三、《库》著录号与其他著录号的对照表;四、《欧美亚》著录号与其他著录号的对照表;五、《北美》著录号与其他著录号的对照表;六、《美》著录号与其他著录号的对照表;七、《合集》著录号与其他著录号的对照表;八、《合补》著录号与其他著录号的对照表;九、缀合表;十、缀合图版。

此书是对卡内基博物馆所藏甲骨进行的全面整理、研究的著作。全书采用彩照、摹本、拓本、钻凿形态、研究五位一体方式著录。在彩照部分,发表各片甲骨的正、反、侧照片及某些甲骨的局部放大照片。在释文部分,对各片甲骨的著录情况、分类、甲骨质地、颜色、部位保存状况、释文、释文说明及卜辞与钻凿的对应关系等诸多问题予以叙述,使读者对书中甲骨情况有全面、具体的了解。书中不但详细发表甲骨资料,在释文与相关问题研究中,作者阐发了研究甲骨的不少独到见解。此书是海外甲骨研究重要成果,对认识商代的历史、文化等具有较重要的意义,对相关甲骨学的研究如占卜习惯、辨伪、甲骨钻凿等,也有较大的价值。

128. 殷虚书契四编

罗福颐、罗琨、张永山编著。著录于《殷虚书契五种》之下册。《五种》于2015年3月中华书局出版,十六开本,上、中、下三册。

《四编》有罗福颐序、甲骨图版、(罗琨)后记三部分。

《四编》于1948年由罗福颐编成,收录甲骨280余版,书中的资料主要是罗福颐从旅顺罗振玉旧居中带出的未著录的甲骨,还有容庚、曾毅公所藏以及厂肆所购的少量甲骨。因1965年曾为《合集》的编纂提供了部分拓本,故《四编》的出版被搁置了下来。1981年,罗琨、张永山遵循罗福颐之愿,重新增订《四编》,改原"择其精尤"为"虽龟屑不令遗"的全选原则,将罗福颐所收的甲骨拓片全部编入,使书中的甲骨增至444版。"《四编》之成,实凝集了三代人的心血,是罗氏一家贯穿二十世纪共肩此'学术传布之责'的结笔"。(参见中华书局编辑部写的出版说明)

此书甲骨的时代,包括第一至第五期。甲骨之内容包括卜祭、卜告、卜辇、卜出入、卜田猎、卜征伐、卜年、卜风雨、杂卜、甲子表十类。有《合集》录用者,也有《合集》未著录者。

《四编》的出版,为甲骨学和商史研究提供了一批有价值的资料。

二、考 释

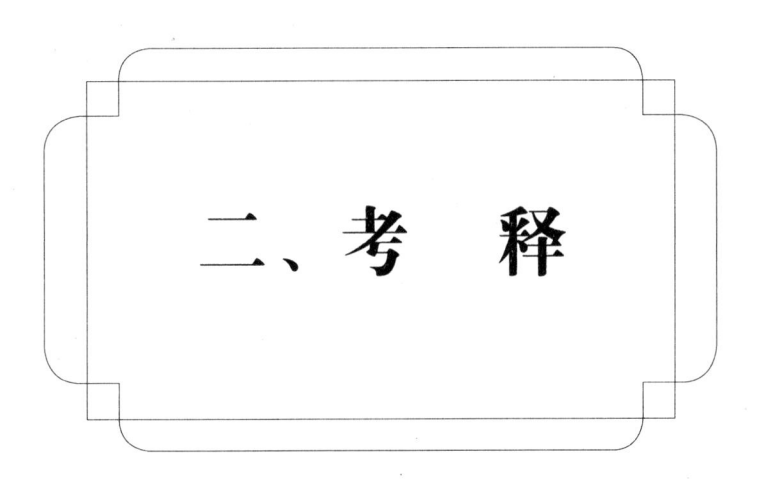

二、考 释

129. 契文举例

孙诒让著。1904年(清光绪三十年)写成,1917年(民国六年)吉石盦丛书本,线装,一册(二卷)。又,1927年(民国十六年)上海蟫隐庐石印本,线装,二册。1993年12月齐鲁书社出版,楼学礼点校本。

上卷包括自序、正文。分八章:(一)日月;(二)贞卜;(三)卜事;(四)鬼神;(五)卜人;(六)官氏;(七)方国;(八)典礼。下卷二章:(九)文字;(十)杂例。

这是考释甲骨文的第一部著作。

孙氏在自序中谓:"不意衰年睹兹奇迹,爱玩不已,辄穷两月力校读之,为前后复重者参互采绎,乃略通其文字,大致与金文相近,篆画尤简省,形声多不具;又象形字颇多,不能尽识。……今就所通者,略事甄述,用补有商一代书名之佚,兼以寻究仓后籀前文字流变之迹。"

在此书中,作者不但考释文字,而且将契文进行分类,为后来研治甲骨文的学者开拓道路。书中有些字的释读至今仍是确不可易。例如:释祖、征止、陟、出、先、省、众、冓、彘、永、帝、方、启、羌、易;干支中的甲、丙、丁、戊、庚、辛、壬、癸、丑、寅、卯、辰、未、申、酉、戌、亥等一百多字。

由于资料所限,当时作者只能根据《铁云藏龟》一书来研究甲骨文,所以错释的字相当多。如:以"王"为"立",以"贞"为"贝",以"吉"为"享",以"之"为"正",以"涉"为"岁",以"羽"为"猎",以"兽"为"获",以辰巳之"巳"为子丑之"子",把"旬亡祸"释为"它父囚"。又,作者虽然认出了祖乙、祖丁、祖辛、祖甲、大甲、大丁、大戊、羌甲、南庚的名号,但认为不一定是《殷本纪》中的祖乙、祖辛、祖丁,而可能是殷代诸侯臣民的名号。此外,因错释的字较多,许多完整的卜辞不能通读,故在此基础上所论述的殷代制度,也是难以成立的。

此书尽管有许多错误,但孙诒让是最先较有系统地认识甲骨文字的第一位学者,其披荆斩棘之功是应该充分肯定的。

130. 殷商贞卜文字考

罗振玉著。1910年(清宣统二年)6月玉简斋石印本,线装,一册。又,1970年4月收入台北大通书局出版的《罗雪堂先生全集》三编第二册中。

全书包括:作者自序、正文、后识。

全书分四章:

一、考史：1. 殷之都城；2. 帝王之名谥（并简述祭祀、田猎）。

二、正名：1. 籀文即古文；2. 古象形字，因形示意，不拘笔画；3. 与金文相发明；4. 纠正许书之遗失。

三、卜法：上溯史策，求龟卜之源流，从甲骨卜辞，考证古代占卜方法。1. 贞；2. 契；3. 灼；4. 致墨；5. 兆坼；6. 卜辞；7. 埋藏；8. 骨卜。

四、余论：1. 古书契之形状；2. 卜辞之行款、读法；3. 甲骨文字涂朱与涂墨。

罗氏在序言中谓，1909年（宣统元年），日本林泰辅寄赠刊《史学杂志》之论文（即《清国河南汤阴县发现之龟甲兽骨》），读后颇多疑异，因而尽发所藏拓墨，博观估人甲骨，详加考释，写成此书。又谓，甲骨"发见之地，乃在安阳县西五里之小屯，而非汤阴，其地为武乙之墟。又于刻辞中得殷帝王名谥十余，乃恍然悟此卜辞者实为殷室王朝之遗物。其文字虽简略，然可正史家之遗失，考小学之源流，求古代之卜法"。

此书是罗振玉研究甲骨文的第一本著作，篇幅虽不长，但多有创获。如：考定小屯为殷墟及审释帝王名号两点有重要意义。又，在此书中，作者用甲骨文、金文、《说文》相对照，新考释出一批字，许多字的释读至今仍是正确的。

后来，作者还写了《殷商贞卜文字考补正》，对此书作了校补，见1936年12月《考古社刊》第5期。

131. 殷虚书契考释

罗振玉著。1914年（民国三年）12月王国维手写石印本，线装，一册。又，1927年（民国十六年）二月东方学会石印增订本线装，三卷二册。1970年收入台北大通书局出版的《罗雪堂先生全集》三编第二册中。

初印本考释四百八十五字（不包括人名、地名所隶定的字），增订本考释五百七十一字。

全书分八章，各章目次及主要内容如下：

一、都邑："商自成汤至于盘庚，凡五迁都；武乙立，复去亳徙河北，其地当洹水之阴，今安阳县西五里之小屯，即其虚矣，方志以为河亶甲城者是也。"

二、帝王：卜辞中可见的帝王名22(23)；先妣名14(16)。（括弧内是增订本之数字，下同。）

三、人名：于帝王名之外，考订人名78(90)。

四、地名：卜辞中，其字可识或不可识的地名有193(230)。可分为16(17)类。

五、文字：形声义可知者485(560)。罗氏谓："而由文字之可识者观之，其与许书篆文合者十三四，且有合于许书之或体者焉有合于今隶者焉；顾与许书所出之古籀则不合者

二、考　释

十八九；其仅合者，又与籀文合者多，而与古文合者寡。以是知大篆者，盖因商周文字之旧，小篆者，又因大篆之旧，非大篆创于史籀，小篆创于相斯也。"

六、卜辞：将可为通读的卜辞，用今楷写出，分为8(9)类：1. 卜祭 306(538)条；2. 卜告 15(32)条；3. 卜韋 4(6)条；4. 出入 77(177)条；5. 卜田渔 130(190)条；6. 卜征伐 35(60)条；7. 卜年 22(34)条；8. 卜风雨 77(112)条；9. 杂卜 47 条（这是增订本新增加的一项）。

七、礼制："殷商礼制，征之卜辞，其可知者六端：1. 授时；2. 建国；3. 祭古；4. 祭礼；5. 牢鬯；6. 官制。"

八、卜法：卜用之龟、甲；凿、钻、灼、兆。

罗氏谓："予既据目验知古卜法概略，证以《周礼·春官》及《毛诗》、《戴记》，周秦诸子之言卜事者多与符合，知殷周卜法无大差。而郑君笺注诗礼则颇有失误，是商周卜法，汉儒已不能明矣。"

罗氏在此书中，用字形比较（从《说文》上溯金文，由金文溯卜辞）和偏旁分析，结合每一个字和词在卜辞中的位置和作用来考释甲骨文。这种方法较为精密，所以他能考释出一大批前人所未释的甲骨文字，使许多杂乱无章的卜辞得以通读。同时，由于他将卜辞进行分类，这就便于学者们利用甲骨文来研究殷代的历史。

对于《殷虚书契考释》一书在考释甲骨文字方面的贡献，郭沫若作了充分的肯定，说它"使甲骨文字之学蔚然成一巨观。谈甲骨者固然不能不权舆于此，即谈中国古学者亦不能不权舆于此。"[①]

此书也有不足之处，如：错释的字、词为数不少；有些问题的阐述也欠妥；增订本还删去在初印本中每字或卜辞之下注出的书名、页数、片号，不便于读者查对原文及引用。

132. 殷虚书契补释

柯昌济著。1921年（民国十年）出版，线装，一册。

本书考释甲骨文字、词六十多个，其中释劦、足、震、舞、取等字是可取的。但错误之处也不少，如：将"卸"释为"冃"，将"眔"释作"雁"，将"屯"释作"茅"，释"祸"为"凶"，释"岁"为"戬"，等等。

133. 殷虚书契考释小笺

陈邦怀著。1925年（民国十四年）2月出版，线装，一册。

---

① 郭沫若：《中国古代社会研究》第三篇《卜辞中的古代社会》，1930年。

全书包括吉城序、自序、正文。

正文分为三篇：

一、地名篇，笺释地名九个：视、稷、休、甘、温、惠、宕、谢、蘆。

二、文字篇，笺释字四十八个：霝、朔、廪、潢、谢、濘、浚、肙、宭、雝、棘、巫、烝、贞、叔、妒、奚、章、饎、凤、雄、龙、稷、朱、蘆、麗、杞、繏、赫、俦、视、冉、敏、來、弁、鼎、復、乘、浴、澡、濯、戈、触、戾、宕、𪊍、寃、𠂤。

三、礼制篇：1.宗庙之制；2.封建之制；3.祀神之礼；4.诸祭之名；5.殷之官制。

此书是仿郑氏诗笺之例，以疏补罗振玉之《殷虚书契考释》。因成书较早，作者仅见王襄《簠室殷契类纂》及商承祚的《殷虚文字类编》等书，未见罗氏《增考》，故笺释各条，有不少错误。但也有一些字的解释是可取的，如：释"稷"、释"戾"等。

134. 大龟四版考释

董作宾著。载1931年（民国二十年）《安阳发掘报告》第三期。又，抽印本；收入1977台北艺文印书馆出版的《董作宾先生全集》甲编第二册。

文章分三部分，各部分目录及主要内容如下：

一、介绍大龟四版。1929年12月12日，中研院历史语言研究所在殷墟第三次发掘时，在小屯村北大连坑南段的长方坑内发现四块较完整的有字的龟腹甲。

二、大龟四版的照片、摹本、释文。

三、考证，分卜法、事类、文例、时代、种属五项。

1. 卜法。作者谓："卜辞者，实即卜时命龟之辞，亦即贞辞。""贞卜法中最大的发现，就是左右对贞，一事两决之例"。又对贞卜先后之次序，一版所用之时日，钻、灼、兆等事皆有论述。

2. 事类。将贞卜的事类列表分为十四类：祭、告、㞢、行止、田渔、征伐、年、雨（风）、霁、瘳、梦、命、旬、杂卜。

3. 文例。作者总结了两条甲文刻辞的公例：一、沿中缝而刻辞者向外，在右右行，在左左行；二、沿首尾甲之两边而刻辞者向内，在右左行，在左右行。

4. 时代。作者认为甲骨文断代的方法应以坑层、同出器物、贞卜事类、所祀帝王、贞人、文体、用字、书法八条标准作为研究的出发点。作者对"贞人"一项，作了较详细的论述，他认为：

（1）卜辞中贞上一字为贞人名，不是地名、官名或卜贞事类，"因为贞上一字如为地名，则必有在字，如'在向贞'，'在潢贞'，只言'某某卜某贞者'，绝非地名。又四版全为卜旬之辞，若为卜贞事类，或职官之名，应全版一致，今卜旬之版，贞上一字不同者六，则非事与官可知。又可知其决为卜问命龟之人,有时此人名甚似官名,则因古人多有以官为名者。又卜辞多'某某卜王贞'及'王卜贞'之例,可知贞卜命龟之辞,有时王亲为之,有时使史臣为之,其为书贞卜的人名,则无足疑"。大龟四版上的争、宾、㱿、品、𠂤、允均是贞人名。

(2) 用贞人可以断代。作者认为,见于同版上的贞人应是同时的,此四版的贞人大概在武丁、祖庚之世。

5. 种属。大龟四版属"安阳田龟"。

此文在甲骨文的研究上有重要意义。过去,甲骨文学者都不认识贞字上面的这个字,而董氏把它考释出来,首创了"贞人说",并认为这是甲骨文断代中的一个重要标准。这一见解得到学术界的公认,至今仍被甲骨学者所沿用。

又,瞿润缗曾写《大龟四版考释商榷》,载1933年(民国二十二年)12月《燕京学报》十四期。他对董氏的观点,提出了一些不同的看法。

135. 殷虚文字存真第一集考释

许敬参著。1933年(民国二十二年)6月出版,河南省博物馆影印本。

本书考释《存真》第一集所录的全部甲骨拓本。其排列仍照原书各片之次序。每片甲骨,先拓本,又增以摹本、释文及考证。

全书收卜祭十九片,卜王四十五片,卜往来出入七片,卜田猎三片,卜征伐一片,卜雨一片,残字十八片,熟语五片,共计九十九片。

本书之考证有不少错误。如:释"岁"为"戚",释"㱿"为"钟",释"狄"为"大亥",谓即"王亥",等等。

136. 释后冈出土的一片卜辞

董作宾著。载1933年(民国二十二年)6月《安阳发掘报告》第四期。又,收入台北1977年艺文印书馆出版的《董作宾先生全集》甲编第二册。

1931年5月9日发掘安阳后冈时,在H478内的灰土坑中发现一块刻辞卜骨,其辞为"丙辰受禾",即《乙》9105,《合集》22536。

董氏认为,从"丙辰"二字的书体看,可定为晚期(指武乙、文丁时)之物。文章中还作了五点推断:

1. 这块字骨,倘然不是殷代王室贞卜之物,必为民间所用,是骨卜之法,已普及于一般民众。

2. 骨上的字,倘然不是史官所记,必是当时的民众也能应用文字了。

3. 由书体的演变和用字的简略，可以推知它的时代应在殷之末叶。
4. 如民间已有卜问"受年"之事，可证其时代必为农业甚盛的时代。
5. 由此一片卜辞，足以推断同坑出土一切遗物的相当时代。

137. 殷虚书契前编集释

叶玉森著。1933年（民国二十二年）10月出版，上海大东书局石印本，线装，八卷八册。又，1968年台北艺文印书馆影印本。

本书将《殷虚书契前编》中的甲骨，逐片作出释文，在各片释文之下，还对该片的一些字和词进行考释。作者在考释文字时，先辑录各家之说（主要是孙诒让、罗振玉、王国维、王襄、商承祚、郭沫若等），然后再叙述自己的看法。

书中考释有一些地方欠妥，如：释"屮"为"之"，释"众"为"昆"，释"取"为"攻"等。

138. 殷虚书契解诂

吴其昌著。1934年6月—1936年，分载武汉大学《文哲季刊》三卷第二、三、四号，四卷第二、四号，五卷第四号（未完）。又，1959年6月台北艺文印书馆重印。

本书将罗振玉《殷虚书契前编》的甲骨，逐片释文并考证，先后次第仍照原书之旧。

作者在每条卜辞释文之后，对辞中的各字进行训解。在训解中，对字形、原始初义及其孳乳、衍变情况运用甲骨文、金文、古代文献等多方面资料详细论述。他既广泛征引各家之说，亦能提出自己的看法，其中有些见解，十分精辟。例如，他第一个释邑、邑为雍己。在此以前，甲骨学者把此字误释为报丁。吴氏从七片卜辞中，发现卜雍己之祭都是己日，而卜夕之祭应为先一日，它又正是戊日，因而判断此字当"吕己"的合文，而"吕"是雍的初文（见675—678）。

在第131片，即《前》1·18·4"丁丑卜贞：王宾武丁，伐十人，卯三牢，邑□卣，亡尤？"的释文中，吴氏认为"伐□人"与"卯□牢"同义，应是人祭的记载，而且还详细列举了十二条例证来证明殷人杀人祭祀祖先，从而纠正罗振玉释"伐"为"武舞"之误。

139. 安阳侯家庄出土之甲骨文字

董作宾著。载1936年（民国二十五年）中研院历史语言研究所出版的《田野考古报

二、考 释

告》第一集。又,收入 1977 年 11 月台北艺文印书馆出版的《董作宾先生全集》甲编第二册。

全文分七章:

一、发现与发掘。1934 年春,侯家庄农民发现有字甲骨,历史语言研究所派人前往发掘。

二、大龟七版之出土。1934 年 4 月 11 日,在 H·S·20 大灰土坑(东西长 5 米南北宽 4.5 米的椭圆形坑)的东北隅,深 1.5 米的黄硬土中,发现了六块有字的基本完整的龟腹甲和一块有字的背甲。

三、遗址之概况及甲骨文之分布。侯家庄遗址之情况与小屯村大体相似。有建筑基址二处,圆形、方形、椭圆形之窖穴十五个,甲骨文皆发现于窖穴之中。

四、甲文概论。1. 关于史官"狄",属廪辛、康丁时期。此次发现的大龟七版,皆为狄所记的卜辞。2. 尾甲记名例。此次发现的两版龟甲,在甲尾上有狄之记名。3. 第三期刻辞之草率。4. 说董。5. 释颳。

五、骨文概论。1. 第三期之骨文,如 10、11、12、13、14 等。2. 第五期之骨文,如 27、31—34、35、36 等。

六、拓本。共四十二版。甲文 1—8、26,骨文 9—25、27—42。

七、考释。依拓本排列之次序逐版考释。大龟七版附有摹本,骨版则择拓本不清晰或可相衔接者亦摹之。

侯家庄出土的这批甲骨文字,后来又收入《殷虚文字甲编》中。

140. 京都大学人文科学研究所藏甲骨文字释文篇

[日]贝塚茂树著。1960 年(日本昭和 35 年)3 月,日本京都大学人文科学研究所发行,八开本,一册。日文版。又,1980 年日本京都同朋舍再版本。

目次包括作者自序、序论、释文、新旧编号对照表、英文摘要。

序论分六章:

一、关于京都大学人文科学研究所藏甲骨文字资料的收集。详细介绍了黑川幸七、上野精一及著者收集的情况,共收三千五百九十九片,实收三千二百四十六片的过程。

二、研究所藏甲骨的整理和研究的经过。

三、甲骨文时代区分的基础,关于贞人的意义。

四、殷墟卜辞的分类。

五、贞人无署名卜辞。

六、甲骨文时代区分的标准。

释文包括：一、释文凡例。二、释文：将《京都》收录的三千二百四十六片甲骨，逐一释文，有的还作了考证。依原图版编排顺序，分期分类亦仍照原书。分期为：一、二、三、三四、四、五期及王族、多子族卜辞。类别分为：祭祀、求年、风雨、旬夕、田猎、往来、方国、征伐、使令、疾梦、卜吉、贞人、杂卜等十三项。

最后附有：1. 甲骨摹本图版目次；2. 插图目次（126 版）；3. 图表目次（有贞人名一览表、殷代王室世系表、记事刻辞文例表、第五期帝辛时代五祀先妣顺位表、第五期帝辛时代五祀表）；4. 引用书目略号（引用甲骨著录略号、释文及论著略号）。

本书在序论中介绍了这批甲骨收集、整理情况。在甲骨分期断代上基本上同意董作宾氏五期说，但在具体问题上又与陈氏《殷虚卜辞综述》一书中分期的观点接近，即本书中所称的"王族"、"多子族"卜辞为《综述》中的"𠂤"、"午"、"子组"卜辞。在释文中，既按期别分先后，各期中又以十二项内容分类。对于一些不清楚的拓本，又另作摹本，但由于缩小比例，有所失真。

还需指出的是释文中的分期，虽然与《综述》中的分期基本一致，但是，著者认为"王族"、"多子族"卜辞，是出自不同的贞卜机关；同时，在此书的序论中著者较早地注意到关于甲骨钻凿问题。

冯佐哲、谢济将本书中的序论作了摘译，题为《关于甲骨分期断代的几个问题》，载《外国研究中国》第四期，1980 年，中国社会科学出版社。

本书的评论，见赤塚忠：《读贝塚茂树著〈京都大学人文科学研究所藏甲骨文字〉本文篇》，载日本《甲骨学》第九号，1961 年 8 月。

141. 殷虚文字甲编考释

屈万里著。1961 年 6 月台湾中研院历史语言研究所出版，八开本，上、下二册。1976 年、1992 年再版。1984 年收入台北联经出版事业公司出版的《屈万里先生全集》第二集六、七册中。

目次包括自序、凡例、引书简称表、考释、图版。

著者在自序中，介绍了本书缀合甲骨二百二十三版，并指出《殷虚文字缀合》一书中缀合错误的片号；着重论述了董作宾氏所定的第四期贞人的归属问题，即对《乙编》序言中举出的十七个贞人，提出了不同看法，基本上同意陈梦家氏《殷虚卜辞综述》之说，将他们改定为第一期。

本书依《甲编》收录的甲骨文字编号，逐版释文；需要考证、说明者，分注于各条之下。对未识之字等，各家有考释者，取某一说参与作者己见，否则，存而不论。在引各家说时，

二、考 释

取其结论,皆注出处。

将所缀合的二百多片甲骨,皆附拓本于书后,并加以考释。

本书在考释时,对各片实物(甲、骨)及其特征(包括颜色、界划、锯削、缀合等)一一注明。对每片甲骨,凡可分期者,在记述各片特征之后,都标明其时代。划分时代的标准,以董氏《断代例》及《甲骨学五十年》为主,即第一期盘庚至武丁,第二期祖庚、祖甲,第三期廪辛、康丁,第四期武乙、文丁,第五期帝乙、帝辛。惟其中对董氏所定的第四期的贞人,多从《综述》,改为第一期。

本书释文是以《甲编》中的三千九百四十二片发掘所得甲骨实物为准,但在释文时,没有提及甲骨出土的坑位,对各片的钻凿情况也没有描述,是不足之处。

总的说,本书内容丰富,分期基本准确,释文中扼要归纳各家之说,对某些字或词的意义有所补充与发展,尤其对每片的一些特征分别予以描述,便于恢复每片甲骨的原貌,是一部有价值的著作。

本书的评论,见贾平:《读〈殷虚文字甲编考释〉》,载《古文字研究》第三辑,1980 年 11 月。

142. 殷周文字释丛

朱芳圃著。1962 年 11 月中华书局影印,十六开本,一册。

目次包括序言、正文。

正文分上、中、下三卷,上卷共释字五十八个,中卷共释字六十六个,下卷共释字五十七个。新识之字,甲骨文四十一字,金文十八字。

本书对学习、研究古文字的读者有一定的参考价值。

143. 吉林大学所藏甲骨文字选释

姚孝遂编著。载 1963 年《吉林大学社会科学学报》第四期。

共选甲骨九片,皆为拓本,并附摹本。

这是从吉林大学历史系文物陈列室 1961 年收购的罗振玉旧藏甲骨一百余片中选出,一部分是未曾著录的,也有一部分虽已著录,但仅著录其正面,而漏其背面刻辞,或拓本经过剪截,以致刻辞不全。

所刊的九片甲骨,内容都比较重要。如:第一版,在《前》2·14·2 曾收录过,原拓本是经过剪截的干支表,现在将原骨拓全发表。原来在此骨之上端,还有武丁时最常见的贞人"争"的名字,而下部的干支表,字体具有"子组"卜辞的风格。这对于确定"子组卜辞"属武丁时期提供了有力的证据。正如作者在考释中所言："它解决了一直认为是悬案的、具有相当数量的甲骨刻辞的断代问题。"

著者就所选几片甲骨中的一些问题作了详细考证，提出了自己的见解。

144. 甲骨文字集释

李孝定著。1965年台湾中研院历史语言研究所编辑出版，为该所专刊之五十，三十二开本，全八册。又，1970年10月再版。1974年三版。1983年北京光华书店翻印本。

第一册为：卷首，包括屈万里序、张秉权序、作者自序、凡例、正文目录、补遗目录、存疑目录、正文索引、诸家异说索引、存疑索引、引用诸家著述书名简称对照表、后记及第一卷正文；第二册至第七册为正文第二至十三卷；第八册为正文第十四卷及补遗、存疑和待考各一卷。

本书取材，以诸家著录并考释的殷代甲骨文为主，金文为辅。字的排列按《说文解字》分部别居，正文共分十四卷。每字之下于眉端首列篆文，次举甲骨文之诸种异体。对诸家的考释，尽可能一一注明书名、卷页，最后加著者按语。

所收的甲骨文诸字，如又见于金文，则在按语中指出金文原形与出处（此部分是按容庚的《金文编》所录）。

本书十四卷所收甲骨文总数1840字，包括正文1062个，重文75个，《说文》所无567个，存疑136个。

书名皆用简称，如《甲》（《殷虚文字甲编》）、《铁》（《铁云藏龟》）等。辑录诸家论述力求详尽，故多录其全文。在原文过长或与甲骨文无关者，则加以删节，以"中略"、"下略"表示。

卷首目录一编中，分正文、重文及《说文》所无三类，均以大字标出，并以不同符号表示，便于查检。正文概为《说文》所有之字。

三种索引，皆以字的笔画为序，每字之下，均注出卷、页数。

总之，此书所收的材料丰富，引各家之说也颇详细，可以说是一部集七十多年来甲骨文字考释之大成式的巨著。在按语中，对各家作出评价，间或提出新的看法，对初学甲骨文和从事甲骨文研究的学者，是一部较好的工具书。

不足之处是，有些字收集各家之说不够齐全，引各家论述时常有错漏、丢句或出处不明。

又，岛邦男的《殷墟卜辞综类》（1971年增订版）中，将《集释》所收甲骨文各字的页数附于该书的甲骨文字之下，为读者提供了方便。

二、考　释

145. 安阳新出土的牛胛骨及其刻辞

郭沫若著。载《考古》1972年第2期。又，收入1982年出版的《郭沫若全集·考古编》第一卷中。

本文是著述1971年12月8日，中国科学院考古研究所安阳工作队在小屯西地发掘所获的一堆完整的牛胛骨卜骨，共二十一版，其中有刻辞的十版。

文章内容包括：一、卜骨出土情况的报告；二、卜用三骨的启示；三、刻辞的考释；四、牛胛骨的年代。还有追记：（一）关于"卜用三骨"的佐证；（二）补充𠂤字的刻辞四例。

本文首先按田野发掘记录，介绍了卜骨出土情况。由于卜骨骨臼大多东向，故卜骨又可分为三组：即西南一组三版，东南一组六版，北面一组十二版。三、六、十二是以三为他们的公约数。作者1933年在《卜辞通纂》中曾提出："疑古人以三龟为一习，每卜用三龟……"现在认为小屯西地的这二十一版卜骨，由出土实物得以证明1933年的揣测：即卜骨或卜龟是以三版为一组，一次卜用三龟或三骨，卜毕后储存。

本文就四版刻辞卜骨作了考释。其年代作者考订为武丁时代的遗物。

后面的二则追记，是胡厚宣提供的材料，作者加了按语。

上述这批卜骨，已收录在《小屯南地甲骨》（上册）图版中的附图1—10中。

另外，裘锡圭在《考古》1972年第5期发表的《读〈安阳新出土的牛胛骨及其刻辞〉》一文，对这批卜骨的时代提出了不同看法，认为是武乙、文丁时代的"非王卜辞"，《小屯南地甲骨》释文中同意裘的看法。

146. 临淄孙氏旧藏甲骨文字考辨

胡厚宣著。载《文物》1973年第9期。

文章分四部分：

一、介绍临淄孙氏（文澜）所藏甲骨的来龙去脉。即白瑞华从方法敛的《甲骨卜辞》手稿四二三页甲骨摹本中，选印了三部书，一部为《甲骨卜辞七集》，收录甲骨文字，共有七部分，五百二十七片，其中第六部分是方氏临摹孙氏所藏的甲骨文字。

二、介绍从1937年至1956年间，甲骨学界对这批甲骨是否真品的各种看法。

三、作者根据原甲骨实物，认为孙氏所藏的甲骨文字全部为真品，并详细叙述了这批甲骨被著录及现存的情况。

四、考释部分，由于方氏所摹不准确，甚至有错摹之处，作者按原甲骨实物及拓本，将

《甲骨卜辞七集》中《孙氏所藏甲骨文字》所著录的十四片甲骨,依次考释。在考释中,注明甲或骨的质料、时代、内容及已著录的情况,又分别指出方氏摹本或拓片所漏掉之处,还将这批甲骨现存情况一一标明。

附有原十四片甲骨的拓本,包括背文在内,共十八片。

由于作者将这批甲骨来龙去脉介绍较清楚,并对原摹本或拓本错误之处一一纠正,对读者了解和研究这批甲骨比较便利。

147. 明义士收藏甲骨释文篇

许进雄著。香港中文大学协助编校。1977年加拿大皇家安大略博物馆出版,一册。

本书是将《明义士所藏甲骨文字》一书中收录的三千一百七十六片甲骨,按原书编号次序,逐版用中文释文。书中的序说至附录等,皆是先英文,后中文。

目次包括序说、凡例、引用甲骨书目简称表、附录、释文、图版。

附录有三部分:一、关于断代分期;二、关于五种祭祀;三、关于田猎卜辞。

图版共收录可缀合的甲骨二十九片,其中十六片为拓本,十二片为摹本。

本书关于甲骨断代分期,着重从凿钻形态来辨别卜辞的时代,认为第一、四期及第三、四期的划分,贞人供职年代有超过数代等问题,均可从凿钻形态上找其依据。其分期是按董作宾氏的五期说,而且也同意董氏关于文武丁"复古"说。

关于田猎卜辞部分,对松丸道雄《关于殷虚卜辞中的田猎地》一文中的殷王田猎范围提出不同看法,并对殷代后期的田与"过"的行为区分提出了自己的见解。

关于五种祭祀部分,主要对第五期的五种祭祀问题作了概括叙述。

释文部分,除按原书顺序,用中文逐版释文外,其特点是,凡辞意完整或可知的卜辞,皆用白话解说于后。字的隶定,主要按李孝定的《集释》,其辞例按岛邦男的《综类》。着重对每片甲骨的凿钻形态、特征等详细描述。

本书不足之处是没有索引,不便查检;释文中对凿钻形态的描写过于繁琐。

148. 释流散到德国的一片卜辞

胡厚宣著。载《郑州大学学报》1980年第2期。

此骨拓本,原为胡氏所藏,未著录过。1979年11月澳大利亚国立大学张光裕给胡氏信称:1978年他在德国一私人收藏家中拓得一片甲骨。1980年3月,张氏来华时,将所拓的拓本及照片带来出示。此片正是胡氏旧藏的拓本原骨,不知何时流入德国。

此乃牛胛骨,因残缺不能辨其左右。属武丁时卜辞。胡氏释文:

"……渔虫一牛于父乙。

……乙勿虫一牛于父乙。

……曰我其兽盗……允犁只兕十一麑……虫四豕龟七十虫四。"

胡氏在解释此片卜辞的同时,又对"七十"合文问题作了叙述。

149. 甲骨文字考释

胡淀(澱)咸著。安徽师范大学历史系中国古代史教研室,1980年油印本,二册。

本册是作者在研究甲骨文字中,对一些字或词的考释。第一册共考释字或词二十三个,第二册共考释字或词十二个。

作者考释的字或词,有些是前人已有考释,作者从之,而加以引申扩大,如:生、王、衣、鲁等字;有些虽从前人之说,但对其说有所纠正,如毓、先等;有一些则是作者的个人见解,如"冗",认为是上甲的私名"微"的本字,"介",认为是"校"字,"蠱",认为是"蝗虫"等。

150. 记故宫博物院新收的两片甲骨卜辞

胡厚宣著。载1981年2月《中华文史论丛》第一辑(总第十七辑)。

据作者在考证中说:

一、这两片甲骨卜辞中的一片是1957年故宫博物院从北京韵古斋文物商店买得的一盒五片甲骨中的一片,是武丁时代的龟腹甲,编号为新74177号。此片与以下十一片卜辞可缀合:

《殷虚文字缀合》中第195片,即《乙》2508+3094;

《丙编》(上)二,第117片,即《乙》2452+2631+3064+3357+7258+8064+8479;

《合集》(原文物局藏),即《乙》2862+5246。

二、1975年故宫博物院买得沈德建旧藏的武丁时期的牛胛骨二片,据胡氏考证,其中的一片与《宁沪》二卷24、25正好缀合。同时疑此二片卜辞与《宁沪》中的二片同为一批之物,系早年端方旧藏。作者对这两片卜辞的内容作了考释。

151. 小屯南地甲骨(下册)

中国社会科学院考古研究所编著。1984年10月中华书局出版,八开本,三册。

本书分为释文、索引与摹本、钻凿形态三分册,各册目录如下:

第一分册

一、释文凡例;二、引书、引文目录;三、释文;四、本书上册勘误。

第二分册

一、索引凡例;二、部首;三、检字表;四、字、词索引;五、隶定字、词表;六、人名索引;七、地名索引;八、摹本号登记本;九、摹本图版。

第三分册

一、小屯南地甲骨钻凿形态;二、钻凿统计表;三、骨面钻凿统计表;四、钻凿摹本目录表;五、钻凿拓本目录表;六、钻凿图版;七、后记。

《小屯南地甲骨》下册,内容十分丰富。一、书中将上册所收的四千六百十二片甲骨拓本,依次逐片释文。释文简明扼要,一般采取各家成说,在某些问题上也有自己的新解;在释文中,对字数较多能判别时期的甲骨,都标出其时代。二、书中对上册发表的不甚清晰的甲骨拓本一百零六片作了摹本(共八十七版),又将《小屯南地甲骨》各片中的单字、词组、人名、地名等作出索引,对读者利用这批材料,提供了方便。三、过去发表的甲骨著录,很少发表甲骨背面的钻凿。本书则将小屯南地所出的背面钻凿较完整的甲骨三百二十三片施以墨拓或作出摹本刊布出来,同时编者又对这批甲骨钻凿的类型、特征、分期等作了详细的论述,便于读者利用甲骨钻凿形态作分期断代的工作。四、编者在书中通过对甲骨钻凿形态、甲骨出土的地层坑位、卜辞称谓、书体特征等进行综合研究,对卜辞分期的某些有争议的问题,提出了自己的看法。

152. 小屯南地甲骨考释

姚孝遂、肖丁合著。1985年8月中华书局出版,十六开本,一册。

内容有作者序言、小屯南地甲骨考释、小屯南地甲骨释文三部分。

考释共十一部分:一二、先公、先王,包括大小示、高祖、上甲、三报二示、大乙、高、毓祖乙、中宗祖丁、毓祖丁、大、中、小丁、羌甲、鲁甲、父甲、武丁、祖庚、祖甲、武乙,附伊尹。三、先妣。四、神祇,包括帝、出入日、云、山、四方、土,附禾、年。五、人牲、物牲,包括人、羌、觏、俘、由、大、小牢宰、牛、羊、犬、豕、黍鬯。六、方国,包括方、召方、竹、沚方、羌方、归、危方、𢀖、旁方、𢼸方、𠆢、邦、佣、井方、尸方、犬、马、卢方、毁方、𢽤方、旬、𠈌侯、𦖞、𢆶、𢆶侯、多田、多侯。七、人物、职官,包括沚或、皋、位、犬、征、望乘、子雍、𡕢、𧰼、𢆶尹、羽、𢀛、𩰤、𩰤、仔老、陟彭、商、豆、受、自般、子𠬪、子庚、亚、小臣。八、众。九、天象,包括雨与吉凶、卜雨之验辞、田猎与雨、大雨、小雨、至……雨、日雨、夕雨、𥄗风雨、遘风、纪时、今来翌、春、秋、暮、晦、𣊮、易、日月食、日至。十、田猎,有田猎之手段与种类、田猎地区、田猎日。十一、习刻。

释文部分，以拓片号顺序，对《屯南》4589版甲骨及附23版甲骨逐一释文，每版甲骨按照占卜的时间先后，以(1)、(2)、(3)……顺序号，逐条逐字释文，每条释文不加标点，释文中出现的"……"号表示残掉一字或多字。

该书的考释部分，作者将《屯南》刻辞按照十一项内容进行归纳、分析，在不少问题上有独到的见解，对于读者深入了解《屯南》刻辞的内容大有裨益。但是书中的释文部分，在隶定、断句、段落划分及内容的解释方面都存在不少问题。温明荣在《〈小屯南地甲骨〉释文订补》(《考古学集刊》第12集，中国大百科全书出版社，1999年)列举出该书释文中250号数百条刻辞的解释存在不妥之处。其原因是该书的写作与成书时间早，作者未看到《屯南》下册的释文与摹本，只凭上册较模糊的拓本而作释文所致。所以读者在阅读该书释文时最好能与《屯南》下册及温明荣文相对照。

153. 甲骨文选注

李圃选注。1989年9月上海古籍出版社出版，十六开本，一册。

内容有李学勤序、凡例、正文、附录四部分。

正文部分，有六十个甲骨文短句，以短句所在的甲骨做摹本，再把此短句所在的完整语句分别用甲骨文原字、现代汉字摹写成两部分，然后是说明、注释、今译三部分。说明部分是：所选甲骨文的著录情况、时代、事类及卜辞的学术地位。注释部分逐词逐字解释，并对甲骨文字字形、字义进行分析，同时，也穿插讲授甲骨学的专业术语。今译是将此甲骨文句翻译成现代汉语。正文内容涉及商代社会的天象、历法、农业、政治、军事、渔猎、营建、贡纳、教育、生育、疾病、祭祀等多个方面。

附录有殷王世系、干支、卜人、引用书目、甲骨文字检索表等七个附表，方便读者检索。

本书是甲骨文字的普及读物，也是有志学习甲骨文者的入门书。它的问世，对甲骨文知识的普及和传播，发挥了很大的作用。

154. 英国所藏甲骨集(下编)

李学勤、齐文心、艾兰编著。1992年4月中华书局出版，八开本，上、下两册。

上册有下编说明、释文、附论。释文部分对2674版中的每一版甲骨都按照占卜先后逐条释读。附论收录李学勤等4人的四篇论文，分别是李学勤的《论宾组卜辞的几种记事刻辞》，齐文心的《伊尹、黄尹为二人辨析》，艾兰的《论甲骨文的契刻》，E. N. 爱尔纳德的

《剑桥大学图书馆所藏一片卜甲的鉴定》。

下册有附表、本书甲骨收藏单位、简称表、著录简称表。表有十二：一、《英藏》《库方》《金璋》《合集》等著录号对照表、甲骨现藏及情况表；二、《库方》与《英藏》著录号对照表；三、《英藏》与《金璋》著录号对照表；四、《合集》与《英藏》著录号对照表；五、皇家苏格兰博物馆藏号与《英藏》著录号对照表；六、剑桥大学图书馆藏号与《英藏》著录号对照表；七、不列颠博物馆藏号与《英藏》著录号对照表；八、牛津大学亚士摩兰博物馆藏号与《英藏》著录号对照表；九、剑桥大学考古和人类学博物馆藏号与《英藏》著录号对照表；十、伦敦大学亚非学院珀西沃大卫基金会所藏与《英藏》著录号对照表；十一、维多利亚和阿博特博物馆藏号与《英藏》著录号对照表；十二、孟克廉等私人藏品的《英藏》著录号。另有图版补正，摹本，甲骨文真、伪单字显微放大照片，特异龟甲照片（《英藏》1313、1873），"家谱刻辞"照片（《英藏》2674），甲骨文字词索引。

下册释文较准确，4篇论文深入探讨了甲骨刻辞内容、殷商历史、甲骨钻凿形态、伪片辨别等甲骨学内容，各种附表厘清了《英藏》所著甲骨源流及收藏概况。

《英藏》收集了流散到英国的所有甲骨，拓片清晰，彩色图版具有代表性，为纠正、校勘《金璋》、《库方》、《合集》收录的摹本，提供了重要参照；《英藏》收录新材料多、刻辞内容重要，自发表之日起，为海内外学者所重视；该书是中英两国学术交流与合作的产物，加深了两国学者之间的友谊。

《英国所藏甲骨集》的研究，见2013年首都师范大学硕士研究生赵霞的《〈英国所藏甲骨集〉资料的蒐集和整理》。

155. 甲骨文精粹释译

王宇信、杨升南、聂玉海主编。2004年1月云南人民出版社出版，十六开本，一册。

内容有前言（王宇信）、甲骨文基础知识（王宇信、杨升南）、拓片、摹本、片形部位释文、释文及译读、附录七部分。

本书是在1989年语文出版社出版的《甲骨文精粹选读》的基础上，重新扫描甲骨拓片、添加释文及译读部分后，由云南人民出版社出版。《精粹选读》当时选《合集》、《屯南》、《怀特》三种著录中共692版甲骨，做摹本，并在摹本相应的位置写出释文与摹本对照，便于读者利用。因一般读者对甲骨文例并不熟悉，甲骨文句的通读、两个文句先后关系、占卜内容的了解等问题，在使用过程中困难重重。本书应读者所需，仍以692版甲骨为据，按照五期顺序排列，从第12至1439页，有拓片、摹本、片形部位释文、每一版甲骨文的白话翻译；拓片、摹本、片形部位释文均用一个著录号，拓片在单号书页，摹本与片形部位释文在双号书页，打开书页，三者可相互核校。释文及译读，从第1442至1663页，每片甲骨刻辞,均是有标点的释文。辞中缺一字者,用□表示,缺字不明者,用……表示,残字但可知为某字者,用☐号表示。每辞的标点释文下,是现代语体的白话翻译,以供一般读者理解甲骨文释文之需。若一版甲骨上有多条刻辞,根据甲骨文例、事类、干支占卜先后,以(1)、(2)、(3)……辞序排列,便于读者了解甲骨片上的文字、文句及内容。

附录有二:一、笔画索引,本书将各甲骨片上的每一字都作笔画索引,读者可根据笔画多少迅速检索此字在本书出现的频率及其拓片号、摹本、片形释文部位、标点释文及白话译文,加深对此字及其文句的理解。二、各片来源表,可在《合集》《屯南》《怀特》中找到此骨的著录号与期别。

本书的甲骨文基础知识部分,重点介绍了甲骨的整治、占卜与契刻、甲骨文识读、甲骨文的分期断代、学习甲骨文的基本参考书等方面的内容,可满足一般读者了解甲骨学基础知识。

该书选片典型,卜辞内容重要,甲骨摹本与片形相应部位释文相对应,每版甲骨又有相应的白话翻译,是目前甲骨文普及读物较好的版本。郭胜强评此书为"囊括了自甲骨文发现以来的总计十万多片的全部精华"。

本书的书评,见郭胜强:《一部甲骨文释译高水平的著作——读〈精粹〉》,《北京平谷与华夏文明国际学术研讨会论文集(2005)》,社会科学文献出版社,2006年,第326—327页。

156. 甲骨文字诂林

于省吾主编,按语编纂姚孝遂。1996年5月中华书局出版,十六开本,四册。

本书有姚孝遂序及编辑人员名单、著录简称表、五期称谓表、部首表及字形总表、诂林(内容)、部首检索、笔画检索、拼音检索八部分。

本书把殷墟甲骨文字分别归类为149个部首。字形总表共收3 691个字,其中,单字为3 547个(同字异形者归入一字),18个数字,先王、先妣、父、母、兄、子称谓117个,八个干支字及王亥合文。

本书内容,按照甲骨文部首,分部别居列出文字,其著录格式分两部分:一、文字部分:现代汉字或繁体字(隶定字或原甲骨文字形)下,列出此甲骨字的同字异形体。二、释文部分:按照学者对此字解释的先后,一一列出解释文字,并注明其出处。若一字有多家解释,在多家解释后附姚孝遂按语,表明本书编著者的观点。

本书基本收录了1996年以前甲骨文字的主要考释成果,并对种种说法作了一次比较系统的是非评判。书前附有部首表及字形总表,书后有笔画、拼音检索,极大地方便了学者快速了解、使用90年来甲骨文考释成果,大大促进了古文字考释、甲骨学与殷商文化的深入研究。

此书不足之处有三点：一、漏收、失收诸家考释之说较多，分三种情况：（一）未录先有之说；（二）未录较为重要之说；（三）未录编者自家之说。① 二、书中的按语对诸家考释的评论不够客观，有的失之偏颇，有的反而将正确的批评为错误的，有的则随意立断。② 三、此书缺少引用诸家著述一览表。

此书尽管有上述不足，但瑕不掩瑜，它是 90 年来甲骨文考释集大成之作，为甲骨文字考释的进一步发展奠定了良好的基础，所以，它出版后，深受读者欢迎。

157. 甲骨文合集释文

胡厚宣主编，王宇信、杨升南总审校。1999 年 8 月中国社会科学出版社出版，八开本，上、下两册；2009 年 12 月重版，十六开本，四册。

重印本有重印版前言、总审校者的话（代前言）、凡例、正文四部分。

总审校者的话，由王宇信、杨升南执笔，本部分对主编胡厚宣先生《甲骨文合集释文》工作的提出及运作，王宇信、杨升南总校审过程及出版经过有详细记述。

正文收录情况，按照《合集》的顺序号排列。分别为：第一册 00001—09614 号、第二册 09615—20909 号、第三册 20910—32235 号、第四册 32236—41956 号、《甲骨文合集》重片表。

按照《合集》的顺序号逐一释文。释文中对字的处理：能够与现代汉字、繁体字对应的甲骨文字，采用其现代汉字或繁体字；无法释读但可以根据偏旁进行隶定者，采用前人公认的隶定字；没有释读的文字，用原形字描摹。各家考释有争议的文字，释文一般不用。文句的处理：释文对卜辞语句加以标点。同版甲骨释文的格式，按占卜顺序做释文，并标明（1）、（2）、（3）……。正反相接卜辞按一条完整卜辞做释文，并在释文后注明正、反。按照正、反、臼顺序做释文，并注明正、反、臼。缺刻、伪刻在文句后用（）加注说明。残字、残辞的处理：□符号表示缺一字，……表示缺两字以上。

《合集释文》是对《合集》的精准校释，有以下优点：一、释文具有科学性，作者注意卜辞互补，补残填缺，使卜辞材料更加完整；认真标出卜辞的兆序，确保了卜辞材料的真实性和科学性；按照干支先后和不同事类来确定卜辞之次序，编排较合理。二、释文吸收了甲骨学研究的最新成果，较准确可靠。三、虽然作者较多（12 人），但全书体例一致，浑然

---

① 陈伟武：《〈甲骨文字诂林〉补遗》，《甲骨文发现一百周年学术研究研讨会论文集》，台湾师范大学国文学系、中研院历史语言研究所，1998 年。
② 宋镇豪、刘源：《甲骨学殷商史研究》，福建人民出版社，2006 年，第 232 页。

一体。①

《合集释文》具有很高的学术价值,它的出版是甲骨学史上的一件大事。

158. 西周甲文注

陈全方、侯志义、陈敏合著。2003年8月学林出版社出版,三十二开本,一册。

内容有陈全方序、正文、跋三部分。

正文收录的是周原凤雏H11、H13两灰坑出土的有字甲骨,共收录292片,按照内容,分十二部分,分别是:一、卜祭(41片);二、卜告、卜年(2片);三、卜出入(12片);四、卜田猎(5片);五、卜征伐(5片);六、人名、官名、地名、动物名(26片);七、月相、记时(13片);八、杂卜(131片);九、八卦符号(8片);十、附录(49片);十一、补注(7片,此7片甲骨是齐家所出有字甲骨);十二、附二表(一、人名、地名、官名、兽名表;二、周原甲骨文时代)。

每版甲骨的著录为:摹本、释文,简要介绍整版甲骨有多少行多少字、阅读顺序、该版甲骨的研究概况。

本书按照内容分类并附二表。此书"不仅为西周甲骨的研究者提供有关研究课题的较全面集中的材料,也为分期研究和用时代明确的史料研究周初的历史提供了重要依据"。②

本书是西周甲骨研究的一部较重要的专著,也是研究西周早期历史的较重要参考书。

159. 甲骨文金文释林

胡澱咸著。2006年4月安徽人民出版社出版,十六开本,一册。

内容有前言、杨国宜序、正文、附录、后记五部分。

正文部分有甲骨文字考释、青铜铭辞考释、考释古文字的方法问题三部分。甲骨文部分,有释史、释尹、释王、释生、释微昏、释毓、释禽兽、释校、释衣、释措、释燊、释幸圉、释鲁、释祉、释先、释毋串、释晚、释蕰、释彪、释不契黾、释叙尤、释献、释戠、释龛、释犀、释冊、释辛辛羊奇胁䏿朔、释才戈啬、释勺𣃔、释戍叔、释擾、释卯、释艿慭、释𣎕冊典、释眔臣、释比、释之、释弋、释黄、释異。共考释了四十个甲骨文字(包括词),释读方法是:由字形到字

---

① 曹定云、刘一曼:《甲骨学发展史上的丰碑——〈甲骨文合集释文〉读后感》,2012年10月29日。
② 王宇信:《甲骨学六十年》,中国社会科学出版社,2013年,第412页。

义,由本义到引申义,详细透彻解说甲骨文字的形、义。关于考释古文字方法问题,作者探讨了甲骨文等地下文字出土后古文字考释的注意事项。

该书从文字学角度,介绍甲骨文特点,对甲骨文字考释、书法艺术研究,具有参考价值。

160. 甲骨文校释总集(全二十卷)

饶宗颐、沈建华、曹锦炎编著。2006年12月上海辞书出版社出版,十六开本,二十册。

内容有李学勤序一、陈方正序二、凡例、甲骨著录简称表、正文二十卷、后记六部分。

本书共校释九种甲骨著录,共计65 000余片的甲骨释文。卷一至卷十三是《合集》,卷十四至卷十七是《补编》,卷十八是《屯南》,卷十九是《花东》、《英藏》,卷二十是《东京》、《怀特》、《天理》、《苏德美日》。

著录书名及英文简称代号是:《合集》为H,《屯南》为T,《英藏》为Y,《怀特》为W,《天理》为L,《东京》为D,《苏德美日》为S,《补编》为B,《花东》为HD。

正文部分是对《合集》等九种著录的每一版甲骨进行释文。释文格式:关于编号,《合集》部分,不带著录简称代号,只以00001、00002、00003……顺序号为标记,逐一释文,其中,一版甲骨若有正、反、臼者,用同一个号码。一版甲骨上有两条以上卜辞,按照占卜时间先后以(1)、(2)、(3)……顺序号标记。《屯南》及《补编》等著录,以代号+00001、00002、00003……顺序号为标记,逐一释文。释文中对字的处理,少数常用字及个别字直接以现代汉字写出。不能释读但可以根据偏旁而隶定的字,用隶定字写出。不能释读的甲骨文字,直接描摹其原形。释文中对文句的处理,以"干支卜,某,贞……"的形式进行句读,句末用句号(。),缺一字者用□,缺两字以上者,用半个省略号(……),残辞可根据同文补充的文字,用中括号〔〕括住。《补编》与《天理》、《东京》、《怀特》、《苏德美日》等重复者,在《补编》释文之下,仅列Bxx=Lxx或Bxx=Dxx号,释文在原著录《天理》、《东京》等释文号码之下,这样避免了同文重复现象。

此总集基本涵盖殷墟出土的甲骨文重要卜辞,是殷墟甲骨文整理的重要成果。作者在《甲骨文合集释文》、《甲骨文合集补编释文》等基础上,重新核对原甲骨拓片,吸收学界最新研究成果,释文比以往更准确。该书补充了九种甲骨缀合与重片信息,方便学者更准确地掌握资料信息。

该书是目前甲骨文释文整理的最新最全面的成果,朱彦民谓:"资料完备、考释准确、体例新颖是其三大特色。……(它是)集隶定、考释、缀合于一体,是对以往甲骨文资料研究的总结性大型工具书,体现了工具书的资料性、权威性和实用性的高度统一。……为甲骨学的进一步研究夯实了坚实的基础。"①

161.《洹宝斋所藏甲骨》释读

郭青萍著。2007年12月北京艺术与科学电子出版社出版,十六开本,一册。

内容有郭旭东序、正文、附录、后记、跋五部分。

正文是对《洹宝斋所藏甲骨》所收录302版甲骨进行考释与研究。其著录格式是:一、片号;二、拓片、摹本及与原版甲骨文对应的翻译;三、介绍本版甲骨文字、甲骨片特征、卜辞内容解读等。

《洹宝斋所藏甲骨》一书收录的甲骨,除了个别是伪片外,其中有一些内容较重要者,如第101版,可与《合集》6820正、5451、17466版缀合,这对甲骨学研究具有重要意义。

本书是研究《洹宝斋所藏甲骨》的一部力作。

---

① 朱彦民:《殷墟考古发掘与甲骨文研究》,花木兰文化出版社,2012年,第342—343页。

三、研　究

三、研　究

162. 名原

孙诒让著。1905年(清光绪三十一年)11月,自刻本。又,上海千顷堂书局翻印本,线装,一册。又,1986年5月齐鲁书社出版戴家祥校点本。

全书分上、下二卷,共七章。上卷包括:自序;正文:(一)原始数名、(二)古章原象、(三)象形原始。下卷包括:(四)古籀撰异、(五)转注揭橥、(六)奇字发微、(七)说文补阙。

本书继《契文举例》而作。作者搜集金文、甲骨文、石鼓文及贵州红岩石刻与《说文》、古籀互相勘校,探求文字之源及其流变之迹,以寻古文、大小篆沿革之大例,对研究古文字及甲骨文都有一定的参考价值。

书中引用甲骨文材料颇多,但释读错误不少。如:释"虎"为"豖",释"王"为"立",释"卩"为"绍",释"望"、"见"为"马"字,等等。

163. 殷卜辞中所见先公先王考、殷卜辞中所见先公先王续考

王国维著。1917年(民国六年)2月,自写石印本,编入《学术丛书》。又,收入《观堂集林》卷九,1923年(民国十二年)乌程蒋氏仿宋聚珍本;1927年(民国十六年)收入《王忠悫公遗书》;1940年(民国二十九年)收入《王静安先生遗书》;1959年6月收入中华书局影印的《观堂集林》第二册卷九;1983年9月收入上海古籍出版社影印的《王国维遗书》中。

《殷卜辞中所见先公先王考》分十二章:1. 夋;2. 相土;3. 季;4. 王亥;5. 王恒;6. 上甲;7. 报丁、报丙、报乙;8. 主壬、主癸;9. 大乙;10. 唐;11. 羊甲;12. 祖某、父某、兄某。附罗叔言参事二书。

《续考》分六章:1. 高祖夋;2. 上甲、报乙、报丙、报丁、主壬、主癸;3. 多后;4. 中宗祖乙;5. 大示、二示、三示、四示;6. 商先王世数。附殷世数异同表。

王氏这两篇文章最重要的贡献是系统地考证了商先公先王的名号,大体排出了一个可靠的世系,证明《世本》、《史记》所记载的商史,绝大部分都是可信的。文中的许多见解,至今仍是正确的,为各家所采纳。现举数例:

王亥:王氏在序文中谓,"余读《山海经》、《竹书纪年》,乃知王亥为殷之先公,并与《世本·作篇》之胲,《帝系篇》之核,《楚辞·天问》之该,《吕氏春秋》之王冰,《史记·殷本纪》及《三代世表》之振,《汉书·古今人表》之垓,实系一人。"后来,在卜辞中发现了"高且亥"、

"高且王亥"的称谓,则王亥为殷先公之说,已成定论。

唐:"卜辞又屡见唐字,亦人名,其一条有'唐、大丁、大甲'(按这条是《铁》214.4,唐字之前还有上甲,王氏失录)……唐与大丁、大甲连文,而又居其首,疑即汤也。《说文》口部,'喝,古文唐,从口、易',与汤字形相近。《博古图》所载齐侯镈钟铭曰'虩虩成唐,有严在帝所,尃受天命'。又曰'奄有九州,处禹之堵',夫受天命,有九州,非成汤其孰能当之。《太平御览》八十二及九百一十二引《归藏》曰'昔者桀筮伐唐,而枚占荧惑曰不吉'。《博物志》六亦云'案唐亦即汤也'。卜辞之唐,必汤之本字,后转作喝,遂通作汤。"

报丁、报丙、报乙:卜辞之次序应为报乙、报丙、报丁,王氏据《后》上 8.14 与《戬》1.10 缀合为"乙未酚兹品上甲十,报乙三,报丙三,报丁三,示壬三,示癸三,大丁十,大甲十……",订正《史记·殷本纪》次序之误。

中宗祖乙:王氏据《太平御览》八十三引《竹书纪年》曰:"祖乙滕即位,是为中宗,居庇。"认为卜辞的中宗祖乙是祖乙滕。又引《晏子春秋·内谏篇》上:"夫汤、大甲、武丁、祖乙,天下之盛君也。"证明祖乙地位之重要。

但是,王氏的文章也有一些欠妥之处,如:认羌甲作羊甲,并考证为阳甲(按应为《殷本纪》中的沃甲);考证后祖乙为武乙(按应为小乙),等等。

164. 殷周制度论

王国维著。1917 年(民国六年)7 月,编入《学术丛书》。又,收入《观堂集林》卷十;1923 年(民国十二年)乌程蒋氏仿宋聚珍本;1927 年(民国十六年)收入《王忠悫公遗书》;1940 年(民国二十九年)收入《王静安先生遗书》;又,北新书局活页文选本;1959 年 6 月收入中华书局影印的《观堂集林》第二册卷十。1983 年 9 月收入上海古籍出版社影印的《王国维遗书》中。

王国维把卜辞研究所得与周代制度作比较,结论是殷制与周制是不同的,周制较殷制进步。他说:"周人制度之大异于商者:一曰立子立嫡之制,由是而生宗法及丧服之制,并由是而有封建子弟之制,君天子臣诸侯之制;二曰庙数之制;三曰同姓不婚之制。"在篇中,王氏对立子、立嫡、宗法、丧服诸制皆作了详细论述。

《殷周制度论》是对卜辞进行综合比较研究的著作。篇中成功地运用甲骨刻辞的材料来证史,当时在学术界产生很大的影响。

不过,此篇的主要论点也有值得商榷之处。如王国维太强调殷周制度的不同,忽略了殷周政治、文化方面的继承发展关系。对此,陈梦家在《殷虚卜辞综述》第十九章第一节《殷周制度论的批判》作了专门的评述。

三、研　究

165. 文源

林义光著。1920年（民国九年）北京中国大学石印本，线装，三册。又，1972年香港书店影印本。

全书分十二卷，附录二卷，目录如下：

第一册包括：1. 作者序；2. 文源目录；3. 六书通义；4. 古音略说；5. 凡例；6. 正文：卷一，全体象形；卷二，连延象形；卷三，分理象形。

第二册：卷四，表象象形；卷五，表象象形；卷六，殷列象形。

第三册：卷七，表象指事；卷八，殷列指事；卷九，形变指事；卷十，会意；卷十一，转注兼形声；卷十二，二重形声。附录一，通检；附录二，引用彝器异名笺。

本书是以《说文》为基础，上溯铜器铭文，研究文字的原始形态。作者在序中谓："余好古，幸其生之晚，值兹宝器咸觏，文学继绝之时，爰就拓本所传，去伪存真，参互校覈。自宋以来，考释多谬，抉其理证，不敢雷同。观爻象之变，掇采遗文，以定文字之本形，审六书，窥制作之源，以定文字之本义，然后古文可复。先圣述作之意晓然可知，文化之盛庶以不泯也。余既致力于是，其辨正彝器释文，及训释诸经，以积稿繁多，不易写定，乃作文源，以发其凡，金刻不备之文，仍取足于小篆。"

本书对《说文》的一些错误，有所订正。其中，有些字的解释，富有创见。例如：

曳："《说文》云：'丱，束缚捽抴为曳，从申从乙。'按：申古作丨，非申字，曳从人，臼象两手捽抴之形。"

尼："《说文》云：'从后近之，从尸匕声。'许氏误为形声字。按：匕尼不同音。亻人之反文，丨亦人字，象二人相昵形，实昵之本字。"

庶："《说文》云：'庶，屋下众也，从广炗，炗古文光字。'按：光字，诸彝器皆不作炗。庶，众也，古作（毛公鼎），从火石声，从火取众盛之意。"

本书虽然只引金文，未用甲骨文的材料，但是作者考释文字的方法和对不少字的解释，对研究甲骨文是有参考价值的。

166. 殷契鉤沉

叶玉森著。1923年（民国十二年）12月，手写石印本，载《学衡》第二十四期。又，1929年（民国十八年）北京富晋书社影印本，线装，一册。

1929年本，全书包括：1. 柳诒徵序，2. 甲卷，3. 乙卷，4. 自题殷契鉤沉甲、乙卷初稿后。

本书释字一百多个。作者采诸家之说，或引申，或驳正。其中也有新颖的见解，如：释"❀"为春，谓"卜辞当象方春之木，枝条抽发，阿傩无力之状。下从口，即从日，为纪时标识，紬绎其义，当为春字"。但书中错误之处也不少，如：释"❀"（秋）为"夏"，谓此字象蝉形；释"取"字为"父"；释"众"字为"昆"；释"及"字为"艮"，等等。

167. 擘契枝谭

叶玉森著。1924年（民国十三年）7月，手写石印本，载《学衡》第三十一期。又，1929年（民国十八年）北京富晋书社影印本，与《说契》合一册。

全书分二十九章：1. 方国，2. 渔猎，3. 农林，4. 古兵，5. 古刑，6. 官制，7. 征伐、循行，8. 马政，9. 田狩，10. 祭名，11. 用牲之数，12. 有事，13. 帝方、萃方，14. 萃年、受年，15. 舞雩、烄奴，16. 告执，17. 祭神用矛斧，18. 名谥用干支，19. 囗、匚、匚，20. 侯、伯、族，21. 妻、妾，22. 发形，23. 风疾，24. 夏，25. 冬，26. 龙，27. 蚕，28. 归，29. 质疑。

作者利用甲骨文材料，对殷代的政治（如官制、古刑、侯伯族、征伐、方国等），经济（农林、渔猎、马政、田狩、萃年、受年等），意识形态等各方面，进行初步研究。尽管他的研究多属于罗列材料，其中有些观点也有错误，但是此书开辟了甲骨文研究的新途径。

168. 说契

叶玉森著。1924年（民国十三年）7月，手写石印本，载《学衡》第三十一期。又，1929年（民国十八年）北京富晋书社影印本，与《擘契枝谭》合一册。1972年香港书店影印本。

本书所释甲骨文字有：日、月、风、雨、雪、霰、云、气、启、晨、凤、昃、昔、今、翼、年、寅、疆、阜、田、方、苗、能、湄、淼、断、竹、丽、者、雈、升、滴、陴、家、寝、餗、示、鬼、吉、凶、巛、异、丰、雩、朕、虞、妻、妇、妹、仆、寇、我、余、鲧、而、禹、蝠、牡、来、罩、罝、凿、金、对、用、克、饮、坠、逐、乍、内、步、繄、牵、曾、若、盈、穆、小、交、族、疾、侯，共八十三字。其中有些字的解释是可取的，例如：

年："从人戴禾。初民首部力疆，禾稼既刈，则捆为大束，以首戴之归，仍许书谷熟为年之意。迄今番苗民族及西方未开化之岛国，犹沿古代戴物之习。"

昃："罗释为昃，谓从日在人侧，象日昃之形。森按罗释是也，惟说仍未彻。予谓昃之初文……象人影侧，日昃则人影侧也。"

昔：从〰〰从日，〰〰象洪水，"古人殆不忘洪水之巛，故制昔字，取谊于洪水之日"。

若:"象一人跽而理发使顺形。"

169. 古史新证

王国维著。1925年8月清华研究院油印讲义本,一册。又,载1927年(民国十六年)《国学月报》第二卷八至十期合刊"王静安专号";载1930年(民国十九年)2月《燕大月刊》七卷二期;1934年(民国二十三年)北京来薰阁书店影印王氏稿本一册。1968年收入台北文化公司出版的《王观堂先生全集》卷六中。

本书是取《殷虚书契考释》、《殷卜辞中所见先公先王考》、《续考》等书精华及殷周金文,以论证古代历史,许多论点至今仍是正确的。

全书分五章,各章要点如下:

一、总论:简述全书的要旨。

二、列举秦公敦及齐侯镈钟二器铭文,证明禹为古文之帝王,且先汤而有天下。

三、殷之先公先王(附殷世数异同表):此章内容多与《殷卜辞中所见先公先王考》及《续考》相同。

四、商诸臣:1.伊尹;2.咸戊。

五、殷之都邑及诸侯:1.殷;2.邶、鄘、卫。

第四、五章内容,过去已经论及。

在第一章总论中,作者论述了研究历史的二重证据法。王氏谓:"吾辈生于今日,幸于纸上之材料外,更得地下之新材料;由此种材料,我辈固得据以补正纸上之材料,亦得证明古书之某部分全为实录,即百家不雅驯之言,亦不无表示一面之事实。此二重证据法,惟在今日始得为之。虽古书之未得证明者,不能加以否定,而其已得证明者,不能不加以肯定,可断言也。"

作者将古籍文献与甲骨文、金文等地下材料结合起来研究我国古代历史的方法,是十分可取的,为后世许多学者所效法。

170. 殷礼征文

王国维著。收入1927年(民国十六年)《王忠悫公遗书》二集。又,1968年收入台北文化公司出版的《王观堂先生全集》卷六中。1983年9月收入上海古籍出版社影印的《王国维遗书》中。

全文分五章,各章主要内容如下:

一、殷人以日为名之所由来：谓殷人祭祖先以其所名之日祭之，祭甲恒以甲日，祭乙恒以乙日。而殷人甲、乙之号盖专为祭而设，且出自子孙所称，非父母所名。

二、殷先公先王皆特祭：此礼与周制大异。"商世盖无庙祧坛墠之制，而于先王先公不以亲疏为厚薄矣"。

三、殷先妣皆特祭：先妣亦以所名之日特祭，与殷先公先王特祭之制相同。对卜辞常见的"王宾祖某奭妣某"，作者以为这些卜辞是"专为妣祭而卜，其妣上必冠以王宾某（如大乙、大甲之类）奭者，所以别于同名之他妣，如后世后谥上冠以帝谥，未必帝后并祀也"，从而纠正罗振玉的"卜辞中所祀之祖，以妣配食"的说法。

四、殷祭：殷代有合祭之制，祭名皆谓之"衣"，所祭者皆不止一人。"衣祀"即"殷祀"，"仅及自父以上五世，而五世之中，非其所自出者犹不与焉"。这是殷人内制之特祭。

五、外祭：殷人祭社即外祭之制。王氏引《诗·大雅》、《商颂》、《史记·三代世表》、《公羊传》僖三十一年传何注，证明卜辞假"土"为"社"，"邦土"即"邦社"，汉人谓"国社"。

本文用卜辞材料考论殷代礼制，许多观点，至今仍为学者所信从。

171. 殷契拾遗

陈邦怀著。1927年（民国十六年），自写石印本，线装，一册。自署《略识字斋所著说契》第二种。

全书考释字、词四十三个：释示、父、臣、庄、役、学、利、篇、典、虎、市、央、旒、宂、疟、牂、涀、自、级、扲、缀、六、申、岁、止若、咸戊、日月又食、祄祀、房、卯、又杏、南、省田、侯伯等。

本书大多数字、词是发挥前人之说，再简述自己的见解。其中有些字的解释，如：释耤、释典、释役、释扲、释涀等都是可取的。

172. 殷虚甀契考

陈邦福著。1928年（民国十七年）6月出版，自写石印本，线装，一册。

全书包括作者自序和正文，主要内容如下：

一、根据卜辞与文献记载，考订殷之先公、先王。

二、殷墟为盘庚至帝辛时之都城，二百七十五年更不徙都。

三、认为卜辞之侯虎为帝辛时之崇侯虎。

四、甲骨卜用以后，当藏之卜室，至帝辛灭亡时才埋而藏之。小屯为殷末藏契之所。

三、研　究

作者把侯虎释为帝辛时之崇侯虎是错误的,因为书中所引的《菁》7、《前》4.44.6 均属第一期武丁时代的卜辞。又,作者"关于小屯为殷末藏契之所"的说法亦欠妥。

173. 甲骨文例

胡光炜著。1928 年(民国十七年)7 月广州中山大学语言历史学研究所出版,石印本,二卷一册。又,1939 年(民国二十八年)中央大学讲义增订本。1995 年 10 月收入上海古籍出版社出版的《胡小石论文集》三编中。

全书分上、下卷,有余永梁后记。

上卷,形式篇(即卜辞的行款):1. 单字例;2. 单列下行例;3. 单列右行例;4. 单列左行例;5. 复列右行例;6. 复列左行例;7. 单复合右行例;8. 单复合左行例;9. 单列下行兼单右行例;10. 单列下行兼单左行例;11. 单列下行兼上行例;12. 复右行兼单右行例;13. 复右行兼单左行例;14. 复左行兼单右行例;15. 复左行兼单左行例;16. 复左行兼单左行及单右行例;17. 复左兼复右例;18. 一方右行一方左行(甲、左右相背者,乙、左右相向者);19. 上行例;20. 倒书例;21. 上下错行例;22. 互倒例;23. 斜行例;24. 沾注例;25. 句转例;26. 疏密例;27. 重文;28. 合文例。

下卷,辞例篇:1. 言㞢例;2. 言其例;3. 言不其、弗其例;4. 言于例(甲、系地例,乙、系时例,丙、系人例,丁、业词后置例);5. 言在例(甲、系时例,乙、系地例,丙、时地并称例,丁、系代词例);6. 言乎例(甲、同于例,乙、同乎例);7. 言曰例(甲、句首例,乙、句末例);8. 言隹例(甲、发端例,乙、语助例,丙、连属词例);9. 言自例(甲、系时例,乙、系方例,丙、系地例,丁、系人例);10. 言今例(甲、系时例,乙、不系时例);11. 言眔例;12. 言亦例(甲、叠双例,乙、以亦为又例,丙、省上文例);13. 言乍例;14. 言乃例(甲、曳词例,乙、乃犹尔例,丙、易言女例);15. 言允例;16. 言亡、言不、言弗、言勿、言毋例。

这是最早专讲甲骨文例的书。上篇"形式篇"介绍卜辞的行款,但分类过于繁琐。董作宾在《商代龟卜之推测》一文中,专有一节评《甲骨文例》。他说:"胡氏分文例之形式,凡二十八。按之实际,则一言以蔽之,不过左行与右行而已。""胡氏分类之详尽,固属甚善。然一则不别常例与例外,二则纲目不清,徒使读者对于契文增益繁难之感为可惜耳"。此外,胡厚宣在《卜辞杂例》一文的注二中,也指出过此篇的错误。

下篇"辞例篇"介绍二十一个常见虚词的用法。其中有的论述是正确的。如:胡氏能区分"㞢"与"虫"的用法,认为这是两个字,㞢 是代词。他指出 ⿻ 与 ⿻ 之区别,释前者为勿剪勿伐之勿,后者为杂色牛之"物"之省。

虽然此书有不少错误,但作者最先注意从文法的角度来研究卜辞,开辟了研究甲骨卜辞的一种新途径,其成绩是应该肯定的。

174. 商代龟卜之推测

　　董作宾著。载 1929 年(民国十八年)12 月《安阳发掘报告》第一期。又，收入 1977 年台湾艺文印书馆出版的《董作宾先生全集》甲编第三册。

　　目次包括：弁言、分论和结语。

　　分论共十章：取用第一，辨相第二，釁衅第三，攻治第四，类例第五，钻凿第六，燋灼第七，兆璺第八，书契第九，庋藏第十。

　　作者在弁言中谓："今欲于商代龟卜之法，作系统之研究，则须先决以次各问题：贞卜之龟。何从得之？是为'取用'。种类、大小，何由别之？是为'辨相'。生龟不能用，必祭而杀之，是为'釁衅'。杀之后，剔取其腹下甲而'攻治'之。此筹备卜事于始也。筹备既竣，乃可从事于贞卜，而所卜维何？又须前定，是为'类例'，于是'钻凿'焉，'燋灼'焉，见'兆璺'，定吉凶焉，而后'书契'文辞于兆侧以识其事，此卜事之全也。贞卜既已，'庋藏'龟册，而卜事终矣。"

　　本文是参考周秦载籍及《龟策列传》、《卜法详考》诸书，于商代龟卜之法作系统之研究，有不少创见。如：对龟甲文例之叙述，谓"沿中缝而刻辞者向外，在右右行，在左左行；沿首尾之两边而刻辞者向内，在右左行，在左右行"。又如对'卜'、'兆'之新解释，等等。

　　但是，文中也有错释之处，如：释"册入"为"册六"，释"⿰入"为"编六"等。

175. 殷契说存

　　陈邦福著。1929 年(民国十八年)自写石印本，线装，一册。

　　全书解释甲骨文字、词共四十八个：释上甲、遘、丁、沮、蚰、龠、此、升、雉、猫、南室、义、夹、曹、彭、朱、号、羽、浇、工、旁、帛、蜀、㴻、乐、罨、反、绲、爿、牂、也、鹰、甾、庄、巳、未、冬、王等。

　　有些字的解释是正确的，如：释干支之"巳"字，释"遘"字有遇义，释"牂"为"牂"等。

　　但也有不少误释，如：谓卜辞的丁为沃丁，释"天"为"大"，等等。

176. 殷契辨疑

　　陈邦福著。1929 年(民国十八年)自写石印本，线装一册。

全书释字、词三十四个：释上甲、止若(昌若)、丁、蚰、易日、龠、此、升、冬、京、邺、洸、华泉、撲、彭、剌、曹、桑、宫、大坰、浍、邑、衍、甾、也、抙、䰟、爿、肝、员昌扬龟等。

其中有十七个字曾见于《殷契说存》中。

177. 卜辞中的古代社会

郭沫若著。载1930年(民国十九年)3月出版的《中国古代社会研究》第三编。此书曾多次再版，主要有1954年9月、1964年10月、1977年12月人民出版社再版。1960年、1961年科学出版社再版。1982年9月收入人民出版社出版的《郭沫若全集·历史编》第一卷中。

本文各章节的主要内容如下：

序说：卜辞出土之历史。

第一章社会基础的生产状况。第一节渔猎；第二节牧畜；第三节农业；第四节工艺；第五节贸易；第六节结论。

本章结论是：一、商代是金石并用时代；二、产业状况已经超过渔猎时期，而进展到牧畜的最盛时期；三、农业已经出现，但尚未十分发达；四、在产业界的一隅已经有商业行为的存在，然其事尚在实物交易与货币交易之推移中。总而言之，谓商代的产业是由牧畜进展到农业时期。

第二章上层建筑的社会组织。第一节氏族社会的痕迹：一、彭那鲁亚制；二、母权中心；三、氏族会议及联带行动。第二节氏族社会的崩溃：一、私有财产的发生；二、阶级制度的萌芽。

此章的结论是：殷代已到氏族社会的末期，一方面氏族制度尚饶有残余，而另一方面，则阶级制度已逐渐兴起。[1]

作者在本文中最先以卜辞作为一种研究社会历史的资料，用唯物史观分析、探索殷代社会历史在发展过程中的阶段及其本质，其方向是正确的。本文的发表在学术界产生重大影响。

178. 殷契剩义

陈邦直著。1930年(民国十九年)自写石印本，线装，一册。

---

[1] 本文的主要观点欠妥，作者在后来的著作中已作了纠正。

全书考释字、词二十一个：释报祭、品祭、衣祭、宾祭、玉祭、南（祭祖之乐）、伐、祭祀时之用牲、羊、犠、相牛、卯、辟门衾、刚日、柔日、王亥妾、南室、血室、圅、卿事元臣、弹等。

179. 甲骨文字研究

郭沫若著。1931年（民国二十年）大东书局石印本，线装，二册。又，1952年9月改订版，人民出版社出版；1962年10月新一版，作为中国科学院考古研究所考古学专刊，由科学出版社出版，十六开本，一册；1982年9月收入人民出版社出版的《郭沫若全集·考古编》第一卷中。

1931年初版本目次：第一册包括序、序录、目录、论文十六篇，篇名如下：1.释祖妣；2.释臣宰；3.释宄；4.释工；5.释作；6.释封；7.释挈；8.释版；9.释耤；10.释朋；11.释五十；12.释龢言；13.释南；14.释䌁；15.释蚀；16.释岁。

第二册包括释支干、一年以后之自跋二篇、后记，附公元前2200年代巴比仑之恒星天图及勘误表。

《释支干》细目：1.干支表；2.十日；3.十二辰；4.何谓辰；5.十二辰古说；6.十二辰与十二宫；7.岁名之真伪；8.十二次；9.余论。

1952年的改订本删去了释宄、释工、释作、释封、释挈、释版、释南、释䌁、释蚀九篇。另外把1934年写的《释勿勿》一篇加进上卷，所以改订本有论文八篇。又，在文章之前删去了1929年的自序，加进重印弁言。

1962年出版的改订本与1952年本的基本相同，作者只改了个别字，并有数处加了眉批。

作者在自序中谓，研究卜辞，"志在探讨中国社会之起源，本非拘泥于文字史地之学"。在弁言中又进一步指出。通过考释文字"来了解殷代的生产方式、生产关系和意识形态"。这正是此书不同于一般的甲骨文论著之处。

例如：释祖妣论婚姻制度，释臣宰论奴隶制，释耤、释勿勿论述殷之农具，释龢言论乐器，释朋论币制，释干支论天象历法，释五十论数制。此外，本书在文字考释上也有创见，如：𠄡，过去学者们误释为十五，现释作五十。

180. 甲骨文字研究——今后怎样研治甲骨文

董作宾著。1932年（民国二十一年）9月北京大学讲义排印本，线装，一册。又，收入1977年11月台北艺文印书馆出版的《董作宾先生全集》乙编第三册中。

三、研　究

全书分三章,主要内容如下:

一、搜辑所有材料。

1. 已著录的甲骨文材料,作者列举了1931年前的十四本甲骨著录。

2. 未著录的甲骨,列举了国内外公、私收藏甲骨的大致数目。

二、参证发掘资料。

作者阐明考古发掘与甲骨文字的关系:

1. 卜辞质料的增加:除已知龟腹甲、牛胛骨外,还有龟背甲、牛肋骨、鹿胛骨。

2. 文字范围的扩充:除卜辞外,还有兽头(牛、鹿)刻辞、骨、铜、石、陶等器上发现的文字。

3. 甲骨在地下分布情形:在殷代的地窖、居穴、版筑基址、垃圾中均发现甲骨。

4. 以实物参验文字:如发掘中发现席纹,以证甲骨文席字作❐,宿字作❐。

5. 遗迹中实物与文字的相互关系:利用甲骨文字断定时代以证同一遗迹中同出器物之时代及其相互关系。

三、注重断代研究。

提出断代的十个标准及五期之区分,并论述了断代研究的重要意义:

1. 可复原殷代各王的真实史料。

2. 从各期中看出殷代社会发展的程序。

3. 从字形、书体、文法可看出殷代文化演进的阶段。

4. 可编纂每一帝王的传记。

5. 帮助研究各种专史,如礼制、地理、历法等。

6. 证明共存遗物之年代。

7. 可印证古代史料记载的真实。

8. 可纠正以前混合研究的讹误。

181. 龟甲文字概论

陈晋著。1933年(民国二十二年)11月中华书局石印本,线装,一册。

书前有冯司直序。正文分十章:一、契学定义;二、甲骨出土之时代、地域;三、龟骨种类;四、卜法;五、契学中之文字;六、契学中之典礼制度风俗;七、契学中之帝王世系及人名;八、契学中之地理;九、诸家著述;十、契学之将来。

本书有不少错误,如把"朋"和"雀"均列入"凤"字,释"羌"为"羊"字,释"争"为"戈"字,将"奻"字释为"奴","不其奻"释作"不毁孥",等等。

本书的评论,见戴家祥:《评〈龟甲文字概论〉》,载1934年(民国二十三年)4月7日天津《大公报》图书副刊第二十一期。

182. 殷契通释

徐协贞著。1933年(民国二十二年)12月北京文楷斋刊本,线装,六卷六册。

全书分两篇,每篇各有三卷。前有作者自序、李盛铎序、张伯烈序,后附自跋。目录如下:

多方篇:一、殷代社会;二、两性文源;三、王朝政绩。祭仪篇:四、卜贞原理;五、各种祭法;六、王公考正。

本书主要谓殷契卜辞的字几无一不是方名。所谓方,为殷人对各部落的称呼,方名,为各部落所用之标识。作者自诩其见解十分正确,批判以前的古文字学家以训诂方式解释卜辞之不当。实际上,此书错误甚多,学术价值不大。

本书的评论,见戴家祥:《评〈殷契通释〉》,载1934年(民国二十三年)3月11日天津《大公报》图书副刊第二十期。

183. 甲骨文断代研究例

董作宾著。1933年(民国二十二年)《中研院历史语言研究所集刊外编——庆祝蔡元培先生六十五岁论文集》上册。又,1965年台湾《中研院历史语言研究所专刊》之五十附册;1977年11月收入台北艺文印书馆出版的《董作宾先生全集》甲编第二册。

本文将殷墟出土的殷代甲骨文区分为五期:第一期,武丁及其以前(包括盘庚、小辛、小乙);第二期,祖庚、祖甲;第三期,廪辛、康丁;第四期,武乙、文丁;第五期,帝乙、帝辛。

分期的标准有十个,分别简介如下:

一、世系。作者综合前人的考订及新近所识,对照《殷本纪》,列出殷代先公先王世系图。

二、称谓。

甲、祀典中祖、妣、父母、兄的称谓:

　　子、祖:高祖夒(高祖夔)、高祖王亥、高祖乙、中宗祖乙、祖辛、祖丁、小祖乙、后祖乙、后祖丁、祖戊、祖己、祖庚、祖甲、康祖丁、武祖乙。

　　丑、妣:妣乙(后来删去)、妣己、高妣己、妣庚、高妣庚、妣癸、妣辛、后妣辛、妣戊。

　　寅、父:父甲、父庚、父辛、父乙、父丁、父戊、父己。

　　卯、母:母庚、母辛、母戊、母壬。

　　辰、兄:兄丁、兄壬、兄己、兄庚、兄辛。

三、研　究

乙、祖妣合祭。

丙、主祭者与被主祭者称谓图。

三、贞人。

甲、贞人即史官。

乙、贞人集团：第一部，亘、永、宾、争、韦、㱿、允、𠚦、㕐、㱿、𣪊十一人。第二期，大、旅、即、行、口、兄六人。第三期，口、彭、狄、尤、宁、㕐、卜、逆八人。第四期，不录贞人的时期。第五期，王亲卜贞时期，此期以不录贞人为主，王亲卜者次之，贞人只有黄、泳二人。

四、坑位。

分为五区，第一区在小屯村北，临洹河南岸，包含第一、二、五期卜辞。第二区在第一区之南，包含第一、二两期卜辞。第三区在村中和村南，出第三、四期卜辞。第四区在第三区之西北，在第二区之东南，其中心地区是张姓十八亩地中部的大连坑，主要包含第一、二、三期卜辞，似有少量晚期卜辞。第五区在第一区之东南，洹河之西岸，出第一、二期卜辞。

五、方国。

甲、武丁时的方国有舌方（文中写为苦方）、土方、井方、儿伯、羌、肃、戉等国。

乙、帝辛时期征人方。

六、人物。

作者认为，各时期的人物（史官、诸侯、小臣等）不同，因而可作为间接的断代标准。

文中还列出武丁时的师傅、妻子、二十个儿子（子渔、子央等），举出祖己、祖庚、祖甲的故事及其比附。

七、事类。

各王占卜之事类有不同，也可作为断代的一个标准。如武乙、帝辛时期好田游，故田猎卜辞甚多，文中还列出两期田猎之地点。

八、文法。

列表举出五期卜辞文法之不同，第一至三期有贞人，第三期后半和第四期无贞人，第五期有王卜贞，并在贞句以后系以年、月、地名等。此外，还列出各期句法及常用词之不同。

九、字形。

列出干支字体及常用字字形之变化。如文中所列的"癸"、"辰"、"灾"等字，从第一期到第五期，字形之变化非常显著。

十、书体。

分为工具、款式、作风三项论述。在作风一项，列出各期之特点：第一期的雄伟，第二期的谨饬，第三期的颓靡，第四期的劲峭，第五期的严整。

《甲骨文断代研究例》的发表，是甲骨文研究中一件划时代的大事。将殷墟出土的十多万片甲骨文,区分为前后五个不同时期,不但可以探讨甲骨文字体、文例的变化发展,而且对研究商代后期各阶段的历史,有重要意义。

"五期分法"和"十项标准",虽然还有需要补充和修正之处,但基本上还是适用的。迄今,学者们在甲骨文分期断代方面,尽管有的粗分,有的细分,或者存在各种不同的看法,但都仍以董氏的"五期说"为基础。

184. 殷契余论

郭沫若著。1933年12月收入《古代铭刻汇考》,日本东京文求堂书店石印本。又,1982年9月收入人民出版社出版的《郭沫若全集·考古编》第一卷中。

全书收论文九篇,篇名如下:一、殷奭拾遗;二、申论芍甲;三、断片缀合八例;四、残辞互足二例;五、缺刻横画二例;六、易日解;七、镘龟解;八、释曱冎;九、宰丰骨刻辞;后附《周代彝铭进化观》一篇。

在《殷奭拾遗》一文中,作者增补了殷妣之名——仲丁之配妣己,祖辛之配妣甲,祖丁之配妣庚、妣甲。

《易日解》一文,列举了九片甲骨。作者谓,"'易日'与启、雨、雾同见于一片或同卜于一辞,其为关于天象之事无疑。准此以求之,余谓易乃晹之借字。《说文》:'晹,日覆云,暂见也,从日易声。'是则'易日'犹言阴日矣。卜雨、卜风、卜启、卜雾均有之,卜阴之事亦应有"。这些看法,均是可取的。

本书也有一些地方欠妥,如:《申论芍甲》一文,释"羌"为"狗",把羌甲隶定为芍甲。

又,1934年5月,作者写成四篇有关甲骨的论文,载《古代铭刻汇考续编》中。篇名为:(一)骨臼刻辞之一考察;(二)释七十;(三)释亢黄;(四)释勹勿。

在《骨臼刻辞》一文中,作者谓:"卜辞帚字均是妇省,帚某乃殷王之妃嫔世妇之属";"卜骨之用牛髀者,每治毕二骨则合为一勹,积得若干勹(数无过廿者),由王或王之代理者加以省视而封存之,陪观之大卜或大史于骨臼刻记日期、省视者及勹数等以醒目";"凡书妇某及刻辞骨臼之例均武丁时物"。

《释勹勿》一文中,释勿为犁之初文,"犁,耕也,此字从刀。其点乃象起土之形"。

上述看法,均有独到之处。

185. 殷契琐言

陈邦福著。1934年(民国二十三年)4月出版,自写石印本,线装,一册。

三、研　究

本书考释甲骨文字、词四十一个：释示壬、示癸、"示癸妾妣甲"、月祭、璋、豞、豆、姣、般、万受年、老、督、步、鼟、穄、栗、祭、谢、勺、为、蚕妇、舅、宠、于、炮、吉、用、对、单、巫、𠤎、风、百、千等。

186. 甲骨文字与殷商制度

周传儒著。1934 年（民国二十三年）9 月上海开明书店出版，三十二开本，一册。

全书包括自序、目录、正文及附录。

正文分八章：第一章导言；第二章殷墟之由来及其经过；第三章甲骨文之发现及其印行；第四章系统的发掘；第五章文字之研究；第六章殷史之二重证；第七章新史料之提供；第八章殷代工艺文化之推测。

附录：甲骨文书目。

本书多是综合各家文章所述的材料和观点，作者个人的看法并不多。如：第二、三、四章是取材于董作宾的《殷墟沿革》、《甲骨年表》，中研院历史语言研究所的《安阳发掘报告》第一、二、三册。第八章取材于徐中舒的《殷周史料考订大纲》。

187. 殷虚文字记

唐兰著。1934 年（民国二十三年）12 月北京大学讲义石印本。又，1978 年中国社会科学院历史研究所油印本；1981 年 5 月中华书局影印本，十六开本，一册。

1981 年中华书局的版本，除依照一九三四年石印本重新校对誊写外，还增加了目录、补正、作者致沈兼士的信、说明、引书简称表、后记（唐复年写）。

本书正文分三十三节，释字七十四个。释屯，释秋，释羽，释㞢，释鷫，释妇、帚，释聋，释中、冲，释良、狼，释保，释朝，释豆、鼓、喜，释角，释匠，释艮，释丁等。

本书考释文字最大的特点是运用偏旁分析法来释读甲骨文字。这样认识了一个简单的字，就可以认识以它为偏旁的成组的字。其中如释聋为《说文》之"䅺"，即"稻"字，释"䖏"为"秋"，就是运用这种方法释字的成功之作，至今此二字的考释仍为大多数学者所采纳。

188. 甲骨学商史编

朱芳圃编著。1935 年（民国二十四年）2 月中华书局出版，石印本，线装，二册。又，

1973年香港书店影印本。

第一册包括序例、目录、第一至六章,第二册包括第七至十章。各章细目如下:

一、民族:1. 殷商民族疑起于东方;2. 从古书中推测之殷周民族。

二、世系:1. 夒;2. 〇;3. 土;4. 季;5. 王亥;6. 王恒;7. 上甲;8. 报乙、报丙、报丁;9. 大乙、唐;10. 卜丙;11. 南壬;12. 〇祖丁;13. 中己;14. 卜壬;15. 〇甲;16. 祖乙、中宗祖乙;17. 〇甲;18. 羌甲;19. 小乙、后祖乙、小祖乙;20. 兄辛;21. 康丁、康祖丁;22. 文武丁;23. 祖某、父某、兄某;24. 商先王世系;25. 世系图。

三、人物:1. 伊尹;2. 咸戊;3. 梦父;4. 师般;5. 其他(史官、小臣、诸侯)。

四、都邑(附山川):1. 自契至成汤八迁;2. 商;3. 亳;4. 耿;5. 殷;6. 其他(二十六个地名、山名、水名)。

五、方国:1. 邛、庸、卫;2. 儿;3. 齐;4. 雇;5. 攸;6. 人方;7. 曹;8. 叔方;9. 杞;10. 旻;11. 冀;12. 盂方;13. 举;14. 猷;15. 〇;16. 蜀;17. 湔;18. 光;19. 雀;20. 亚;21. 戉;22. 周;23. 井方;24. 冊;25. 羌;26. 土方;27. 舌方;28. 儿方。

六、文化:1. 律历;2. 宗教;3. 文字;4. 宫室;5. 殷墟文化的物质成分;6. 殷周文化之蠡测。

七、制度:1. 婚媾;2. 官制;3. 祀典;4. 殷周制度论。

八、产业:1. 渔猎;2. 牧畜;3. 农业;4. 工艺。

九、卜法:1. 绪论;2. 取用;3. 种类;4. 釁衅;5. 攻治;6. 贞卜;7. 事类;8. 钻凿;9. 燋灼;10. 兆璺。

十、附录:1. 殷虚沿革;2. 甲骨年表;3. 坑位。

本书是辑录诸家根据甲骨卜辞研究商代历史之著作,分类排比而成。有关甲骨文之著作,多散见于杂志中,搜集不易,读此书可知各家著作的要点,便于初学。但是编者没有注出所辑录著作的篇名及章节,不便读者进一步核对原文。又,本书以抄录为主,编者的看法很少。

189. 殷虚卜辞讲话

金祖同著。1935年(民国二十四年)上海中国书店石印本,线装,一册。

全书包括文字部分和拓本。

目次如下:叙言;1. 世系的探讨;2. 习语的发凡;3. 称谓的补充;4. 方国的发现;5. 贞人的计数;6. 风俗的推阐;7. 文字的解析;8. 从合祭说到妣乙;9. 书体的质疑;10. 引证的问题。

附录:1. 帚妌佩拓本;2. 郼斋所藏甲骨文字,共二十六片,为第一、二、五期之物,均属

三、研　究

小片甲骨。

这是一本介绍甲骨文的通俗读物,可供初学者参考。但是,其中错误也不少,如:释"上甲"为"阳甲";释"岳"为"昭明";释"娥"为"昌若";谓昭明、相土、昌若等都是殷民族社会演变的阶段,并非人名,等等。

190. 古文字学导论

唐兰著。1935年(民国二十四年)北京大学讲义本。又,1957年4月中国科学院历史研究所翻印,十六开本,一册;1963年,中央党校历史教研室据1935年原稿影印(加图、加跋);1981年1月济南齐鲁书社影印本,三十二开本,一册。

全书包括自序、引言和上、下编各章节。

上编:一、古文字学的范围和其历史;二、文字的起源和其演变。

下编:一、为什么要研究古文字和怎样去研究它;二、一个古文字学者所应当研究的基本学科;三、古文字的搜集和整理;四、怎样去认识古文字;五、研究古文字的戒律;六、应用古文字学。

作者自序中谓,本书写作之目的是:"以期建立起是非的标准,并开辟出研究这一学科的新途径。"

上编主要是论述由古文字的立场去研究文字学,下编是阐明研究古文字学的方法和规则。

唐氏综合前人经验,提出识别古文字的一些方法,较重要的有三点:

一、对照法(或比较法):从各个时代字体变化进行比较。如:从今天还保存象形的日、山、行等字,可推知它们在甲骨文中的形体。又如:"巫"字,甲骨文、金文常见,我们读《诅楚文》,就可以知道是"巫咸"的"巫"字。

二、推勘法:即运用辞例推勘来认识古字。如:金文的"眉寿"和"高弘有庆"就是用文献推勘法释读出来的。

三、偏旁分析法:即把一个字分成若干单体,先认识这些单体,再结合认识整个字。如认识了甲骨文的"斤"字,通过它就可以认识以斤为偏旁的鞿、旊、斫、兵等二十一个字(按:作者所释的群字中,有的只能视为隶定,还不能称为释文)。用这种方法,可以找到字与字的联系,从而能认识较多的字。

总之,唐氏所总结的识别古文字的方法是可取的,这也是学者们研究中常常使用的方法。此书直至现在,对学习古文字的人来说仍是一本较好的入门书。

本书的评论,见池田末利:《唐兰的〈古文字学导论〉》,载日本《甲骨学》一至二期,1952年10月。

191. 卜辞时代的文学和卜辞文学

唐兰著。载1936年(民国二十五年)7月《清华学报》十一卷第三期。

全文分五章：

一、卜辞时代的社会和文化：商代已是青铜时代，氏族组织是父系家长制度。那时已有很高的文化，这种文化是从夏代开始的，而一直到周代还继续着，商民族正处于极盛的时期。

二、卜辞时代的一般文学：夏代是文学刚萌芽的时代，有许多史诗或短文遗留下来。商代至周初的文学，则非常灿烂。这种古代文体一直到春秋时才衰竭。

商代的文学可用《商书》来代表。《商书》里譬喻和格言甚多，有时还见到韵文。

三、铭识的起源和卜辞时代的铭识：地下材料里的铭识，尤其是铜器铭识，起源太迟，所以不能代表商代文学。但也有些句子，偶然反映出那时代是有很高的文学的。

四、卜辞文学：卜辞是一部分档案而不是纯粹文学，不能代表商代文学。它有形式的拘束，所以在文学方面不能十分发展。但有许多极精美的句子，在文学史上占极重要的地位，并且可以证明商代的文学已十分发展，和周代相差不远。

在此章第三节"卜辞文学的研究"中，作者从数万片卜辞中截去卜、贞等字，截取精华的断句六十七条，又选取较完整之卜辞十二条作为示例。

五、结论。

这是第一篇从文学角度研究卜辞的文章，对研究卜辞文学和我国古代文学史，都有参考价值。

192. 骨文例

董作宾著。载1936年(民国二十五年)12月《中研院历史语言研究所集刊》第七本第一分本。又，收入1977年台北艺文印书馆出版的《董作宾先生全集》甲编第三册。

全文分三章：一、整理骨文例之方法及材料：就第一、二、三次发掘殷墟所得之卜用骨版，取其版片较大、可定部位者，计二百一十一版，卜辞四百八十九例，作为基本材料。已著录者，仅取《殷虚书契菁华》一种。

二、卜法：（甲）钻、凿，其排列，上半狭处有一行或两行者，以下渐宽，行亦渐多，逐次增加，有至四、五、六行者。其数量，正面最少者仅一凿，多者由五乃至二十九个。背面由十八乃至七十。正面钻凿处皆在中部下方，背面则多在中部上方及骨之两边。（乙）灼

三、研　究

兆,右胛骨,灼于凿之左,正面则兆皆右向;左胛骨,灼于凿之右,正面则兆皆左向。这是灼骨见兆之常例。

三、文例:(甲)胛骨之正面、背面刻辞例:胛骨正面之刻辞最多者在左胛骨之右,右胛骨之左,此两部分占全版刻辞十之七八。左胛之左,右胛之右,下半骨质较松疏,故仅上半可以刻辞,刻辞则占十之二、三。中部往往不用,故刻辞不及十分之一。

行文之通例:凡完全之胛骨,无论左右,缘近边两行之刻辞,在左方,皆为下行而左,间有下行及左行者;在右方,皆为下行而右,亦间有下行及右行者,左胛骨中部如有刻辞,则下行而右,右胛骨中部则下行而左。

(乙)胛骨之骨臼刻辞例:骨臼刻辞是一种记事而非贞卜之辞,仅为武丁时之一种风气,刻辞无定例。

此文之后,附关于凿、灼及辞例之图三十幅。

董氏此文的观点,至今对我们研究卜骨上的文例,仍有指导意义。

193. 商王名号考

陈梦家著。载1939年(民国二十八年)10月8日重庆《中央日报》《读书》第一号。又,改订后载1940年(民国二十九年)6月《燕京学报》第二十七期。

全篇分六章:

一、殷代先公先王分为三系:第一系自夒至王恒,第二系自上甲至示癸,第三系自大乙至帝辛。

二、第一系所列之先公,与《史记·殷本纪》所述不同。

三、第二系先王,《殷本纪》所列之次序有误。

四、第三系先王,与《史记·殷本纪》、《三代世表》、《汉书·古今人名表》所记大略相同。将卜辞和《史记》、《汉书》的称名、世次列表比较。

五、商人名其先公先王,可分两大类:

1.以人物的象形为名,其上或加"高且",或加"王",或不加。第一系的称名法属此。2.以所祭之日为庙号而于日干上加区别字,其加法:(甲)表示神主宗庙的,如主、示、且、匚、帝、宗等,第二系的称名法只用此法;(乙)表示先后次序的,如高且、后且、大、小、上、下、外、中、南、三、四等,第三系的称名法用此;(丙)以生称而附谥的,如兔甲、般庚、武乙、康丁的"兔"、"般"、"武"、"康"等,第三系的称名法用此。

六、说唐、雍、兔、康、武、文武均为生称。

194. 卜辞杂例

胡厚宣著。载 1939 年(民国二十八年)《中研院历史语言研究所集刊》第八本第三分本。

作者列举甲骨卜辞较特殊之文例二十八类,共二百七十六条卜辞,各类卜辞按时代先后而排列。文末,附各类甲骨摹本七十五片。目次如下:

1. 夺字例;2. 衍字例;3. 误字例;4. 添字例;5. 删字例;6. 删字又添例;7. 空字未刻例;8. 疑字画图例;9. 文字倒书例;10. 人名倒称例;11. 干支倒称例;12. 成语倒称例;13. 方国倒称例;14. 文字侧书例;15. 数字侧书例;16. 一字析书例;17. 行款错误例;18. 左右横行例;19. 追刻卜辞例;20. 两史同贞例;21. 先祖世次颠倒例;22. 多辞左右错行例;23. 一辞左右兼行例;24. 兽骨卜辞对贞例;25. 兽骨相间刻辞例;26. 一辞分为两段例;27. 正反面文字相倒例;28. 同面文字倒正错综例。

本文所列举的大多数例子都是正确的,对研究卜辞的文例、行款很有参考价值。

但是,文中也有一些地方欠妥,例如:

1. 第 8 类疑字画圈例,第 114 条卜辞举了《库》1988,认为该片卜辞"于'妣'及'子'后皆画圈,盖以记录者失考,乃以画圈以塞之也"。实际上,是"丁"字而不是圈,是"妣丁"、"子丁"。武丁时的"自组卜辞"常见将"丁"字写成圆圈状的。

2. 第 13 类方国倒称例,第 150 条卜辞,列举《佚》234 的"方夷",查对原片,该辞应为"辛丑卜,亞逆方",夷字应属另一行。

3. 第 26 类一辞分成两段例,所举的几条卜辞,如:《前》1.52.5、《续》3·7·4、《福》7 等均应属两段卜辞。

195. 双剑誃殷契骈枝

于省吾著。包括初编、续编、三编三册。分别在 1940 年(民国二十九年)10 月、1941 年(民国三十年)8 月、1944 年(民国三十三年)5 月出版,石印本,线装。又,1979 年 6 月经删订后收入中华书局出版的《甲骨文字释林》一书中。

在各编之前,附作者自序。序中主要谈及考释甲骨文字的方法。在《续编》序中于氏谓:"考名识字必须先定其形,形定而音通,形音既确,其于义也则六通四辟,核诸文理与辞例自能欣合无间矣。至于形之定在于分析偏旁,分析偏旁不可失于点画,失则貌似臆断之说兴,不可滞于点画,滞则拘挛固执之见成。"简言之,即分析偏旁以定形,声韵通假以定音,引证典籍以训诂,贯通形与音,并结合卜辞文例来释字与辞之义。这种考证方法,比较严谨。

初编考释字、词三十个:释屯、释条、释虹、释昱、释莘泉、释奚、释丙、释及、释爽、释鲁、释曳、释气、释氏、释下危、释羌甲、释不午黽等。

续编考释字、词二十四个:释岁、释智、释舌、释卢、释率、释威、释甾、释从雨、释西言王等。后附《双剑誃殷契骈枝》校补。

三编考释字、词四十四个:释云、释兆、释米、释矢、释必、释争、释雉、释工、释吉、释索、释夕、释四戈、释舌方、释上乙、下乙、释宁四方、释逆羌、释先马、释大采小采、释一至十之记数字等。

本书的考释有不少创见,有些字或词是前人所未释或释错的。如于氏考定出"气"字,谓此字在卜辞中有三种用法:1. 释气求,如《粹》771"庚申卜:今日气雨?"2. 训迄至,如《菁》1"癸卯卜……乞至七日己巳……"3. 训讫终,如《前》7.31.3"……之日气有来艰……"有些字是前人已释而加以补充的,如"岁"字,各家考订已无疑义,于氏则从商代器物斧戉之形制说明岁字上下二点表示斧刃上下尾端回曲中所余之透空处。

本书共考释九十八个字、词。其中有五十四个字、词,作者收入 1979 年出版的《甲骨文字释林》上卷,有两个字经过修改重写,分别收入该书的中卷和下卷。

196. 卜辞研究

容庚著。1942 年(民国三十一年)北京大学讲义,石印本,线装、一册。

全书分四章:

第一章发见。介绍从 1899 年至 1928 年间甲骨的收集情况、1928—1937 年中研院历史语言研究所在安阳殷墟发掘甲骨的情况。

第二章著作。介绍甲骨文著作五十八种:计文字类二十九种、考释十五种、杂著四种、字书五种、目录二种、补遗三种。

第三章殷之先公。将文献与卜辞结合、考证殷先公契、昭明、相土、昌若、曹圉、冥、振、微、报乙、报丙、报丁、主壬、主癸。

第四章殷之先王。把卜辞中有关天乙(大乙)至小乙二十个先王的材料分别摘引出来。

197. 甲骨学商史论丛初集

胡厚宣著。1944 年(民国三十三年)3 月成都齐鲁大学国学研究所专刊之一、线装、四册。又，2002年河北省教育出版社再版，平装，三十二开本，上册。

全书有论文二十篇，约四十万言。

第一册包括四册之总目、目录、徐中舒序、高亨序、缪钺题词、自序、论文四篇：《殷代封建制度考》、《殷代婚姻家族宗法生育制度考》、《殷非奴隶社会论》、《殷代焚田说》。

第二册包括目录和论文六篇：《殷代舌方考》、《殷代之天神崇拜》、《殷代年岁称谓考》、《"一甲十癸"辨》、《甲骨文四方风名考证》、《论殷代五方观念及"中国"称谓之起源》。

第三册包括目录和论文四篇：《卜辞下乙说》、《殷人疾病考》、《殷人占梦考》、《武丁时五种记事刻辞考》。

第四册包括目录和论文六篇：《殷代卜龟之来源》、《卜辞地名与古人居丘说》、《释囚》、《厦门大学所藏甲骨文字》、《读曾毅公君殷虚书契续编校记》、《甲骨文发现之历史及其材料之统计》、《引用甲骨文之材料简名表》。

作者论证问题时，先从甲骨文中举出大量的材料，然后加以分析归纳，再得出结论，这种研究方法是科学的，所以许多文章中的论点是可取的。现举数例：

《殷代封建制度考》，提出殷代自武丁以后已有封建之制（即分封制），殷王分封儿子、诸妇、功臣、方国等。并认为殷代制度大体皆与周代相近，周代制度是自殷代发展而来。

《殷代婚姻家族宗法生育制度考》，谓殷代早晚期婚姻制度不同。当时已有极显著之宗法制度，有求生之礼与生产之神。有重男轻女的观念，生男为嘉，生女为不嘉。有子子命名之制、立嫡之制，等等。文中还指出，重男轻女思想与王位继承和宗法制度都有密切关系。

《卜辞下乙说》，作者据《乙》5303（书中称十三次）"于上甲、成、大丁、大甲、下乙"及其他的材料，详细地论证下乙为祖乙。

《武丁时五种记事刻辞考》，把武丁时记事刻辞按其在甲骨中的不同位置分为甲桥刻辞、背甲刻辞、甲尾刻辞、骨臼刻辞、骨面刻辞五种。其上所记凡两事：一为甲骨之来源，如"某入若干"系指进贡龟甲，又如"彡自某若干"是指采集龟甲之事；另一类为"某示若干"则记祭祀龟甲、牛骨之事，盖殷人得龟骨之后必须经过一种祭典而后用之。

《释囚》，甲骨文的囚字，各家意见不一：孙诒让释㘽，唐兰从之；罗振玉释囚，叶玉森、郭沫若从之；丁山释死，董作宾从之。胡氏综合有关囚字卜辞七十七条，详细论证其为死字。

198. 奭字解

张政烺著。1945年（民国三十四年）1月刊《六同别录》上册。又，载1948年（民国三十七年）《中研院历史语言研究所集刊》第十三本。2012年4月收入中华书局出版的《张政烺文集·甲骨金文与商周史研究》一书中(编名为《奭字说》)。

甲骨文及殷周金文中有奭字,向来考释纷纭,莫衷一是。作者认为此字是《说文》的奭字。谓"奭"即㚔之变体,本不从皿。盖㚔字今所见者皆殷周时书,偏旁犹变化无定,春秋已降迄于后汉年代尚远,形体演变自所不免也。

"《说文》谐奭声者,斗部有斞字,云'挹也,从斗奭声'音与奭同。斞,古音当读仇……故奭字古音当即读仇。"

奭字有三种用法:

第一种用法,如:"王宾大庚奭妣壬,劦,亡尤?"奭字读曰仇,解为匹,即妃匹之谓。

第二种用法,如卜辞黄尹亦称黄奭,伊尹亦称伊奭。《天》36"丙寅卜,争贞:虫于黄奭二羌"。《前》1.51.6"癸丑卜,宾贞:虫于黄尹。"《通纂》259"丙寅贞:又彳岁于伊尹二牢?""壬申,刚于伊奭"。该片"伊尹与伊奭同见于一片,自是一人"。"奭与尹相当,盖谓国之重臣,与王为匹耦也"。

第三种用法,如矢彝"……明公锡亢师鬯、金、小牛,曰用祼。锡令鬯、金、小牛,曰用祼。乃令曰:今我惟令汝二人亢眔矢奭,左右于乃寮以乃友事"。奭,读曰仇,古代士大夫各与寮友为仇,于是仇字遂有朋友之义。

张氏所论至确。采用其说,读甲骨文、金文此字所见之辞,无不文从字顺,音协义谐。

199. 甲骨学商史论丛二集

胡厚宣著。1945年(民国三十四年)4月成都齐鲁大学国学研究所专刊之一,线装,二册。又,2002年河北省教育出版社再版;收入《甲骨学商史论丛初集》下册,平装,三十二开本。

上册包括总目、目录、自序和论文《卜辞中所见之殷代农业》。

下册包括目录和论文。《气候变迁与殷代气候之检讨》、《甲骨学绪论》、《甲骨学类目》。

《甲骨学绪论》是为初学甲骨文的读者而作,简明扼要,通俗易懂。《甲骨学类目》是1944年10月以前发表的有关甲骨学的书籍及论文目录,共收著作五百四十种。

现将其中两篇长篇论文简介如下:

《卜辞中所见之殷代农业》,分八章:(一)序言;(二)农业环境;(三)农业区域;(四)农业管理;(五)农业技术;(六)农业产品;(七)农业礼俗;(八)结论。

作者谓:殷代最普通之农具为耒即犁(甲骨文的"力"字象耒形,勹象犁形)。其耕作技术由耤字、藝字及"勹牛"之称推之,知殷代或以人耕,或以牛耕,或以犬耕。由田字作田、𤰔、畕等形,其中之十、キ、井象阡陌之形推之,谓殷人已能利用水利以溉田。殷代农业品主要有黍、穤（即稻）、麦、秫（读为稗、即小米）四种。用农业品所酿作之物有酒（黍、稻所造）、醴（即醴，稻所造）、鬯（即香酒，黑黍所造）三种。文章之结论是"殷代之农业，已极为进步发达"。

《气候变迁与殷代气候之检讨》，分七章：（一）序言；（二）史前时代之气候变迁；（三）历史时代之气候变迁；（四）欧美各地之气候变迁；（五）旧籍中所见之古代气候；（六）卜辞中所见之殷代气候；（七）余论。

胡氏谓："由殷墟发掘及卜辞观之，殷代终年可以降雨……近于今日之江南。"黍与稻每年可种植两季，殷代稻米极普遍。水牛是最普遍的牲畜，兕、象、貘、獐、竹鼠、野猪等南方热带之动物也多见。又"森林草原广布于黄河流域之地，麋、鹿、兕、象、犬、豕、虎、犾、隹、雉之类，往来出入于其间"。其结论是：殷代气候较今日为热，"至少当与今日长江流域或更以南者相当也"。著名气候学家竺可桢很赞同这一观点，在他的《中国近五千年气候变迁的初步研究》（载《考古学报》1972年第1期）这篇论文中每加称引。

200. 殷历谱

董作宾著。1945年（民国三十四年）4月中研院历史语言研究所专刊，石印本，线装，十四卷四册。又，1963年台北艺文印书馆再版；收入1977年11月台北艺文印书馆出版的《董作宾先生全集》乙编第一、二册中。

全书分两篇：第一册为上篇，第二、三、四册为下篇，共十四卷。各卷目录如下：

第一册包括卷一至卷四、前有傅斯年序及作者自序。

卷一，殷历鸟瞰：第一章绪言，第二章时与日，第三章月，第四章年，第五章闰，第六章殷历沿革。卷二，历谱之编制：第一章四分术之基础，第二章殷代朔闰之推求，第三章年历谱之编制，第四章九谱之编制。卷三，祀与年：第一章殷代之纪年法，第二章乙辛祀典，第三章祖甲祀典，第四章祀谱述要。卷四，殷之年代：第一章殷商总年，第二章盘庚迁殷后之年，第三章各王之年，第四章周总年及共和以前之年，第五章殷周之际年历考。

第二册包括卷一及卷二之一。

卷一，年历谱：叙说、（甲）谱例、（乙）历例。卷二之一，祀谱一。

第三册包括卷二之二、三；卷三。

卷二之二、三，祀谱二、三；卷三，交食谱。

第四册包括卷四至卷十。

卷四，日至谱；卷五，闰谱；卷六，朔谱；卷七，月谱；卷八，旬谱；卷九，日谱；卷十，夕谱。

董作宾在序中谈及此书写作之目的："此书虽名《殷历谱》，实则应用断代研究更进一步之方法，试作甲骨文字之分期、分类、分派研究之书也。余之目的，一为借卜辞中有关天文历法之记录,以解决殷商年代之问题;一为揭示用新法研究甲骨文字之结果,以供治斯学者之参考。"

在卷一第一章序言中,作者论述了殷代礼制的新旧两派。他把武丁、祖庚、文武丁划为旧派;把祖甲、廪辛、康丁、武乙、帝乙、帝辛划为新派。① 认为两派在祀典、历法、文字、卜事等方法上均存在差异。

《殷历谱》是作者通过十二年艰辛劳动而写出的一部长篇巨著。尽管学术界对书中的观点,特别是对新派、旧派的区分问题有不同的看法,但是作者在学术上勇于探索的精神是值得称赞的。在殷历研究方面,此书为后人的进一步探索奠定了基础。

201. 闻一多全集第二册

闻一多著。1948 年(民国三十七年)8 月开明书店出版,三十二开本。

本书中关于甲骨文字考释的文章有十篇,篇名如下:

释龟,又载《清华学报》十二卷三期。

释省徣(契文疏证之一),又载 1937 年(民国二十六年)7 月中华书局出版的《语言与文学》。

释为释豕,又载 1937 年(民国二十六年)6 月《考古社刊》第六期。

释圝、释齲、释余、释羔、释桑(附释嬛释嗓)、释䨣、释不玄冥。

其中有些字的解释是可取的,如:释"省"之义为巡视、田猎,释"徣"为征伐,释"齲"等。

202. 古代研究的史料问题

胡厚宣著。1950 年 6 月商务印书馆印行,三十二开本,一册。又,1986 年台北谷风翻印本。

本书共分十二章:

一、三十年来中国的新史学:将 1918—1949 年分为五个时期,介绍了新史学包括疑古、考古及释古三部分,又将疑古之学分为草创、概况、研究、论战、搜讨、沉寂六个阶段;
二、新史学的新时代:认为解放后,只有用辩证唯物主义与历史唯物主义来研究中国历史,方是唯一正确的立场与方法;三、史学与史观:这是史学研究中互相作用的两个方面;

---

① 作者在《甲骨学六十年》一书中,将武乙改为旧派。

四、典籍史料的真伪和年代；五、考古史料的征引和解说；六、甲骨文不同的解释；七、甲骨文错误的学说；八、甲骨文被扬弃了的论断；九、甲骨文成语和单字的研究；十、粗心的援引；十一、非法的推论；十二、不要太忽视了的材料问题。

本书第六—十章中，作者主要阐述了在引用甲骨文材料及论点时，应注意采取认真、谨慎的态度，并以《中国历史大系》、《古代史》等书为例，指出在引用材料、论点时的一些错误。

203. 五十年甲骨文发现的总结

胡厚宣著。1951 年 3 月商务印书馆出版，一册。又，1952 年再版，1953 年三版，1957 年香港华夏出版社翻印本。

本书共分八章：一、引言；二、甲骨文的名称；三、甲骨文的认识；四、甲骨文出土的地方；五、甲骨文的蒐购与流传；六、科学发掘的甲骨文字；七、战后甲骨文的出土和采访；八、五十年甲骨文出土的总估计。

内容围绕五十年来（自 1899—1949 年）甲骨文发现的历史及出土材料，除一般介绍甲骨文名称、认识及出土地点外，还重点介绍了甲骨文的搜集与流传情况。在科学发掘的甲骨文字中，详细介绍了小屯十五次发掘过程及出土甲骨的情况。同时，作者也介绍了自己收集流散在全国各地的一些甲骨文字。

在"五十年甲骨文出土的总估计"一章中，列表统计甲骨文的片数。1. 已著录者：七十一家，四万一千零七十八片；2. 未著录者：国内公家二十一家，二万零九百七十一片；私人七十六家，九万三千六百二十五片；国外公家九处，五千三百八十一片；私人六家，八百二十五片。共计一百八十三家，甲骨十六万一千八百八十九片。

总之，据作者统计，五十年中，出土甲骨十六万多片，研究甲骨文的论著者达二百八十九人，出版著作八百七十六种，为读者了解五十年中甲骨文的相关情况，提供了重要资料。

204. 甲骨学

这是日本 1951 年建立的"甲骨学会"的会刊。自创刊号以来，迄今已出版十二期，均为刻写影印日文版。各期出版时间：第一号，1950 年 10 月；第二号，1951 年 10 月；第三号，1954 年 10 月；第四、五号，1956 年 10 月；第六号，1958 年 3 月；第七号，1959 年 3 月；第八号，1960 年 3 月；第九号，1961 年 8 月；第十号，1964 年 7 月；第十一号，1976 年 6 月；第十二号，1980 年 8 月。

三、研　究

1972年6月，将第一号至第十号合订为上、下两册，由日本汲古书院印刷所印刷出版。

本刊所载的文章，包括：

一、甲骨资料的收集、整理：有青木木菟哉的《书道博物馆藏甲骨文字》；松丸道雄的《散见于日本各地的甲骨文字》等。

二、介绍甲骨学论著出版情况：除了介绍评论日本甲骨学界论著外，对中国甲骨学界研究动向及论著也及时地介绍与评论。如：对佐藤武敏、林巳奈夫、伊藤道治、池田末利、山田胜美、白川静、赤塚忠、加藤、松丸道雄及薮内清等日本学者及对董作宾、陈梦家、胡厚宣、唐兰等中国学者的论著均予评述。

三、甲骨学研究的论文：关于甲骨文分期断代方面：有岛邦男的《贞人补证》、《帝乙帝辛的在位年数》、《帝辛三十三年殷亡说》等文章，主要观点是同意董作宾五期法与复古说；贝塚茂树的《甲骨文时代区分的基础——关于贞人的意义》，他与伊藤道治合写的《甲骨文断代研究的再讨论》，主要创见是王族卜辞、多子族卜辞，属武丁晚期，与陈梦家《殷虚卜辞综述》中关于分期说的看法吻合；此外还有青木木菟哉、林巳奈夫、池田末利、前川捷三等，从不同角度研究甲骨分期的文章。关于殷代社会、经济方面的研究：一些学者注意到利用甲骨文资料与文献、民族学等材料相结合，探讨殷代社会历史、经济、文化科学等。如研究农业方面，有天野元之助、中岛健一等；研究天文学、历法方面，有薮内清、岛邦男等；在探讨社会性质方面，有白川静、岛邦男、松丸道雄、伊藤道治、池田末利等。他们分别从职业氏族集团、祭祀卜辞、田猎地点、民族学等方面，探讨殷代社会性质。

在本刊十二期中，先后发表百余篇研究甲骨文的论文，其中不少是有创见的。同时，又相继发表了散见于日本各地的甲骨文字。这对日本甲骨学的研究与发展，起了不少的推动作用。

205. 殷虚甲骨刻辞的语法研究

管燮初著。语言学专刊，中国科学院语言研究所编辑，1953年10月中国科学院出版，一册。

目次包括作者自序、引用材料书目和正文。

正文分四章：一、引论：分甲骨文字、甲骨刻辞体例；二、句法：分句型、省略、语序、疑问句的格式及修饰语五节；三、词类：分名、代、数、量、时地、动、系、形容、副、连、介、感叹词十二项；四、结论。

本书是作者根据在浙江大学中国文学研究所时的毕业论文改写而成。书中引用材料主要根据十六部较为重要的甲骨文著作，其中以《卜辞通纂》、《殷契粹编》、《殷契佚存》、《殷虚文字甲编》及《殷虚文字乙编》上、中辑为主。书中就考释有定论的文句作分析研究，对语法现象作系统的叙述,并提出自己见解。如甲骨文造字有象形、象意、会意、形声,用字方法有本义、引申与假借,句子的结构大部分与现代语法差别不多,并把甲骨刻辞中的词类分为十二项分别叙述。对于研究语言史、古代史有一定的参考价值。

206. 积微居甲文说·卜辞琐记

杨树达著。1954 年 5 月中国科学院出版,一册。又,1986 年 12 月上海古籍出版社将此书与《耐林庼甲文说·卜辞求义》合为一册再版。

目次包括自序、正文。

正文分两大部分:

一、《积微居甲文说》:

卷上,说字之文凡三十三篇,分四类:1. 识字之属十一篇,新作有升、鉦、齿三篇;2. 说义之属十三篇,新作有释徣附之后记,释䇂风、御、犬、省、从犬六篇;3. 说通读之属六篇,新作有释弋巘、相、大、杸舟四篇;4. 说形三篇,新作有释农、屮两篇。

卷下,考史之文二十篇,分五类:1. 人名属七篇,其中新作六篇;2. 国名属五篇,新作有释方、敊方、旨方三篇;3. 水名属二篇,全为旧作;4. 祭祀属二篇,全为新作;5. 杂考属四篇,新作二篇。

二、《卜辞琐记》:共收四十九条。

综上所述,作者在第一部分中,共收五十三篇,其中二十八篇为 1949 年以后的新作;第二部分是作者多年研究甲骨文,在读诸家著作时,对某些问题有所疑,辄复记之,或原书偶缺,而为拾遗补缺。尤其解放后的一些新作,作者提出了自己的见解,对学习、研究古文字者有一定的参考价值。

207. 耐林庼甲文说·卜辞求义

杨树达著。1954 年 11 月群联出版社出版,线装,一册。又,1955 年 1 月再版。1986 年 12 月上海古籍出版社将此书与《积微居甲文说·卜辞琐记》合为一册再版。

目次包括:

一、耐林庼甲文说:自序、正文。

正文共六篇,即:释多介父、说羌甲奭妣庚之见祀、再说羌甲奭妣庚之见祀、甲骨文中开矿的记载——附开矿文字后记、说殷先公先王与妣日名之不同、释茍。

二、卜辞求义:自序、正文。

三、研　究

正文目录按二十八韵依次排列,在每韵部中分别释字,共释二百一十字。

本书对甲骨卜辞的一些考证求义中,作者提出了自己的看法。如：在第一部分甲文说中,通过甲骨文来探索殷人开矿的问题。这些问题,虽属探求,亦可备一说。

208. 殷墟发掘

胡厚宣著。1955年5月学习生活出版社出版,三十二开本,一册。

目次包括绪言和正文。

正文分三章：

第一章早期甲骨文的发现和研究。主要介绍甲骨文的埋藏、搜集与流传、帝国主义者对我国甲骨文的劫掠及前三十年的著录、研究情况。

第二章解放前的殷墟发掘工作。着重介绍解放前殷墟十五次发掘及其重要发现。

第三章新中国人民的殷墟考古学。介绍了1950年春殷墟发掘工作,并对殷墟以外的殷代考古工作作了简述,对未来也作了展望。

本书是为纪念甲骨文发现五十周年而作,较全面、系统地介绍了安阳殷墟的发现及历次发掘情况,并对解放前后发掘工作的不同意义进行了比较,为读者了解殷墟历次发掘情况提供了资料。同时对甲骨文的发现、研究的重要意义也进行了阐述。书后所附的一百版图版(包括一百零八幅图),使读者对殷墟的遗迹和遗物有具体的了解,从而加深对殷代考古和殷代历史的认识。

209. 殷代社会生活

李亚农著。1955年6月上海人民出版社出版,三十二开本,一册。又,1964年9月收入上海人民出版社出版的《李亚农史论集》中。

目次包括自序、跋和正文。

正文分十一章,第一章殷族的起源及其活动的区域；第二章一夫一妻制的确立；第三章氏族组织及宗法制度的崩溃；第四章殷代的社会经济情况；第五章高级阶段的奴隶制；第六章国家的形成；第七章文化的起源——文字的创造；第八章天文学和历法；第九章艺术的繁荣和奴隶主的奢侈生活；第十章殷代的建筑和殷人的生活习惯；第十一章奴隶制社会的意识形态。

本书最大特点是将文献记载与甲骨卜辞及其他考古材料相结合,对殷族的起源、活动范围、社会经济、制度、国家组织、文化艺术及天文历法等进行了探索,指出殷代已是高级阶段的奴隶制社会。同时对古代东方奴隶制的观点提出不同意见，并对此观点中的几个问题，如：中国古代的奴隶是否为家内奴隶，在古代的劳动生产中是否公社成员占主要地位，奴隶的数字是否比较不大，中国古代社会中是否有公田、私田的制度，中国古代是否有土地国有制等，一一作了论述。

作者采用文献与田野考古发掘材料，尤其与甲骨卜辞的记载相结合，对殷代社会生活中的诸问题作出探讨，这对于研究殷代社会有一定的参考价值。

210. 甲骨学五十年

董作宾著。1955年7月台湾大陆杂志社出版，三十二开本，一册。又，收入1977年11月台北艺文印书馆出版的《董作宾先生全集》乙编第五册中。

目次包括严一萍作序、正文。

正文分五章：

一、解题和概况：1. 甲骨文字的定名。五十年间，异名甚多，自1933年朱芳圃的《甲骨学文字编》后，沿用此名。2. 前期与后期研究的不同。1899—1927年（前期），论著一百种；1927—1949年（后期），论著四百五十种。3. 甲骨文的字数和片数。前期六、七万片，后期共二万八千五百七十四片，共约十万片。

二、殷代文化宝库的开发：1. 殷墟概略；2. 殷墟开发的前期——私人挖掘；3. 殷墟开发的后期——公家挖掘，着重介绍了第一至十五次发掘情况。

三、前期研究的经历：1. 字句的考释，主要介绍罗、王的成就；2. 篇章的通读。

四、后期研究的进程：1. 分期的整理，介绍发现贞人及断代研究的十个标准问题；2. 分派的研究，主要讲述殷代礼制的新旧两派之说。

五、甲骨文材料的总估计：1. 已见著录的甲骨文字：拓本二万九千零二十片，照片三百三十一片，摹本一万二千六百五十四片，共四万二千片；2. 未见著录的甲骨文字：共五万四千一百十三片；3. 甲骨文材料的总估计：对胡厚宣《五十年甲骨学论著目》统计的十六万片甲骨提出疑义，董氏估计仅十万片左右。

本书较全面、系统地总结了五十年（1899—1949年）来甲骨文发现、研究的成果，对学习、研究甲骨文者是一本很有参考价值的著作。

211. 续殷历谱

严一萍著。1955年10月台北艺文印书馆印行，一册。1979年1月台北艺文印书馆再版本。

本书包括作者自序、论文五篇和附录。

论文共收：

一、殷历谱"旬谱"补：原载台湾《大陆杂志》第三卷第七期。

二、正日本薮内清氏对殷历的误解：原载台湾《大陆杂志》第五卷第九期。

三、卜辞八月乙酉月食腹甲的拼合与考证的经过：原载《大陆杂志》第九卷第一期。

四、两宋月食考：原载《大陆杂志》第九卷第三、四、五期。

五、一论"殷历谱纠诹"：原载《大陆杂志》第十卷第一期。

附录：

1. 殷历谱的自我检讨：董作宾作。本文是在联合国中国同志会第一百次座谈会上的演讲词。共分三部分：先谈甲骨学，殷历谱是怎样写成的，十年来的自我检讨。

2. 殷历谱气朔新证举例：许倬云作。文章主要论点同董氏殷历谱之说，驳鲁实先的"殷历谱纠诹"一文的论点。原载《大陆杂志》第十卷第三期。

以上诸篇，除附录两篇外，其余五篇全为严氏所作。主要观点同董氏的殷历谱之说。

212. 殷虚卜辞综述

陈梦家著。考古学专刊甲种第二号，中国科学院考古研究所编辑，1956年7月科学出版社出版，十六开本，一册。又，1964年10月日本东京大安书店翻印本，1971年台湾大通书局翻印本，1988年中华书局重印本。

全书共二十章：

第一章总论：叙述了甲骨的发现、甲骨刻辞的内容及研究的经过；并介绍殷墟的所在、甲骨包含的年代、安阳历次发掘简况以及甲骨保存、公布等情况。

第二章文字：论述诸家对甲骨文字初步审释、字汇的编制、内容及考释方法和与汉字的构造等。

第三章文法：通过对卜辞中所含的九类词和句形的分析，详细论述了汉语语法结构规律。

第四、五章断代：对甲骨断代研究提出了三个标准，根据这些标准将甲骨文细分为九期，粗分为早、中、晚三期，同时亦保留董氏的五期法；提出贞人分组问题，尤其将武丁时的卜辞，分出自、子、午组；通过字体变异、贞人的有无及其他条件，提出廪辛、康丁卜辞的区分等。

第六章年代：对盘庚迁殷后的二百七十三年作了大概的推测。

第七章历法天象：对殷代的历法、纪时法及一日内的时间分段，晚殷纪年、月、日法和天象记录等皆作了分析。

第八章方国地理：通过研究卜辞地名及史书所载盘庚迁殷前后的迁徙，对殷的王都及沁阳为中心的田猎区、方国等作了论证。

第九章政治区域：对卜年与族邦、四土四方、邑与鄙、邦伯侯伯进行了论述。

第十章先公旧臣：介绍了诸家对殷商的世系研究，对十个先公及一些旧臣提出自己的见解。

第十一章先王先妣：系统地简述了商王继统法和祀周与农历、周祭祀谱等问题。

第十二、十三章庙号：论述商王的庙号及各王的诸祖、妣、父、母、兄、子和宗庙制度等。

第十四章亲属：阐述亲属称谓及宗法制度。

第十五章百官：通过对卜辞中的臣正、武官、史官研究，探索殷代的官制。

第十六章农业及其他：对殷代的农业、渔猎、手工业、商业及交通等进行了分析。

第十七章宗教：论述上帝、风雨、山川、土地诸神祇的情况。

第十八章身份：通过卜辞中的人、"众"和周代金文中殷人身份的研究，论述殷代社会性质问题。

第十九章总结：通过上述各章的论述，对殷代社会的历史文化作了扼要总结，并提出对这些问题的见解。

第二十章附录：有关甲骨材料的记载、甲骨论著简目及甲骨论著简表。

本书是一部较全面、系统地总结1899年至1956年间所出土的甲骨资料及研究成果的巨著。书中注意到甲骨卜辞、文献记载及其他考古材料互相结合、补充，同时也注意到卜辞本身内部的联系。在充分总结、利用前人研究成果的基础上，作者结合自己研究甲骨文的体会，对殷墟出土的甲骨资料的发现经过、研究方法、内容等进行了全面科学总结，提出了不少新的见解，有些问题很有创见。尤其在甲骨文分期断代方面作出了重要贡献。

本书也存在一些不足之处。正如有些读者曾提出的，有时引用材料没注出处，不便查找；引用卜辞，有的核对不严，时有错漏。即使如此，像这样一部全面总结五十七年来甲骨文研究成果的巨著，在甲骨学史上是占有重要地位的。迄今，在国内外的甲骨学研究中，仍然有着重大影响。

本书的评论，见李学勤：《评陈梦家〈殷虚卜辞综述〉》，载《考古学报》1957年第3期；赤塚忠：《关于陈梦家氏〈殷虚卜辞综述〉》，日本《甲骨学》第六号，1958（日本昭和33年）3月。

213. 甲骨文所见氏族及其制度

丁山遗著。《历史研究》编辑委员会编辑，1956年9月科学出版社出版，十六开本，一册。又,1971年台湾大通书局翻印本;1988年4月,中华书局新1版,1999年8月北京第2次印刷。

本书内容包括:一、甲骨文所见氏族及其制度;二、殷商氏族方国志(未完稿)。

本书根据甲骨文的研究来探讨殷商氏族制度及方国的地望。作者想通过这一研究,以"确定殷商社会还是停留在氏族阶段的问题"及"殷商后半期的国家组织,确以氏族为基础"。作者从小屯出土的非贞卜文字中,发现大量氏族的"徽号",认为可以"给中国社会的发展阶段以基本的确定"。基于这些,著者结合文献记载及金文所述,写出了前一部分《甲骨文所见氏族及其制度》。在此基础上,为追寻殷商氏族的渊源及地望,又写了后一部分《殷商氏族方国志》。此部分只列举了四十三个方国,其稿未完成。这两部分可谓姐妹篇。

本书前后两部分广泛涉及殷商氏族问题诸方面,并提出了一些值得注意的见解,如:殷商"邦畿千里"之内,分为田、亚、任三服,"邦外侯服",卜辞总称为"多伯",邦内的"田亚任"卜辞总称为"多田",亦即"亚旅"的别名;侯、伯、男、田、亚一类封建的爵名,都为氏族别名,或氏族之扩大;殷商政治组织确已胚胎了周代的封建制度;商末之世,已完成一种固定的继承法——季子继承;商王朝可能实行族内婚制等。该书对探讨殷商的氏族制度,研究中国古代史及殷商历史,是一部较重要的参考书。

214. 古史零证

周谷城著。1956年12月上海新知识出版社出版,影印本,线装,一册。

本书内容包括作者自序和正文。

正文共收七篇文章:一、乱为乐之结(附丁山的信);二、释辰;三、释它、也、他、蛇、巷;四、古代对天地的认识;五、庶为奴说(附郭沫若的信);六、圭田辩;七、农夫田民两级考。

以上诸篇,作者主要是从文字学的角度研究中国古代史中的某些问题,个别篇也将甲骨文与文献相结合,对古代史中的一些问题,提出了自己的看法。

215. 古代殷帝国

[日]贝塚茂树编。1957年(日本昭和32年)12月,东京都みすず书房出版,三十二开本,一册。日文版。又,1958年、1962年、1967年重版。

本书共分五部分:一、龟骨的秘密;二、地上和地下;三、殷人的生活志;四、卜辞的世界;五、殷人的故乡。后记。

第一章由日本奈良女子大学大岛利一作;第二章由伊藤道治作;第三章由爱知大学内藤戊申作;第四章由立命馆大学白川静作;第五章由京大文学部考古科研室樋口隆康作。书后附有文献目录。目录分为：学史、概括、调查、发掘、甲骨资料集、字书、解释、卜法、历法、研究、殷代铜器、陶器、石器、玉器及骨器、动物等十六项,每项中都按著者、书名及刊出时间等标明。

本书较全面、系统地阐述了甲骨卜辞发现的始末。尤其是对中国及日本的学者在研究甲骨文字及通过卜辞的研究,进而探求殷代社会历史等问题方面的成果,都一一作了概括介绍。这是一部较为通俗的入门书。

本书的评论,见吉田光邦:《贝塚茂树著〈古代殷帝国〉》载日本《东洋史研究》第十七卷一号,1958年7月。

216. 商殷帝王本纪

周鸿翔著。1958年香港出版,三十二开本,一册。

本书包括饶宗颐作序、作者自序和正文。

正文分四章:

一、夏商周帝系比较表。主要依据《本纪》、《封禅书》、《竹书纪年》、《太平御览》、《汉书》及其他文献,将三代,重点为商殷的帝系对照比较,并标出大乙(天乙)以后商之诸王建都地。

二、前论。分六节:(甲)商殷正名。因商为子姓自称,殷为周人所呼,商必在殷之前,故正名为商殷。(乙)卜辞所见商先公上甲以上无徵说。自上甲以下诸王,史籍所见皆以天干为名,并在甲骨文中证实。上甲以上诸先公全无据。(丙)王亥非振说。因上甲以上诸先公无一能成立,故王亥一名也不例外。(丁)商殷诸王系年。从大乙(天乙)至阳甲十八王,共二百四十三年,从盘庚至帝辛,共二百六十五年。(戊)卜辞所见商殷男女地位平等说。(己)商殷诸王别名、配偶、在位年数及定都所在总表。按《本纪》所载,从帝喾至帝辛一一列表。

三、本纪。从帝喾至帝辛一一分别介绍。这部分的正文简明扼要,注解力求详尽。

四、附图:甲骨所见商殷帝系表。主要引录《佚存》986、《粹》112(缀合编53)、《后上》30.5诸片甲骨。

总之,本书以《殷本纪》、《帝王世纪》及《古今竹书纪年》为经,六艺、诸子、甲骨及其他史籍以及有关的论著为纬。古籍中有关商代诸帝王的记载,基本上都已包括。同时用大量有关甲骨文资料来验证或弥补本纪及史籍所记载之不足或缺误,对商史研究有一定的参考价值。

三、研　究

217. 古史考存

刘节著。1958年2月人民出版社出版，三十二开本，一册。

本书共收作者自1927年至1949年在刊物上发表过的二十篇论文，经作者重加校订与修改，按写作时间先后排列，分古史、古籍、古器物、古代语文及诸子思想等。在文章中，对一些字或词的解释，引用了甲骨文的材料。

本书各篇对史学研究有一定参考价值。

218. 殷虚卜辞研究

[日]岛邦男著。1958年(日本昭和33年)7月日本弘前大学文理学部中国学研究会发行，十六开本，一册。日文版。又，1975年8月日本东京汲古书院重印本；1975年12月台湾鼎文书局出版了温天河、李寿林译的中文本。

目次包括作者自序、序论、本论，并附引书索引。

序论分二节：一、贞人的补正：介绍了董作宾、陈梦家、胡厚宣各家的贞人分期情况，着重论述了各期贞人的变化，作者也提出了自己的见解。二、卜辞上的父母兄子的称谓：按时代对诸称谓进行了分析。

本论为本书的重点，分两篇：

第一篇，殷室的祭祀：从内祭、外祭及祭仪三方面考察殷代祭祀。第一章先王先妣的五祀：对各期，尤其第二、五期五祀的祀序、周祀等详细分析，并对《殷历谱》提出不同看法。第二章禘祭：介绍各家对"丁神"、"丁祭"的研究情况，并提出了自己的看法。第三章外祭：对上帝、自然神、高祖神、先臣神并对后三种神的祭祀均分别作详细论述。第四章祭仪：对五祀、王宾卜辞及其他祭仪分别论述(此部分有赵诚的中译文载《古文字研究》第一辑，1979年9月)。

第二篇，殷代的社会：第一章殷的地域：统计了卜辞所见地名五百四十二个，按殷的四方对地名位置进行考证，并划出殷代之版图(此部分，作者曾先后发表在《甲骨文的地名》，载《人文社会》九，史学篇，1956年；《甲骨卜辞地名通检》一、二，载日本《甲骨学》1958、1959年第六、七号)。第二章殷的方国：统计了卜辞中出现的五十一个方国，并对其地望进行考证，重点论述了帝辛征夷方的问题。第三章殷的封建：对卜辞中的侯、伯、子、妇等分别统计与论述。第四章殷的官僚：对卜辞中官名统计，进而论述殷代的官制。第五章殷的社会：着重介绍了诸家之说。第六章殷的产业：从卜辞所载，分别对殷代的农、畜牧、渔猎等进行探讨。第七章殷的历法：考证殷的纪年、日月食及置闰等问题。

书后附有索引，主要是贞人、人、地、方国名、侯伯及父母兄子称谓等索引。

书后记：摘录了董作宾在台湾出版的《大陆杂志》九卷四期中的《殷历谱的自我检讨》；载于《金匮论古综合刊》第一期中《今日之甲骨学》；及载于《中日文化论集》第一册的《甲骨学在日本》等一些文章及讲话时对作者在研究殷墟卜辞中的成就的一些评论。

英文提要。

本书对所见著录的卜辞进行了分期分类、统计与论述，材料丰富，花费了很大精力。对卜辞分期及殷代的祭祀、社会性质皆有独到的见解。对甲骨文资料中所见各期地名及其内在联系，对殷代地理，进行了详细论证。因此，本书对研究殷代历史、地理方面都有重要的参考价值。

需要指出的是：作者在分期断代上有他自己的创见。他的甲骨分期按董氏五期分法，在贞人分期方面同意董氏的文武丁卜辞"复古说"；但在细节上又异于董氏，即认为武乙不但有贞人历（异于董氏武乙不录贞人说），还有彭、自、勺、扶等贞人；对文武丁时的贞人，认为董氏提出的十七个贞人中没有史、叶、万等，而增加丁、由等贞人。在甲骨分期研究上具有较大影响。

总之，此书是集甲骨文研究大成的总结性著作，在甲骨学史上占有较重要的地位。

本书的评论，见池田末利：《读岛氏〈殷虚卜辞研究〉——贞人补正之补正》（一）、（二），载日本《甲骨学》第七、八号，1958年3月，1960年3月。

219. 殷代地理简论

李学勤著。1959年1月科学出版社出版，三十二开本，一册。又，1980年台北木铎出版社翻印本。

目次包括自序和正文。

正文分三章：

第一章殷、商与商西猎区：1. 狩猎卜辞体例；2. 滴；3. 凡区；4. 敦区；5. 盂区；6. 邵区。

此章主要是对大邑商（天邑商，即王畿）西南部及西方的狩猎区，并对可联系的一些地名或地理位置等作了初步分析。

第二章帝乙十祀征人方路程：1. 征人方日表；2. 自雇返商；3. 自滴至攸（散氏盘地理研究）；4. 自旧返攸；5. 自攸返商；6. 自商至河邑。

主要通过帝乙十祀征人方卜辞，对征人方的日程及各地名间路程作了较详细的分析。

第三章殷代多方：1. 土方、舌方、鬿方；2. 祖甲"卜王"卜辞分析；3. 危方、鬼方、微方；

4. 羌方、龙方、四邦方、䘅方、髟方；5. 刀方、大方；6. 䑞、缶、蜀；7. 盂方、井方、三邦方；8. 商王国的政治地理结构；9. 商周之际历史的地理问题。

主要论述商王国以外的一些方国情况及它们与商王国的关系等问题。

附录：殷代王卜辞分类表。

本书是通过殷代卜辞和有关的铜器铭文，专门论述殷代历史地理。主要试图解决：一、商王国的政治地理结构；二、商王国的疆域范围；三、商王国主要城市的位置及山川；四、商王国周围的一些方国及它们与商的关系；五、商王国对外战争的地理诸问题。作者不是罗列出卜辞中所有地名，而是对可以互相联系及可考定的地名，和对上面三章的问题，进行分析、论述。同时，作者对郭沫若在《卜辞通纂》一书中，首先运用联系若干地名而系统地加以考证的方法，进一步充实，打破了过去学者在考证殷代地理时，用卜辞的若干地名，单独地、孤立地与后世类似的地名相比附的方法。

本书不足处是，在引用前人的一些看法时，有时不注出处；另外缺少一些应有的、必要的示意图及地名索引等。

本书的评论，见许艺：《〈殷代地理简论〉评介》，载《考古》1959年第5期。

220. 殷代社会史料征存

陈邦怀著。1959年9月天津人民出版社出版，十六开本，线装，一册。又，1963年3月日本东京大安书店影印本；1970年日本东京汲古书院翻印本。

目次包括自序和正文。

正文分卷一、二两部分：卷一，包括四方风名、眉母星、殷之军训、殷之马政、殷之宫室五节。卷二，细分为舞雨、宁凤等六十六条。

以上凡七十一条释文中，有的是从他人之说，而加以发挥，如四方风名、殷之马政、舞雨、省牛等辞条；有的则是驳他人之说，如眉母星、王嬣、亚位等；再者是作者自己的见解，如殷之军训、足河、禦水、亳大邑、作大田、量地、案食等。不论是发挥或驳他人之说，还是出自己见，作者在本书中都是以卜辞为根据，并参考古籍以考证殷代社会的状况及制度。如对殷代常患水灾，认为在卜辞中有用圩杆水的记载，以证殷代已有堤防壅塞之事。又如，关于殷代的教育，不但从郭沫若说，且认为殷时既注意贵族子弟之教育，也重视民间教育。对殷代的军制，认为有"三师"及"左右部"之制，还论证了当时在防备及措施上的一些问题。另外，对殷代刑罚制度、马政、婚姻诸问题皆提出己见，可备一说。

本书的评论，见[日]松丸道雄：《陈邦怀著〈殷代社会史料征存〉》，载日本《甲骨学》第九号，1961年8月。

221. 殷代贞卜人物通考

饶宗颐著。1959年11月香港大学出版社出版，三十二开本，上、下二册。

目次包括：自序、例言、征引甲骨书籍简称表（以著录出版先后为次序）、本书征用未刊甲骨材料、正文、索引等。

正文分二十卷：卷一，前论：介绍与讨论甲骨在地理上的分布、属种及龟卜占书源流、占卜仪式等。卷二，贞卜人物记名辞式释例：将甲骨卜辞中贞卜人物记名的方式分十一类叙述，并论"卜"、"贞"二字的意义。卷三—卷十七，贞卜人物事辑：为本书的核心部分。作者就其承认的一百十七个贞人，分别从卜辞的内容及用语上进行分析、整理，并举其用例加以考释。其中有作者自己的创见，对别人有关论点也有批驳。卷十八，备考：对二十个贞人待考。卷十九，结语：其中论分派一节，批驳了董作宾氏的文武丁"复古"之说。卷二十，附录：分《贞卜人物同版关系表》、《贞卜人物同辞关系表》及《各期卜人事类表》。

索引分为地名、人名官名、成语、祭名四种，按首字笔画为序。

本书就一百十七个贞人，分别从甲骨卜辞的内容、用语等进行分析，并举其用例加以考释，有其创新之处。尤其提出甲骨文研究的"分人研究法"，从而"使有贞人记名之刻辞，得一综合之整理，"这对于甲骨文的分期研究及全面整理是有一定参考价值的。对甲骨分期，作者虽基本上同于董氏，但也有异处，即将董氏的文武丁及五期的贞人，统归于一期之中。不足之处是，在引用例证上，往往不加旁证，有些例证也不太确切；在收辑同名方面，有时混淆了不同期的卜辞。总之，本书所收材料丰富，对研究殷代贞卜人物是有启发性的。

本书的评论，见［日］松丸道雄：《饶宗颐著〈殷代贞卜人物通考〉》，载日本《东洋学报》第八号，1960年3月；［日］岛邦男：《评饶宗颐著〈殷代贞卜人物通考〉》，此文由郑清茂译，载台湾《大陆杂志》第二十二卷十二期，1961年6月；严一萍：《略论饶著〈贞卜人物通考〉的基础问题》（上、下）载《大陆杂志》第二十三卷九、十期，1961年11月。

222. 商周史料考证

丁山著。1960年4月上海龙门联合书局出版，三十二开本，一册。又，1988年3月中华书局再版。

本书论证了商周（主要是商代）两代史料中的一些问题。按时代早晚编排，分十二专题：

一、殷虚考古之鸟瞰，二、洹、滴与商虚，三、盘庚迁殷以前商族踪迹之追寻，四、盘庚迁蒙泽,武丁始居小屯,五、神话时代商人生活之推测,六、传说时代的王号与传统,七、武丁之武功,八、武丁的内治,九、武丁以后的诸王积年,十、孝己康丁之间世系补证及其大事,十一、武乙死于河渭之间,十二、(原稿缺标题)。

作者根据文献及所见甲骨文、金文记载,并结合田野考古情况,介绍了仰韶—龙山—殷文化的叠压关系,殷墟重要遗迹、遗物,商代的都邑,神话时代及传说时代的商人生活、王号及传统,特别是对武丁时代的武功——征伐诸方和武丁的诸妇、诸子等问题,进行了研究和论述。虽然作者生前没来得及定稿,文字及资料的引用存在着一些缺点,论述中的某些看法也仅作为一家之见;但是,在资料的搜集、考订方面,都有可取之处。

223. 商王庙号新考

张光直著。1963年台湾《中研院民族学研究所集刊》第十五期抽印本,十六开本,一册。又,1983年9月收入生活·读书·新知三联书店出版的《中国青铜时代》一书中。

目次包括前记、正文、校后记。

正文分三章:一、商王庙号的意义,二、从商王庙号所见的王室亲属婚姻制度,三、与商王庙号有关的若干其他史实。

关于商王庙号为何以天干为名?学术界历来有次序、卜选、生日、死日等几种说法,作者认为此四说都不能解释庙号在世系中的出现是有规律的现象。这几种现象,即:(一)庙号虽以十干为名,但各干在殷王世系中的出现的次数不一;(二)甲、乙、丁三个干,不但占商王庙号半数以上,而且在商王世系表上作极规则性出现;(三)第三个庙号出现的规律性,是在同世兄弟诸王之间,甲或乙与丁或辛不同时出现;(四)庙号在殷王世系中出现的规律性还有祖甲、帝乙、帝辛祀典中所记录的先妣,没有与其配偶的先王同庙号的。

又提出三个假说,即:(一)先王先妣所以用十干为名,系商人借用在日常生活中占重要地位的天干,作为对祖庙及庙主的分类制度;(二)商代庙主的分类,也即王妣之分类,其原则是商王室的亲属制度与婚姻制度及王妣生前的地位;(三)从庙号上所见商王室的亲属婚姻制,与王位之继承法和政治势力有关。

因此,有关王室亲属婚姻制度,作者认为:(一)商代王位的继承是由父传子或兄传弟,即男系继承法;(二)商王均是子姓;(三)天下土地与财富皆为王有;(四)殷王室的子姓,合乎现代社会学及民族学上的"氏族"。提出:子姓氏族的王室,不是外婚的单位,王室本身包括两个以上单系亲群,互相通婚等。通过王族的族内婚进行着王位的相续,这一相续法被称为乙—丁体系。据此说,王位之传递之自父传子,乃是亲称上父传子,实际上是舅传甥。

通过对庙号的分析,认为商王继承法,子继为常,弟及为变。并对卜辞中的"旧派"与

"新派"、昭穆制等问题都有所论述。

总之,作者用甲骨文字资料与文献记载互相印证,对商王庙号及其有关殷代社会政治制度问题提出己见,对研究商周历史富有参考价值。

本书的评论,见许倬云:《关于〈商王庙号新考〉一文的几点意见》,载于1965年《中研院民族学研究所集刊》第十九期。又,同期还发表有:林衡立:《评张光直〈商王庙号新考〉中的论证法》;许进雄:《对张光直先生的〈商王庙号新考〉的几点意见》。

224. 关于殷墟卜辞中的田猎地——从另方面研究殷代国家构造

[日]松丸道雄著。1963年(日本昭和38年)3月日本东洋文化研究所纪要第三十一册,抽印本,三十二开本。一册。日文版。

本书主要内容包括:一、田猎卜辞的形式;二、田猎日的规定;三、田猎地相互间的距离关系;四、有关田猎地考定的诸说及其批判;五、田猎与田猎区的意义以及它们与殷代的国家构造的关系。

作者将田猎卜辞分为:王田、王㣇及其他三类。以此三类为基础,分别对第一至五期的田猎卜辞及对多子族、王族卜辞中的田猎卜辞的一些特征进行分析。同时分析了各期的田猎日的内在联系与区别,进而对第四、五期田猎地的异同及第一至第三期田猎地的区别进行考察,并根据田猎日的关系,推测各田猎地距离等。

在诸家对田猎地的测定问题上,介绍了王国维、郭沫若、林泰辅、陈梦家、李学勤等人的沁阳田猎区说,董作宾的山东田猎区说,岛邦男的扩大地域之说等。

作者主要是通过安阳殷墟出土的卜辞中占有相当数量的王的田猎卜辞(据作者在已刊行的著录中统计,约三千片左右的田猎卜辞,记地名达一百五十个,占卜辞中记有五百多地名的三分之一)的测定,及对田猎卜辞地名的研究,进而分析、探讨殷代的国家构造,说明殷代基本上是一个多民族的联合体。该书对研究殷代之地理等方面,也都具有较重要的参考价值。

225. 殷墟

[日]梅原末治著。1964年(日本昭和39年)1月。日本朝日新闻社发行,十六开本,一册。日文版。

本书内容主要包括自序、序说、正文。

正文分三章:一、遗迹的概说:分为小屯地区的遗迹、都址、墓葬及侯家庄西北冈的

三、研　究

殷王陵群三节。二、文物：分为利器兵器、容器(陶、铜、其他)、装饰品和石玉雕像、器具和车马类四节。三、从文物显示殷墟的文化。图版一百五十九版，插图六十五版。

本书虽然只有图版22、23为龟甲、卜骨照片，在述说某些问题时引用甲骨材料，也并不专门讲述甲骨文，但是，由于作者通过殷墟历次发掘的遗迹、遗物，来探讨殷代的社会性质、经济文化等问题，使读者能全面、系统地了解安阳殷墟的概况，故在此也予以介绍。

226. 安阳殷墟

杨建芳著。1965年6月中华书局出版，三十二开本，一册。又，1978年8月中华书局重印。

本书目次：一、龙骨刻文引起的发现，二、轮廓完整的殷都遗址，三、规模巨大的宫殿建筑，四、两种不同的生活，五、手工业生产，六、我国最古老的文献记录，七、阶级压迫的缩影。

本书通过安阳殷墟的考古发掘资料，概括地介绍遗址、宫殿建筑、社会生活、手工业生产、甲骨文及殷代的阶级压迫等情况，是一本通俗的历史知识小丛书。

227. 甲骨学六十年

董作宾著。1965年6月台北艺文印书馆印行，三十二开本，一册。又，收入1977年11月台北艺文印书馆出版的《董作宾先生全集》乙编第五册。

本书目次有：严一萍作甲骨学六十年校后记，严一萍作甲骨学五十年序，甲骨学五十年英译本编辑琐言，一、解题和概说，二、殷代文化宝库的开发，三、前期研究的经历，四、后期研究的进程，五、甲骨文材料的总估计，六、最后十年的甲骨学。

附录有：董作宾遗像，严一萍作董作宾传略，殷墟发掘工作存真(图版一至四十五)，甲骨年表(董作宾、胡厚宣)，续甲骨年表(董作宾、黄然伟)，严一萍作跋。

本书将1955年出版的《甲骨学五十年》全书皆包括进来，只是增加了《最后十年的甲骨学》一章和附录的各节及严一萍所作的《甲骨学六十年校后记》和跋。关于所收《甲骨学五十年》各节内容，详见《甲骨学五十年》一书的介绍。

《最后十年的甲骨学》分三节：1. 回忆甲骨学六十年：着重介绍了中国(包括港、台)及日本一些学者的研究情况。2. 殷契周甲：包括解题，六十年殷契研究之概略和十万片以外的一片卜辞。3. 甲骨学前途之展望：包括对甲骨资料估计不过十万片，缀合重要性及工具书的编排。在研究方法中着重谈了作者由分期改为分派研究的情况。

本书收录的《甲骨年表》1899—1936年,《续甲骨年表》1937—1961年(《续表》1960年后曾陆续在台湾《中国文字》上发表)。皆分三栏：(一)纪年：列有中国年代(清、民国)、甲子及公元。(二)纪事：略记甲骨文字发现始末、流传、研究撰著之经过。(三)撰著：按时间先后为序,收录关于甲骨文字之专著及论文。除中文外,对国外的亦收录。前表收录三百三十三条,后表收录五百七十二条。

本书总结了六十年来(1899—1961年)甲骨文字发现的始末及研究成果,尤其是书后附录的两个年表,详细、全面地记述了甲骨学六十年来的大事及其研究的专著、论文情况,对学习、研究甲骨学是一部很有价值的工具书。

228. 殷卜辞中五种祭祀的研究

许进雄著。1968年6月《"国立"台湾大学文史丛刊》,台大文学院发行,三十二开本,一册。

目次包括：一、引言,二、五种祭祀的特征,三、受祭的资格,四、祀谱的拟定,五、祀首的拟定,六、祀与年的问题,七、帝乙帝辛祀谱,八、祀周与祀序,九、祀谱的检讨。

本书是许氏1967年在台湾大学中国文学研究所的毕业论文。其中三篇文章,在印成书前,曾分别发表,即1.《对张光直先生的〈殷王庙号新考〉的几点意见》,载台湾《中研院民族研究所集刊》第十九期,1965年。2.《甲骨卜辞中五种祭祀祀首的商讨》载台湾《中国文字》第二十二期,1966年12月。3.《五种祭祀的祀周和祀序》,载《中国文字》第二十四期,1967年6月。

本书主要是对翌、祭、壹、劦、肜五个祀典的研究(亦即董作宾氏《殷历谱》中的五祀统、陈梦家氏《殷虚卜辞综述》中的周祭、岛邦男氏《殷虚卜辞研究》中的五种祭祀),进而研究殷代的宗法、世系及历法等。常玉芝认为,许进雄的"五种祭祀研究与前人相比是最好的,他纠正了前人在先妣的受祭数目和祭祀次序上的错误,正确地提出了翌祀应是五祀之首"(常玉芝：《商代周祭制度》第6,7页,中国社会科学出版社,1987年9月)。总之,此书有较高的学术价值。

229. 薇庼甲骨文原

马薇庼著。1971年4月台北艺文印书馆出版,三十二开本,上、下二册。又,1991年台北文史哲增订本。

目次包括：自序、凡例、正文和附录。

正文目录,即：第一,天象：1—54页,收六十一字。第二,地理：55—120页,收八十三字。第三,植物：121—195页,收九十三字。第四,动物：197—382页,收二百四十二字。第五，人：383—557页，收二百二十八字。第六，身体(上)：559—681页，收一百四十五字。第七，身体(下)：683—806页，收一百四十八字。第八，兵器：807—915页，收一百二十一字。第九，刑具乐器：917—1054页，收一百六十九字。第十，衣食：1055—1165页，收一百二十九字。第十一，住行：1167—1253页，收九十七字。第十二，杂文：1255—1392页，收一百六十八字。补遗：1193—1400页，收十一字。由契文偏旁而得之字：1401—1409页，收十二字。待考部：1411—1424页，收二十五字。

附录：一、人名、地名之不知者，二、未知之字，三、单字，四、合文。

检字表：按部首所列。

本书采用的音切，依《说文》段氏注。所引卜辞例，录自各著作，对辗转而讹夺的，都没经核对。其考释不是以《说文》为据，一般是采取与金文对比，字下所举《说文》注只是为了便于比较参考。文字编次，依其性质分为天象、地理等十二类。例下所附的小字是引用的书名、卷数与页数等。

除附录各项外，共收一千七百四十二字。

本书仅供一般读者参考。

230. 甲骨文的世界——古代殷王朝的构造

[日] 白川静著。1972年(日本昭和47年)2月东京平凡社发行，一册。日文版。又，1976年8月重印本。1977年9月台北巨流图书公司出版蔡哲茂、温天河的中译本。

目次分五章：

第一章古代的复活。根据文献记载及殷墟发掘，说明殷王朝的存在。介绍甲骨文发现的始末及研究概况，贞卜法与目的，卜辞的性质及以小屯为中心的王陵墓地等。

第二章诸神的世界。主要通过卜辞记载，对殷代的自然现象，四方风神、上帝、山河及先公先王等进行分析、研究。

第三章祭祀的体系。从卜辞证实《史记·殷本纪》记载的正确，并对五祀周祭，为免疾病而祭祀祖先及对多子、多妇、王族卜辞等进行分析。

第四章政治与军事。根据对卜辞的研究，认为史祭作用扩大，意味着殷的政治支配的扩大。在封建问题上，着重分析了王族、多子族的封建情况。对妇好、妇井的问题，阐述当时妇女的地位。尤其通过对四邻的战争，分析研究了殷代的军事组织；对殷王朝与西方的召方、羌族关系等，也提出了一定见解。

第五章社会与生活。对殷代农耕、奴隶制及众与人所处的不同地位，殷代的社会生活，以及殷末年和周灭殷后殷人后裔等问题，结合文献进行了分析、研究。

附录：一、参考文献：包括 1. 目录、年表，2. 著录，3. 考释，4. 研究，5. 文字、字释，

6. 参考等项。二、甲骨著录表：将1903—1971年间的甲骨著录分别按书名、作者、收录甲骨片数、出版时间等列表。三、图版目次：将本书所引甲骨片按章节先后依次列出书名、片号等。

最后为作者后记。

本书主要是对甲骨卜辞内容的研究。结合考古资料、文献记载，探索殷代社会生活中的诸问题，其中一些提法，可备一说。

附录中的三个索引目录，尤其是参考文献、甲骨著录表，将1903年至1971年间的甲骨论著一一作了介绍，为学习、研究甲骨文字及古代史者提供了便利。

231. 卜辞裒田及其相关诸问题

张政烺著。载《考古学报》1973年第1期。又，2012年4月收入中华书局出版的《张政烺文集·甲骨金文与殷商史研究》一书中。

本文目次：一、释畟，二、裒田考，三、几个有关问题，四、裒田者，五、总结。

在总结中，作者将此文的论述内容归纳为八点：一、考释甲骨文的畟、畁，即《诗经》之裒，《说文》之捋；戍、坚，即《礼记》之抔，《说文》之掊；甾，即《考工记》之畇，《说文》之〢、甽、畎。二、卜辞裒田的主要工具是捎，用以捎杀林莽，皆于夏至月，冬至月行之，与《周礼》柞氏、薙氏职同。三、裒田即为开荒。并进一步探讨裒田大约分三个阶段，需要三年才能完成，亦即周人所谓菑、畬、新田。菑才耕，畬火种，最后作疆畎，聚垺亩，成为新田。四、殷人裒田不尽能及时作畎，靠火耕漫种取得收成，久而久之成为一种特殊的耕作方法，即唐宋以来所谓畬田。五、卜辞裒田皆在王命下进行，其土地所有权属于王，而入某些方国裒田也就标识着殷王的国有土地的扩大。六、裒田的直接生产者是众人，有族的组织，一族百家，头目叫作尹；裒田的劳动组合，大约按百人计，多时可有三百人或数百人同时进行劳动。七、众人是农夫，是战士，有个人的家庭，处于百家为族的农业共同体中，为殷王担负师、田、行、役等徭役，他们被奴役、受剥削，和奴隶主统治阶级处于对立地位。八、众人（农夫）裒田，扩大食粮生产。殷王下令裒田却是为了掠夺劳动成果和扩张土地所有权。

张氏此文对"裒"字的解释，深入细致，有独到见解，对裒田及裒田生产者——众人的论述也很精辟。此文在甲骨学与商史研究中有重要参考价值。

232. 卜骨上的凿钻形态

许进雄著。1973年8月台北艺文印书馆印行，十六开本，一册。

三、研　　究

目次包括：作者序，明义士藏骨凿钻形态图，卜骨上的凿钻形态——断代分期的重要标准。此部分有五期的概说、王族卜辞属于第一期的商榷、凿钻形态分类、王族卜辞的归属、第三与第四期卜辞的辨别、第三期田猎卜辞的确认、结语。

书后有甲骨卜辞著录简称表、引用书目表、引用卜辞出处、照片解说。

本书肯定董作宾氏甲骨断代的五期说、十个标准和新、旧两派等，但认为贞人和称谓这两个断代的主要标准的应用是有限的。提出用钻凿形态，作为甲骨分期断代的重要标准，并用此来论证王族卜辞（即贝塚茂树的王族卜辞，陈梦家的自组卜辞），属于文武丁时代。作者对卜骨上的钻凿形态，依其形状分为五型（即异常型第一、二、三、四式及正常型），对此五型进行了详细的比较、研究。

本书的图一，共二百十二幅，皆为摹本，每片都有正面（摹有文字）及背面（摹其钻凿形态）。本书的图二，共三十六幅，都是影印卜骨上的局部钻凿形态。以上图一、二，即是引用的卜辞及照片，不但注明各片的出处，又都标出期别。

许氏对甲骨上凿钻形态的研究，为甲骨文分期断代开辟了一个新的途径。

233. 董作宾先生全集

董作宾先生全集编辑委员会编辑。1977年11月台北艺文印书馆印行，十六开本，全十二册。

全集分甲、乙两编，其中有些是影印董氏的手迹。严一萍作序。

甲编共五册，收录论著五十二篇。

乙编共七册，收录论著十四篇：第一、二册收录《殷历谱》、《殷历谱附录》，第三、第四册主要收录《平庐文存补遗》，第五册收录《平庐文存补遗》、《清明上河图》，第六册收录《甲骨学六十年》、《续甲骨年表》、《毛公鼎》、《平方印存》及《广字系》等。第七册收录《殷虚发掘工作存真》、《殷虚文字外编》、《殷虚文字乙编摹写本示例》，又收严一萍的《董先生年谱初稿》一文。

全集的印行，对于全面、系统地了解董作宾的研究情况，以及查阅有关资料都有帮助。

234. 甲骨学

严一萍著。1978年2月台北艺文印书馆印行，十六开本，上、下二册。又，1990年收入台湾艺文印书馆出版的《严一萍先生全集》甲编第八函中。

本书的目次有严氏自作序与再序、正文。

正文分九章：第一章认识甲骨与殷商的疆域。又分为认识甲骨、殷墟以外卜甲卜骨的发现、殷商的疆域三部分。第二章甲骨的出土传拓与著录。第三章辨伪与缀合。第四章钻凿与占卜。第五章释字与识字。第六章通句读与识文例。第七章断代。又分为断代的前提，断代异说的批判，文武丁时代的新证据，贞人、文例与书体之演变，钻凿与断代的关系。第八章甲骨文字的艺术。第九章甲骨学前途之展望。

本书的出版，如作者序中所言：主要是告诉读者甲骨是怎样研究的；小屯殷墟甲骨出土、传拓与著录情况；甲骨的辨伪与缀合、钻凿及占卜等情况；系统地介绍了甲骨学者必备的基础知识——断代问题。在断代方面，尤其在文武丁时代的卜辞上，作者同意并维护董作宾的"复古"之说，对其他学者的不同观点予以批驳。

本书条理清楚，通俗易懂，并且图文并茂。缺点是对解放后国内甲骨学研究所取得的新成果注意不够。又，作者对文武丁卜辞的论述也是值得商榷的。

235. 董作宾先生逝世十四周年纪念刊

董作宾先生逝世十四周年纪念刊编辑委员会编辑。1978年3月台北艺文印书馆印行，一册。

书前刊有董氏全家及董氏同他人合影之照片，书甲骨文手迹。

严一萍作序。序中介绍了董氏逝世后的几次纪念活动，同时也介绍了1963年宝鸡出土的西周初年的何尊及小屯西地、南地出土的甲骨和周原出土甲骨的情况。

纪念刊共收录十九篇文章，其中研究甲骨文的有，丁骕：《重订帝辛征人方日谱》；雷焕章：《从堂野前钟松归藏到孙壮藏本》；金祥恒：《论贞人扶的分期问题》；许进雄：《甲骨的长凿形态示例》；白玉峥：《殷虚第十五次发掘成组卜甲》；严一萍：《我的声明》，着重驳陈楚光的《破殷历谱》一文。

236. 商代史料——中国青铜时代的甲骨文

[美]大卫·恩·吉德炜著。1978年美国加利福尼亚大学出版社出版，十六开本，一册。英文版。

正文前面有图、表、简称一览表、序言及绪论。正文共分五章：

第一章商代占卜的方法：论述占卜材料的来源、比率及甲骨上施凿钻灼的情况。

第二章占卜的刻辞：论述贞人及贞卜组、钻凿灼的特征诸问题。

第三章释文：论述一些甲骨学者、论著情况及文法等方面的问题。

第四章相对年代的顺序：除了论述董作宾的五期法外，着重介绍了甲骨分期断代的标准（如贞人、称谓、书法等），同时也介绍了考古学的情况（如坑位、发掘报告及遗址分布）。

第五章作为史料来源的卜辞。

正文后附有五个附录及其图、表。

本书从占卜方法、贞人、分期断代、坑位等多方面，较系统地论述了商代的甲骨卜辞，有较高的学术价值。

此书的评论，见张光直：《评吉德炜著〈商代史料——中国青铜时代的甲骨文〉》，载《哈佛亚洲研究杂志》第41卷2期，1981年。

237. 甲骨上钻凿形态的研究

许进雄著。1979年3月台湾艺文印书馆印行，三十二开本，一册。

本书目次包括自序，第一、二部，甲骨插图及照片。

第一部甲骨上的钻凿形态。分七章：第一章序说；第二章各期卜辞的概说及钻凿形态的分类；第三章正常型—单独的长凿；第四章异常型第一式：圆凿包摄长凿；第五章异常型第二式：小圆钻；第六章异常型第三式：长凿旁有圆凿；第七章异常型第四式：于骨面施凿。

第二部钻凿形态的应用。分五章：第一章王族卜辞的归属；第二章贞人的供职年代；第三章第三期与四期卜辞的区分；第四章长凿形态与卜问事类；第五章结论。

上面两部分，先是中文，后是英文全文。第二部之后附有：一、引用书目；二、引用卜辞简称表；三、插图引用卜辞出处，图版解说。

本书是作者根据1974年获博士学位的论文，再补充新获材料而改写成的。也是作者自1970年以来研究钻凿对卜辞断代的重要性及有关问题的初步总结。

撰写目的，正如作者在序中所说：从钻凿形态观点来讨论王族卜辞的归属时代。作者肯定董作宾甲骨断代研究法、五期说、新旧两派等观点，通过钻凿形态的研究，论证王族卜辞（即自组）属于文武丁时代；利用钻凿形态的演变及其他断代标准等，以求卜辞在各期中比较精确的时代。

本书与1972年作者的《卜骨上的钻凿形态》一书有所区别：增加了贞人的供职年代、长凿形态与卜问事类，而减少了第三期田猎卜辞的确认一节，其他部分的内容大致雷同，只是增加了一些新的材料。

总之，作者为研究甲骨上的钻凿形态，收集了许多资料，花费了大量精力，为甲骨分期断代提供了一条新的途径。目前关于钻凿形态的研究还是初步的，有不少问题尚需要进一步讨论,也要与其他一些断代标准互相配合,尤其是需要补充田野发掘的新的材料。本书书后附五百零五片甲骨钻凿形态的插图,摹录较细,图版解说各期不同的钻凿形态的演变示意图较细致,不足之处是缺少一些必要的典型的钻凿形态的拓本。

238. 中国古代再发现

［日］贝塚茂树著。1979年(日本昭和54年)4月,日本岩波书店发行,六十四开本,一册。日文版。

本书是作者1978年10月至1979年3月在大学以《中国古代再发现》为题的讲稿,根据录音整理而成。

目次包括:前言;第一部序论;第二部先史时代;第三部殷王朝的建立和发展;第四部西周王朝的兴亡;补注。

本书的特点是运用了大量的考古新资料,尤其是1949年以后我国各地发掘的有关考古新材料,以探索新石器时代及殷周时代的文化发展情况。

在介绍殷文化中,重点运用甲骨文材料,论述殷王朝的国家起源、年代诸问题。其中着重介绍了董作宾、陈梦家在甲骨学研究方面的成就及其不同之处。作者还根据1973年小屯南地发现的甲骨卜辞,进一步阐述了王族卜辞(自组)是属殷代早期的卜辞。

本书第三部殷王朝的成立与发展中的一些问题,是作者《古代殷帝国》一书的深入探讨。如果说《古代殷帝国》是系统地归纳了中日两国学者研究甲骨文的成果,而此书,尤其第三部分,则是运用了大量的考古新资料及新出土的甲骨卜辞内容,以探索殷代历史。

在补注一节中,作者对各部、章内容作了梗概介绍,又编列了引书索引。为读者简要地了解本书内容提供了方便。

239. 甲骨文字释林

于省吾著。1979年6月中华书局出版,手写影印,十六开本,一册。又,1983年再版本。

目次包括作者序、凡例、引用书目的简称、甲骨文字释林目录。

本书正文分上、中、下三卷及附录,共收文章一百九十篇。

上卷释五十三个字或词。这卷是由《双剑誃殷契骈枝》三编(即1940年、1941年、1943年出版的初编、续编及三编)中的九十八篇删订而成。除修订的二篇及删去的四十三篇以外,共收五十三篇;中卷释六十八个字或词;下卷释六十七个字或词;附录共二篇。

因本书非一时所作,故上卷是用文言文所写,中、下卷是用语体文所写。

中、下两卷中已发表的文章均在凡例中说明,并注明其发表的年份和刊物名称。

除所收一百九十篇外,对于旧时不识的一些甲骨文字,还拟加以新的解释的共二十余字。

正如作者在序中指出的:迄今已发现的甲骨文字约四千五百字左右,被确认者不足三分之一。而作者从事古文字研究四十余年,所新识的,或对已识之字在音读、义训方面纠正旧说之误而提出新解的不到三百。新识的有如:释"彡"为"乞","昌"为"败","桑"为"丧"等字。尤其作者关于"独体形声字"的发明,是新的独到见解。

本书以说明问题为准,力求精简,考释上认真、严谨,有些说法有其独特见解,在甲骨文字研究方面具有重要的学术价值。

240. 文字源流浅说——释例篇

康殷著。1979年11月荣宝斋出版,三十二开本,一册。又,1992年北京国际文化出版公司修订本。

目次包括:几点说明;第一章表现人的文字;第二章表现生产的文字;第三章表现大自然的文字;第四章表现阶级斗争的文字;第五章表现生活的文字;第六章其他文字;检字表;后记。

作者在介绍一千多个古文字的发生、构成及其变化时,尽量试加示意性配图,同时也找出了一些规律,以帮助读者理解古文字的源流,有一定的参考价值。

另外所引旧释,一般以孙海波的《甲骨文编》、容庚的《金文编》为主。

不足的是对每字的原形及所引诸家之说,没有注明出处;对每个字没有分期,不便了解该字早晚的变化;有些字的解释亦不免牵强附会。

241. 说文部首——附简释

康殷著。1980年5月荣宝斋出版,十六开本,一册。

目次包括前言、正文、附录。

本书是作者对后汉许慎《说文解字》五百四十个部首字形的探源、诠释。作者提纲挈领地评述了许氏在字形解释和分部等方面的得失。

本书有部首字形,又有对这些基本篆文来历的扼要阐述,可帮助初学者了解篆文变化的来龙去脉。在简释中,有的是援引前人的研究成果,但主要还是作者个人的见解。尤其在简释中大量引用了甲骨文、金文等材料，可供参考。

书后附有作者手写影印的甲骨文、金文及秦汉铭文数篇。

242. 甲骨文史话

萧艾著。1980年6月，文物出版社出版，三十二开本，一册。

目次包括：一、有字的"龙骨"，二、《铁云藏龟》问世前后，三、罗振玉和甲骨学，四、甲骨文的名称和其他，五、怎样阅读甲骨文，六、孙诒让的《契文举例》，七、王国维及其对甲骨文的贡献，八、甲骨文的流散和外国人研究甲骨文，九、郭沫若与董作宾，十、"四堂"外的甲骨文研究专家，十一、谈谈卜辞怀疑论者，十二、甲骨文的研究方法，十三、以往的成绩，十四、新的展望。附录有二：一、《甲骨学研究论著要目》（1899—1978年），二、甲骨文大事年表。

本书虽名《甲骨文史话》，但着重介绍的是解放前国内的一些学者研究甲骨文的情况。如对王懿荣、刘鹗、罗振玉、王国维及郭沫若、董作宾等在研究甲骨文方面的成就作了简介，但对后来的一些学者，如唐兰、于省吾、胡厚宣、陈梦家等介绍则非常简单。至于国外的学者也仅介绍明义士等收集与研究甲骨情况。特别是对解放以后三十多年甲骨文的发现、著录及研究的成果，介绍得很不够。虽然如此，但本书仍是一本便于初学甲骨文者参考的通俗读物。

243. 殷墟甲骨文简述

孟世凯著。1980年11月文物出版社出版，三十二开本，一册。

目次包括：一、为什么叫甲骨文；二、甲骨文的发现、私掘和外流；三、甲骨文研究的概况，分：1928年前的三十年为甲骨文研究的初步阶段，1928—1949年为开始全面研究的阶段，1949年以后的三十年为研究的发展阶段；四、甲骨文中反映的阶级关系；五、甲骨文中反映的农业和畜牧业；六、甲骨文中反映的田猎；七、甲骨文中反映的气象；八、甲骨文中反映的天文和历法；九、甲骨文中反映的疾病；十、结束语；十一、附录：1.各家（董作宾、岛邦男、陈梦家、贝塚茂树、饶宗颐）所定甲骨文卜辞贞人时期表；2.甲骨文论著简目（正文中引述的不重列）。

本书概括地介绍了殷墟甲骨文发现、研究的情况，并对商代历史作了简述。尤其是对甲骨文中所反映出来的殷代政治、经济、科学等方面情况进行了分析。本书深入浅出，图文并茂，以通俗易懂的语言普及甲骨文知识，是初学者较好的入门书。

三、研　究

244. 建国以来甲骨文研究

王宇信著。1981年3月中国社会科学出版社出版,三十二开本,一册。又,1982年7月再版本。

目次包括:胡厚宣序、李学勤序、前言、正文、后记、附录、图版。

正文分八章:第一章建国前五十年甲骨文发现和研究的回顾(1899—1949年);第二章建国以来的甲骨文发现和著录;第三章建国以来的甲骨文研究;第四章建国以来的甲骨文研究和考古学;第五章建国以来的甲骨文研究和历史学;第六章建国以来的甲骨文研究和古代科学技术;第七章郭沫若对甲骨文研究的卓越贡献;第八章三十年甲骨学的进展与我国甲骨文研究的展望。

附录有三:一、甲骨文主要著录书目及其通用的简称;二、建国以来甲骨文编年论著简目(1949—1979年9月);三、建国以来甲骨文作者论著简目。

最后为图版十六幅。

本书主要宗旨是为了概要地介绍建国三十年,我国学者以马列主义为指导研究甲骨文方面所取得的重要成就,也是作为甲骨文发现八十周年的纪念。书中较全面、系统扼要地介绍了三十年来甲骨文发现、研究的主要成就。在一些专题问题的论述上,概括性较强,而且深入浅出。对研究成果不但分门别类地概述,而且还提出了甲骨学今后研究的设想。作者尽量收集有关论著,材料广征博引。在每章节后,都附有引文出处。

另外,作者还尽量利用考古学材料,与甲骨学互相印证,使读者加深了解殷墟考古学在甲骨文和商史研究中占据的重要地位。书后附的三个目录索引,便于读者查检。

但本书也有不足之处,如:论述一些问题时,有时前后重复出现;有的章下,分节过细,重点不够突出。

总之,本书可说是对建国以来甲骨文研究主要成就的一个系统、概括性的总结,对读者了解和研究甲骨文、古代史、考古学及科技史等方面,都具有一定的参考价值。

本书的评论,见晓甲:《介绍〈建国以来甲骨文研究〉》,载1982年《考古》第5期。戴维·恩·凯特利、赵功民的《评〈建国以来甲骨文研究〉》,载《历史教学》1982年第11期。

245. 甲骨断代问题

严一萍著。1982年8月台北艺文印书馆出版,十六开本,精装一册。

该书共分八个章节,其目录为序、再序、正文。

正文分八部分，一、前言，二、月食所引起的问题，三、甲骨的异代使用问题，四、"上甲廿示"与"用俟屯"，五、贞人跨越时代与历🈳，六、贞人🈳的书体，七、相同称谓的不同时代，八、后语。

作者在该书中关于甲骨断代问题的观点是：基本上从董作宾先生的文武丁复古之说，唯一修正董氏的是，从过去认为是文武丁时代的卜辞里，提出有一部分是武乙的。即在序中所言："整理的结果，不能不承认董彦堂先生的文武丁说是对的，大陆上盛道的自组早于宾组的说法，根本站不住。唯一修正董先生的是过去认为文武丁时代卜辞里，有一部分是武乙的。"另外，就是对"历组卜辞"的时代，作者仍主张是属于武乙、文丁时代，并在"再序"及"前言"中作了详细的论述。再者，作者在整理🈳（按：即贞人扶）的书体时，下了一番功夫，他将所能见到的一一进行摹录，共收一百五十四版，而且分成四种不同的类型。即第一类是婉转柔媚、华姿肥胖的大字；第二类是刚劲直笔而流于草率的大字；第三类是工整规矩的中型字；第四类是接近子、自、䵼、我、🈳等卜辞的小字。

该书作者一再反复讲要"观其全体"，不要"轻意下判断"，其说法是对的，而在行文中亦陷入了仅就卜辞本身的某些条件（称谓、书体、文例）来论述分期问题，同时对他人在学术上的不同看法、不同观点则加以指责，不是以摆事实、讲道理、心平气和地探讨学术上的问题。如严氏在书中对《屯南》甲骨出土的地层情况，他既没"观其全体"，就大加指责"错了"。而他所指的《屯南》地层错的地方，正是他不了解田野考古的一个基本原理：即早期的遗物，可以出在晚期地层中；而晚期的遗物，绝不能出在早期地层中。以上两点，也可说是本书不足之处。

246. 说文中之古文考

商承祚著。1983年3月上海古籍出版社出版，抄写影印，三十二开本，一册。

该书内容如作者1981年8月所写的《序》中所指出的：始作于（1937年）金陵大学文化研究所，1940年于成都写定。曾连载于《金陵学报》第四卷第二期，第五卷第二期，第六卷第二期，第十卷第一、二期。现在汇集成册，其考释内容一仍其旧，不事更张，以就正于读者。

全书的古文考以《说文》次序为准，对每一古文之考证，都先以《说文》如何，随即再以甲骨文、金文等相比较，进行简略考证。对读者，尤对初学者有所帮助。

不足之处是该书前面无目录，书后无检字索引，读者查阅不大方便。

247. 殷墟卜辞研究——科学技术篇

温少峰、袁庭栋合著。1983年12月四川省社会科学院出版社出版，抄写影印本，

三、研　究

一册。

本书是作为《社会科学研究丛刊》编辑部之丛刊十九号，共三百九十页，三十二万六千字。目录如下：

前言

第一章天文学

（一）对太阳的祭祀、观察与记录，（二）对月亮的祭祀、观察与记录，（三）恒星和恒星星座的记录，（四）行星的记录，（五）结论。

第二章历法

（一）一日内时辰的划分，（二）记时法，（三）历法，（四）结论。

第三章气象学

（一）日照状况的称呼与观察，（二）水气状况的称呼和观察，（三）大气运动的称呼和观察，（四）卜辞中之气象记录，（五）结论。

第四章农业

（一）作物种类，（二）土地规划，（三）土地的耕作与整治，（四）水利灌溉，（五）种植，（六）田间管理，（七）收获与囤藏，（八）结论。

第五章畜牧

（一）家畜种类，（二）畜牧业概况，（三）放牧与舍饲，（四）种畜的选择与幼畜的养育，（五）家畜的阉割去势，（六）家畜外形学的萌芽，（七）结论。

第六章交通与驿传

（一）运输工具，（二）道路与桥梁，（三）驿传与馆舍，（四）殷代的情报信息传递，（五）结论。

第七章医学

（一）🈴和🈴字的辨识，（二）对疾病状况的描述，（三）疾病之种类，（四）疾病与鬼神，（五）医术与药物，（六）对怀孕、分娩的预卜和预产期的确定，（七）结论。

第八章手工业

（一）工、司工、多工、百工，（二）冶铸，（三）玉石器制作，（四）骨角器制作，（五）酿酒，（六）纺织，（七）建筑，（八）结论。

附录：本书引用甲骨著录资料简称表。

本书是一部带有综述性质的系统研究卜辞所反映的殷代科学技术的著作。全书引用了一千多条有关科技问题的卜辞材料，并进行了释读，在考释卜辞中，作者大多采用前人之说，但对某些问题也有自己的见解。在叙述中，作者力图将卜辞材料与文献史料及考古发掘的实物资料进行对照比较，在涉及一些科学技术的专门问题时，又力图运用科技史家的研究成果。所以，本书对研究殷代的科学技术有一定的参考价值。

本书的不足之处是对某些卜辞的释读欠妥，下面仅略举数例：如第五章畜牧中，释

"乃"为"奶",认为奶品已是畜牧业中的一项产品。第六章交通与驿传中,释"专"为"传",作"传舍"之义;释《戠》98、贞:追氐(以)牛"为以牛车去追赶某人,释"甾"为"腾",谓传递信息之意;释 为信,谓"殷代传递音信之信使往来是频繁的"等等。由于对这些卜辞的释读欠妥,以此为基础的立论就难以成立了。

本书的评论,见张明华:《探索殷商物质文明的尝试——喜读〈殷墟卜辞研究——科学技术篇〉》,《读书》1984 年第 10 期。

248. 古文字学

姜亮夫著,姜昆武校。1984 年 4 月浙江人民出版社出版,三十二开本,一册。

本书是 1955 年教育部委托作者编写大学用的古汉语教材。其女姜昆武校读,并对章节作了些调整。本书前面有作者自序,书后有姜昆武的校读后记。目录分四章,各章又分若干节。

第一章汉字字形源流:(一)原始文字的传说;(二)绘画是文字的先驱;(三)甲骨金文中的绘画文字;(四)甲骨金文;(五)小篆为古文字发展的转折点;(六)楷书为中古以后正字标准。

第二章汉字结构的基本精神:(一)以写实主义为基础;(二)以人本为基础;(三)汉字的内容是社会存在的反映;(四)唯物的而非唯心的。

第三章汉字结构分析:(一)甲文、金文的结构;(二)小篆字形分析;(三)三表六书比较图。

第四章古代字书及检字法:(一)说文;(二)尔雅;(三)广韵。

该书的组织大体分为两大部分,从纵的方面叙述汉字产生和发展的历史概况,又从横的方面剖析汉字发展各大阶段的基本特征。它是上古汉语文字比较专门化的编著,可供大专院校古汉语课作辅导教材用,对一般读者学习古文字也有一定的参考作用。

249. 西周甲骨探论

王宇信著。1984 年 4 月中国社会科学出版社出版,三十二开本,一册。

内容有李学勤序、正文。正文目次如下:

第一篇概论西周甲骨的发现与研究:一、西周甲骨的发现和认识,二、西周甲骨的研究,三、简短的结语。

第二篇西周甲骨汇释:一、山西洪赵坊堆村的发现,二、陕西长安张家坡的发现,三、北京昌平白浮的发现,四、陕西岐山凤雏村的发现,五、陕西扶风齐家村的发现。

三、研　究

　　第三篇西周甲骨综论：一、西周甲骨的特征及与殷卜辞的关系，二、西周甲骨刻辞分类略析，三、再论西周甲骨中的"王"并初探西周甲骨的分期，四、简短的结语。

　　第四篇再论西周甲骨分期：一、"王"字的纵向差异和横向不同与西周甲骨分期，二、甲骨所载史迹与西周甲骨分期，三、略谈周原甲骨的字形书体与甲骨分期，四、简短的结语。

　　第五篇简论西周甲骨的科学价值并展望今后的研究：一、西周甲骨的科学价值，二、今后研究的展望，三、简短的结语。

　　第六篇西周甲骨摹聚。

　　第七篇附录：一、重要文字索引，二、西周甲骨论著简目。后记。

　　该书是我国关于西周甲骨研究的第一本论著。在此以前，学术界对西周甲骨也进行过一定的研究，但材料和论文的发表都很零散，检索不便，还没有一本综述西周甲骨的著作。这本书正是适应了学术界这一需要而作的。本书对三十多年来各地发现的西周甲骨进行综合介绍，并将各家有关西周甲骨文字的考释汇集在一起，还发表了三百零三片甲骨摹本，附之重要文字索引、西周甲骨论著简目，给学习和研究西周甲骨的同志带来了极大的方便。

　　本书不但资料发表得详细，而且文中对西周甲骨的特征、西周甲骨与殷墟甲骨的关系、西周甲骨的用途、西周甲骨的分期及西周甲骨的科学价值等问题都作了详细的论述。作者一方面综述各家研究西周甲骨的成果，另一方面，在一些问题上又有自己独到的见解。如在西周甲骨的分期断代上，学术界有不同的看法。在本书第三篇和第四篇中，作者以"王"字字形演变为线索，结合甲骨上所载的史迹，将西周甲骨分为三期：1. 文王时期；2. 武王、成王、康王时期；3. 昭王、穆王时期。对西周甲骨中数量最多的周原凤雏甲骨，作者认为，只有少量（8片）为帝乙、帝辛时代甲骨，其余均为周人之物（文王甲骨15片，大部分是武王、成王、康王时代甲骨）。

　　本书也有一些不足之处，主要是有些内容前后重复出现。如第三篇和第四篇关于西周甲骨分期的论述重复较多。

　　总之，该书是一本较重要的著作，对今后西周甲骨的研究将产生较大的推动作用。

250. 小屯第一本·遗址的发现与发掘丁编·甲骨坑层之一——一次至九次出土甲骨（上、下册）

　　石璋如著。中研院历史语言研究所，1985年上册出版，1986年8月下册出版。八开本，上、下两册。

　　上册共279页，内容有石璋如序、目录、插图目录、表目录、图版目录、正文六部分。

　　正文部分共十二章。第一章概说，简单介绍殷墟第一至第九次发掘所得甲骨内涵、坑位、器物表、分坑、号码、分期、单元、附录等。第二章至第十章，在介绍每次发掘时，都叙述该次出土甲骨的坑名、位置(即所在的发掘区)、出土甲骨数量、著录于《甲编》的拓片号。在介绍每个甲骨坑时,分别叙述甲骨出土的时间(年、月、日)、距地表深度、字甲与字骨的出土与刊出的数目、甲骨的期别(按五期分法)等。作者在叙述时,配以插图和各种表格,使人一目了然。第十一章结语,叙述了八个问题。一、安阳出土甲骨的地方有小屯、后冈、侯家庄三处;二、第一至第九次发掘,共发掘 1 027 个坑,其中出甲骨的坑有 179 个;三、共出土了字甲 4 403 片,拓印 2 505 片,出土字骨 1 971 片,拓印 1 422 片;四、《甲编》选片时,对于只存一、两个残余的干支字或片很小,其上只有贞、卜一类字者,均未予收录;五、各次发掘出土的甲骨数目相差悬殊,其原因是发掘的目的和发掘的地区不同;六、推断甲骨可能是保存一段时间才弃置;七、甲与骨既有同坑也有异坑现象;八、大墓中不出甲骨。第十二章附录,有甲骨分期比较表、甲骨考释拼合图版、甲骨之坑位。

本书共插图 53 幅,表格 178 份,图版 10 版(共 21 幅)。

本书详细地介绍了刊于《甲编》的殷墟第一次至第九次发掘所获得甲骨出土的具体情形,对于研究殷墟甲骨的坑位、埋藏状况、分期、缀合等,都有着重要意义。

下册是第一至第九次出土甲骨的附图。图之前为目录,包括一至九次发掘各坑及《甲编考释》的图版目录,附图共 326 页。1—277 页为第 1—9 次各甲骨坑出土的甲骨拓片,其排列次序是按发掘次第先后为序,各坑之甲骨则按出土的深度为序,在上层者在前,在坑底的排于后,而同一深度所出的甲与骨则以界划分开。278—326 页为甲骨缀合,共缀合了 221 版甲骨,有第一至第九次发掘甲骨的缀合,还有与《库方》1661 及 569 版的缀合,大大提高了其史料价值。

下册所印的甲骨拓本,较 1948 年出版的《甲编》图版清晰,为研究者了解《甲编》的刻辞内容提供了方便。

251. 中国甲骨学史

吴浩坤、潘悠著。1985 年 12 月上海人民出版社出版,三十二开本,一册。

本书扉页以后有与甲骨有关的图版二十幅,分胡厚宣序、戴家祥序、正文、附录、后记五部分。

正文共十一章。第一章甲骨文的发现、搜集与流传;第二章殷墟发掘和其他地区的考古发现;第三章卜甲与卜骨;第四章卜法与文例;第五章文字;第六章文法;第七章断代;第八章辨伪与缀合;第九、十章甲骨文与诸学科的关系;第十一章甲骨文研究的回顾。

附录有三:一、甲骨大事简表;二、甲骨著录简表;三、甲骨论著目录。

该书虽名甲骨学史,但主要是较全面地讲述甲骨学的基本知识,书中的第五章还列出 520 个甲骨文常用字简表(甲骨文原形与今楷相对照),便于初学者学习。它是引导初学

三、研　究

者进入甲骨学研究领域一本较好的入门书。

252. 古文字研究简论

林沄著。1986年9月吉林大学出版社出版，三十二开本，一册。

内容分七部分。导言：古文字和古文字学；第一章汉字记录语言的方式；第二章考释古文字的途径；第三章字形历史演变的规律；第四章古音问题；第五章字义的探索；第六章古文字研究中的几个问题。

在文字考释理论上，作者认为：首先要认识到汉字是记录语言的方式，故古文字的考释途径要以形为主；其次是辞例；再次是历史比较法及历史比较法的主干——偏旁分析法。关于字形的历史演变规律，作者总结了理论上有连续的渐变和跳跃式的突变两种，形式上有字形的简化、分化、规范化及讹变，因此古文字研究中完整地搜集客观资料是一切研究的基础。另外，古文字学与其他学科有密切的联系，故有广博的知识固然对考释文字有利，即使没有，结合实际随时学习，也是可以的。反对把"古文字研究变成一种哗众取宠或借以吓人的把戏"。

作者用深入浅出之语言，总结古文字研究中的问题，对先秦文字考释具有启发和指导意义。

253. 甲骨文简论

陈炜湛著。1987年5月上海古籍出版社出版，十六开本，一册。

本书有商承祚序、正文两部分。

正文共九章。第一章甲骨文的发现与发掘；第二章甲骨文的著录、考释及字典的编纂；第三章甲骨的占卜与写刻；第四章甲骨文字的特点及其发展变化；第五章甲骨文的分类和主要内容；第六章甲骨文的分期——断代研究；第七章甲骨文的缀合；第八章甲骨文的辨伪；第九章甲骨文研究的过去、现状及今后的展望。

此书有几个特点：一、系统介绍了甲骨文的基础知识，又对甲骨文的许多重要问题进行了论述，实际上是对八十多年以来甲骨文研究的一个小结。二、作者对甲骨文不少重要问题叙述时，阐发了自己独到的见解，其中以第四章最为突出。三、在第五章中，作者从各类甲骨刻辞中精选出136片进行介绍，并配了摹本；作者对各片刻辞内容的叙述，简明扼要，深入浅出。

总之，此书既是学习甲骨文的较好的入门书，又是专业工作者较重要的一本参考书。

254. 商代周祭制度

常玉芝著。1987年9月中国社会科学出版社出版，三十二开本，一册。又，2009年12月线装书局增订版，十六开本，一册。

内容有增订版自序（原版书有李学勤序）、前言、正文、附录、本书所引著录书目及通用简称、本书所引及参考文献论著目、干支次序表、插图目录八部分。

正文共五章。第一章周祭研究的历史回顾，论述了董作宾首次发现殷墟第五期卜辞中以彡、翌、祭、壹、叠五种祀典祭祀先王、先妣的周祭；以后陈梦家、岛邦男、许进雄等都对周祭进行了更为细致的考察，但他们在祀首、祀序、祀谱、先王先妣的受祭数目等问题上还存在分歧。第二章周祭卜辞的类型和特征，论述了黄组、出组周祭卜辞的类型和特征。据作者统计，黄组周祭卜辞有365版之多，分三种类型：第一种是祭上甲及多后的合祭卜辞；第二种是附记甲名先王五祀的卜旬卜辞；第三种是王宾卜辞。出组周祭卜辞有四种类型，比黄组多一种卜问翌日祭祀的类型。第三章周祭中先王先妣的祭祀次序，详细分析了黄组、出组周祭卜辞的系联特征，先王、先妣的祭祀次序，先王、先妣祭祀的系联，各家所排祀序与《殷本纪》所载世次的比较，得出结论：黄组周祭先王31位、先妣20位，出组周祭先王29位、先妣15位。先王无论直系、旁系，都被祭祀；先妣受祭者只是直系先王的配偶。第四章周祭的祭祀周期，论述了翌祀的祭祀周期，祭、壹、叠三祀的祭祀周期，彡祀的祭祀周期，三个祀组之间的接续关系，五种祀典的祀首为翌祭，周祭周期为36旬和37旬型两种周期。第五章周祭祀谱的复原。论述了黄组周祭卜辞包括三个王世（即文丁、帝乙、帝辛三世），并论述了每一王世的祀谱复原、祀谱依据材料等问题。

附录有：礿祭卜辞时代的再辨析。增订本又添加《说文武帝——兼略述商末祭祀制度的变化》。

本书纠正了前人在商代周祭研究方面的不少错误。关于周祭研究的意义，正如李学勤在序部分总结：一、为证实商朝世系提供了科学的基础；二、为殷墟甲骨的分期提供依据；三、为商代礼制的探讨提供系统的资料；四、是研究商代历法的一项重要凭藉。2009年12月线装书局出版了《商代周祭制度》增订本。作者对原书进行了修改，增加了新材料，做了新论述，进行了新探讨，特别是第五章根据新的研究成果重新修订，增加的内容占该书的二分之一。原书引用的著录号旁都注上了《合集》著录号，其他所引用的新出版著录书及简称，扩充到"著录书目及通用简称"表中，金文材料也将著录号改为《殷周金文集成》（简称《集成》）。该书不仅在细节上修订，而且还增加了增订版自序，拓本图版，复原文丁、帝乙、帝辛祀谱所依据材料，插图目录等内容。

本书的书评，见池田末利、马志冰《〈商代周祭制度〉评介》，《殷都学刊》1991年第1期。

255. 商史探微

彭邦炯著。1988年5月重庆出版社出版,三十二开本,一册。

内容有李学勤序、胡厚宣序、正文、附录、后记五部分。

正文共有十一章。第一章绪论,对商史名称、研究商史材料、学术界研究商代社会性质四说及作者的观点作简要说明。第二章商的兴起和走向文明,以摩尔根、恩格斯的国家与文明之概念,对先商历史探讨。第三章商王朝的建立、巩固和发展,论述了成汤灭夏立国、中期的五次迁都、武丁的强盛及国家机器的不断完善与强化。第四章统治与被统治、剥削与被剥削,论述了统治阶级与被统治阶级、被统治阶级中的众人身份、社会地位、土地制度及剥削方式等问题。第五章王国的衰微与灭亡,探讨了盛世中潜在的危机、帝甲乱商、周人的崛起及商王朝的灭亡等社会问题。第六章商王国的疆域四至,从文献与考古、遗物、遗迹考察商代疆域及四至。第七章商代的农业和畜牧业,论证了农业是商人的主要生产部门,农具、主要农作物及甲骨文中所见农业生产全过程,畜牧业概况等问题。第八章商代的手工业生产,讨论了商代的纺织业、青铜冶铸及其他金属制品、陶瓷手工业、制骨琢玉、漆器的制造和酿造业等手工业问题。第九章商代的交换、交通和城邑,讨论了商品交换与货币、发达的交通、城邑概况等问题。第十章以敬鬼神为特点的商代意识形态,论证了商代从原始宗教到人为宗教、敬鬼神的物质形式与精神麻醉——祭祀活动与卜筮决疑、商代筮占记录的初识及其包涵的辩证思想。第十一章文化科学和艺术,论述了商代的天文历法与数学、医学、建筑、雕刻与绘画、音乐和舞蹈艺术。

附录有三:一、商世系表;二、商遗址和遗物发现地;三、本书参引甲骨、金文主要书目表。

作者对书中论述的问题分析细致,有不少独到的见解,读者定会从这本内容丰富翔实的专著中得到裨益。

本书的书评,见宋镇豪:《评〈商史探微〉》,《中国史研究动态》1992年第5期。

256. 文字学概要

裘锡圭著。1988年8月商务印书馆出版,十六开本,一册。

内容有前言、凡例、正文、附图、附图目录五部分。

正文共分十三部分。一、文字形成的过程;二、汉字的性质;三、汉字的形成和发展;四、形体的演变(上):古文字阶段的汉字;五、形体的演变(下):隶楷阶段的汉字;六、汉字基本类型的划分；七、表意字；八、形声字；九、假借；十、异体字、同形字、同义换读；十一、文字的分化和合并；十二、字形跟音义的错综关系；十三、汉字的整理和简化。

本书非研究甲骨文字方面的专书。因甲骨文是目前最早且能完整地记录语言的成熟文字，作者在探讨文字形成的过程和演变、文字理论等问题时，无不溯源于甲骨文字，而当今研究甲骨文字者无不需要本书所阐述的理论作指导。

本书是作者多年教学和研究的结晶，不仅是一部深入浅出的优秀教材，同时也是一部具有独到见解的开拓性学术著作，出版后，广受读者欢迎。大陆多次再版，台湾也用繁体字出版发行。

257. 甲骨文与甲骨学

张秉权著。1988年9月台湾编译馆出版，十六开本，一册。

内容有关于甲骨文与甲骨学（代序）、正文、引用甲骨文资料书目、插图目录四部分。

正文共二十章。第一章绪论，叙述了什么叫甲骨文与甲骨学，甲骨文字数最多不过四千六百，可识之字不过一千左右，甲骨文片数大约十万片左右，字典与索引有22本左右，甲骨学的分类与目录等五个专题。第二章甲骨文的发现与发掘，叙述了甲骨文发现以前甲骨出土的情形、甲骨文发现经过、私人盗掘、殷墟及殷墟以外地区考古发掘发现刻辞甲骨的情况。第三章骨卜习惯的原始与分布，叙述了商代及以前夏代、龙山文化、仰韶文化时期卜骨在全国各地的发现概况。第四章骨卜习惯的考证，探讨了占卜材料的搜集和积储、卜用甲骨的攻治、贞问所卜事情、灼兆及其所用的火种、辨兆及其判定吉凶的因素、记兆与刻兆、卜辞的书契、记验与归档等专题。第五章甲骨学的建立与发展，总结了甲骨学的萌芽、初期研究、全盛时期、由绚烂归于平淡、趋势与前途展望情况等发展概况。第六章甲骨文材料的整理复原与流传，叙述了甲骨出土后的清理、拼对与复原、传拓照相制图与编辑、流传与著录等过程与方法。第七章文字、文例与文法，探讨文字、文例与文法专题。第八章卜辞与记事刻辞，叙述了什么叫卜辞与记事刻辞。第九章成套卜辞与成套甲骨，探讨了什么是成套卜辞与成套甲骨、成套卜辞与成套甲骨发现、种类及价值。第十章断代与分期，叙述了甲骨文发现以后的断代分期的历程、十个标准与五期、新旧两派的差异等问题。第十一章天文气象与历法，对甲骨文中出现的天文、气象、历法展开探讨。第十二章人名地名与方国，对甲骨文中人地名同名现象、单纯及复杂人地名例及其成因、方国等问题进行了深入探讨。第十三章先公先王与世系，根据甲骨文及文献材料，对上甲以前的先公、上甲以后的先公先王、先妣、世系、一支贵族的世系——兒氏家谱进行了梳理。第十四章祭祀巫术与宗教信仰，探讨了甲骨文中的祭祀对象、种类、祭祀礼制的新旧两派、祭祀场所、牺牲及牺牲的来源、从祭祀用牲看殷人日常生活、巫术与宗教信仰等专题。第十五政治与官职,对商代政治权力的来源、政权转移与运作、外服诸侯与内服百官进行了阐述。第十六章农业与社会,对殷代农业与社会、农业区域、技术、产品、管理、礼俗等各方面进行了探讨。第十七章田游与征伐,对田游与征伐卜辞的形式,武丁田游、田猎区域与殷都东南地理、战争记录专题进行了探讨。第十八章人口疆域与文化的接触面,对殷代地理、政治力量达到的范围、人口估计、文化的接触面做了深入研究。第十九章技术与工业,用甲骨文、考古资料对商代科学技术进行了简述。第二十章甲骨上黏附的棉布,对黏附在甲骨上的棉布的发现、检验,对黏附棉布的龟甲标本逐一介绍。

本书对甲骨学、甲骨文及考古资料中反映的商代政治、经济、军事、文化、宗教信仰、社会生活等各方面进行了深入细致的探讨,内容充实,语言深入浅出,对今后甲骨学、殷商文化的研究,具有很大的推动作用。

258. 甲骨学通论

王宇信著。1989年6月中国社会科学出版社出版,三十二开本,一册。又,1993年2月增订版,1999年8月重印。

内容有胡厚宣序、李学勤序、前言、正文、附录、后记、例图七部分。

正文分十六章。第一章绪论,简述了什么是甲骨学、甲骨学与其他学科之关系及本书的宗旨。第二章至第十二章为上篇,第二章甲骨文的发现年代和发现者,对甲骨文的发现年代及发现者进行了深入细致的考订。第三章甲骨文出土地与时代的确定及甲骨文的命名,对甲骨文出土地点的探索与意义,甲骨文时代的确定和小屯为殷墟的研究、甲骨文的命名问题进行了详细论证。第四章甲骨文的发现与甲骨学研究的几个阶段,叙述了甲骨学的先史时期、甲骨文非科学发掘阶段和甲骨学的草创时期、甲骨文科学发掘阶段和甲骨学的发展时期、甲骨学的深入研究时期的概况。第五章甲骨的整治与占卜,探讨了卜用龟甲的来源、甲骨的整治、占卜与文字契刻、甲骨占卜后的处理及少数民族保存卜骨习俗问题。第六章甲骨学专业用语及甲骨文例,讲述了甲骨学的基本专业用语、甲骨文例、殷人一事多卜和卜辞同文、特殊的卜辞举例等甲骨学专业基础知识。第七、八章甲骨文的分期断代,简述了甲骨文分期断代的探索,归纳董作宾的"五期"说及"十项标准",陈梦家的"三个标准"、"九组说",胡厚宣的"四期说",总结了"文武丁时代卜辞的谜"、"历组"卜辞的争论和武乙、文丁卜辞的细区分、"新派"和"旧派"、贞人分组与"两系说"等专题。第九章使用甲骨文材料应注意的几个问题,介绍了甲骨文使用过程中的校重、辨伪、缀合、残辞互补等问题。第十章重要甲骨著录及现藏,介绍了著录甲骨的准备、国内外学者著录的甲骨及现藏,重点介绍了《合集》著录及编纂。第十一章甲骨学与殷商史研究要籍,介绍了甲骨文字考释、甲骨学研究著作、商史与甲骨学史专著40余种。第十二章甲骨学史上有贡献的学者及其研究特点,介绍了20多位甲骨学史上有名的购藏家与有贡献的学者及其研究特点。第十三章至第十五章为下篇,第十三章甲骨学研究的一门新分支学科——西周甲骨学的形成,介绍了西周甲骨的发现、研究的几个阶段、分期、西周甲骨特征与殷卜辞的关系等专题。第十四章周原出土的商人庙祭甲骨,论述了商周时代的祭祀制度与祭祀异姓、周原出土庙祭甲骨诠释及其族属、时代及认识。第十五章今后的西周甲骨学研究,展望了今后西周甲骨学研究的方向。第十六章甲骨文与甲骨书法,对甲骨文书法历史进行了总结,对写好甲骨文的准备工作探讨,怎样做到精益求精把甲骨书法更加提高一步(增订本增加了第十七章甲骨学研究一百年)。

附录有四:一、甲骨学大事记;二、甲骨文著录目及简称;三、新中国甲骨学论著目;四、西周甲骨论著目。

作者总结了近九十年来甲骨文的发现、研究所取得的成就,对一般读者掌握必要的甲骨学基础知识和基本方法具有指导作用。此外,作者还对未来甲骨学的发展进行了展望,指明了方向。该书在学术界产生了很大影响。2004年韩文版《甲骨学通论》出版。

本书的书评,见宋镇豪:《甲骨学的科学总结和系统开拓——评王宇信著〈甲骨学通论〉》,《中原文物》1989年第4期。杨升南:《一部有特色的商周甲骨学专著》,《中国社会科学》1990年第4期。臧知非:《〈甲骨学通论〉评介》,《殷都学刊》1990年第2期。晓甲:《评介〈甲骨学通论〉》,《考古》1991年第3期。

259. 商周古文字读本

刘翔、陈抗、陈初生、董琨编著,李学勤审订。1989年9月语文出版社出版,十六开本,一册。

内容有李学勤序言、前言、正文、引书简称表、后记五部分组成。

正文有三部分。一、古文字文选,从殷墟甲骨刻辞、周原甲骨刻辞、商周铭文中选典型内容加以介绍。二、古文字概述,对古文字的类别、内容及价值、考释的方法问题、古文字形体的发展规律、甲骨文中几种语法现象、金文语法的几个问题等系统阐述。三、古文字常用字,有常用字、音序检字表、笔画检字表三部分内容。本书共选殷墟和西周典型甲骨40片,有摹本、标点释文、出处、字词解释、全辞翻译、史料内涵、文句分析等。

此书涉及范围广,但作者能坚持审慎的态度,在介绍学术界最新成果时又能善于抉择,向读者系统说明已得到公认的学说。此书是一部较好的古文字学教材,同时又是普及和宣传古文字的普及读物。

三、研　究

260. 殷商卜辞地理论丛

钟柏生著。1989年9月台北艺文印书馆出版，十六开本，一册。

内容有正文、引书、参考书目三部分。

正文有五部分。第一部分：卜辞中所见殷王卜田游地名考——兼论田游地名研究方法。第一章绪论，叙述有关卜辞地名的分类及有关田游地名论著概述。第二章田游卜辞地名的研究方法，探讨了甲骨材料的运用，田猎地名的确定及田游地名的系联方法。第三章卜辞田游地名的考释及其田游地区概述。附录：卜辞田游地名总估计三补。

第二部分：卜辞中的方国地望考之一——武丁时期的方国地望考。前言。第一章方国地名的确定及其研究方法。第二章武丁时期的方国地理，对西方、北方、东方、南方及其不知方位的方国进行考订。

第三部分：卜辞中的方国地望考之二——廪辛至帝辛时期的方国地望考。前言。第一章廪辛、康丁、武乙、文武丁时期的方国地理，对西方、东方、南方及其不知方位的方国进行考订。第二章帝乙、帝辛时期的方国地理，对南方的林方和其他不知方位的方国（羞方）进行论述。

第四部分：卜辞中所见的农业地理。第一章农业地理的确定。第二章卜辞中的农业地名。结语。对甲骨文中涉及到的农业地理、地名进行了深入研究。

第五部分：记事刻辞中的殷代地名。第一章前言。第二章刻辞文例分析，通过文例分析以确定地名。第三章五种记事刻辞中的地名。

另附引用著录甲骨文字书目及其简称，参考书目及其简称。

该书用甲骨文材料之间的系联方式，深入研究商代历史地理概况，它是一部商代地理研究的力作，有较高的学术价值。

261. 商周制度考信

王贵民著。1989年12月台北明文书局股份有限公司出版，三十二开本，一册。又，2014年8月河北教育出版公司重版，十六开本，一册。

内容有杨向奎、李学勤、胡厚宣三序，书名简释，正文，附论四部分。

正文有六部分。一、商周社会结构，从商周族落群体的普遍性、族落发展形态——宗族、宗法——宗族组织的成规、宗族的阶级性与政治作用四个方面论证。二、商周政权结构，对商周政权王权的职能、政权系统、政治"服"制、方国特点及政治区域五方面论证。

三、商周官制，从职官起源与官制形成、官制的构成、商周的同部门职官、西周新设的职官部门、官制的历史特点予以探究。四、商周军事制度，从军事的基本状况、武装构成与兵种、军事编制、领导体制、兵役征发与军事训练、军制中的宗法性质等方面加以论证。五、商周学校教育，从教育起源及其原始含义、学校建置、学校教育的诸仪节和制度、学校教育的特点等方面予以论述。六、商周土地制度——两种"籍田"制界说，从籍税性质的籍田和王侯籍田——田庄两部分详细讨论。附论：一、《殷周制度论》评议；二、"周因于殷礼"集证。

作者以详实的甲骨、金文材料，经过分类疏证，考证了商周社会制度一脉相承的发展脉络及西周在继承商文化与制度基础上而有所发展的情况。它是商周政治制度研究的重要成果。

262. 殷墟甲骨文字通释稿

朱歧祥著。1989年12月(台湾)文史哲出版社，十六开本，一册。

内容有朱歧祥序言、凡例、引书简称表、部首索引、检字表、笔画索引、通释正文七部分。

正文部分共收录1 779个甲骨文字，著录格式是：一、甲骨文字编号，甲骨文字形，字形解释，附列《说文》或金文古文构形；二、字义解释，主要解释的是字的本义、引申义和假借义；三、字的文句内容解释，通过甲骨文例、不同时代字形的变化，简述与文字相关的史料。

本书是以甲骨文字为线索来普及甲骨文与甲骨学基础知识的读本。

263. 商周家族形态研究

朱凤瀚著。1990年8月天津古籍出版社出版，三十二开本，一册。2004年7月增订本，十六开本，一册。

内容有王玉哲(初版)序、正文、初版后记、增订版后记四部分。

正文有：绪论，简要叙述研究商周家族形态的意义、旧有成果述略与本书要旨，对家族、宗族、姓、氏词语说明。第一章商代家族形态。第二章西周家族形态。第三章春秋家族形态。

第一章是利用甲骨文、金文、考古遗址、遗物、文献典籍、民族学材料，对商代家族形态展开深入研究，分六节以论证：第一节甲骨刻辞与铜器铭文中所见商人"族"组织类型，分甲骨刻辞中商人族氏名号的确认及相关问题，"子某"、"多子"、"子族"、"多子"以外的商人

三、研　究

贵族与族属,王族,异姓亲族与其他不能确指的商人家族,关于商人家族组织类型的综述六部分。第二节商人家族的亲属组织结构,有典籍所见商人家族组织结构,商与周初金文中的复合氏名与商人家族结构,商人墓地制度所反映的家族组织结构,关于商人家族组织结构的综述四部分。第三节商人家族成员的等级结构,有商人宗族成员的等级分划,贵族诸阶层的状况,平民诸阶层的状况,商人宗族内部等级结构的特点,关于人殉和家族内的奴隶制五部分。第四节商人宗族内部的政治、经济形态,对几种"非王卜辞"的时代、性质及相关问题,商人宗族内部的政治形态,经济形态予以论证。第五节商人诸宗族与商王朝的关系,对商人诸宗族与王室祭祀、与商王朝间的军事关系、经济义务予以讨论。第六节小结,对以上论述内容扼要总结。

增订本在原版本基础上修正了所引用的古文字资料中几处明显的错误以及相关文字,配合文字内容增加了多幅插图。此部分在增订本中称正编,增补的部分称续编。增补内容分两章。第一章战国家族形态初探。第二章新刊考古与古文字资料研究,分六部分:一、安阳殷墟郭家庄商晚期墓地初识;二、读安阳殷墟花园庄东出土的非王卜辞;三、读济南大辛庄龟腹甲刻辞,这三部分是对新发现考古及甲骨材料的深入研究;四、洛阳北窑西周墓地探讨;五、沣西张家坡西周墓地北区墓地探讨;六、眉县杨家村窖藏出土之逨器与其家族。

商周时代,社会活动的主体是以家族群体为单位,作者从家族组织结构、等级、阶层构成、居住形式、家族政治、经济形态等方面探讨了商代、西周、春秋、战国时期各阶层家族的具体形态,是第一部系统、深入论述中国上古家族形态的专著。作者"提出的一些论点或所做出的一些结论,一般都不尚空谈,而是以大量史料为依据推出的,本书中新的创获举其荦荦大者,诸如对商人家族组织类型'子'、'多子'、'子族'、'王族'的含义及其结构的研究,都较前人深入一步。在商周的家族结构上,作者提出商人以宗族为本,血缘关系还极为重视,当时仍营大面积的血缘聚居的生活,因而,政治上表现为封闭式的;而西周虽然没有改变以宗族为单位的组织形式,……改变了过去那种大范围的血缘聚居,因而政治上表现为开放式的"。[①] 作者在研究中多有创获的原因是其研究方法较科学,他在该书中运用了甲骨文、金文、历史文献、考古学、人类学、民族学等多种学科交叉的研究方法,故能在前人研究的基础上突破旧说。此书在学术界影响很大,广受读者欢迎。

本书的书评,见徐勇:《试评〈商周家族形态研究〉》,《天津社会科学》1991年第4期。宋镇豪:《中国上古家族新探索》,《中国社会科学》1992年第1期;何景成《评朱凤瀚〈商周家族形态研究(增订本)〉》,《历史教学》2005年第5期。林沄:《〈商周家族形态研究(增订本)〉读后》,《中国文物报》2005年4月27日第4版。陈絜:《多维视野下的商周家族形态研究》《中华读书报》2005年6月1日。

[①] 参见王玉哲《商周家族形态》初版序。

264. 小屯第一本·遗址的发现与发掘丁编·甲骨坑层之二——十三次至十五次出土甲骨

石璋如著。1992年中研院历史语言研究所出版，八开本，上、下册。

本书内容有石璋如序、目录、插图目录、表目录、图版目录、正文六部分。

正文共八章。第一章殷虚第十三次至第十五次采掘甲骨概述。第二章殷虚第十三次发掘区B区（北部）所出甲骨，分别对B119、122、123、125、126、128、130、136、YH001、002、005、006等坑的位置、发掘概况、甲骨出土情形及伴随物详加叙述。第三章殷虚第十三次发掘C区（北、中部）所出甲骨，对C75、YH017、036、090、126坑甲骨出土概况予以介绍。第四章殷虚第十三次发掘YH127等所出甲骨，详细介绍YH127整坑甲骨发现经过、装箱启运至火车站的艰难历程；因时局变化，此坑甲骨运抵南京的曲折经历，因抗战爆发，此坑甲骨还经历了南京室内整理、昆明编号、李庄传拓、南京出版、台湾工作、甲骨分期等颠沛流离的过程。第五章殷虚第十四次发掘C区（中部）所出甲骨，对C128、YH228予以介绍。第六章殷虚第15次发掘C区、丙组、窖穴群及墓葬所出甲骨，分四部分叙述：一、与乙组基址有关之出甲骨的探方与穴窖，对C170、YH449、C171、172、173、YH224C、YH251、330、370、371坑发掘经过及出土甲骨的概述。二、穴窖群中出甲骨窖，对YH253、258、265、279、288、309、338、354、367、409坑发掘经过及出土甲骨概述。三、与丙组基址有关之出甲骨的探方与穴窖，对C329、333、334、YH344、359、364、393、423、427、448坑发掘经过及出土甲骨概述。四、出甲骨的墓葬有YM331、362、后冈210窖附YH379。第七章分析与结语，对现象分布概况、甲骨出土情形、各部各期甲骨分布情形、上下叠压穴窖与甲骨时期、基址与穴窖及甲骨断代详细叙述。

本书有插图74幅，可清楚了解第十三次至十五次发掘区域图，出土的甲骨探方与穴窖，甲骨密集出土情形、甲骨出土层位、甲骨与其他伴随物等详细信息。

本书还插98幅表。表的格式以坑名、出土年月、（距地表）深度、期别、甲骨数量、伴随物、备考七部分，以距地表深度为序，由浅至深介绍整坑甲骨出土情况。

本书在文字叙述时，配以图表，可系统掌握整坑甲骨出土概况。

下册是第八章，附录。以《乙编》号码为序，把第十三至十五次发掘的甲骨信息，以图表的形式反映。表的格式是：拓片号、出土编号、质别、坑名、位置、深度（距地表）、（取出的）年月日、时期（列出董作宾、张秉权、陈梦家等人的分期）、丙编号码、备考十部分，详细介绍每一版甲骨出土情形。

本书详细地介绍了刊于《乙编》的殷墟第十三次至第十五次发掘所获得甲骨出土的具体情形，因甲骨坑大多与乙组、丙组基址之间有相互叠压关系，为探讨甲骨时代及判定基址的确切年代,提供了重要依据。同时对于研究殷墟甲骨的坑位、埋藏状况及分期、缀合等专题,都有着重要意义。

从该书对 20 世纪 30 年代殷墟发掘的叙述中可以看出,当时考古工作者所处环境艰苦,条件简陋,工作艰辛,但他们吃苦耐劳,孜孜以求,创造性地解决发掘过程中的各种难题,他们的敬业精神令人感动!他们的奉献精神值得我们永远学习!

265. 殷墟卜辞断代研究

方述鑫著。1992 年 7 月台湾文津出版社出版,十六开本,一册。

内容有胡厚宣序、正文、后记、本书引用甲骨著录书目的简称四部分。

正文共三章,第一章论"非王卜辞",论述了"非王卜辞"说的产生及其影响、"非王卜辞"的时代和内容、性质等专题。第二章自组卜辞断代研究,论述了自组卜辞的分类、出土情况、时代、对殷墟卜辞两系说的简单看法等问题。第三章论"历组卜辞"与武乙、文丁卜辞,对"历组卜辞"与武乙、文丁卜辞的分类、出土情况、世系和亲属称谓、人物和事类及其他问题展开了详细讨论。

作者的主要观点有三:一、所谓"非王卜辞"(即"子组"、"午组"等卜辞)"是武丁时代的王室卜辞","是殷王室中有关多子族内容的子卜辞"。二、自组卜辞可分为 A、B、C 三大群七小类,A 群和 B1 类,在武丁早期已出现,C 群的时代到武丁晚期。三、作者从地层关系和卜辞内容论述"历组卜辞"当为武乙、文丁时代,而不是提前至武丁、祖庚之时。

王宇信认为:该书第一、二章可以说是对前一次"文武丁时代卜辞之谜"讨论的总结。而第三章,"则是'历组卜辞'时代前提与反前提的一场辩论中,对坚持'旧派'学说的基本概括"。因此,该书对甲骨文断代研究,是有重要参考价值的。①

266. 龟之谜——商代神话、祭祀、艺术和宇宙观研究

[美]艾兰著,汪涛译。1992 年 8 月四川人民出版社出版。又,2010 年 11 月商务印书馆(增订版)出版,三十二开本,一册。

内容有李学勤《艾兰文集》总序、本书中文本序、艾兰自序、正文、参考文献、附录六部分。

---

① 王宇信、杨升南主编:《甲骨学一百年》,中国社会科学文献出版社,1999 年,第 172 页。

正文共七章。第一章导论，介绍使用考古发现遗物、当时的铭刻和后来的文献来探索商代宗教思想的各个方面。第二章商代神话和图腾体系的重建，对商周时代的文献和铭刻中关于"十日"、"扶桑"的神话及其信仰体系探索与考察。第三章从神话到历史，从五帝到夏王朝的历史与神话，认为禹建立夏和尧舜禅让的传说都是从商代的神话发展而来。第四章商人的宇宙观，从"四方"、"亚"、中心象征说、五和六、龟的形状论证了商人的宇宙观。第五章商代的祭祀和占卜，从商代占卜、卜辞的分类与含义、宇宙观与占卜含义三方面论证了商王对祖先的祭祀及占卜目的。第六章商代的艺术及含义，认为商代青铜器纹饰是死亡、转化、黄泉下界的暗示。第七章结论，对以上的论证进行总结。增订版添加了附录部分，即商周时期的上帝、天和天命观的起源（此部分是刘学顺译）。

艾兰是西方学者，她用独特视角，探讨了商代神话、祭祀及宇宙观等思想领域之问题，对国内学者从事商文化研究，有启迪、借鉴作用。

267. 古文字论集

裘锡圭著。1992年8月中华书局出版，十六开本，一册。

内容分甲骨文与金文、简帛等文字释读。甲骨文的释读有：释殷墟甲骨文里的"遠""狱"（迩）及有关诸字，释"蚩"（耆），释"柲"（附释弋），释"骈"、"秷"，释"芟"，释"沓"，释"鬼"，释"虐"，释"坎"，释南方名，释"弘"、"强"，释"求"，释"勿"、"发"，释"木月"、"林月"，"畀"字补释，说"嚚"、"严"，说"囚"，说"以"，说甲骨卜辞中"戠"字的一种用法，说"弜"，卜辞"異"字和诗、书里的"式"字，甲骨文中重文和合文重复偏旁的省略，再谈甲骨文中重文的省略，甲骨文字特殊书写习惯对甲骨文考释的影响举例，甲骨文中所见的商代农业，释殷墟卜辞中与建筑有关的两个词——"门墊"与"㠯"，甲骨文中的几种乐器名称——释"庸""豐""鞀"（附释"万"），甲骨文中所见的商代五刑——并释"刵"、"剭"二字，说卜辞的焚巫尪与作土龙，甲骨文中所见的逆祀，殷墟卜辞所见石甲兔甲即阳甲说，从殷墟甲骨卜辞看殷人对白马的重视，甲骨缀合拾遗，关于殷墟卜辞的命辞是否问句的考察，论"历组卜辞"的时代，读《小屯南地甲骨》，读《安阳新出土的牛胛骨及其刻辞》，谈谈孙诒让的《契文举例》，殷墟甲骨文研究概况，说"玄衣朱襮袡"——兼释甲骨文"虣"字，释"建"等。

该书中对甲骨文字的释读、重文与合文的省略等特殊书写习惯的研究，深化了甲骨学、古文字学、商史等研究，是甲骨文字释读和甲骨学研究的重要专著，对甲骨卜辞的通读、商文化的内涵研究，起到巨大的推动作用。

268. 商代经济史

杨升南著。1992年10月贵州人民出版社出版，三十二开本，一册。

内容有李学勤序、正文、后记、附录、附图五部分。

正文共十一章。第一章绪论，对商代的社会概况、疆域、自然环境、人口作简单概述。第二章土地制度，对商代土地所有权、奴隶主贵族的土地权、邑人的份地、商代"公社"——邑的性质展开深入探讨。第三章农业，对农业在商代经济中的地位、甲骨文所见商代农业区域、农作物种类、农业生产工具、生产技术、管理部门、劳动者及其身份，依据甲骨文及考古材料深入探讨。第四章发达的畜牧业，对畜牧业是商代社会中的一个独立经济及家畜家禽品种、畜牧业生产技术、牧场设置、畜牧业的管理体制、畜牧业中的生产者及其身份等问题进行了剖析。第五章狩猎活动，对甲骨文所见商代狩猎概况、狩猎地区、技术、所获禽兽种类、狩猎的参与者、狩猎活动的组织管理、狩猎活动的经济效益进行探讨。第六章渔业经济，对鱼类资源、捕鱼方法、对鱼类资源的保护进行探讨。第七、八、九章手工业，第七章对商代的青铜器的发现和出土地分布、种类和合金成分、采矿和冶炼、型范制造工艺、青铜器铸造流程等深入论证。第八章对古文献和甲骨文中有关商代建筑的记载、宫殿建筑技术、防护设施建筑、普通民居建筑、木构和石料等建筑进行考察。第九章讨论了商代陶瓷制造业、纺织业、木作业、漆器、玉器、骨器制造业、酿造业、手工业劳动者的身份及王室对手工业生产的管理等问题。第十章商业与交通，对商代社会分工的深化与城市的发展、商品交换、货币、发达的交通深入研究。第十一章财政制度，对商代的财政收入与支出进行叙述。

附录为本书引用甲骨文、金文著作书目简称表。

该书对商代经济进行了全面系统探讨，使读者较为完整地了解商代经济发展的概况。李学勤在该书的序言中指出其六个特点：一、广泛吸收前人的研究成果，使之连贯起来，得到进一步的引申发挥；二、能够提出自己独到的见解；三、充分运用甲骨、金文材料，尤以甲骨文，成为书里的主要依据；四、大量征引考古学成果；五、注意应用科技史研究成果；六、该书是一部扎扎实实的书。由于有以上几个特点，故该书出版后成为研究商代经济的重要参考书，受到学术界的重视。

269. 殷墟甲骨卜辞语序研究

沈培著。1992年11月台湾文津出版社出版，十六开本，一册。

内容有前言、正文、结语、后记、本书所引用的甲骨著录书简称表、主要参考书目六部分。

正文共五章,第一章主语的位置。第二章宾语的位置,分四节:分别是否定句代词的位置、由"惠"和"唯"提示的宾语前置句、关于其他情况的宾语前置的讨论、双宾语语序。第三章介词结构的位置。第四章状语的位置,分两节:分别是副词的位置、时间名词的后置现象。第五章数名结合的顺序及其他。

本书首次全面论述了甲骨文中的语序问题,分析细致,论述有据,有不少独到的见解,是甲骨文语法研究的重要论著,对殷墟甲骨卜辞语法进一步的深入研究,有较重要的参考价值。

270. 甲骨文字学纲要

赵诚著。1993年6月商务印书馆出版,2005年中华书局再版发行,十六开本,一册。

内容有赵诚自序、正文、附录三部分。

正文共十章。第一章文字和甲骨文字,分文字、古文字、甲骨文三节。第二章文字学和甲骨文字学,分文字学、古文字学和甲骨文字学三节。第三章甲骨文以前的汉字,分汉字起源的有关说法、早期汉字和汉字前期符号两节。第四章甲骨文字的性质,分象形、表意、表音、意音、表词、词符·音节、语素文字说七节。第五章甲骨文字的基本情况,分(甲骨文)字数、一字多体和一字多义、已识字和已识词、本字和假借字、初文和古今字、写法六节。第六章甲骨文字构成的类型,分六书说和三书说、分类·未定型·跨类、各种类型的特点三节。第七章甲骨文字形符系统,分形体·声符·形符、甲骨文形符分类、甲骨文形符特点三节。第八章甲骨文字声符系统,分声符·谐声·音系、声符和谐声的特点、音系和谐声的关系三节。第九章甲骨文字表示的词义系统,分关于词义、基本意义和义段、义域和义界、本义、词义系统和词义演化五节。第十章甲骨文字的发展、变化,分原因和方式两节。附录有(《殷墟甲骨刻辞类纂》的)部首表、字形总表两部分。

该书是专门研究甲骨文字学的专著,对甲骨文字全方位予以讨论,对甲骨文字学进一步研究,具有重要作用。

271. 殷商社会生活史

李民主编,李民、史真、史道祥、王健、刘学顺、朱彦民、张国硕、郭旭东参编。1993年8月河南人民出版社出版,三十二开本,一册。

内容包括作者前记及正文两部分。正文分六章，第一章商代的政治生活，概括介绍了商族的兴起、商王朝的建立、商王朝时期的重要政治事件、商王朝的官僚机构、政治制度、奴隶制度、疆域与方国、商王朝的灭亡等基本情况。第二章商代的军事生活，讨论了商王直接统辖的军队——常备军和征召的贵族军队、臣服方国的军队、军队的武器装备、军事斗争等专题。第三章商代的经济生活，讨论了商代的农业、畜牧与田猎、手工业、商业等专题。第四章商代的科技文化，讨论了商代医学、数学与天文学、历法、气象学、文化艺术等专题。第五章殷人的精神生活，探讨了殷人的自然观念、自身的认识、社会观念、精神沟通的媒介、宗教政治等精神生活。第六章商代衣食住行，探讨了商代衣、食、住、行专题。

该书利用甲骨文、考古、文献材料，讨论了商代社会生活诸多问题，是学习和了解商代社会较重要的参考书。

272. 殷墟妇好墓铭文研究

曹定云著。1993年12月台湾文津出版社出版，2007年4月云南人民出版社再版，三十二开本，一册。

内容有作者序言、再版序言、正文、附录、后记四部分。

正文共九篇。第一篇"亚其"考，考释亚字，亚其与冣侯，对妇好墓之"亚其"身份进行论证，"亚其"地望之推测等。第二篇"亚弜""亚啟"考，对"亚弜"、"亚啟"是诸侯国名，"亚啟"是武丁第四子"子啟"，对"亚弜"、"亚啟"的地理方位等问题详细探讨。第三篇殷代的"卢方"，释"卢方剌"，"卢方"与殷王朝之关系，卢方地望，对灵台白草坡"㵄白"墓之墓主即卢方之首领等问题详细考证。第四篇殷代的"竹"和"孤竹"，考释了"竹"与"孤竹"及其相互关系，指出"竹"、"孤竹"地望在河北卢龙一带，还考证了"竹"、"孤竹"与夏家店下层文化关系。第五篇殷代族徽"戈"与夏人后裔氏族，考证了"戈"和由它组成的徽号均是族徽，"戈自"是殷代贞人"自"的氏族徽号，族徽"戈"是夏部落联盟后裔的共同标志，"戈自"氏族即后世的"师氏"等问题。第六篇论"妇好"及其相关问题，考证了"妇好"乃"子方"之女，"妇好"为世妇，妇好死于武丁中后期等专题。第七篇"司㚸母"考，考释了"司"、"㚸母"、"㚸"、"司㚸母"非"妇好"等问题。第八篇"妇好"、"孝己"关系考证，对"妇好"即"司母辛"，"妇好"在武丁法定配偶中的死亡次第，"孝己"是武丁卜辞中的"小王"，"孝己"名"王卩"，"孝己"是"妇好"之子等详细考证。第九篇殷墟妇好墓铭文中人物关系综考，对妇好墓出土铜器铭文概况简单介绍，对人物身份及族属逐一考证。

附录有三：一、本书所引甲骨文著录书目及简称；二、本书所引金文著录书目及简称；三、关于"殷墟妇好墓"讨论文章目录。

本书充分利用甲骨、金文、考古材料，旁征博引，详细考释、论证了殷墟妇好墓出土铭文中涉及的人物、氏族、诸侯和方国,对研究甲骨学、商代考古及商代历史均有重要的参考价值。

273. 殷墟甲骨断代

彭裕商著。1994年5月中国社会科学出版社出版,三十二开本,一册。

内容有李学勤序、自序、正文、余论三部分。

正文共六章,绪论。第一章甲骨分期研究简史,对甲骨文的分组与分类、自组卜辞及各非王卜辞时代的考定、历组卜辞时代的争论等进行了回顾和总结。第二章甲骨分期研究的理论方法,对殷墟甲骨断代与殷墟考古、甲骨分期的方法与标准、关于董氏十项断代标准的理论问题进行探讨。第三章关于殷墟考古,论述了殷墟文化早期单位的分组及各组年代的推测问题。第四章殷墟早期王室卜辞的时代分析,分别对自组、宾组(附"自宾间组")、出组、历组卜辞进行了分类和时代分析。第五章非王卜辞的时代分析,对午组、子组、非王无名组卜辞、子组附属、刀卜辞、亚卜辞等的特征与时代详细进行了讨论。第六章武丁以前甲骨文字的探索。余论有两部分:一、关于殷墟卜辞的两系发展;二、殷墟卜辞发展演变概况之推测。

此书实际上断的是除何组、无名组、黄组卜辞以外的其他七个卜辞组的时代。作者对李学勤的"两系说"理论完全接受并有所补充,故此书是甲骨分期新说的一部力作,受到甲骨学界的重视。1996年,作者与李学勤合著《殷墟甲骨分期研究》,对殷墟所有的卜辞组的时代作了全面研究,并将此书的观点和主要内容编入《殷墟甲骨分期研究》中。

274. 商代地理概论

郑杰祥著。1994年6月中州古籍出版社出版,三十二开本,一册。

内容有胡厚宣序、高明序、前言、正文、附录、附图六部分。

正文部分,第一章商代的王畿和都邑,对王畿的范围和都邑、王畿以内及其附近的若干地名和山川河流作详细考证。第二章商王的主要田猎区,对商王朝后期的主要田猎区及60个商王田猎地名的地望详加考证。第三章商代的四土和部族方国,对商代的东土和东部方国、南土和南部方国、西土和西部方国、北土和北部方国详加考证。第四章关于卜辞所记黄河下游部分河道的探讨和帝辛十年征人方的问题,此章分两部分:第一部分对卜辞所记黄河及与河相系联的地名考证,以探讨黄河下游河道之问题;第二部分对帝辛十年征人方的时代问题、具体日程和路线问题等进行了详细考证。附录为本著作引书目录及其简称。

附图有五：一、林泰辅《甲骨文地名考·龟甲兽骨文地名图》；二、董作宾《殷历谱·帝辛日谱·帝辛征人方往返路线略图》；三、陈梦家《殷虚卜辞综述·卜辞所见地名图》；四、陈梦家《殷虚卜辞综述·殷末征人方图》；五、《殷墟卜辞地名图》。

此书是研究商代地理的一部力作，书中有不少精辟的论断，独到的见解，其中较重要者诸如提出商王"濮阳田猎区"是商王主要田猎区，其范围包括今濮阳市以及新乡市以东和山东省西部边缘地带，以前大多数学者所说的"沁阳田猎区"只能算是商王的一个小型猎区；过去学者对"天邑商"、"大邑商"有几种不同的看法，作者认为"天邑商"就是"大邑商"，地处安阳殷墟，是商代后期的都城；关于邶、鄘、卫三国之地望，学者看法不一，作者考订皆在河、淇之间商代故墟的周围。

此书是研究商代地理的一部重要著作，有很高的学术价值。

本书的评论，见陈绍棣：《〈商代地理概论〉评介》，《中国史研究动态》1995年第2期。

275. 夏商社会生活史

宋镇豪著。1994年9月中国社会科学出版社出版，三十二开本，一册。1996年4月再版，2005年10月增订版。十六开本，上、下两册。

本书共十章。绪论，包括对商代社会生活历史研究的回顾与现状、要旨与体例。第一章环境、居宅、邑聚，就夏商居民对环境的选择和治理、居宅和邑聚、建筑营造仪式、作息起居习俗进行了系统、全面探讨。第二章人口，对早期人口清查统计、夏商人口总数估测、夏商王邑人口分析等问题作了论述。第三章婚姻，对婚姻形态的演进、夏代婚姻、商代婚制、生育、子息与亲属观念等进行深入探讨。第四章交通，对交通的缘起、夏商交通地理观念、道路交通、交通方式与工具等深入研究。第五章饮食，对原始时期的饮食、夏商人的食粮、烹饪俗尚、器以藏礼、食以体政、以乐侑食、饮食业等问题进行追本溯源探讨。第六章服饰，对衣着装饰之原始、夏商服饰品类、衣料质地和色调纹样、人像雕塑所见衣服式样、冠制和履制、头饰、发型和饰物、服饰的地域性差异等进行探讨。第七章农业礼俗，对农业生产、信仰礼俗展开深入探讨。第八章人生俗尚与病患医疗，对礼俗与刑法、社会崇尚与学校教育、卫生保健俗尚、病患知识、巫医交合等进行探讨。第九章宗教信仰，对宗教分野、自然神祭礼、气象气候诸神的神性与神格、鬼魂观念和祖先神崇拜、梦与占梦、甲骨占卜等问题进行探讨。第十章文字与文体，对夏商文字之使用状态、文体文例予以探讨。

该书在甲骨学与商史研究上多有创新，如第一章，作者将商代的邑区分为王邑、方国邑、诸侯邑属邑和其他邑聚等几个不同层次，探讨了王畿、诸侯国臣属小邑聚的分布状态，及各类邑内的具体情况。在第三章中，总结了甲骨刻辞中"妇某"的命名规律，强调妇名一殷受之于夫族,以领地封邑之名命之。对于甲骨刻辞中的"子某",作者认为,子名非纯私名,他们大量与地名相结合,受有土地的子族,性质似后代的"命氏"。在第四章中,作者指出骑马术在马车发明之前,卜辞的"多马"、"多马卫"、"多马亚"等,属于骑兵之大小头目。在第九章,作者对商代占卜中的"习卜"作了深入研究,认为习卜之制,可能是前卜不太理想,与王意愿有违,故再加占卜,以求保持人神之间的深入沟通,从而达到人意愿与神的意志的统一。①

作者将历史文献、古文字研究和考古资料相结合,深入系统考察了夏商时期社会生活的方方面面,史料翔实,见解新颖,是一部具有很高学术价值的论著,它不仅对研究先秦社会生活史有重要意义,并将对商代历史和甲骨学研究产生重大影响。

本书的书评,见王宇信:《一部充满探索精神和开拓性的著作——读宋镇豪〈夏商社会生活史〉》,《中原文物》1995 年第 3 期。王宇信:《开拓与探索——读宋镇豪〈夏商社会生活史〉》(署名:仁言),《先秦史研究动态》1995 年第 2 期(总 27 期)。刘学顺:《〈夏商社会生活史〉简评》,《中国文物报》1995 年 4 月 23 日。朱凤瀚:《评〈夏商社会生活史〉》,《中国史研究》1995 年第 3 期。唐锦琼:《回望夏商——〈夏商社会生活史〉读后》,《博览群书》2003 年第 4 期。刘义峰:《穿越时空的夏商之旅——读〈夏商社会生活史〉增订版》,《博览群书》2006 年第 6 期。

276. 殷墟的发现与研究

中国社会科学院考古研究所编著,执笔者有郑振香、杨锡璋、陈志达、杨宝成、刘一曼。1994 年 9 月科学出版社出版,十六开本,一册。

内容有前言、正文、余论、补记、附录、主要参考文献、编后语七部分。

正文共十章,第一章殷墟的发现及其意义,第二章殷墟发掘概述,第三章殷墟文化的分期与年代,第四章殷墟的范围与布局概况,第五章殷墟重要遗址概述,第六章殷墟的重要墓葬群,第七章甲骨文的科学发掘与研究,第八章殷墟出土的文化遗物,第九章早于殷墟阶段的文化遗存,第十章由殷墟考古材料所见的商代社会及殷文化的影响。

本书是我国商代后期王都遗址——殷墟近 60 年(1928—1986)来重要发现与研究的成果总结。甲骨文仅是殷墟遗物的一部分,本书介绍甲骨文者,有一、二、三、四、七章。第一章从甲骨文的发现、搜集和流传,甲骨文出土地——殷墟的考订,殷墟的发现及甲骨文研究的意义,殷墟发掘的时代背景四个方面,简单介绍了殷墟正式科学考古发掘前甲骨文发现及研究的概况。第二章介绍 1928—1937 年的十五次发掘,新中国成立后的殷墟发

---

① 王宇信:《甲骨学导论》,中国社会科学出版社,2010 年,第 281 页。

掘,发掘过程中甲骨的出土、整理等情况。第三章第四节介绍殷墟文化第一至第四期的年代问题时论述了殷墟文化分期与甲骨文分期断代的密切关系。第四章在殷墟遗址概述中,对甲骨文出土状况又有涉及。第七章分六节:一、1928—1937年甲骨文的考古发掘;二、建国以来甲骨文的发现;三、重要的甲骨文著录;四、郑州二里冈、殷墟、周原甲骨文的比较;五、殷墟甲骨文的分期研究(包括董作宾的断代研究,陈梦家的断代研究,关于"自组"、"子组"、"午组"卜辞的时代,关于"历组卜辞"的时代,对武丁以前的甲骨文的探索);六、甲骨文反映的商代社会(包括甲骨文反映的商代政治情况——阶级关系、刑法、军队,甲骨文反映的商代经济生活,甲骨文反映的科学技术——天文、历法、医学,甲骨文反映的商代宗教),对殷墟甲骨文的发现与研究进行较详细的论述。

作者对甲骨文在殷墟的发现地点、数量、出土状况作了叙述。读者可了解甲骨文与殷墟文化之间的关系。此书的附录为殷墟发掘大事年表,便于读者掌握殷墟发掘的主要收获。书内附各类插图280幅,彩色图版64幅,插图和图版都很清晰,使读者对书中的内容能有较深入的了解。

总之,该书是一部综合性的学术专著,图文并茂,内容丰富,论述系统,具有很高的理论水平和学术价值,可供考古、文物工作者,甲骨学者,古代史研究及广大历史文化爱好者参考,此书出版后,受到读者欢迎,曾数次再版重印。

本书的书评,见唐际根:《〈殷墟的发现与研究〉读评》,《文物》1995年第11期。

277. 甲骨研究

[加拿大]明义士著。1996年2月齐鲁书社出版,三十二开本,一册。

本书有方辉序、明明德(明义士之子)序、正文两部分。

正文共有七章,第一章甲骨之定义,第二章甲骨发现小史,第三章收买甲骨者,第四章(无标题,其内容仍是收买甲骨者),第五章甲骨片数,第六章出版品,第七章甲骨文论著目,第八章商代帝系。

本书为明义士在齐鲁大学任职期间的讲义,1933年4月石印本,全书共七章,前六章节主要讲述甲骨学史有关内容,尤其是甲骨的发现、流传和收藏的论述较具体、准确。该书对甲骨学史的研究有较重要的价值。

278. 早期奴隶制社会比较研究

胡庆钧主编,胡庆钧、廖学盛、彭邦炯、宋镇豪、周怡天、周用宜等著。1996年8月中国社会科学出版社出版。2000年重印,十六开本,一册。

本书共四个专题。第一编综合研究。第二编专题研究:商人奴隶制研究。第三编专题研究:希腊荷马时代。第四编专题研究:罗马王政时代。第五编专题研究:凯撒和塔西佗时代的日耳曼人。其中,第二编商人奴隶制研究,共分九章,第一章商人的早期史迹和反映的社会状况,第二章商人国家的诞生和巩固,第三章商王国的奴隶主统治阶级与奴隶,第四章商王国中的众人,第五章商王国的土地关系(前五章由彭邦炯执笔),第六章商王朝的国土经纬,第七章商代"邑"制,第八章商代法律制度,第九章商代军事制度(后四章由宋镇豪执笔)。

该书对世界上同时期的奴隶制社会进行深入比较研究,为了解世界各地社会发展进程、东西方的社会形态具有重要作用。

本书的书评,见周用宜:《一部关于早期奴隶制研究的力作——评〈早期奴隶制社会比较研究〉》,《世界历史》1997年第1期。

279. 殷墟甲骨分期研究

李学勤、彭裕商著。1996年12月上海古籍出版社出版,三十二开本,一册。

内容有绪论、正文、余论、附表、后记五部分。

正文共七章。绪论。第一章甲骨分期的理论方法,叙述王国维、罗振玉、明义士等学者对甲骨分期研究的探索、董氏"十项断代标准"及其发展、甲骨分期研究新说。第二章分期实际工作的进展及现状,对甲骨的分期与分类、自组卜辞及各"非王卜辞"时代的考定、历组卜辞时代的争论等问题,学术界的主要观点进行概述。第三章关于殷墟考古,对殷墟文化早期单位的分组与特征,各组年代的推测,殷墟晚期即殷墟文化的第三、四期特征与年代简单介绍。第四章殷墟王卜辞的时代分析,对自组卜辞、宾组卜辞、出组卜辞、何组卜辞、黄组卜辞、历组卜辞、无名组卜辞进行分类及时代分析。第五章殷墟非王卜辞的时代分析,对午组卜辞、子组卜辞、非王无名组卜辞、子组附属、刀卜辞、亚卜辞进行分类与时代分析。第六章武丁以前甲骨文字的探索,对武丁以前的几版甲骨文字进行研究。第七章卜辞所见商代重要史实,对各类卜辞中有关战争、田猎,其他如气象、商王外出巡游等内容,按时代先后加以排列,以供研究者参考。

此书全面叙述了殷墟甲骨文的分期研究情况以及作者对甲骨分期的新看法。1978年,李学勤提出甲骨分期"两系说",经多年研究和探索并集思广益,在理论和方法上有所突破、更加完善。书中列出王室卜辞从武丁至帝辛的演进如下所示:

(村北)自组──→自宾间组──→宾组───→出组────→何组────→黄组
(村南) ──→自历间组──→历组───→无名组──→无名黄间类─↗

"自组卜辞村南、村北均有出土,是两系共同的起源,自宾间组只出村北,自历间组只出村南,才开始分两系发展,往后,宾组、出组、何组、黄组为村北系列,历组、无名组、无名黄间类为村南系列,村南系列又融合于村北系列之中,黄组成为两系共同的归宿"。①

该书是读者全面了解"两系"说的代表作,它的出版在学术界产生很大影响,促进了甲骨学分期研究向纵深发展。

280. 甲骨文农业资料考辨与研究

彭邦炯著。1997年12月吉林文史出版社出版,三十二开本,一册。

内容有胡厚宣旧序、李学勤序、陈文华序、正文、总附录、后记六部分。

正文分上、下两部分,上部是选片图版,甲骨图版分类如下:一、农作物,选黍、稷、麦、菽、秜、畬;附禾,共105版甲骨。二、农田治理,选垦田、畓田、耤田、作田;附求田、省田、尊田,共49版甲骨。三、作物种植选种黍、种稷、种麦、种菽;附圃、蕃、艺,共51版甲骨。四、田间管理,选省视作物、水、旱、肥、蓐、除害,共85版甲骨。五、收与藏,选43版甲骨;六、求禾、受禾与耇禾,选68版甲骨。七、求年、受年与耇年,选205版甲骨。另附祸年、祟年、钔年8版甲骨。

下部是释文、考辨、研究,分两部分:第一部分是对以上选片逐一释文并进行考辨。第二部分对商代农业进行研究,对商代建国前后的农业水平、商代的主要农业生产手段、商代的主要农作物、商代农业生产的全过程、收藏与脱粒、商代的主要农业之地进行全方位考察和研究。

附录有三:一、甲骨商史主要农业论著目录索引;二、本书引用甲骨书简称表;三、卜辞中的重要农业字词考辨索引。

此书是集资料与研究于一体的著作,作者共选出与农业有关的甲骨刻辞614版,逐片进行详细考释,在此基础上,对商代农业进行全面研究。作者既总结了前人的研究成果,又提出了一系列新的见解。此书对于甲骨学、先秦农业史、经济史、科学技术史的研究,皆具有重要价值。

本书的书评,见闵宗殿:《一部研究商代农史的新著——彭邦炯著〈甲骨文农业资料考辨与研究〉简介》,《古今农业》1998年第2期;徐义华:《评〈甲骨文农业资料考辨与研究〉》,《农业考古》1998年第3期;常耀华:《商代农业原来如此——读〈甲骨文农业资料考辨与研究〉》,《社会科学管理与评论》1999年第4期。

---

① 李学勤、彭裕商:《殷墟甲骨分期研究》,上海古籍出版社,1996年,第305—306页。

281. 殷商历法研究

常玉芝著。1998年9月吉林文史出版社出版，三十二开本，一册。

内容有李学勤序、正文、附录、后记四部分。

正文共六章。第一章绪论，简述历法的产生，殷代历法研究的历史与现状，本书写作的宗旨。第二章甲骨文天象记录的认识，对甲骨卜辞中的星、月食刻辞、卜辞日至说疑义等详加考论。第三章殷代的历日，对殷代行用干支纪日法、一个干支表示的时间范围、殷代的计时法、殷代的日始、殷代的计日法、纪日的时间指示词等详细考辨与论证。第四章殷代的历月，对殷历的月长、殷历的闰月、殷历的月首等问题详细考证。第五章殷代的历年，对殷历的纪年法、殷历年的长度、岁首等问题深入研究。第六章结束语，总结殷历是以太阴纪月、太阳纪年的阴阳合历，是随时依据天象调整的星象历。

附录有五：一、本书所引著录书目及通用简称；二、干支次序表；三、历史学家李学勤教授的推荐意见；四、中国社会科学院历史研究所彭邦炯研究员推荐意见；五、中国社会科学院历史研究所学术委员会评审意见。

该书以已发表的数万片甲骨文为基础，参照有关的商代金文，对甲骨文中有关天象记录进行了考辨，对殷商历法进行详细考证，纠正了前人在殷商历法研究中的不少错误，为重构和复原殷历，做出了重要贡献。该书对甲骨文和殷商历史、殷商年代的研究，均有重要参考价值。

本书的书评，见春旭：《商史研究领域的新作——〈殷商历法研究〉》，《社会科学管理和评论》1999年第2期。王晖：《上世纪末殷历研究的总结及其新成果——常玉芝〈殷商历法研究〉读后》，《碑林集刊》第八辑，2002年。

282. 商周文化志

齐文心、王贵民著。1998年10月上海人民出版社出版，三十二开本，一册。

本书是李学勤主编的《中华文化通志·历代文化沿革典》之一。由内容提要、正文、参考文献三部分组成。

正文共上、下两编。上编是殷商文化，下编是西周文化。上编包括导言、正文两部分。导言简单介绍了商王朝的历史概况、殷墟甲骨文主要内容、商代考古发掘等情况。第一章社会结构，分国家机构和职能、政治结构、阶级结构三部分。第二章经济生活，分农耕文化、畜牧及渔猎，商业和货币。第三章工艺制作，分青铜器、玉、陶、原始瓷器、骨器等其他手工艺制品。第四章宗教信仰,分祖先崇拜、异姓神崇拜、自然崇拜及上帝崇拜。第五章科学文化,叙述了商代天文历法、气象、建筑、医学、文字、乐舞等内容。第六章纺织品和服饰,叙述了纺织品的种类、服饰及装饰品。第七章交通事业和商文化的传播,叙述了商代的交通工具、驿传制度及商文化传播等专题。

作者利用大量的甲骨文资料并将之与历史文献、考古资料相结合,全面论述商代的政治、经济、科学文化,对研究商代文明有较重要的学术价值。

283. 殷墟第三四期甲骨断代研究

吴俊德著。1999年元月台北艺文印书馆出版,十六开本,一册。

内容有许进雄序、前言、凡例、本文引用著录甲骨专书简称对照表、正文、参考暨引用书目、附录、后记八部分。

正文有三部分：一、绪论,有四部分：断代基本概念、第四期甲骨的断代问题、研究目的和方法、材料的认定。二、分期工作,有三部分：材料（包括基础材料和扩充材料两部分）,统计讨论（包括字形讨论、词例、钻凿讨论三部分）,第三、四期甲骨分期标准的确立。三、应用,有六部分："母戊"材料的时代、"禀辛"（卜辞）有无的商榷、"武乙"在位时间的长短、关于第三和第四期的田猎刻辞、关于三、四期的祭祀活动、个别甲骨时代归属。

本书是讨论殷墟第三、四期甲骨文断代的问题,强调根据称谓、世系、坑位、方国、字形、书体、钻凿形态等相互结合加以确定甲骨文时代。书中论述"历组卜辞"属武乙、文丁时代的卜辞,分析细致,言之成理,持之有据。该书对研究甲骨分期断代有重要的参考价值。

284. 商代文明

张光直著,毛小雨译。1999年1月北京工艺美术出版社出版。又,2002年,辽宁教育出版社出版了此书的另一个译本,名《商文明》,该书由张良仁、岳红彬、丁晓雷译,陈星灿校。2013年3月三联书店将后者再版。三十二开本,一册。

内容有前言、正文、补遗、附录、致谢、译者后记、致译者的信。

正文有四部分：一、绪论,有传统历史文献、青铜器、甲骨、考古学、理论模式五部分。二、第一编安阳商代社会,分四章：第一章安阳和王都,分王都和安阳核心、小屯、西北冈、安阳的其他遗址、安阳以外的王都地区的考古、文献记载中的王都六部分。第二章自然资源和经济资源,分公元前二千纪中国北部的地形和气候、野生的和家养的动物、野生的和栽培的植物、岩石和泥土、铜和锡、贵重物品六部分。第三章商王朝及其统治机构,分族和邑、安阳的王室血统、王室血统的内部分立和继承规则、统治阶级的其他成员、军事力量、法律、祭祀、王权象征八部分。第四章国家的经济和政治秩序,有商代国家的网络、国家内部的资源流动、商与其他国家的联系三部分。三、第二编安阳以外的商代历史,分三章:第五章郑州,分商代文明的二里冈期、郑州二里冈期的商城、古代河南北部文化地层学的二里冈期三部分。第六章安阳和郑州以外的殷考古,分二里冈期的主要遗址、安阳王朝期的主要遗址、总的探讨三部分。第七章关于商代文明的总的问题,有关于确定商代编年的证据、文字和(人的)体质特征、早商、夏和商代起源问题三部分。四、结语——古代世界的商,有原始的问题、商代在社会进化系统中的地位、国家起源、文明和都市化的问题三部分。

　　此书的两个译本,内容大致相同,仅个别语句翻译有异。本书从传统历史文献、青铜器、甲骨、考古学、理论模式这五个角度切入,依据已知的考古发现和文献材料,力图全面呈现商文明的各个方面,是研究商代文明的力作。此书不但对商代历史、考古、研究有重要学术价值,对于甲骨文研究也有重要的参考作用。

285. 甲骨文自然分类法简编

　　唐兰著。1999 年 3 月山西教育出版社出版,十六开本,一册。
　　内容有王玉哲序、正文两部分。
　　正文有象物、象人、象工、象用、待问编五部分。
　　象物有日部、月部、晶部、⁝部、彡部、土部、水部、〽️部、丘部、阜部、谷部……等共 69 部。象人有大部、子部、屮部、人部、匕部、氏部、允部、兒部、兄部、欠部、见部……等共 49 部。象工有一部、十部、×部、爻部、入部、八部、丿部、癸部、二部、○部……等共 50 部。象用有甘部、合部、皿部、豆部、皂部、良部、鼎部、酉部、卣部、畐部、壶部……等共 63 部。四部分共有 231 部。

　　另外,还有待问编有 980 个字。
　　该书是唐兰先生的遗稿,由其子唐复年整理。该书是根据甲骨文自身形体结构的特点,对殷墟甲骨文字进行分类编排的字典。在眉端首列隶定之楷书,次列甲骨文诸异体,然后加以按语或考释。每一字的诠释大部分是唐兰个人研究所得,有的也吸取他人成果。本书考证有据,文字编排符合甲骨文字特点,对甲骨文字研究,有较高的参考价值。但本书也存在不足之处,如甲骨文字描摹不大准确;书中的甲骨文字无出处,不便查对;待问编文字过多,达 980 字,表明其分类法尚需进一步完善。

三、研　究

286. 甲骨文书法艺术

董玉京著。1999年4月大象出版社出版，三十二开本，一册。

内容有我的父亲（董作宾）与甲骨文书法（代序）、正文、作品选（董作宾甲骨文书法作品选、董玉京甲骨文书法作品选）、甲骨文字形表（濮茅左、徐谷甫）、后记五部分。

正文有引言、甲骨文的特性、甲骨文书体风格的分期、甲骨文书法的派别、甲骨文字的艺术、甲骨文"文字画"、我所喜欢的学习方法、结语等内容。

董玉京传承家学，对甲骨文书法艺术理论进行探讨，其书法作品对甲骨文书法艺术研究具有重要意义。

287. 甲骨学一百年

王宇信、杨升南主编，王宇信、孟世凯、宋镇豪、杨升南、常玉芝撰写。1999年9月社会科学文献出版社出版，十六开本，一册。

内容有（王宇信、杨升南）总序、正文、附录、后记四部分。

正文共十五章。第一章绪论，（一）中国的旧学自甲骨文之出而另辟一新纪元，（二）甲骨学的形成和发展，（三）甲骨文、甲骨学与甲骨学的科学界定，（四）本书的宗旨。

第二章百年出土甲骨文述要，（一）瑰宝蒙尘——1899年以前甲骨文的沧桑，（二）1899年殷墟甲骨文的发现和甲骨文的私人挖掘，（三）殷墟考古发掘的甲骨文。

第三章甲骨学研究基础工作的不断加强，（一）甲骨文整理工作的全面开展，（二）甲骨文的著录与著录编纂的科学化，（三）集大成的著录——《甲骨文合集》。

第四章甲骨文的考释及其理论化，（一）从《契文举例》到《殷虚书契考释》，（二）甲骨文字研究的深入，（三）考释甲骨文字的理论化。

第五章甲骨文的分期断代，（一）学者们凿破甲骨文"一团混沌"的尝试和契机的到来，（二）《甲骨文断代研究例》与甲骨学的发展，（三）"文武丁时代卜辞的谜"与断代研究的深入，（四）历组卜辞"谜团"的提出及讨论，（五）学者们力图构筑"断代研究成功"的新方案，（六）断代研究的新途径。

第六章甲骨占卜和卜辞文例文法（上），（一）商代甲骨占卜程式的探索，（二）殷商王朝的占卜制度，（三）古代甲骨占卜的源流，（四）晚商王朝甲骨的来源和卜材的整治。

第七章甲骨占卜和卜辞文例文法(下),(一)殷墟甲骨文的性质类别,(二)甲骨文字的书刻,(三)卜辞文例与行文分布规律,(四)甲骨文文法与语法。

第八章甲骨学研究的新发展——西周甲骨分支学科的形成,(一)西周甲骨文从推测、认识到不断发现,(二)西周甲骨的特征和有关分期的探索,(三)周原出土庙祭甲骨的族属及来源的讨论。

第九章前辈学者的成果和经验,是可资借鉴的文化遗产,(一)甲骨学研究成果与甲骨学研究人才,(二)把甲骨文研究"最前进的一线作为基点而再出发"的前辈学者,(三)值得继承和弘扬的共同财富。

第十章学科成果的不断认识和总结,指导和推动了研究的发展,(一)论著目的编纂与甲骨学研究领域的不断开拓,(二)甲骨刻辞的分类纂辑为研究的深化提供了条件,(三)学科基本建设著作与学科的发展。

第十一章商代社会结构和国家职能研究,(一)王室贵族,(二)殷正百辟与殷边侯甸,(三)宗法制度与家族形态,(四)商代社会中的下层被统治阶级,(五)商代的刑罚与监狱,(六)商代的军队与军制研究,(七)商代的对外战争,(八)商代的方域地理,(九)贡纳制度。

第十二章商代社会经济研究,(一)、(二)商代农业(上、下),(三)畜牧业经济,(四)渔猎业与商代社会经济,(五)商代手工业的全面发展,(六)商品交换与交通。

第十三章商代宗教祭祀及其规律的认识,(一)商代宗教祭祀的研究,(二)商代周祭制度及其规律的探索。

第十四章关于商代气象、历法与医学传统的发掘与研究,(一)甲骨文气象记录和商代气候的研究,(二)甲骨文天象记录的研究与辨析,(三)商代历法的研究与复原,(四)商代的疾病与医学传统的发掘。

第十五章新世纪甲骨学研究的展望,(一)甲骨新材料的继续发现和全面科学的整理,(二)甲骨学研究的继续深入与开拓,(三)甲骨学研究方法和研究手段的现代化,(四)人才的培养是甲骨学研究长盛不衰的保障。

附录有二:一、甲骨学大事记(1899—1999);二、甲骨文著录及简称。

本书对百年来甲骨学研究进行了科学总结,它是继《殷虚卜辞综述》之后的又一部甲骨学研究的总结性著作。朱歧祥谓,此书"对于甲骨学的研究不仅有总结之功,而在若干课题上更有开创的价值"。它将对今后甲骨学的发展具有重要的指导作用和规范意义。

本书的书评,见钟柏生:《〈甲骨学一百年〉书评》,《中国文字》新25期,台湾艺文印书馆,1999年12月。朱歧祥:《评〈甲骨学一百年〉》,《中国文字》新26期,台湾艺文印书馆,1999年12月。朱彦民:《一部百科全书式的甲骨学研究巨著——读〈甲骨学一百年〉》,《考古》2002年第1期。

三、研　究

288. 甲骨文字学述要

邹晓丽、李彤、冯丽萍著。1999年9月岳麓书社出版，三十二开本，一册。

内容有赵诚序、正文、后记三部分。

正文包括绪论、上编、下编三部分。

绪论概述了本书的取名、甲骨文与甲骨学概况及本书的构想三个问题。

上编文字篇，共四章。第一章论形，分五部分，一、概说，二、象形表意性，三、多形异体通用性，四、周原甲骨说略，五、本书三要点。第二章论"音"，分四部分，一、概说，二、音意型构形的声符研究，三、假借字研究，四、商代音系概述。第三章论"义"，分六部分，一、甲骨文中字、词关系，二、甲骨文字的表义特征，三、对卜辞中名词、动词的探讨，四、对虚词的探讨，五、对词序的探讨，六、几点结论。第四章其他，分两部分，一、卜辞读法（附卜辞成语），二、考释甲骨文通读卜辞的方法。

下篇资料篇，共两章，第一章从汉字构形及卜辞内容入手勾勒商史概貌，第二章要籍简介。

附录有五，一、257个甲骨文音意型构形字表；二、甲骨文音意型构形形符表；三、甲骨文音意型构形声符表；四、甲骨文部首表（赵诚《甲骨文字学纲要》），五、本书所收甲骨文字形总表。

该书的文字篇，着重分析甲骨文字的形、音、义之特点，也涉及卜辞的读法、行款及考释甲骨文字的方法等内容。资料篇包括商史概述和《卜辞通纂》六部要籍简介。本书对甲骨文字学研究有较重要的参考价值。

289. 明义士和他的藏品

方辉著。2000年1月山东大学出版社出版，三十二开本，一册。

内容包括明明德（明义士之子）、李学勤、王宇信三序，前言，正文，附录，后记，拓片与图版六部分内容。

正文共七章。第一章来华传教，对明义士的家世背景、申请来华、姓名来历、传教生涯简要介绍。第二章讲业齐鲁，对"哈燕"项目、考古调查予以介绍。第三章文物收藏，对初识甲骨、邂逅殷墟、早期的西方收藏家、"上帝的指引"、收藏原则予以介绍。第四章回国以后，对明义士在皇家安大略博物馆的不愉快经历、从旧金山到华盛顿、退休以后的经历予以介绍。第五章学术贡献，对明义士的甲骨整理与研究、商代青铜文化研究予以介绍。第六章藏品流布,对明义士藏品入藏山东省博物馆、南京博物院的明义士甲骨藏品、故宫博物院的意外发现、皇家安大略博物馆明义士藏品、维多利亚艺术博物馆的明义士藏品、送给山东大学的礼物予以介绍。第七章藏品选粹,选择了明义士的40余件青铜器作品予以介绍。

附录有四:一、论殷墟出土的明氏鹿即古代的麋;二、书信十二则;三、参考文献;四、引用甲骨著录书目及简称。

明义士是对殷墟甲骨文的收集和流传做出过较重大贡献的加拿大学者。此书详细地介绍了他的生平事迹、学术活动、对甲骨文和商代青铜器整理与研究的成绩。所以,该书对甲骨学史和殷商文化的研究都有重要参考价值。

290. 甲骨文与商代文化

赵诚著。2000年1月辽宁人民出版社出版,三十二开本,一册。

本书有汉字与文化丛书总序、正文、主要参考文献三部分。

正文共十一章。前言。第一章方国,殷墟甲骨刻辞中所记载的商代方国有一百五十个左右,此章叙述了一些重点方国与商王朝的关系。第二章先公,介绍了甲骨文中的夒、上甲、夋(王亥)、河、岳等十四位先公受祭及学者的研究成果。第三章神祇,介绍了帝、日、东母、西母、风、雨等十多种上帝和自然神祇的受祭、神威之情况。第四章先王,介绍了上甲、三报、二示、大乙共二十三世三十六王受祭及王位继承问题。第五章旧臣,介绍了伊尹、伊奭等十二位旧臣。第六章亲属,介绍了祖、父、兄、弟、子、妣、母、女八种亲属称谓。第七章配偶,介绍奭、母、妻、妾四种关系。第八章诸妇,介绍甲骨文中的妇及妇参与商代社会活动诸如参与战争、祭祀先王及生育等内容。第九章祭祀,介绍商代周祭、选祭、祭名、祭品等。第十章其他,介绍甲骨文中的颜色、时间等杂项。

该书是吸收前人和当代学者研究成果而写成的,通过甲骨刻辞的解读,讲述商文化的方方面面,书中的叙述,简明扼要,深入浅出,文字流畅,是普通读者了解甲骨文与商文化的较好读本,书中也有不少作者的独到见解,对于专业工作者也具有较高的参考价值。

291. 巫史重光——殷墟甲骨发现记

朱彦民著。2001年5月百花文艺出版社出版,三十二开本,一册。

内容为"有谁发现了文明"丛书总序、结缘龟卜习殷商(作者序)、正文、附录、后记五部分。

正文共十四章。第一章人吃"龙骨"五百年,记述1899年以前500年间甲骨文被"无意"破坏的历程。第二章甲骨发现士林惊,记述王懿荣发现甲骨文及王襄、孟定生发现、搜求甲骨的逸闻趣事。第三章著录考释赖先驱,记述刘鹗刊布《铁云藏龟》及孙诒让著《契文举例》的情况。第四章卜骨出土费寻觅,记述罗振玉如何考证出甲骨文的出土地,派人到安阳收求甲骨文及其甲骨流散情况。第五章学界风靡罗王书,记述罗振玉、王国维及其弟子对甲骨学研究的继续与深入。第六章名流教士竞搜求,记述明义士及林泰辅等学者搜罗及研究甲骨文之概况。第七章惟利趋成盗掘风,记述1899年甲骨文发现之后的盗掘之风的事实。第八章科学发掘拯信史,记述1928年至1937年前中央研究院科学发掘甲骨的情形。第九章契学深研赖新获,记述建国之后陆续发现的甲骨文,特别是小屯南地和殷墟花园庄东地大宗甲骨文发现的情况。第十章卜辞绎史写殷商,记述郭沫若、胡厚宣对甲骨学的研究概况以及大批学者利用甲骨材料研究殷商历史之概况。第十一章四堂过后耀群星,记述唐兰、于省吾、饶宗颐、张政烺、李学勤、裘锡圭、王宇信等学者研究概况。第十二章煌煌巨册昭后昆,记述《合集》、《补编》、《合集释文》等资料的整理与出版之情况。第十三章显学海外鸣遗响,概述海外学者甲骨学研究取得的辉煌。第十四章百年研讨斯学新,概述百年甲骨研究取得的成果,"中国殷商文化学会"的成立及多次牵头组织学术研讨会之情况。

附录有四:一、甲骨学百年大事记(1899—1999);二、甲骨文著录目及简称;三、本书主要参考书目;四、附表。

该书是介绍甲骨文发现及研究的通俗读物,内容丰富,文字流畅。既有可读性,又有较强的学术性。

292. 甲骨文语法学

张玉金著。2001年9月学林出版社出版,三十二开本,一册。

内容有正文、后记两部分。

正文有六章,绪论:甲骨文语法概说。第一章甲骨文词法,论述了名词、动词、形容词及兼类词、数词、量词、代词、副词、感叹词、介词、连词、语气词和虚词性词素、甲骨文构词法等基本词法。第二章甲骨文中的短语,论述了主谓、动宾、定中、状中、中补、联合、兼语、同位数量、介宾等短语结构类型、多层短语、各类短语的功能和短语的功能类型。第三章甲骨文中的句子成分,论述了主语、谓语、动语、宾语、定语及中心语、状语及中心语、补语及中心语等句子成分。第四章甲骨文中的单句,论述了主谓句、非主谓句、省略句、变式句等句型。第五章甲骨文中的复句,对一层复句、多层复句进行了论述。第六章甲骨文中的句类,论述了疑问句、非疑问句句型问题。

该书是全面研究甲骨文语法学的专著。书中有不少独到的见解,较前人的研究更为深入。此书的出版,对甲骨文语法及先秦汉语语法的研究起推动作用。

293. 甲骨文解谜

罗琨著。2002年5月长江文艺出版社出版,三十二开本,一册。

内容有前言、正文、余论三部分。

正文共六章。第一章惊世之发现,有四部分,一、第一位鉴赏收藏者,二、第一部甲骨著录书,三、第一本甲骨文考释专著,四、揭开甲骨文出土地之谜。对王懿荣发现并收藏甲骨,《铁云藏龟》的刊布,《契文举例》的著录、罗振玉考证出甲骨出土地点等甲骨学史上四个之最予以介绍。第二章探访发现之地,有三部分,一、洹上访古,二、殷墟发掘,三、开启大库。介绍了祝继先、罗振常、范恒轩等赴安阳收购甲骨,1928年的殷墟科学考古发掘及殷墟甲骨的出土、公布情况。第三章甲骨文字的破译,有四部分,一、古代的"小学",二、甲骨学的出现,三、甲骨文的考释,四、甲骨文内涵的发掘。介绍古代的"小学"及后代金石学发展历史、甲骨学的出现导致的新学问、甲骨文的考释方法及成果、甲骨学的深入研究及证经补史等内容。第四章汉字发展长河中的甲骨文,有三部分,一、甲骨文与"六书",二、甲骨文中的远古信息,三、汉字探源。介绍了甲骨文字构成以及与"六书"关系、甲骨文中的某些字所保留的远古信息、汉字探源等内容。第五章甲骨文商史解谜(上),有四部分,一、高祖夒与对先世来源的猜想,二、王亥与"天命玄鸟,降而生商"的传说,三、上甲与"河念有易"的故事,四、上甲六世与"唯殷先人有册有典"记载。对商先公等特殊历史事件予以介绍。第六章甲骨文商史解谜(下),有四部分,一、大乙与"成汤革夏",二、武丁与"高宗伐鬼方",三、妇好与"牝鸡司晨",四、"纣克东夷而陨其身",对商先王时之特殊历史事件予以介绍。

该书用通俗的语言,介绍了甲骨文发现及研究的历史,甲骨文的主要内涵及其隐含的历史奥秘等,是一部重要的甲骨学普及读物。此外,该书有不少作者研究甲骨学的独到见解,相信甲骨学者、古代史研究者,也会从中受到裨益。

294. 甲骨文讲疏

沈之瑜著。2002年10月上海书店出版社出版,三十二开本,一册。

内容有朱凤瀚序、正文两部分。

正文共十三章。第一章甲骨的出土、鉴定与外流,叙述甲骨文的发现与盗掘、科学发掘及甲骨外流等问题。第二章甲骨的整治、卜法、来源与刻辞，介绍甲骨占卜术与甲骨刻辞、甲骨的来源和记事刻辞等专业术语。第三章汉字的起源与甲骨文构形的特点，从古文字学角度探讨甲骨文字的构形特点。第四章识字、释字和通读卜辞，介绍甲骨文字、文句通读的基础知识。第五章卜辞的辞式与辞序，介绍卜辞格式及辞序。第六章卜辞的文法，介绍甲骨文名词、代词、动词等九种词类。第七章甲骨的缀合，讨论了甲骨缀合的重要性及甲骨缀合方法等问题。第八章甲骨文辨伪，讲述甲骨文辨伪方法。第九、十章断代，介绍甲骨断代问题，并对午组、自组、子组、历组卜辞时代进行论述。第十一、十二章甲骨文所反映的殷代社会，讲述用甲骨文研究商代历史等。第十三章甲骨文的研究经过，主要介绍对甲骨学研究有贡献的几代学者。

本书为通论性的甲骨学论著，语言通俗易懂，论述问题深入浅出，是初学甲骨者必备的读本。该书还蕴含着作者研究甲骨文的一些重要体会和创见，对专业学者亦具参考价值。

295. 中国古代王朝的形成——以出土资料为主的殷周史研究

伊藤道治著，江蓝生译。2002年10月中华书局出版，三十二开本，一册。

内容有李学勤序、前言、正文、附录、后记、译者后记六部分。

正文有两部分，第一部分殷代史研究，第二部分西周史研究。

殷代史研究共三章，绪论；第一章祖灵观念的变迁；第二章宗教的政治意义；第三章祖先祭祀和贞人集团。该书论述了殷代祭祀具有的历史背景和意义，阐明了殷代祭祀的外祭和以先王五祀为中心的内祭，并分析了这种祭祀的政治目的。

作者将甲骨文研究应用到古史研究中，提出不少独到见解，这些见解较前人深入了一步，对于殷商史研究有较大的参考价值。

296. 殷商史

胡厚宣、胡振宇著。2003年4月上海人民出版社出版，三十二开本，一册。

内容有（殷商史相关）图片、商时期中心区域图、胡振宇序言、篇前、正文、篇后、附录、大事年表八部分。

正文共五部分，分十六章。一、国事概要篇，共四章，第一章商族起源；第二章殷商世系；第三章商都屡迁；第四章殷商方国。二、政治制度篇，共四章，第五章殷王称号；第六章殷商史官；第七章图腾崇拜；第八章奴隶遭遇。三、社会生活篇，共四章，第九章农业生产;第十章天文气象;第十一章医药卫生;第十二章居住环境。四、学术文化篇,共两章,第十三章殷商文字;第十四章宗教思想。五、工艺美术篇,共两章,第十五章铜陶骨玉;第十六章蚕桑纺织。

篇前阐述了甲骨文的发现及殷商史的重建内容。正文阐述了商代政治、经济、社会、文化等内容,篇后是对商纣王的重新评价和商王朝灭国诸原因的分析。

本书是胡厚宣先生逝世七年多之后出版的遗作。王宇信曾对胡氏的《殷商史》作出如下评价:"此书不仅反映了胡厚宣先生一生对甲骨学商史研究的系统化和全面认识,而且很多论点都来自先生的原创,因而具有权威性。不仅如此,本书也充分反映和吸收了考古学和商史研究的最新成果,是一部重要的商史专著。但遗憾的是,……由于胡先生的逝去,很多问题没有充分展开并进行深入的论证,因而从这个意义上说,此书是胡厚宣先生多年以来酝酿所撰写的《殷商史》的论纲。"①

297. 甲骨文例研究

李旼姈著。2003年6月台湾古籍出版有限公司出版,十六开本,一册。

内容有宋镇豪序、凡例、正文、附录、参考书目、引用著录简称表六部分。

正文共七章。第一章绪论,对研究的动机与目的、研究范围与方法、文献检讨予以介绍。第二章甲骨文形体结构特征,分五节,一、字无定格、部件位置不固定;二、一字正反书无别;三、一字异形、繁简并存;四、形近或义近部件通用;五、书写工具、习惯与字形之关系。第三章甲骨版面通读法研究,分三节,一、刻辞行款类型,分一般与特殊行款两种形式;二、甲骨文内容间的联系,分卜辞的结构、形式、正面卜辞与背面卜辞相承、兽骨相间刻辞、兽骨边面对应五种情况。三、一事多卜,分同文、成套、同对卜辞三种情况。第四章甲骨文契刻特殊例(上),分四节,一、误刻例,有误增或误穿笔画、受它字的影响而误、形近或义近而误、音近而误、干支之误五种情况。二、缺刻例,分个字缺刻、整条卜辞缺刻、缺刻而致误字误释之例、缺刻字比较表四个问题。三、夺文例,分卜辞所见夺文例及说明、夺文之形态、内容及时代情况四种现象。四、衍文例,论述卜辞所见之衍文例、衍文的内容两个问题。第五章甲骨文契刻特殊例(中),分四节,一、补刻例,对空间不足、删字而重刻、适当空间补刻、补刻原因与补法特点三个问题论述。二、倒文例,分文字结构之倒、倒语、倒行三种情形。三、侧书例,分文字、数字侧书两种情形。四、颠乱例,分补刻而颠乱、部分内容刻于它处而颠乱、行款方向转变而颠乱、不遵守辞序而颠乱四种情况。第六章甲骨文契刻特殊例(下),分四节。一、省文例,有前辞内容的省略、干支之省略、身份

---

① 王宇信:《新中国甲骨学六十年》,中国社会科学出版社,2013年,第492—493页。

人名称谓等之省略三种形式。二、析书例,析书的主要偏旁、析书者的主要类别与形式、析书而致误者三种情况。三、合文例,有合文类别、合文结合形式、甲骨文合文与金文、战国文字合文异同三方面论证。四、借字例,有一字两用、重文符号的运用两种情况。第七章结论。附录契刻特殊例表。

该书系统整理了殷墟甲骨文文例,资料丰富,分析细致,是甲骨文语辞研究的重要专著。

298. 甲骨文字根研究

季旭昇著。2003年12月(台湾)文史哲出版社出版,三十二开本,一册。

内容有部首表、部首索引、凡例、正文、附录五部分。

正文共两部分。一、绪论,有七小部分,分别是:甲骨文之名义及其材料范围、研究之回顾、考释方法之检讨、本文之撰写动机、研究范围及方法、成果及展望。二、字根分析,把殷墟出土的所有甲骨文字,拆分成四百八十五个字根,并对每一个字根的初形本义做扼要探讨。

作者把殷墟甲骨文拆分成四百八十五个字根,又把这四百八十五个字根归并成151部,每部都列出孳乳表。孳乳表以字根为首,有此字根孳乳的所有字列在其下,每个字下标注此字在孙海波《甲骨文编》的字号(S),李孝定《甲骨文字集释》的页码(L),于省吾、姚孝遂《甲骨文字诂林》的字号(Y),岛邦男《殷墟卜辞综类》的页码(D),以便学者了解此字以往释读概况。

该书是学者分析、认识甲骨文字结构的重要参考书。

299. 古文字与商周史新证

王晖著。2003年12月中华书局出版,三十二开本,一册。

正文内容分三大部分:一、先周与西周史新证,二、商史新证,三、古文字与古书新证。

第一大部分共十二章,其中,第二章周原甲骨属性与商周之际祭礼的变化,第三章从齐礼、夷礼与周礼之别看周原甲骨属性,第四章周文王克商方略考,第八章周原甲文"汝公用聘"与鲁国初封地新证,第九章周原甲骨文"虫伯"及其种族地望考,第十一章周初改制考,主要依据西周甲骨文(也有殷墟甲骨文)对先周、西周早期历史,进行了深入探讨。

第二大部分共四章,第一章殷历岁首新论,第二章帝乙、帝辛卜辞断代研究,第三章商纣俎醢侯伯新证,第四章商末气候环境的变化与社会变迁。该部分对殷历岁首、帝辛卜辞的存在、帝乙、帝辛卜辞断代、俎醢侯伯论证,还从田猎动物种类、考古发现的孢粉探讨了商末气候环境的变化与社会变迁等问题。

第三大部分共八章,其中,第二章古文字中记数使用"又"字的演变及其断代作用考,第三章从数词组合方式的演变看先秦古籍的断代问题,第四章商周日界考辨——兼论牧野大战的时间,第五章"年"字语源考,第六章说"仞",第七章岁名载、兹的来由与古代物侯纪年法。该部分利用甲骨、金文文字与文句,探讨商周古史中研究难题。

该书既有殷商历法研究,也较集中地论述了商末周初殷周两大政治集团在政治、经济、军事、祭祀方面的变化情况及商周关系等问题,还探讨了商周重要历史人物的相关史实。该书论证深入,具有较高的学术价值,是商周史研究的力作。

300. 商代分封制度研究

李雪山著。2004年8月中国社会科学出版社出版,三十二开本,一册。

内容有王宇信序、正文、附录、后记四部分。

正文部分共七章,第一章绪论,介绍商代分封制度研究意义和方法、分封制度研究的进展及存在的问题、本书拟解决的问题如封国地理分布、分封制度探讨等。第二、三章商代分封制度研究,对商代实行分封制度的背景、封国产生的途径、分封诸侯的爵称、卜辞贞人为封国首领来朝为官者、商代后期王畿与诸侯国的行政区划、商代封国与商王朝的关系等问题展开了专题研究。第四章商代封国及其地理分布,对商代侯、伯、亚、子、妇国及其地理分布进行了分析。第五章商代方国及其地理分布,对商代北部、南部、东部、西部诸方及地理分布进行了分析。第六章商代方国与商王朝的关系,对和商王朝之间处于敌对、臣属之方国进行研究。第七章商王朝与封国方国的朝聘与监察制度,对商王朝与封国方国的朝聘、会盟、诅誓及检察制度进行了分析。

本文用大量的甲骨文资料并结合历史文献与考古资料对商代的分封制度与方国进行了研究,作者在继承前贤已有成果的基础上有所深入和前进,如对过去研究难于细分的商代封国、方国加以区分,并用表格和地图加以标示,使读者对商代封域有了较明确的整体观念。再如,论述封国与方国的分布的三个特点:呈密集形的块状分布;封国基本处于方国的内侧,封国、方国分布存在犬牙交错的状况,较前人的认识更深入。因此,此书对商代政治制度和方国地理研究,有较重要的参考价值。

301. 商周祭祖礼研究

刘源著。2004年10月商务印书馆出版,三十二开本,一册。

内容有朱凤瀚序、常玉芝序、正文、主要参考文献、后记五部分。

正文共八章,绪论,就研究商周祭祖礼意义、学术史回顾及本书宗旨做简要概述。第一章商代后期祭祖仪式的类型,对"祭名"不能作为判断祭祖仪式类型的标准及其原因进行分析;对卜辞中所见商代后期祭祖仪式类型进行分类。第二章周代祭祖仪式的类型,对周代常祀、临时祭告等祭祖仪式进行探讨。第三章甲骨文中所见商代后期贵族祭祖仪式内容,探讨甲骨文中重要祭祀动词含义,研究禳祓、祈求之祭的仪式内容。此章还对花园庄东地卜辞中所见商人祭祖仪式内容作了研究。第四章周代贵族祭祖仪式过程,论述周人祭祖仪式内容,并指出周人祭祖礼是在吸收商文化基础上加以继承和发展。第五章从祭祖礼看商代后期前段的祖先观念:强烈的鬼神崇拜,从祭祀动机、仪式内容论证商人祖先作祟观念、祖先神权能与地位差异。第六章从祭祖礼看周人的祖先崇拜:现实与理性的态度,从铜器铭文,论证周人对祖先功德的崇拜及祖先对家族和个人的福佑问题,也论证了周人祭祖仪式中人神沟通问题。第七章商代后期祭祖仪式所反映的社会关系,从商代后期祭祖礼中所见商王、贵族族长的地位、牺牲征取与贡纳所反映的王与同姓贵族、侯伯、方国的关系,论证了其中所反映的社会关系。第八章周代祭祖礼对宗法制的维护,从《诗经》、《仪礼》、金文等反映的祭祖礼内容,探讨了周代祭祖礼对宗法制的维护。

本书主要对商周祭祖仪式类型、仪式内容、过程及商周祭祖礼反映的祖先观念、社会关系等做了深入、系统的研究,填补了商周祭祖礼研究的空白,对先秦社会史、宗教史、思想史研究有较重要的学术价值。

302. 汉字书法通解·甲骨文

贾书晟、张鸿宾著。2005年4月文物出版社出版,十六开本,一册。

内容有邹晓丽序一、秦永龙序二、引言、正文、跋、附录、参考文献、编后八部分。

正文共七章,第一章甲骨文的发现与甲骨学的建立,有殷墟甲骨文的发现、甲骨学的建立、甲骨文与中国书法三部分。第二章甲骨文简介,有甲骨文的特点、甲骨文的分期及其书风两部分。第三章甲骨文书法的用笔技法,有甲骨上的契刻文字和朱墨书、甲骨文书法的用笔技法两部分。第四章甲骨文的结体取势,有甲骨文的结构特点、甲骨文的体势变化两部分。第五章甲骨文的章法,有甲骨刻辞的章法、笔墨书法中的特殊问题两部分。第六章学习甲骨文书法的途径和用字问题,有学习甲骨文书法的途径、甲骨文书法的用字问题两部分。第七章名家名作赏析,分别对罗振玉、王襄、丁佛言、董作宾、叶玉森、丁仁、简经纶、商承祚、潘主兰、陈恒安、沙曼翁、杨鲁安、刘顺、欧阳可亮、饶宗颐等名家书法进行赏析。

附录有二:一、常用甲骨文字形表,共收录951个常用甲骨字,另有笔画和拼音检索;

二、第一期甲骨文拓片选辑。

这是我国第一本论述甲骨文书法的教材。该书先对甲骨文基础知识作概述,后对甲骨文书法作了较系统的论述,深入浅出,新意迭出,行文简明流畅。该书对甲骨文书法的普及和甲骨文书法研究有重要价值。

303. 殷墟花园庄东地甲骨卜辞研究

魏慈德著。2006年2月台湾古籍出版有限公司出版,十六开本,一册。

内容有宋镇豪序、黄天树序、自序、正文、附录、后记六部分。

正文共六章。第一章绪论,分三节,一、花园庄东地H3坑甲骨的发现及公布,对H3甲骨刻辞的特点、H3卜辞的性质、H3卜辞中子的身份与地位、H3卜辞的时代及研究现状予以叙述。二、对《殷墟花园庄东地甲骨》一书体例、H3坑甲骨整体研究成果予以介绍。三、花东H3坑甲骨的研究分期,对第一、二、三阶段的研究成果予以综述。第二章花东甲骨刻辞中所见人物,分三节,一、花东卜辞中的先王先妣,叙述了关于花东卜辞中的先祖先妣的问题和对于"子"的身份说的几点讨论两个问题;二、花东卜辞中的人物,对商王、妇好与诸子、诸方国大臣、子的家臣三种人物系统研究;三、前辞及记事刻辞中的人物,对贞人、记事刻辞中的人物系统研究。第三章花东甲骨刻辞中所见地名,分三节,一、花东卜辞地名的相关研究,对花东卜辞地名研究回顾、地名的系联予以研究;二、花东卜辞地名的分组研究,对龘灘组地名、狀釁组地名、刪爵组地名、其他地名进行研究;三、子的领域位置推测。第四章花东甲骨刻辞中的特殊字辞,分三节,一、因书写方向不同所造成的字体差异,对倒书、侧书字体进行讨论;二、因书写讹误所造成的释读困难;三、书体的通用,对义类的相通、形符的繁省、累加声符三种现象予以讨论。第五章花东甲骨刻辞的同文例,分三节,一、花东卜辞同文例的整理,对同事异卜、异事异卜两种同文例辞例进行了研究;二、花东卜辞事类的整理与排谱;三、由花东卜辞的同文例来看殷礼,对粢盛之礼与祼鬯之祭、觐见出会礼、与马政有关的礼制进行了探讨。第六章结论。

该书是第一部对花东卜辞进行研究的学术专著,它对花东甲骨文例,卜辞中人物、地点、事件等内容进行了研究,书中论述有据,屡有新见,是殷墟花园庄东地甲骨研究的较重要的参考书。

304. 甲骨学殷商史研究

宋镇豪、刘源著。2006年3月福建人民出版社出版,三十二开本,一册。

内容分正文、主要参考书目、后记三部分。

正文共九章，绪论，概括介绍了本书主要内容。第一章总论，分三个方面：一、学者对甲骨文的逐步认识；二、殷墟甲骨文分类的进展；三、甲骨学的确立。第二章甲骨文的发现与发掘，对殷墟甲骨文的发现、殷墟甲骨文的私掘盗掘、殷墟甲骨文的搜集和流传、殷墟甲骨文的科学发掘、殷墟以外地区甲骨文的发现和科学发掘（商代和西周甲骨文两种）分门别类地进行了概括和总结。第三章甲骨文著录，对百年来甲骨文著录工作概况、甲骨文著录论著评介、甲骨缀合进行了总结。第四章甲骨文断代，分五部分：一、早期的探索；二、董作宾"五期说"的提出及其修正；三、"卜人组"的提出与"自组"、"子组"、"午组"卜辞时代的确定；四、"历组"卜辞的时代讨论与"两系说"；五、其他甲骨文断代问题。第五章甲骨文工具书的编纂，对甲骨文字汇工具书、甲骨卜辞索引工具书、甲骨文字典及词典类工具书、甲骨文字集释工具书、专门性质的甲骨文通检索引工具书的编纂进行了叙述。第六章甲骨文书法，对推陈出新的甲骨文书法及甲骨文在书学史上的地位进行了总结和论证。第七章商代后期的国家与社会，以甲骨文材料为研究对象，探讨了商王国的国家形态、社会组织和社会结构。第八章商代后期的鬼神崇拜和祭祀，对卜辞所见神灵——上帝、祖先神和自然神的崇拜与商人的祭祀进行归纳和总结。

1999年以后，甲骨文的发现与研究不断取得新的进展，该书就是追踪甲骨学发展的前沿之作。诚如作者在"绪论"中所言："本书与从前综述甲骨学殷商史研究成果的专著不同，并未逐一介绍该学科内各个专题的研究状况，只圈定了几个从前没有全面深入评述过的基础性重要专题，并容纳新发现、新材料和众多新论著……于其中，在一定程度上，读者可以把本书看作《甲骨学一百年》的补充和阶段性的续编。"因此，本书对甲骨学与殷商史研究有重要的参考价值。

305. 商周甲骨文

王宇信、徐义华著。2006年7月文物出版社出版，三十二开本，一册。

内容有正文、甲骨学书目简称对照表、参考书目、后记四部分。

正文共六部分。一、绪论，概括介绍殷墟甲骨文发现的学术意义、甲骨文发现和甲骨学研究的五个阶段。二、甲骨文"盗掘时期"与甲骨学研究的"草创阶段"，介绍商王朝"失国埋卜"与甲骨文的埋藏和破坏，甲骨文的发现与"盗掘"出土的甲骨文，甲骨文的著录，甲骨学研究"草创时期"取得的成果四个专题。三、甲骨文"科学发掘时期"与甲骨学研究的"发展阶段"，介绍科学发掘殷墟甲骨文与殷墟的科学发掘，殷墟科学发掘时期甲骨文的出土，殷墟"科学发掘时期"甲骨文的著录，《甲骨文断代研究例》的构筑，甲骨学研究的发展五个专题。四、甲骨文的继续科学发掘与甲骨学的"深入研究阶段"，介绍科学发掘甲文的继续出土,甲骨文的著录与著录的科学化,甲骨学研究的"深入发展"三个专题。五、甲骨学的"全面深入研究阶段",介绍甲骨文出土时空的继续扩大,甲骨文集大成著录的推出,甲骨学研究的"全面深入",西周甲骨学的形成,甲骨学研究的世纪总结,国际学术交流的加强,前辈学者的成功经验等七个专题。六、新时期甲骨学研究的展望,对甲骨文新材料的继续发现与科学整理、甲骨学研究的进一步深入与开拓进行了展望。

本书是甲骨学通论性著作,简明扼要地介绍、评述了20世纪商周甲骨文发现、研究概况,对甲骨学、殷商史、商周考古的研究有较高的参考价值。

306. 中国文字学

陈梦家著。2006年7月中华书局出版,三十二开本,一册。

内容有文字学甲编、中国文字学、中国古文献学概要(英文),三种文字学讲义合于一册而成。

中国文字学共两章,与文字学甲编略有重复。

文字学甲编(1939年修订本)共七章。第一章古文字学的形成,有五部分,一、古代的小学与文字学;二、秦汉的字书与说文解字;三、文字学与古器物学;四、历代文字学的简史;五、文字学的内容和分期。第二章文字的开始及其基本类型,有六部分,一、文字的开始和创造者;二、文字的起源;三、文字与图画;四、图画语言与文字;五、文字的基本类型;六、文字的新分类。第三章汉字的结构,有六部分,一、论"文";二、论"名";三、论"意""义";四、论"字";五、论"形指";六、结论。第四章传统的六书说,有六部分,一、总论六书;二、象形指事会意;三、形声,附:说省声(朱德熙);四、假借;五、转注;六、结论。第五章字体变异的原因,有六部分,一、字体变异的原因;二、书写的方法、材料与工具;三、官书和民书;四、复古和存古;五、书写的手续;六、史与工。第六章历史上的字体,有十三部分,一、总说;二、大篆;三、小篆;四、隶书;五、古文;六、奇字;七、刻符;八、虫书—鸟书;九、摹印—缪篆;十、殳书;十一、署书;十二、说文中所有的字体;十三、附论秦文。第七章古文字材料,一、甲骨文。

中国文字学(1943年重订本)共两章:第一章共四节,古代的小学和字书,说文解字的完成,说文学与古文字学,文字学的材料、分期、方法和内容。第二章共四节,文字的开始,文字的起源,文名字与形音义,文字的基本类型。

作者将古文字分为殷商、两周、六国、秦、汉等五个文系。指出了文字学、语音学、文法学、语法学、意义学这五种学,皆属于广义的文字学。提出了"三书说"(名、文、义),建构了自己的文字学理论,是中国文字学理论研究的重要著作。甲骨文是目前发现最早且成熟的文字,在本书中,常用甲骨文字为例分析字形及其演变,因此,本书还是甲骨文字研究的主要参考书。

三、研　究

307. 殷墟花园庄东地甲骨卜辞的初步研究

姚萱著。2006年10月线装书局出版，十六开本，一册。

内容有黄天树序、凡例、引书简称、工具书、正文、附录、参考论著目录、后记八部分。

正文共五章，绪论，对花园庄东地甲骨卜辞的发现、资料的刊布、初步研究及本书研究的主要问题做简单介绍。第一章《殷墟花园庄东地甲骨释文》校补举例，对《殷墟花园庄东地甲骨释文》中原释文误释、漏释、缺释及其他有误者作详细校补订正。第二章关于花园庄东地甲骨卜辞中的人物"丁"，认为卜辞中的丁为商王武丁。第三章花园庄东地甲骨卜辞的主人"子"的身份，认为"子"为商王武丁的亲子，可能是宾组卜辞中的子狀。第四章花园庄东地甲骨卜辞的辞例形式，论证花东卜辞的辞例形式有前辞、占辞、验辞、用辞、孚辞五种形式。第五章花园庄东地甲骨卜辞字词丛考，对㣇奔、及、外、臺、带、㧉（多子合文）、祳（脤）、礼、䘑（庇）、盎、省、哭（愍）、亡司、陟盉、新（新）、面、麥（來）、丙（丙）、未（妹）、益、束、氤、气、㿨（瘧）、㮣（虞）等文字进行字义考释。

附录有二：一、花园庄东地甲骨卜辞释文；二、花园庄东地甲骨有关联的卜辞（同文、同卜或同事）系联排谱。

此书是大陆第一部对花东卜辞进行研究的学术专著，书中有不少精辟的论断和独到的见解，对于花东卜辞和非王卜辞的深入研究起到较大的推动作用。

308. 殷墟甲骨非王卜辞研究

常耀华著。2006年11月线装书局出版，十六开本，一册。

内容有李学勤序、宋镇豪序、凡例、正文、附录、本书各文出处说明、简称表、后记八部分。

正文分上、中、下三编。上编是子组卜辞研究，包括子组卜辞人物研究，子组卜辞缀合两例，子组卜辞新缀四例，关于子组卜辞的材料问题，关于《子组卜辞来源、重见、缀合及出土坑位表》的几点说明，子组卜辞来源、重见、缀合及出土坑位表，子组卜辞著录索引，上编图版，上编图版来源表九部分。

中编是花东卜辞研究，包括读《殷墟花园庄东地甲骨》，试论花园庄东地甲骨所见地名，花东H3卜辞中的"子"——花园庄东地卜辞人物通考之一，中编图版，中编图版来源表五部分。

下编是YH251、330卜辞研究，包括YH251、330卜辞研究（分五个专题：从相关的坑位记录表谈起，YH251、330 甲骨的缀合及其问题，两坑同文卜辞与殷代占卜制度，YH251、330 卜辞的基本类别，YH251、330 及子组卜辞之间的关系），说"多妇"，YH251、330 卜辞登记号、著录序号与坑位对照表，下编图版，下编图版来源表五部分。

附录：殷虚地上建筑复原第八例兼论乙十一后期及其有关基址与 YH251、330 的卜辞（石璋如）。

此书对子组、花东 H3 坑、YH251、330 坑三种"非王卜辞"进行整理、研究，"勾勒多个'子'的家族组织和人际关系，达到剖析商代家族形态，了解商代社会结构的目的"（见宋镇豪序）。此书资料翔实，分析细致，新说迭见。对非王卜辞及商代家族形态的研究，有较重要的参考价值。

309. 殷商甲骨文形义关系研究

［韩国］朴仁顺著。2006 年 11 月中国社会科学出版社出版，三十二开本，一册。

本书有内容提要、邹晓丽序、前言、正文、主要参考文献、附录六部分。

正文共四章。第一章绪论，介绍了选题宗旨与甲骨文形义关系研究综述、指导理论三部分。第二章工作步骤及判定词义的原则及方法，按照《摹释总集》选出已识的不重复的一期全部甲骨文字 2702 个，记录异体字和该字的其他义项，然后按照字（词）义系统（本义、引申义、假借义等）分别做出字表，逐一分析一期卜辞中字的形义关系。第三章甲骨文（主要指卜辞）表义情况描述，从一形专用、多用、合文等形式判断形义关系，分析专用本义，用本义又用引申义，仅用引申义，用本义、引申义又用假借义，仅用假借义，用本义及假借义，用引申义和假借义，义不明者等情况。第四章从甲骨文形义关系状况和理论探求甲骨文形义，从形关系在形式上的表现看形义全合者、形义部分相合、形义乖离、情况不明者，并总结甲骨文形义关系之理论。

附录有四：一、本义字表，收 305 字；二、引申义字表，收 210 字；三、假借义字表，收 1045 字；四、《甲骨文合集》(1—6 册)中韩国汉字的读音及它们在 6 部工具书中的出处。

甲骨文是早期文字，形义关系密切，以往的甲骨文字本身形义关系的研究还很薄弱，此书从文字学角度，探索甲骨文字的形义关系，对今后甲骨文字形义研究，具有启发作用。

310. 殷墟甲骨学

马如森著。2007 年 1 月上海大学出版社出版，十六开本，一册。

本书是《殷墟甲骨文引论》（简称《引论》）的修订版再版。《引论》于 1993 年 4 月东北师范大学出版社出版。

内容有胡厚宣序、孙常叙序、李学勤序、正文、再版后记五部分。

两书内容基本相同,仅文字有些差异。

正文分上、下两编。

上编为殷墟甲骨学(《引论》称甲骨学简述),共八章,第一章甲骨文的出土和发现。第二章甲骨文的重大意义。第三章甲骨文研究。第四章甲骨文的骨版研究。第五章占卜、骨版的凿钻、灼龟、吉凶。第六章甲骨刻辞。第七章甲骨文的分期断代。第八章甲骨文字。

上编较全面、系统地介绍甲骨学的内容,从甲骨的出土、甲骨文的发现、发掘及其重大意义,到甲骨文著录、甲骨学的建立、甲骨来源、骨版结构、占卜过程、刻辞、甲骨文字形特点、内容、卜辞分类、断代、书写等都作了叙述。并附甲骨拓片及图表108幅。

下编为殷墟甲骨文可识字(《引论》称可识字形音义简释),有四部分:一、凡例;二、笔画查字表;三、殷墟甲骨文可识字正文;四、汉语拼音索引。正文部分按《说文》分为十四卷,收录了1056个可释甲骨文字,每一字均注明其出处及异形体,并简单解释。解释文字从字形结构分析到探求本义。释文引用《说文》。另附"笔画查字表"和"汉语拼音索引"。

该书是甲骨学通论性著作,内容深入浅出,图文并茂,对于一般读者了解甲骨学的基本知识,具有指导意义。

311. 殷墟花东 H3 卜辞主人"子"研究

韩江苏著。2007年4月线装书局出版,十六开本,一册。

内容有王宇信序、晁福林序、凡例、引书简称、正文、附录、参考文献、后记八部分。

正文共七章。绪论部分,就花园庄东地甲骨发现以来研究现状、述评及选题意义概括介绍。第一章 H3 卜辞的时代,对 H3 卜辞时代现有研究成果评述与辩证,认为 H3 卜辞时代为武丁早期向中期过渡阶段。第二章从受祭祀对象看"子"为武丁之子,从高祖先公、近世先祖及先妣等受祭及祭祀顺序等多方面进行论证。第三章"子"为武丁亲子,从某些"丁"非武丁的论证,活着的丁为时王武丁等来论述。第四章从人物关系看"子"为武丁太子,从 H3 卜辞中的"妇某"、"子某"、贞人、其他人物与"子"的关系来论证。第五章从"子"的活动看商代太子职责和权利,从"子"拥有与商王(武)丁相对的官吏系统,"子"支配的经济,"子祝",从文献所见太子职责及"子"代王行事等事类,论证"子"是太子。第六章太子所从事的礼仪学习及活动,从"子"在入地从事弹射礼、在麗、吕、潹之地举行射礼活动,学商及舞、田猎等方面进行分析。第七章由"太子"引发出商史研究中的问题。从商代是否有宗法及"子"为武丁之太子孝己抑或是祖庚,进行了系统的探讨。

附录有五：一、对《花东》480卜辞的释读；二、"自西祭"与左中右问题的讨论；三、关于H3卜辞中"祭于南"的问题；四、殷墟花东H3卜辞排谱分析；五、殷墟花东H3卜辞排谱。

该书从花东卜辞的时代、人物、事类等几个方面，深入全面论证了"子"为武丁太子的身份，并对花东卜辞的释读和祭典的一些具体问题也提出不少独到见解，因此此书对花东卜辞及殷商史研究有较大的学术意义。书后的五个附录与正文相呼应，成为全书不可缺少的有机组成部分，尤其是H3卜辞排谱，作者用力甚勤，细化了"排谱依据的标准"，从而使得花东H3卜辞的排谱有所深入和进展。

本书的评论，见杨升南：《层层剔剥 辨析细微——读韩江苏著〈殷墟花东H3卜辞主人"子"研究〉》，《中国文物报》2008年12月31日第4版。雷晓鹏：《迎难而上 探寻真相——〈殷墟花东H3卜辞主人"子"研究〉评介》，《殷都学刊》2009年第4期。

312. 殷墟甲骨文人名与断代的初步研究

赵鹏著。2007年4月线装书局出版，十六开本，一册。

内容有黄天树序、凡例、引书简称、正文、附录、列表部分索引、参考论著目录、后记八部分。

正文共四章，绪论，就选题意义，旧有研究成果述略及本题要旨，关于殷墟甲骨文中的姓、氏和私名进行概述。第一章殷墟甲骨文中人名的确定，对殷墟甲骨文中的人名涵义的界定及确定人名的标准进行讨论。第二章殷墟甲骨文中人名的结构，对殷墟甲骨文中男名结构的表现形式、女名结构的表现形式、人名结构的特点进行了详细分析和论述。第三章运用殷墟甲骨文中的人名进行断代的方法、意义及注意事项予以讨论。第四章殷墟甲骨文中的人名在断代中的应用，分别从自组卜辞、历组卜辞、出组卜辞、何组卜辞、无名组卜辞、黄组卜辞、子组卜辞、午组卜辞、妇女卜辞、非王圆体类卜辞、非王劣体类卜辞及花东子组卜辞中的人名看其时代。

附录有三：一、甲骨新缀五例；二、部分共见于《缀三》与《合集》的拓片；三、殷墟甲骨文所见人名列表（部分）。

过去甲骨学者对甲骨文的人名写过不少文章，但尚未有一部全面系统地对此问题进行研究的专著，本书的出版填补了这一领域的空白。它是一部资料翔实、内容丰富的专著。对甲骨文的人名分析，有助于认识商代社会结构和社会生活及家族形态，同时人名研究也为甲骨文断代提供了参照标准。本书是甲骨学研究的重要成果。

书中几个附录，尤以附录三殷墟甲骨文所见人名列表（部分）及列表部分索引占的篇幅最大（216页），这是作者花费很大精力精心制作的，便于检索，为读者提供很大方便。

三、研　究

313. 先秦社会思想研究

晁福林著。2007年6月商务印书馆出版，三十二开本，一册。

内容有自序、正文、后记三部分。

正文部分有五章。第一章"神道设教"与社会思想；第二章先秦时期社会思想的起源；第三章商周社会思想的几个问题；第四章出世与入世之际：道家思想中的若干社会观念；第五章积极进取，自强不息：儒家思想中的若干社会观念。

本书以先秦文献典籍为史料基础，结合甲骨文、新出简帛文字，系统阐述了先秦社会思想发展的三个阶段，发生时期：从中国古代文明的脚步开启，经夏商两代；发展时期：经西周、春秋阶段；繁荣时期：历春秋末期再经战国到秦统一。第三章在讨论商周社会思想的几个问题时，应用甲骨文材料，讨论了从甲骨卜辞说到中国古代的"榥"、"量"观念；由甲骨文"專"字考论商代与之相关的社会观念；由殷卜辞中的"虹"看殷商社会观念；商代易卦筮法初探等问题。

该书是研究先秦社会思想的力作，作者把甲骨材料运用到社会思想史研究领域，具有重要意义。

本书的书评，见谢乃和：《重构"思想史"的新范型——评晁福林〈先秦社会思想研究〉》，《管子学刊》2013年第2期。

314. 商周姓氏制度研究

陈絜著。2007年6月商务印书馆出版，三十二开本，一册。

内容包括朱凤瀚序、赵伯雄序、正文、附录、后记五部分。

正文有三部分。绪论。第一部分殷商时期的姓氏制度，第二部分封建等级社会下的姓氏制度——从西周到春秋时期，第三部分封建等级社会的解体与新型姓氏制度的形成。

绪论部分就研究商周姓氏制度的意义、商周姓氏制度研究述略与本书的目的及研究方法等问题进行概括。第一部分：第一章关于殷商时期的"姓"的探讨，探讨了三个方面的问题：一、从"殷人子姓"谈起；二、关于殷墟卜辞中的"帚"及商代妇名之探讨；三、卜辞中的"多生"问题。附录表有二：一、卜辞妇名表；二、卜辞所见妇名、男子名或地名、族名、国名重合事例表。第二章殷商时期的族氏名号与族氏命名制度，讨论了三个方面的问题：一、认证族氏名号的方法；二、族氏名号的形式与含义；三、从"寝某"、"子某"等古文字名号材料看殷商族氏名号的主要获取途径。第三章殷商时期族氏名号的使用范围。第四章殷商时期姓氏制度的特征及相关历史问题之检讨。

第二、三部分共六章,论述的是春秋、战国时期的姓氏制度。

附录有三:一、征引与参考书目;二、引用甲骨文、金文著录书籍简称;三、殷商时期王年、王世、卜辞组别对照表。

此书对商周姓氏制度这一重要而又有相当难度的学术专题做了全面系统和深入、细致的研究和探索。作者使用多学科交叉的研究方法,论证有深度,不少问题上提出了自己的新见解,如:论述卜辞中"妇某"之"某"为父族族氏名号的看法;提出"多生"是"多甥",亦包括多舅,乃商王族姻亲;认为商代禁婚组织是同一族氏,并不禁止同姓内婚等。此书的出版,将推动先秦史研究的进展,对于甲骨学、古文字学、考古学及民族学等相关学科的研究,也有较重要的参考价值。

315. 商族的起源、迁徙与发展

朱彦民著。2007年8月商务印书馆出版,三十二开本,一册。

内容有朱凤瀚序、正文、后记三部分。

正文分三章。第一章商族的起源,分四节:一、商族起源研究的意义;二、商族起源研究的回顾,有西方说、东方说、北方说、东北说、晋南说、中原说、夏商周三族同源说、江浙说八种说法;三、关于诸说的述评与辨析,对西方说、晋南说、东方说、东北说、中原说、北方说诸说进行述评与辨析;四、商族起源地望之我见,从文献记载的玄鸟图腾、历史地理的幽燕等地、龙山文化雪山类型考古遗存、骨骼人种的相关佐证四个方面详细论证。第二章商族的迁徙,分三节:一、商族的迁徙方向,对向南迁游、向东南进军、西向伐夏三个问题讨论;二、商族迁徙的地望,有蕃、砥石、商、殷、亳、有易、东都地区;三、迁徙的原因,有纯游牧迁徙、半游农迁徙、政治性迁徙几种情况,并对河患说进行驳议。第三章商族的发展,分四节:一、经济的转型,分商族的游牧经济、商族的游农经济、定居农业经济三种情况给予讨论;二、社会的演进,分契时由母系氏族社会过渡到父系氏族社会、商族先商时期的父系氏族社会特征、商族的部落联盟军事民主制时代、早期国家的出现四个阶段讨论;三、婚姻的渐变,分商族曾有过群婚制阶段、商族在契之前为族外婚、普那鲁亚婚制、商族在契至上甲之间实行对偶婚制、商族在示壬之时进入一夫一妻制家庭时代四个阶段;四、军事的日盛,分契为军事首领、相土军功烈烈、商与有易之战、商汤武力灭夏等四个问题讨论了商族军事概况。

本书的研究,牵涉到中华民族早期历史源流、中华文明的形成、中国早期国家的产生及其模式等一系列史学界关注的学术课题,所以具有重要的史学意义(见朱凤瀚序言)。

本书的书评,见杨升南:《一部深入研究殷商早期历史的力作——读〈商族的起源、迁徙与发展〉》,《殷都学刊》2008年第1期。

316. 殷墟王卜辞的分类与断代

黄天树著。2007年10月科学出版社出版,十六开本,一册。本书于1991年在台湾文津出版社初版。两版内容基本相同,仅章节名称略作变动。

内容有自序、繁体字版序(李学勤)、繁体字版自序、凡例、引用书目简称、正文、注释、附录八部分。

正文共十四章。第一章绪论;第二章自组卜辞;第三章 ⼷ 类卜辞;第四章宾组卜辞;第五章宾出类卜辞;第六章自宾间类卜辞;第七章论自组小字类卜辞的时代;第八章历类卜辞;第九章自历间类卜辞;第十章何组卜辞;第十一章历无名间类;第十二章无名类;第十三章无名黄间类卜辞;第十四章黄类卜辞。附录有三:一、关于卜辞的记日法;二、关于无名类等的用辞;三、甲骨文新缀廿二例。

此书第二章至第十四章,将殷墟王卜辞划分为二十一类,并考订各类卜辞的时代。其结论是:自组卜辞肥笔类时代从武丁早至武丁中期或中晚期之交。自组小字类时代属武丁早期至晚期。⼷ 类卜辞属武丁中期。宾组卜辞的典宾类时代从武丁中期可延至祖庚。宾组 ⼷ 类与宾组一类属武丁中期。宾组三类主要在于祖庚之世,上及武丁晚期,下至祖甲之初。出组一类卜辞时代在祖庚、祖甲之世。自宾间类卜辞时代是武丁中期。历组卜辞一类时代上限至武丁,下限至祖庚之初。历组二类属祖庚时期,上限及武丁晚。历组草体类卜辞时代是祖庚时期。自历间类主要在武丁中期,下限延伸至武丁晚期。事何类在祖庚、祖甲时期。何组一类从祖甲晚期至武乙之初。何组二类上限至廪辛,下限至武乙、文丁之交。历无名间类上限祖甲晚,下限武乙初。无名类从康丁至武乙、文丁之交。无名黄间类主要在武乙、文丁时。黄类卜辞上限文丁,晚期至帝辛。

作者应用严密的类型学,对小屯王卜辞进行细致的分类并考订各类卜辞的时代,使甲骨分期"两系说"的理论体系更加完善。此书是殷墟甲骨卜辞断代研究的重要参考书,在甲骨学界有较大影响。

317. 甲骨文与殷商人祭

王平、[德]顾彬著。2007年11月大象出版社出版,十六开本,一册。

本书有彩版14幅、正文、附录、索引四部分。

正文共六部分。一、导言,分三部分:殷商甲骨文概说、中国古代的人祭、甲骨文与殷商人祭研究。二、人祭卜辞中的人牲，分三部分：（一）人牲之名称，分人牲通名、人牲专名两类；（二）人牲之身份，分以羌为主的俘虏人牲、以仆为主的奴隶人牲、小臣人牲、女巫人牲、不明身份之人牲五类；（三）人牲之来源，有战争中掠夺的异族人，臣属国作为贡品献给商王朝的异族人，牧刍或田猎所获异族人三种。三、人祭卜辞中的杀人牲法，有十一种：（一）斩人牲首法，有伐、馘两类；（二）解剖人牲法，有卯、设两种；（三）击毙人牲法，有戕、殁两种；（四）劈砍人牲法，有晋、岁两类；（五）焚烧人牲法，分炙、㷆两种；（六）土埋人牲法；（七）水沉人牲法；（八）陈列人牲法，分图、矢两种；（九）曝干人牲法，有戠、簸两种；（十）刏人牲血法；（十一）烹煮人牲法。四、享用人牲的祖先神，分别有先公、先王、先妣、旧臣四类人。五、享用人牲的自然神，有河神、土神、四方神、岳神四种。六、殷商人祭特点及盛行原因，分三种情形：（一）殷商人祭之特点，有人祭为殷商时期最隆重的祭祀仪式、人祭实施的对象主要是祖先神、人牲是祭祀神灵之极品、异族人是人牲的主要来源、殷商人祭以武丁时期最为盛行、人祭的目的主要是祈福免灾与巩固王权六个特点。（二）殷商人祭盛行之原因，有过分信赖和依赖神灵、仇视和排斥异族两方面。

附录有三：一、表格：殷商世系表、殷商大事年表、人祭卜辞与《史记·殷本纪》所记商王对照表；二、各地收集甲骨文材料数据；三、参考书目，分著作类和论文类两种。索引有征引文献索引、甲骨文拓片索引、人祭卜辞分类索引。

本书以西方汉学家审视殷商社会独特视角为切入点，选定殷商甲骨文中的"人祭"刻辞为研究对象，对殷商人祭活动中所用人牲的种类、处置人牲的方法、用人牲祭祀的对象与目的、殷商人祭盛行原因和特点等问题进行了详尽分析和深入研究，还考察了殷商社会与宗教生活。此书对研究商代的祭祀、商代的社会生活有较重要的参考价值。

318. 走近甲骨学大师董作宾

董作宾原著，董敏编选，张坚作传。2007年12月上海大学出版社出版，三十二开本，一册。

内容有序、平庐影谱、张坚作的董作宾传略三部分。

序为"世界文化遗产中国殷墟"丛书总序——殷墟：人类文明的宝库（王宇信）、《走近甲骨学大师董作宾》序——董作宾先生对甲骨学研究的贡献（王宇信）。

平庐影谱为两个版本：一、简体字版，包括董作宾的"廉立散儒"、李林灿的殷历谱二三事、董敏的YH127坑甲骨研究成果之一；二、繁体字版，董作宾50岁时初所作自传。

董作宾传略包括六部分：一、董作宾的家庭与南阳董氏旧居门前的两块匾牌（代引言）；二、奋发自修的早年（1900—1927年）；三、河南山东田野考古与甲骨研究的卓越贡献（1928—1937年）；四、由抗日战争迁徙西南期间的研究（1937—1946年）；五、赴美国讲学

(1947—1948年);六、在台湾和香港的晚年(1949—1963年)。

董作宾先生是甲骨学研究的开创者和奠基人,从该书中,可了解到早期甲骨学的发展历史和董作宾对甲骨学与殷墟考古所作的贡献。

319. 甲骨文医学资料释文考辨与研究

彭邦炯编著。2008年1月人民卫生出版社出版,十六开本,一册。

本书有自序、内容提要、正文、后记、校后补记五部分。

正文分上、下、附编三部分。上编图版、释文与考辨,分两个专题:一、生育资料图版释文与考辨,共选299版甲骨,对求生、有生、不生、生、妇某有子、娩㜑、毓、乳等与生育相关的甲骨释文与考辨;二、疾病资料图版释文与考辨(上、中、下),共选566版甲骨,对关于疾病的甲骨作释文并考辨。上编选片图版所选拓本共865片,囊括了迄今发现的甲骨资料中有关生育与疾病的所有医学资料。全部选片,均注明出处并分期断代。所选甲骨文均按照疾病类别分类编排,并附以该片摹本,以便对照,为读者审读提供方便。

上编释文与考辨依图版顺序,逐条逐字作出释文。对相关字词,尤其是与生育、疾病相关而众说不一者,除简介前人论点,吸取各家研究成果外,还结合个人心得体会加以辨析考释。凡引用前人说法,均注明出处,涉及甲骨学的一些基本知识,也顺便予以简介,以便读者检阅参考,同时获取更多的甲骨学及相关知识。

下编是殷商生育与疾病研究。

下编利用甲骨文材料,结合文献、考古、民族、民俗资料及相关医学,对商代生育与疾病中的问题,进行综合性研究和探讨。它是释文考辨的延伸和深入,旨在尽可能地复原商代医学发展的历史,弥补释文考辨难以避免的零碎性。上、下两编二者互为表里,相得益彰。释文考辨和探研在反复深入研究甲骨材料的同时,除纠正了前人许多漏误、错读外,还多有突破和创新。

全书资料翔实,释文精审,辨析简明,是甲骨文专题研究——医学研究方面的重要成果,此书对甲骨学、中国古代医学史和科技史的研究,均有较重要的参考价值。

320. 甲骨文字研究

商承祚著,商志馥校对。2008年4月天津古籍出版社出版,十六开本,一册。

内容有凡例、正文、后记三部分。

正文分上、下两编。

上编分五部分：一、总论，讨论文字产生于何时。二、定名，讨论殷虚文字之名，有四种称法：殷虚文字、龟甲兽骨文字、殷虚卜辞、殷虚书契。三、发现之历史及考证之书籍，介绍甲骨文的发现、研究概况、书籍著录之概况。四、由甲骨文字中推想上古人民生活之程序，从甲骨文字看古人的渔猎、游牧、农业、信仰与宗教、政治与刑法、思想与艺术等社会生活方式。五、甲骨文字中用点之表示，讨论了甲骨文字中的点，或表水、雪、雹、火、酒、血、粥汁、粟米、谷皮、羽毛、介甲、弹丸、尘土、光芒、残靡碎屑、细小、众多，由一点至十点无定制。

该书是商承祚先生于20世纪30年代在大学授课之讲义，深入浅出地论述了甲骨文发现后三十余年的主要研究成果，对当时四十余种甲骨论著的评述客观公允。其中也体现了先生治契的主要成就。

321. 殷虚书契考释原稿信札

罗振玉撰著，商志馥策事，罗随祖编辑。2008年5月文物出版社出版，十六开本，一册。

内容有罗振玉先生小传、《殷虚书契考释》原稿、罗振玉致王国维信札、附录、编后记五部分。

附录有王国维的《殷虚书契考释》甲寅初印本跋，商承祚的忆罗师，罗福颐的雪堂先生的学术贡献，罗随祖的编后记。

罗振玉是甲骨学的奠基者，《殷虚书契考释》中，他考释的单字近五百个，得到学界认可。另外他首创了对卜辞进行分类研究的方法，本书将卜辞分为卜祭、卜告、卜享、卜出入、卜田渔、卜征伐、卜年、卜风雨等八类，为后世的甲骨分类研究开创了先例。

此书发表了罗振玉的《殷虚书契考释》原稿及与此书有关的信札、资料，读者从中可以具体了解罗振玉早年对甲骨学研究作出的杰出贡献，所以，此书对于甲骨学史的研究有重要的意义。

322. 当甲骨遇上考古——导览YH127坑

李宗焜著。2008年11月中研院历史语言研究所出版，十六开本，一册。

内容有王汎森序、正文两部分。

正文共六部分：一、前言，对YH127坑发现、学术价值简单介绍；二、话说从头，简述何谓甲骨文、甲骨文身世之谜；三、殷虚的科学发掘，对YH127坑的发掘、发掘经过（考古日志)简要叙述;四、甲骨的占卜过程,对甲骨的选材、攻治、占卜、刻辞等甲骨学专业基础知识概括介绍;五、YH127坑的特色,从刻兆、涂色、犯兆、界划、甲桥刻辞、成套卜辞、毛笔书写的字迹、改制的背甲、武丁大龟九个方面,介绍了YH127坑甲骨的特色;六、YH127坑甲骨的时代,作者认为其时代是武丁时期的。

此书是YH127坑发掘70周年纪念特展的图录。书中发表了YH127坑发掘的照片及数十幅清晰的甲骨实物彩照与拓片,同时,作者以浅白流畅的文字对YH127坑的发掘经过、该坑甲骨的特色、时代等作了概述。所以它是一般读者全面了解YH127坑甲骨状况较好的读本,也可供专业工作者研究该坑甲骨作参考。

323. 殷墟花园庄东地甲骨论稿

朱歧祥著。2008年11月台湾里仁书局出版,三十二开本,一册。

内容有前言、正文两部分组成。正文共十八章。前言殷墟花园庄东地甲骨文的世界。第一章阿丁考——由语词系联论花东甲骨的丁即武丁。第二章寻"丁"记。第三章殷墟花东甲骨文刮削之谜。第四章花东子之死。第五章花东子的功业。第六章论花东子的神权——由子占曰谈起。第七章花东子的占卜——论花东甲骨的对贞句型。第八章花东子的祭祀——论花东甲骨的岁祭。第九章花东妇好传。第十章句意重于行款——论通读花东甲骨的技巧。第十一章花东以外有花东——论由系联方法拓张研治花东甲骨的材料。第十二章谈二重证据的新方向——以花东甲骨为例。第十三章二重证据的局限——论《殷本纪》的真实性。第十四章由花东甲骨论早期字词的测试现象。第十五章由花东论早期动词的省变现象。第十六章古代汉字字形整理所面对的困难——以花东甲骨为例。第十七章以古开今——花东甲骨文对汉字教学的意义。第十八章谈最早一批汉字部首的用法——一个本义与假借二分的年代。

该书还对殷墟花东甲骨的文字字形、占卜行款、占卜内容及其学术价值进行了多方面的讨论。总之,该书是研究花东甲骨的力作,对于该坑甲骨的深入研究,有较重要的参考价值。

324. 商周甲骨文——中国书法全集第1卷

刘一曼、冯时主编。2009年7月荣宝斋出版社出版,十六开本,一册。

内容有(全集)凡例、刘正成序言、原色作品选页、正文、附录五部分。

正文共八部分:一、甲骨文概论,概述了甲骨文的基本知识、主要内容及学术价值。二、甲骨文的书法艺术,叙述了甲骨文书法的风格特点、结构章法等内容。三、甲骨文的考古发掘,系统介绍了1928年以来殷墟甲骨文考古发掘概况及三次重大发现、西周甲骨文发现概况。四、殷代占卜书契制度研究,对贞人与书契人、殷史的契刻训练、刻辞与书辞、甲骨文的装饰等问题进行探讨。五、试论中国文字的起源,利用考古出土的陶文、甲骨文、铜器铭文等材料,探讨了中国文字的起源。六、中国文字与书法的孪生(此文由李学勤撰写),讨论了文字与书法两相结合,彼此伴随是共出一源的情况。七、甲骨文作品选,是全书的主体部分,共选了231版殷墟、西周具有典型书法艺术的甲骨拓片,其中不少拓片还进行局部放大,字体很清晰。八、作品考释,不仅把每片甲骨的出土地、时期、尺寸、现藏情况等加以说明,还对卜辞内容进行释读,并从书法艺术角度对每片甲骨上文字的笔画、风韵、行款、布局、章法等进行评析。

附录有:一、史前时代文字遗迹;二、甲骨学年表;三、商、西周甲骨文出土分布示意图;四、参考书目与简称;五、主要引用参考文献;六、图版目录。

王宇信认为:"《商周甲骨文》是一部从书法艺术的角度编纂并对其书法艺术加以论述的甲骨文集,在一百多年的甲骨著录史上,可谓首创并颇具特色。……必将为弘扬甲骨书法艺术和今后甲骨书法的健康发展产生深远的影响。"[①]

325. 中国甲骨学

王宇信著。2009年8月上海人民出版社出版,十六开本,一册。

内容有鼓励和期望　起点与追求(胡厚宣、李学勤序《建国以来甲骨文研究》及《甲骨学通论》四篇序文)、前言、正文、附录、后记、图版与例图六部分。

正文部分前言、绪论(第一章)、上篇、中篇、下篇五部分。

上篇共十五章,第二章甲骨文的发现年代和发现者。第三章甲骨文出土地与时代的确定及甲骨文的命名。第四章甲骨文发现和甲骨学研究的几个阶段。第五章论一九七八年以后的甲骨学研究进入了"全面深入发展"的新阶段。第六章甲骨文、甲骨学与甲骨学的科学界定。第七章甲骨的整治与占卜。第八章甲骨学专业用语及甲骨文例。第九、十章甲骨文的分期断代(上、下)。第十一章使用甲骨文材料应注意的几个问题。第十二章重要甲骨的著录及现藏。第十三章甲骨学与殷商史研究要籍。第十四章甲骨学研究与学者之间的友谊。第十五章甲骨学史上有贡献的学者及其研究特点。第十六章前辈大师点石成金、泽及后学。

[①] 王宇信:《新中国甲骨学六十年》,中国社会科学出版社,2013年,第244—245页。

中篇共五章,第十七章甲骨学研究的一门新分支学科——西周甲骨学的形成。第十八章周原出土的商人庙祭甲骨。第十九章周原甲骨探论。第二十章读邢台新出西周甲骨刻辞。第二十一章今后的西周甲骨学研究。

下篇共七章,第二十二章甲骨文与甲骨书法。第二十三章谈上甲至汤灭夏前商族早期国家的形成。第二十四章商代的马和养马业。第二十五章甲骨文"马""射"的再考察——兼驳马、射与战车相配置。第二十六章卜辞所见殷人宝玉、用玉及几点启示。第二十七章简论殷墟发掘第一阶段在我国考古学史上的地位。第二十八章殷墟——人类文明的宝库。

附录有二:一、甲骨文著录目及简称;二、甲骨学大事记(一八九九年至今,即至二〇〇八年)。另附图版与例图。

该书是在《建国以来甲骨文研究》与《甲骨学通论》的基础上又吸收了1989年以来近二十年甲骨学的新成就而作的,对前两书涉及的一些问题,作者又重新思考,提出新的观点与看法。所以此书是对110年来甲骨学发展的新总结。在文字叙述上,作者注重知识性、趣味性、科学性相结合,对一般读者来说,是一部全面了解甲骨学内容较好的教科书,对专业学者来说也有重要的参考价值。

本书的评论,见朱彦民:《学问深沉转邃密　著书淑世兼益人——读王宇信先生新著〈中国甲骨学〉有感》,《南方文物》2010年第2期;王晖:《20世纪中国考古学通论的力作——王宇信先生的〈中国甲骨学〉评介》,《殷都学刊》2010年第3期;曹定云:《甲骨学发展的新总结——评〈中国甲骨学〉》,《考古》2011年第9期;黄天树:《读王宇信〈中国甲骨学〉》,《华夏考古》2014年第1期。

326. 图说殷墟甲骨文

韩鉴堂著。2009年12月文物出版社出版,三十二开本,一册。

内容有前言、甲骨沧桑、甲骨占卜与刻辞、甲骨文字、甲骨刻辞拓片精品赏析、主要参考书目六部分。

甲骨沧桑从古文字的"缺环",中药里的大发现,小屯!小屯!洹河在这里转弯,千疮百孔的小屯,记住1928年,"大龟四版"横空出世,惊天大发现——"YH127"坑甲骨出土,早期甲骨文的著录和考释,明义士的贡献,"甲骨四堂","甲骨四老",甲骨卜辞中的"妇好",新中国甲骨文的发现,"文武丁卜辞"与"历组卜辞"的时代之谜,甲骨文研究的重要著作,甲骨文书籍的传奇故事等20个专题,简述了甲骨文的发现、早期重要研究人物及著作等内容。

甲骨占卜与刻辞,从商朝甲骨占卜活动、甲骨刻辞两方面简要介绍。

甲骨文字部分,从甲骨文的特点,甲骨文字中的大千世界,甲骨文书法艺术,甲骨卜辞常用字词示例、常用短语、甲骨卜辞中常见贞人、常见人物、常见方国八个方面予以介绍。

甲骨刻辞拓片精品赏析,从已著录甲骨拓片中挑选了农业、天象、祭祀、战争、狩猎、生育、疾病、梦幻、贞旬、干支十个方面的典型拓片予以介绍。

该书图文并茂,通俗易懂,是了解甲骨文较好的通俗性著作,也具有一定的学术性。

327. 殷墟甲骨文五种记事刻辞研究

方稚松著。2009年12月线装书局出版,十六开本,一册。

内容有凡例、引书简称、正文、论文相关材料表、主要参考文献、致谢六部分。

正文共四章。绪论,对相关术语介绍,对记事刻辞的界定、前人研究成果、分类及本书研究的内容简要概述。第一章五种记事刻辞相关字词汇释,对五种记事刻辞中的示、肇、黾、气(乞)、屯五个字词进行考释。第二章五种记事刻辞的定名、组类及格式特点,对甲桥刻辞、甲尾刻辞、背甲刻辞、骨臼刻辞、骨面刻辞的定名、组类、刻写位置、格式及特点等作详细探讨。第三章五种记事刻辞性质探论。第四章记事刻辞性质相关问题余论,就贡纳物问题、记事刻辞中的"史官"问题展开了探讨。

正文后的相关材料表,包括甲桥、甲尾、背甲、骨臼、骨面刻辞一览表,记事刻辞中的入、来、以者、示者、乞者(即人名、地名)一览表,甲桥刻辞中龟甲贡纳数量表等十五个表格,资料收集齐备,极便检索,为学者对这几种刻辞的进一步研究提供了方便。

作者在前人研究基础上对殷墟甲骨文五种记事刻辞做了全面、细致的整理、研究,对一些问题,如五种记事刻辞中的几个关键词的释读、当时龟骨纳藏程式等方面的研究,有独到的见解,也较前人前进了一步。此书不但对甲骨文记事刻辞研究,而且对商代的贡纳制度、方国地理等研究都有较大的参考价值。

328. 殷商甲骨文研究

王蕴智著。2010年3月科学出版社出版,十六开本,一册。

内容有李学勤总序一、李玉洁的黄河文明的历史地位总序二、王蕴智前言、正文、附录五部分。

正文共十一章,第一章殷商甲骨文的发现、流传与研究,对郑州商城遗址牛骨刻辞的发现、殷墟甲骨文的发现和发掘、甲骨文资料整理及大型著录书、字书编纂、新世纪甲骨学基础研究工作构想等问题概述。第二章鼎盛于商代的甲骨占卜系统,对殷墟甲骨的整治和占卜、刻辞文例、殷人的一事多卜及其辞式、甲骨文所见商代筮占等予以探讨。第三章殷墟王卜辞·自组类，对殷墟甲骨卜辞的类型划分、自组卜辞综述及选释予以介绍。第四章殷墟王卜辞·宾组类，把宾组卜辞分成一、二、三类介绍。第五章殷墟王卜辞·历组类，对历组卜辞进行综述和选释。第六章殷墟王卜辞·出组、何组类，对出组、何组类卜辞系统介绍。第七章殷墟王卜辞·无名组类，对无名组卜辞进行综述和选释。第八章殷墟王卜辞·黄组类，对黄组卜辞综述和选释。第九章殷墟非王卜辞，对子组类、午组类、非王无名组类、花园庄东地非王卜辞介绍。第十章殷墟甲骨非占卜性文辞，对甲骨署辞、干支表刻辞与习刻、晚商时期的记事刻辞、殷商甲骨上的毛笔书迹等非占卜性文辞进行研究。第十一章商代文字构形研究，对商代文字基本字形结体分析、造字方式、商代可释字形的初步整理等进行概述。

附录有三：一、商王世系图表；二、殷墟甲骨著录及简称对照表；三、商代可释字形表。

该书将甲骨文发掘和著录成果、基本材料梳理与甲骨学研究融为一体，并结合各类甲骨文典型片和商代文字构形方式加以阐发。它是一部全面揭示甲骨学知识并进行综合研究的通论性著作。书中蕴含着作者研究甲骨文的体会和不少独到见解。该书图文并茂，文字流畅，适合中文、历史、考古、文博等专业的高校师生阅读，甲骨学者和古文字研究者也会从中受到裨益。

329. 殷卜辞先王称谓综论

吴俊德著。2010年3月台北里仁书局出版，十六开本，一册。

内容有序、凡例、甲骨专书简称对照表、正文、附录、后记六部分。

正文共五部分。第一部分绪论，有两部分，一、研究旨趣，对研究动机、方法说明、材料范围予以说明。二、研究历程，有两部分，一、前说概述；二、前说修正，认为罗振玉的《殷虚书契考释》、王国维的《殷卜辞中所见先公先王考》及《续考》、陈梦家的《殷虚卜辞综述》、岛邦男的《殷虚卜辞研究》等书有关先王研究成果卓著，但没有对先王称谓使用情形予以分析，无法了解相关称谓使用的习惯演变。第二部分殷墟卜辞所见先王，分两部分论述：一、先王称谓述略，分三个专题研究：（一）合史名号，对上甲至示癸、大乙至小乙、武丁至文丁三种合称予以讨论；（二）特殊称谓，分指称对象明确和待考两种情形讨论；（三）称谓总表，分本文整理所见和与《通检》的异同两部分。二、各期卜辞所见先王称谓，对第一期至第五期所见先王的单名独见和复合共见两种情形予以讨论，在此基础上，对各期先王的称谓进行总体比较。第三部分殷先王称谓的相关问题，讨论了特殊的先王称谓、先王称号的产生、"中宗"名号的商榷、先王"丁"与"小丁"的探究、第五期"祖丁"的指称对象等五大问题。第四部分结论，对殷先王称谓的认知、运用两大问题进行了讨论。第五部分主要参考书目。

该书对殷卜辞中所见商先王进行了系统梳理和研究,是甲骨学研究的一部较重要专著。

330. 古文字形体考古研究

邵英著。2010 年 5 月科学出版社出版,十六开本,一册。

本书有王晖序言、正文、参考书目三部分。

正文共六章。第一章绪论。第二章古文字形体所反映的上古社会生产,分三节:一、上古社会渔猎生产之文字考古,从古文字形体看狩猎工具、狩猎方法、狩猎活动的祭祀习俗三方面进行论述;二、上古社会农耕生产之文字考古,从刺土工具——耒耜类、除草工具——辰耨类、收获与储藏、华与荣初义辨四方面论述;三、小结。第三章古文字形体与上古社会生活,分六节:一、从古文字形体看上古社会的日常生活;二、从古文字形体看上古社会的政治制度,分早期建筑技术之文字考古、古文字形体所反映的城垣建筑、古文字形体所蕴含的领土观念和土地规划思想、夂及其字族、"父""王""帝"及其相关字义考五方面来论述;三、住宅生活之文字形体考古,分"陶复陶穴"式建筑形制文字考、筑土构木——上栋下宇式宫室之文字验证、由古文字形体看上古社会人们的平安意识三方面论述并小结;四、交通方式之文字考古,有"行"字族说略、"车"字说、说"舟"论述并小结;五、古文字形体所反映的生活礼俗,有从古文字形体看丧葬习俗、"帚"字族形体考并小结;六、从古文字形体考察上古先民的思想意识和宗教信仰,从古文字形体所反映的上古社会人们之财富观念,宗教意识,牢、血与祭祀三方面论述并小结。第四章上古社会刑罚之文字考古,分六节,分别为古文字形体所反映的囚禁之刑、刀锯之刑、捆缚之刑、其他刑罚、法律观念五方面论述并小结。第五章古文字形体与上古社会之技艺,对"蛊"字形体与蛊术、从"丝"字族看上古社会治丝技术、"录"字本义与取水之法、种植技术、编织技术、古文字形体与商周度量方法、"我"字本义考、"受"字取象证据考、古文字形体与上古社会的乐舞九方面论述并小结。第六章全书小结。

此书从考古学的角度考查甲骨、金文中一些字的本义、引申义,并与先秦典籍、考古学、民俗学和文化人类学等学科相互借鉴,相互印证,对古文字中蕴涵的社会生产、习俗、政治制度、思想意识、宗教信仰、器物形制等各方面的内容进行了合理的分析。此书可供古文字学、考古学、历史学的研究者及大专院校相关师生阅读、参考。

331. 甲骨学导论

王宇信、魏建震著。2010 年 6 月中国社会科学出版社出版,十六开本,一册。

内容有陈佳贵总序、正文、附录、后记四部分。

正文共十五章。第一章绪论,第二章甲骨学的研究与发展,第三章甲骨的整治与占卜,第四章甲骨学专业用语及甲骨文例,第五章甲骨文的分期断代,第六章使用甲骨文材料应注意的几个问题,第七章重要的甲骨著录及现藏,第八章甲骨文的考释及重要著作,第九章甲骨学研究总结性著作,第十章甲骨文与殷商文化研究著作,第十一章甲骨学史上有重要贡献的学者及其研究特点,第十二章甲骨学的新分支学科——西周甲骨学,第十三章谈甲骨文与甲骨文书法,第十四章一百多年的甲骨学研究与展望,第十五章甲骨文例读。附录甲骨著录及简称。

该书对甲骨学的定义、研究对象、专业用语等专题进行了科学规范并系统论述,对110年来甲骨发展史系统总结,对甲骨学标志性研究成果及有特殊贡献的学者予以介绍,读者可从中了解甲骨学的产生、发展,了解甲骨学的基础知识、主要内容、最新学术动态等信息。该书是中国社会科学院研究生重点教材,可供大专院校古文字学及相关专业师生阅读,也可供专业工作者研究参考。

332. 甲骨文图解——汉字溯源

姬克喜、王新燕、陆雅然编著。2010年8月中州古籍出版社,三十二开本,一册。

本书共收录219个字。第一篇人体特征系列。人体侧面形象部分,收录人、匕、尸等38字。人体正面形象,收录大、天、夫等26字。人的跪跽形象,收录卩、邑、祝等23字。女人的跪跽形象,收录女、母、妾18等字。孩子的形象,收录6字。第二篇人体器官及肢体特征系列。人眼的形象,收录目、直、民等16字。人耳的形象,收录4字。人嘴的形象,收录25字。脚板的形象,收录21字。手的形象,收录29字。头、鼻等的形象,收录13字。其著录格式为每字均占一页,每页分左右两部分,左侧为主页,其上部是此字的楷书、拼音、图形与甲骨文原形。下面是文字字形分析与字义。右侧列举该字的甲骨文、金文、篆书、隶书、楷书、草书、行书、简化字的形体。

该书是普及甲骨文字的读物,图文并茂,文字深入浅出,通俗易懂,可供一般读者学习甲骨文参考。

333. 商代史

宋镇豪主编。中国社会科学出版社出版,十六开本,共十一卷。
卷一《商代史论纲》,宋镇豪主笔,《商代史》课题组著,2011年7月出版。

该卷正文前有商代的遗迹、遗物彩照 40 幅,宋镇豪总序《重建商代史的学术使命与契机》,商代史总细目,正文四部分。

正文共九章,第一章商代的历史年代与政治地理架构,第二章先商文化与商代都邑,第三章人口,第四章商代国家与社会,第五章《殷本纪》订补与商史人物征,第六章商代地理与方国,第七章商代社会经济,第八章商代宗教信仰,第九章商代战争与军制。

本卷为《商代史》全书总纲,概述著述体例,商代史研究的回顾,重建商代史的课题立项与意义,有关商代史的史料问题与研究方法。总叙商朝的历史年代、政治区划地理、社会人口规模与人口构成、国体与政体、社会组织、社会形态、经济生活、文化信仰、周边方国与军制战争等。本卷是其他十卷的浓缩本,阅读此卷,即可了解其他十卷的主要内容与学术观点、每一部专著的创新点。

卷二《殷本纪》订补与商史人物征,韩江苏、江林昌著。2010 年 12 月出版。

内容共九章。绪论,关于《殷本纪》殷商世系及商族史迹的一般认识。第一章商族先公史略。第二章商前期诸王及其配偶纪略。第三章商中期诸王及其配偶纪略。第四章商后期诸王及其配偶纪略。第五章文献所见商王朝臣正纪略。第六章甲骨文所见商王朝臣正纪略。第七章贞人与卜官。第八章商王朝史事徵。第九章商朝的积年与诸王系年。

本卷从《史记·殷本纪》切入,辨析文献史料的真伪,考核商代信史成分,结合甲骨、金文材料,研究殷先公远世、近世及商王世系,殷王室结构,订补《殷本纪》史事史迹、增补甲骨文中商史人物传,是学界了解商代人物的重要学术专著。

卷三商族起源与先商社会变迁,王震中著。2010 年 11 月出版。

内容共五章。绪论。第一章商族的起源。第二章商族的早期迁徙。第三章商汤灭夏前的亳邑。第四章先商的文化与年代。第五章先商社会形态的演进。书中另附彩图目录及插图目录。

本卷梳理历史文献与甲骨文、考古材料,考订商族的发祥、起源和先商时期的迁徙问题,探析先商文化及灭夏之前商族社会形态的演变。本卷是了解先商历史文化的重要学术专著。

卷四商代国家与社会,王宇信、徐义华著。2011 年 7 月出版。

内容共八章。第一章商代国家与社会在中国古代史上的地位。第二章商王是贵族统治阶级的最高首领。第三章商朝的贵族统治阶级。第四章商王朝的被统治阶级——甲骨文中的"人"。第五章商代社会的众和众人。第六章商王朝的国家体制。第七章商王朝的职官制度。第八章商王朝的法律制度。

本卷主要研究商代社会性质、商王朝国体与政权结构形式,分封制与内外服制相兼的国家政治体制、社会等级分层、族氏家族组织机制,考察商代社会不同身份者的阶级属性和阶级矛盾,论述商王朝公共事务管理的具体运作、职官体系、刑狱法律等。本卷是了解商代社会与国家的重要学术专著。

三、研 究

卷五商代都邑,王震中著。2010年10月出版。

内容共七章。绪论。第一章早商时期的王都。第二章早商时期的地方城邑。第三章中商时期的王都与迁徙。第四章晚商初期的王都与地方族邑。第五章武丁以来的晚商殷都。第六章晚商方国都邑。第七章商的王畿四土与都鄙结构。

本卷全面整理商代考古学资料,进行典型遗址分析和区系文化模拟,结合甲骨文、金文与文献史料,分析商朝城邑的空间关系及城邑体系的分层结构形态与都邑文明,是商代都邑研究的重要学术专著。

卷六商代经济与科技,杨升南、马季凡著。2010年10月出版。

内容有十一章。绪论。第一章商人从事经济活动的自然环境。第二章土地制度。第三章作为经济基础的农业。第四章成为独立经济部门的畜牧业。第五章补充肉食来源的渔猎活动。第六章发达的手工业。第七章活跃的商业。第八章商代的财政制度。第九、十章商代方国经济(上、下)。第十一章商代的天文与历法。

本卷利用甲骨、金文、文献与商代考古资料,对商代社会经济形态、经济基础、土地所有制、贫富分层差异等展开论述,考量商朝财政收支、方国经济、商业交换和商品货币状况,缕析商代农业、畜牧业、渔猎、建筑、青铜冶铸业、纺织业、陶瓷业、手工业管理及有关科技与天文历法等问题。本卷是研究商代经济与科技的重要学术专著。

本卷的书评,夏微、于孟洲:《商代经济史研究的新起点——〈商代经济与科技〉读后》,《殷都学刊》2013年第3期。

卷七商代社会生活与礼俗,宋镇豪著。2010年10月出版。

内容共十章。绪论。第一章居住礼俗。第二章饮食礼俗。第三章服饰制度。第四章交通出行。第五章农业礼俗。第六章婚姻礼俗。第七章人生俗尚。第八章疾患和梦幻。第九章丧葬礼俗。第十章占卜礼俗。

本卷系统论述了商朝礼制与社会生活礼俗,以及统治者如何调节与规范社会行为准则。全面考察了城邑生活与族居形态、建筑营造礼仪、宫室宅落建制、居住作息习俗、家族亲属关系、社会风尚等,考察商代衣食住行、农业信仰礼俗、人生俗尚、婚制婚俗、生育观念、养老教子、卫生保健与医疗俗信、社会礼仪及礼器名物制度、服饰车马制度、文化娱乐、丧葬制度、甲骨占卜等内容。本卷是商代社会生活与风俗研究的重要学术专著。

卷八商代宗教祭祀,常玉芝著。2010年10月出版。

内容共九章。绪论。第一章宗教的起源与商人图腾崇拜的遗迹。第二章上帝及帝廷诸神的崇拜。第三章自然神崇拜。第四章祖先神的崇拜与祭祀。第五章大示、小示、上示、下示、它示等的分指。第六章对异族神的祭祀。第七章商人宗教祭祀的种类。第八章祭地与祀所。第九章商代宗教的性质和社会作用。

本卷考察商代图腾残遗信仰,系统探研上帝及帝廷诸神、自然神、祖先神的三大宗教分野、神灵崇拜的代变、神灵权能和神性、祀所位置、人殉人祭、甲骨文中的祭仪名类等内容,阐述王室周祭祀谱,有关祭仪和庙制,剖析宗教祭祀活动的性质,深入研究商代宗教信仰诸如社会凝聚力、情感寄托、宗教功能等社会学意义。它是商代宗教研究的重要学术专著。

卷九商代战争与军制,罗琨著。2010年11月出版。

内容共七章。第一章成汤灭夏的战争。第二章商代前期的战争。第三、四章商代后期的战争(上、下)。第五章商代的军事制度。第六章商代的军事装备与国防。第七章余说。

本卷着重论述商朝开疆拓土经略,不同时期的战争性质、战争规模、战争手段、重大战争(如商汤灭夏,商代前期的夷夏交争,武丁对多方及拓疆南土的战争,武乙及文丁伐召方,帝乙、帝辛时伐夷方,牧野之战)的始末,甲骨文中几次重要战争行程排谱,考订商代军制、军法和军礼、国防警卫、武装力量组织、兵种、武器装备、后勤保障、军事训练等问题。它是研究商代军事的重要学术专著。

卷十商代方国与地理,孙亚冰、林欢著。2010年10月出版。

内容共七章。绪论。第一章商代自然地理。第二章商代政治地理。第三章王畿区和四土地名考订举例。第四章商代的经济地理。第五章商代的交通地理。第六章商代方国。第七章商代方国考订。

本卷论述商代自然生态和政治经济地理,缕析甲骨、金文中农业地理、田猎地理、贡纳地理、交通地理史料,对商代诸侯方国进行搜汇和考述。研究过程中,与地下出土青铜器"族徽"地望及商代考古遗址相结合,阐述商代政治地理架构、人文地理结构演变和方国地望等问题。它是商代地理研究的重要学术专著。

卷十一殷遗与殷鉴,宫长为、徐义华著。2011年7月出版。

内容共六章。第一章商王朝的覆亡与殷遗问题。第二章商灭亡的原因。第三章初失国家的殷遗。第四章周代的殷遗。第五章殷商亡国之鉴。第六章商周制度的演绎。

本卷是《商代史》的特笔,寻绎历史发展变化。论述武王灭商、周公东征前后,商王朝退出历史舞台后有关殷遗民考古发现和文献记述,考察殷遗的遭遇与族组织结构的裂变,殷遗的社会政治地位,对周文明发展的作用,讨论所谓"殷鉴"及周人对商朝得失的评判、商周制度演绎与变革因素,其间的文化异同等。

上述十一卷《商代史》,在总结、吸收前人研究的基础上有不少创新之处,主要有如下几点:一、体例新。中国传统的断代史著的体例或纪传,或编年,或纪事,而现代的断代史著作则流行政治、经济、文化三大板块。《商代史》与之不同,它是分卷著述,全书的内容各自独立,合在一起又具系统性。其内容丰富,涵盖了商代史的主要方面,但又注重研究领域的开拓与填补,如卷七、卷十一是过去商代史所忽略的。二、研究方法和著述途径有所创新。作者不限于从古文献、古文字、考古等途径来研究商代史,还注重与自然科学结合,用多学科交叉的研究方法,使得商史研究的视野开阔,研究领域得到拓展,研究深度进一步加强。三、特别重视用甲骨文资料来研究商史。此书在论述相关问题时,大量征引甲骨文。书中多位作者都是甲骨学专家,所以书中对甲骨卜辞的释读较准确,用它来研究商史,取得较前人更为显著的成绩,这是本书的一大特点与创新之处。四、注意"全"与"专"的结合。即各卷对应涉及的主要内容都有论述,并对某些专题有所突破。

有学者认为:"十一卷《商代史》,在重建中国'科学上古史'上占有特殊地位,填补了大型商代史研究的空白。……它既是百多年来甲骨学商史研究的总结,也是今后甲骨学商史研究继续深入和不断创新的起点和基石。"①

总而言之,这部长达近七百万字的鸿篇巨著,是一部代表当代商史研究最新水平的高档次的优秀学术论著,具有很高的学术价值。

该书的书评,见仁言:《甲骨学商史研究的突破性成果——十一卷本〈商代史〉》,《南方文物》2012 年第 3 期。杜羽:《旧学商量加邃密,新知涵养转深沉——〈商代史〉:中国古史由此延伸》,《光明日报》2014 年 1 月 15 日第 7 版。刘一曼:《重建商代史的杰作——〈商代史〉述评》,《甲骨文与殷商史》新四辑,2014 年 12 月。

334. 甲骨文字源流简释

姬克喜、苏鹏程、王新燕编著。2011 年 7 月中州古籍出版社出版,十六开本,上、下两册。

内容有王宇信序、甲骨文字源流简释总目录、《诂林》部首表、《诂》、《新》②甲骨文字形部首对照表、凡例、正文目录、正文、笔画检字表、拼音检字表、《诂》、《新》及该书字形总表对照、参考书籍要目、编后言十二部分。

正文部分,共选甲骨文单字(这些单字有异体、通假、以及隶定字)1 109 个,合文 56 组。著录格式是:左侧:上部标注此字的《诂》、《新》部首,中部标注此字的《诂》、《新》的字码编号、《诂林》字义解释页码及此字的现代汉字拼音,下部标注此字的金文、篆体、隶书和楷体之形。右侧:上部是此字的甲骨文拓片截图(标注其著录出处及期别)。下部是作者对甲骨文字形的分析,金文、篆文、隶书及楷书的字形演变分析,本义与引申义字义解释,以此字为偏旁的现代字举例。《说文》及其他字书对此字的解释,最后,对该字在甲骨卜辞中的用法作简要的阐述。

本书对甲骨文中的可释之字,如何从甲骨文字演变成现代汉字的轨迹,进行了系统梳理,是文字爱好者和初学古文字者的有用入门书。

---

① 王宇信:《甲骨学六十年》,中国社会科学出版社,2013 年,第 479、498 页。
② 沈建华、曹锦炎:《新编甲骨文字形总表》,香港中文大学出版社,2001 年。

335. 甲骨文的由来与发展

谢玉堂著。2011年7月山东人民出版社出版,十六开本,一册。

内容有插图、王宇信序、正文、参考文献、后记五部分。

正文共十部分,导论,甲骨文的发现是"中华民族西来说"破产的重要原因。第一章甲骨文的发现——远古科学的揭秘。第二章甲骨文发现的意义。第三章甲骨文应为整个商代之文字的思考。第四章探寻甲骨文的源头之一——夏文字刍议。第五章探寻甲骨文的源头之二——尧舜禹时代陶文的发现与研究。第六章探寻甲骨文的源头之三——炎黄时代的陶文及仓颉造字的可信性浅析。第七章汉字的演变(上)——从甲骨文到小篆。第八章汉字的演变(下)——从隶书到现代汉字。第九章汉字在世界上的地位、作用和影响。第十章当今甲骨文研究的进展与前景。

王宇信在《序》中对该书作了如下评价:"宏观而系统地对中国文字起源进行了探索,从而使研究者通过这部总结性的著作,对文字产生的进程和学者的研究进展有一个总体把握。""不仅如此,该书还进一步在'汉字的演变'中纵向介绍了从甲骨文到金文、篆书、楷书、现代汉字的演变,并直到汉字的电脑化,这是时代发展的要求,从而为我们展示了甲骨文'发展'到今天的汉字历程"。因此,从这个意义上说,该书也是一部汉字文化发展史的著作,对广大读者认识汉字文化的深厚底蕴及悠久历史是很有意义的。总之,这是一部富有特色的较好的通俗读物。

336. 殷墟YH127坑甲骨卜辞研究

内容有正文、附表、参考书目三部分。魏慈德著。2011年9月花木兰文化出版社出版,十六开本,上、下两册。

正文共九章。第一章一二七坑的发现,对一二七坑的发掘经过、发现过程及内容详细介绍。第二章一二七坑甲骨的缀合及著录,对一二七坑甲骨的著录、一二七坑甲骨和其他著录甲骨缀合的现象等问题进行梳理。第三章一二七坑中的"自组卜辞",对其时代如武丁以前卜辞说、自组卜辞的相关问题等探讨。第四章一二七坑中的"子组卜辞",对子组卜辞概念的提出、排谱研究。第五章一二七坑中的午组卜辞,对午组卜辞的定义及著录、排谱研究。第六章一二七坑中的子组附属卜辞,对子组附属卜辞的提出及分类、圆体类卜辞、劣体类卜辞、亚组卜辞等研究。第七章一二七坑中的宾组卜辞排谱(上),对关于宾组卜辞的排谱、夏含夷微细断代法的探讨、宾组卜辞中与雀有关的事件排谱、与子商有关的事件排谱、与妇好冥嘉及壴各化有关的事件排谱探讨。第八章一二七坑中的宾组卜辞排谱(下),对多方与多妇卜辞排谱、改制背甲及早期宾组卜辞问题、用字用语问题、宾组卜辞存在时间问题探讨。第九章结语。

附表有四:一、《合集》对《乙编》一二七坑甲骨所作缀合号码表。二、《丙编》、《合集》与史语所典藏号对照表。三、一二七坑宾组卜辞同版事类表。四、一二七坑甲骨缀合表。

该书以 YH127 坑甲骨卜辞为研究对象,把整坑甲骨分为自组卜辞、子组卜辞、午组卜辞、子组附属类卜辞和宾组卜辞,并对这些卜辞加以排谱。通过排谱,认为这一坑甲骨卜辞所记载的史事大约包括了武丁晚期十五年间的历史。① 本书详述了这一坑甲骨从发掘到编号的过程,列举了目前可以和 YH127 坑甲骨缀合的非出自 YH127 坑甲骨的例子,指出这些甲骨可能是在 YH127 坑甲骨发掘到著录的过程中遗失的。本书是目前研究殷墟 YH127 坑甲骨卜辞的一部力作。

337. 先秦卜法研究

朴载福著。2011 年 12 月上海古籍出版社出版,十六开本,一册。

内容有葛英会序、刘绪序、正文、参考文献、附录、后记六部分

正文部分共七章。第一章绪言,就先秦卜法研究的选题及学术意义、有关卜法研究的学术史、研究范围与研究方法概括介绍。第二章考古所见先秦时期的卜用甲骨,对新石器时代、夏商周三代考古所见卜用甲骨,卜用甲骨的出土背景、类别与时地考察详细论证。第三章甲骨的整治方式与钻凿灼形态,对卜用甲骨各部位名称与整治、钻凿灼的形态与排列进行叙述。第四章甲骨文的行款走向及相关问题,对殷墟甲骨文以前的文字、殷商西周卜骨刻辞的行款、殷商西周卜甲刻辞的行款及甲骨刻辞相关问题等进行研究。第五章先秦时期卜法的起源与衰落,探讨了卜用甲骨的起源、卜法的衰落与筮法的兴盛等问题。第六章甲骨占卜程式的探索,据《仪礼》中所见的占卜程式、《龟策列传》与先秦龟卜法等记载以探索甲骨占卜程式。第七章结语,对卜用甲骨的类别与时地考察,甲骨整治方式、钻凿形态、钻凿灼排列、卜兆形状,殷商西周甲骨刻辞的行款、刻辞的布局,卜骨、卜甲起源,卜法的衰落与筮法的兴盛,商周甲骨占卜程式的探索等进行总结。

附录有五:一、考古所见先秦时期的卜骨;二、考古所见先秦时期的卜甲;三、《史记·龟策列传》;四、《尚书·金縢》;五、甲骨图版(共十五版)。

该书在以往先秦卜法研究成果基础上,以考古所获卜用甲骨为研究对象,结合《仪礼》、《龟策列传》等传世文献与地下出土的文字材料相互参验,对先秦卜法展开深入研究,为今后"卜用甲骨的年代判断、残断甲骨的定位复原、卜辞行款走向与诵读顺序的裁定,提

---

① 魏慈德:《殷墟 YH127 坑甲骨卜辞研究》,花木兰文化出版社,2011 年,第 198 页。

供了可资参证的对比资料"(见葛英会序语)。所以,本书具有重要的学术价值。

338. 殷契释亲——论商代的亲属称谓及组织制度

赵林著。2011年12月上海古籍出版社出版,十六开本,一册。

内容有序,正文,附录,中、英文引用书目,索引五部分。

正文共十五章。导言,中国古代亲属研究更上一层楼的构建。第一章父与子。第二章祖、妣、报、示与祖先崇拜。第三章母与女。第四章弟及其相关的亲属称谓。第五章兄弟及旁系亲属。第六章商代的诸妇。第七章姑及其相关的亲属称谓。第八章生及其相关的亲属称谓。第九章商代的婚姻制度及其亲属结构之形态。第十章商代家族组织的亲属结构。第十一章氏的造字成词。第十二章古姓的商代来源。第十三章亚及其相关的问题。第十四章众在商代社会与国家建构中的地位。第十五章商代的世(嗣)系及王统。

附录有二:一、《论商代甲金文喻四字之声类接触及其相关问题》节选;二、从甲骨文看上古汉语音节问题的隅。

作者以甲骨文中反映的亲属称谓为基础,仔细考订祖、妣、父、子、母、女、兄、弟、妇、姑、生、亚等十多个基本亲称以及从中延伸出来的考、老、舅、公、娣、姪、姨、叔、甥远系和旁系亲属称谓。从人类学角度,剖析商王室婚姻、宗族、继嗣、社群意识形态,展示了一个完整、立体、动态的商代社会组织结构。

本书的书评,见潘艳:《中国上古亲属制度研究的返本开新之作——〈殷契释亲——论商代的亲属称谓及组织制度〉评介》,《南方文物》2012年第4期。

339. 百年来甲骨文天文历法研究

冯时著。2011年12月中国社会科学出版社出版,十六开本,一册。

内容有自序、正文、引用书目简称三部分。

正文共八章。第一章商代的天文观,分三节:一、天与帝;二、殷人的宇宙观;三、日月的祭祀。第二章星象观察,分五节:一、崇祭北斗;二、二十八宿,分东宫苍龙星宿、北宫玄武星宿、西宫白虎星宿、南宫朱雀星宿;三、新星及超新星;四、行星;五、彗星。第三章交食,分两节:一、月食;二、日食。第四章立表测影与漏刻计时,对卜辞"立中"与立表测影有关,"录"字是挈壶滴漏的象形等问题予以研究。第五章商代历法,分十二节:一、时辰;二、纪时法;三、旬法;四、月法;五、朔策与岁实;六、闰法;七、月首;八、岁首;九、季节;十、商代的年岁称谓;十一、节气与至日;十二、四方风问题。第六章商代历法的重建工作,分三节:一、各种表谱的编制;二、晚殷征人方日程的讨论;三、周祭与周祭祀谱。第七章商代天文历法的相关问题,分二节:一、商代的历法改革;二、商代的天文官。第八章总结,分两节:一、商代天文学的知识背景;二、商代天文学的总检讨。

该书是迄今第一部根据甲骨文资料全面研究商代天文历法问题的学术专著,对商代天文观、天学体系、天象观测和历法编算等问题进行了系统论证,为学界了解殷人的宇宙观、天文观测与历法体系,具有重要参考价值。作者对基本史料深入鉴别与综合分析,对百余年来甲骨文天文历法的学术观点详加考辨,作者在叙述中阐发了不少独到的见解。该书可称作是一部有关甲骨文天文历法研究的学术史,具有重要的学术意义。

340. 宾组甲骨文字体分类研究

崎川隆著。2012年2月上海人民出版社出版,十六开本,一册。

内容有林沄序、凡例、引书简称、正文、附录、参考书目、后记七部分。

正文共五章。第一章宾组分类研究的意义,讨论了三个问题:一、殷墟甲骨文分期分类研究的历史回顾;二、殷墟甲骨文分类研究现状和课题;三、本文的研究目的,即根据字体来细化、定量化宾组甲骨分类,开拓甲骨文作为物质资料的研究价值,探究甲骨文的史料性质。第二章字体分类的理论和方法:一、对以往研究中字体分类理论的商榷;二、补充新的分类标准;第三章本书的字体分类方法,就分类标准、分类框架、分类对象、不同类型字体见于同一版上时的处理方法及分类程序予以研究。第四章字体分类,就师宾间类、宾一类、典宾类、宾三类以往研究中的类型定义及其相关问题及解决方案进行概括和讨论。还对特殊片进行分类,对《合集》第1册至第6册中的非宾组资料进行了系统研究。第五章综合分析,对分类结果、各类型数量统计、各类型材料性质的数量统计、各类型之间字排、版面布局特征的比较及其演变进行了探讨与分析。

附录有五:一、宾组甲骨文字体分类总表;二、各类型特征字体组合表;三、黄天树、彭裕商举例号码表;四、《合集》第1册至第6册非宾组材料号码表;五、殷墟出土大字骨版刻辞的史料性质考辨;五、宾组甲骨整理十五例。

该书以宾组甲骨文为对象,根据字体、文字排列方式、版面布局等甲骨文外在特征,逐片分类。除了以往的师宾间类、宾一类、典宾类、宾三类四类以外,还在各类型之间划出了三个过渡类,并明确了各类型之间连续变化的具体过程。本书通过对字体及其相关因素的深入研究,发现字排及布局上所见的种种特征与字体特征之间存在有极其密切的组合关系,因此这些特征在对甲骨文字体进行分类时可以用作有效的分类标准。

本书是宾组甲骨文字体分类研究较重要的成果,对甲骨文分期分类研究具有较重要的参考价值。

341. 殷墟考古发掘与甲骨文研究

朱彦民著。2012年9月花木兰文化出版社出版，十六开本，上、下两册。

内容有正文、附录、附表、后记四部分。

正文上册共十章。第一章世纪之末的惊人发现，讲述甲骨文的发现。第二章圣地殷墟的十年追寻，概述甲骨文出土地点的考订情况。第三章筚路蓝缕的前贤先驱，对早期甲骨学的研究梳理。第四章秘笈宝典的举世珍重，介绍了殷墟科学发掘之前的甲骨被私掘与外人盗掘现状。第五章殷商都城的科学发掘，介绍前中央研究院的十五次科学发掘概况。第六章抗战中的国宝罹难，概述抗战爆发后甲骨文的整理、研究与日寇掠夺的状况。第七章殷商历史的新绎重构，介绍早期殷商历史的概况。第八章殷墟甲骨的深入研究，概述甲骨学的深入研究与发展。第九章甲骨材料的继续发掘，对南地的坑藏、分期新说、商史新证、花东窖藏详细介绍。第十章殷墟之外的甲骨发现，对舞阳贾湖甲骨刻辞符号、长安花园村骨刻文字、桓台史家甲骨文、郑州二里冈甲骨文、济阳刘台甲骨文、济南大辛庄甲骨文一一给予介绍。下册共四章。第十一章西周甲骨的发现研究。第十二章港台学者的研究成绩，分两节，一、台湾甲骨学研究纵览，对台湾甲骨文研究机构和学术活动、收藏与整理，董作宾、张秉权、屈万里、李孝定等十一位学者研究甲骨的情况予以介绍。二、香港地区的甲骨学研究，对饶宗颐、李棪等几位学者研究甲骨文的情况予以介绍，又对在香港召开的甲骨文学术会议及香港学者与内地学者合作编纂的甲骨文书籍作了介绍。第十三章国外学人的甲骨情结，分三节：一、日本甲骨学，包括日本甲骨文收藏情况概要、日本甲骨文材料著录书籍、日本甲骨学会与《甲骨学》、日本学者对中国甲骨学论著的评价与反映以及对林泰辅、岛邦男、贝塚茂树、赤塚忠、白川静、池田末利、伊藤道治、松丸道雄的甲骨文研究予以介绍；二、欧美学者的甲骨文研究，对欧美等国所藏的甲骨文材料、早期甲骨学研究概述、当代甲骨学研究总览、华裔学者在欧美的甲骨学研究概况四个问题予以介绍。第十四章百年契学的回顾展望，分两节：一、百年甲骨学的成绩回顾，对甲骨学百年的盛大纪念、甲骨学研究队伍的壮大、甲骨文数量和字数的统计、甲骨学研究的主要成绩四个问题进行介绍；二、甲骨学未来前景的展望，对百年甲骨学研究的思考、未来甲骨学研究前景的展望进行叙述。

本书叙述甲骨文的发现、发掘及研究状况，尤其对海内外多位甲骨学者的研究成果作了具体、详细的介绍，可以说本书是一部关于甲骨学史的专著。全书文字流畅，分析细致，对甲骨学史的研究有较重要的参考价值。

本书的书评，见王丁：《甲骨学史的另一种写法——〈殷墟考古发掘与甲骨文研究〉读后》，《殷都学刊》2014年第1期。

342. 中国最早的历史空间舞台——甲骨文地名体系概述

马保春、宋久成著。2013年1月学苑出版社出版，十六开本，一册。

内容有凡例、正文、附录、参考文献、后记五部分。

正文共七章。第一章甲骨文地名概述，对甲骨文简史、地名研究简史、地名的确定及其词法构成、地名的分类与等级划分四个专题介绍。第二章甲骨文中的区域地名，对方位区域地名、方国族属区域地名进行研究。第三章甲骨文中的城邑与普通地名，对都城、都邑地名、普通地名加以研究。第四章甲骨文中的场所地名，对宫室、宫官地名、京台地名、殿庙、祭祀场所地名进行研究。第五章甲骨文中的自然地貌地名，对河川地名、泉泽地名、山丘地名、丘阜地名、阪麓地名进行研究。第六章甲骨文中的经济地理地名，对农业地名、田猎地名、刍牧地名、贡纳地名、仓禀地名进行研究。第七章现今仍在使用或与现今地名有密切关系的甲骨文地名，对可能位于今河南省的甲骨文地名、可能位于今河北省的甲骨文地名、可能位于今山西省的甲骨文地名、可能位于今山东省和安徽省的甲骨文地名，以及甲骨文中的山、河等特殊地名进行研究。

附录有二：一、本书所引甲骨文、金文著录及论著书目与简称；二、前人所绘与甲骨文地名相关的部分地图。

该书是利用甲骨文资料系统研究殷商地名的专著。

该书的书评，见蔡万进：《〈中国最早的历史空间舞台：甲骨文地名体系概述〉评介》，《中国史研究动态》2013年第5期。

343. 颜色与祭祀——中国古代文化中颜色涵义探幽

[英]汪涛著，郅晓娜译。2013年3月上海古籍出版社出版，三十二开本，一册。

内容有正文、附录、引书目录三部分。正文共四章。第一章导论，有五部分：一、颜色、颜色词、颜色的象征性；二、殷墟考古发掘所见颜色和颜料；三、甲骨卜辞释读的两个问题：书写与读音；四、殷墟甲骨卜辞新的分类和分期理论：贞人组和两系说；五、商代的祭祀与占卜。第二章殷墟甲骨刻辞中的颜色词，有释"赤"、释"骍"、释"白"、释"勿"、释"戠"、释黄和黑、释幽（玄）及总结（颜色词及其分类）。第三章商代祭祀中的颜色，有殷人尚白、神圣的骍牛、勿色：传统的转变、黑羊与祈雨之祭、黄色与土地神灵。第四章商代颜色象征体系与五行说的发展，分两部分：一、商代的颜色体系：作为象征符号的体系；二、商代颜色象征与"五行说"之关系；三、结语。

附录有三：一、青幽高祖新解：古代祖先崇拜里的空间与颜色之关系；二、颜色与社会关系——西周金文中之证据及阐释；三、"召簋"铭文中的赤金及其相关问题。

过去学者研究时也涉及到颜色问题，但并未对此作专门的分析、研究。此书作者较全面整理了甲骨文中的颜色词，并对颜色（特别是商代祭祀中的颜色）意义作了较详细的探讨。此书对研究商代的颜色、研究商人的思想观念、祭祀制度等均有较重要的参考价值。

344. 安徽大学汉语言文字研究丛书——高岛谦一卷

黄德宽主编，高岛谦一著。2013年3月北京师范大学出版集团、安徽大学出版社出版，三十二开本，一册。

内容有黄德宽总序、前言、正文、主要参考文献、后记五部分。

正文部分共四编。一、方法论，包括四部分，更为缜密的甲骨文考释方法论、如何释读甲骨文、以甲骨卜辞的布局解读甲骨文、共时证据法的应用：商代配祀之拟构。二、词法与句法，包括四部分，强调动词短语、数量补语、带"乍"字和带"史"字的使役结构、否定词的词法。三、语义与词源，包括四部分，商代汉语后缀×—S之三种功能、祭祀：中国古代"祭"和"祀"新辨、"河"的词源学及古文字阐释、释比与从。四、甲骨文研究，系动词与其他文字和文化，包括五个方面，系动词研究、甲骨文中的几个礼仪动词、论甲骨文和金文中之"日"字、周代青铜铭文中表示"时"的"⊖"字、郑州与大辛庄卜骨：殷商时期安阳的南部、东部的文字。

该书对商代卜辞作语言文字学研究，可更好地理解商代语言文字本身以及语言文字与文化之关系。

345. 商代青铜器铭文研究

严志斌著。2013年3月上海古籍出版社出版，十六开本，一册。

内容有刘一曼序、正文、主要参考文献、商代青铜器铭文总表、后记五部分。

正文共九章。导言介绍了商代青铜器铭文研究的材料、研究内容及研究方法。第一章商代青铜器铭文研究概况，对资料的整理与著录、工具书的编纂、铭文的考释与研究、族氏铭文的研究、断代研究、其他专题研究进行综述。第二章商代有铭青铜器的断代与分期，分两节讨论：一、商代有铭青铜器的类型学研究；二、武丁以前有铭青铜器的探讨。第三章商代青铜器铭文的分期，分两节：一、商代青铜器铭文单字形体的分期；二、商代青铜器铭文分期特点。第四章商代青铜器铭文的语法,分词法、短语、句法三节来探讨。第五章商代青铜器铭文中的职官,分两节:一、"亚"形问题;二、职官,对师、寝、宰、作册等十八种职官深入研究。第六章商代青铜器铭文中的诸子与诸妇。第七章商代青铜器铭文中的族氏,分三节:一、族氏铭文研究回顾,讨论了族氏铭文的性质和特点;二、复合族氏问题;三、主要族氏探讨,对北方、西方、南方、东方族氏作了探讨。第八章商代青铜器铭文中的记事金文,探讨了赏赐动词、赏赐物、赏赐地点、赐者与受赐者、赏赐缘由等几个方面的问题。第九章余论,探讨了日名问题、铭文中所见名物研究、纪年历法研究、族氏铭文研究四个问题。

本书是我国第一部对商代有铭铜器进行全面系统整理研究的著作。全书资料丰富,分析细致,论述有据,新见迭出,是一部优秀的金文专著。商代的甲骨文与金文,由于载体与使用不同,存在诸多差异,但因其时代相同,两者又有较多的共性。对它们进行研究,必须相互参照。所以,该书对于甲骨学与商文化研究有着重要的参考价值。

此书的书评,见陈钦龙:《严志斌〈商代青铜器铭文研究〉评介》,《中国史研究动态》2013年第5期。

346. 殷代商王国政治地理结构研究

韦心滢著。2013年4月上海古籍出版社出版,十六开本,一册。

内容有朱凤瀚序、正文、参考文献三部分。

正文共八章,绪论。第一章商前期王国政治地理结构探讨,讨论了商前期王国政治领域的文献观察、考古学观察及商前期王国都城位置与势力范围变化分析三个专题。第二章盘庚迁殷后商王国政治地理结构的变更,讨论了再论盘庚迁殷、洹北商城与周围邻近聚落、盘庚迁殷后领土格局之转变三个问题。第三章商后期王国王畿内的政治地理结构,讨论了殷墟考古资料、卜辞、文献所见王都内部结构及王都郊区内之各种功能区及其设置。第四章商后期王国四土之近畿地区的政治地理结构。第五、六章商后期王国四土之边域地区及其政治格局(上、下),以考古学所见资料为主,分别讨论了西部——灵石旌介商墓、南部——罗山天湖墓地、东部——大辛庄遗址、北部——藁城台西遗址边域暨周边商后期考古文化遗存。第七章商后期王国与边域外邻近方国的关系,分三种情况,殷墟卜辞中所见方国与商王朝的互动关系、商周角力关系及实力之变化、边域外文化遗存中商王朝政治影响力的显现。第八章结语。

该书把商王国政治领域的地理空间分成三个层次——王畿、近畿与边域,在此框架内探讨殷代商王国政治地理结构中的问题。作者的论述,言之成理,持之有据,并有不少独到的见解,是对中国早期国家形态研究的力作。

347. 殷墟 YH127 坑宾组甲骨新研

张惟捷著。2013 年 8 月台湾万卷楼图书股份有限公司出版，十六开本，一册。

内容有蔡哲茂序、提要、凡例、正文、附录、后记六部分。

正文共七章。第一章绪论，就研究殷墟 YH127 坑宾组甲骨的缘起与目的、研究范围、研究方法与应用，各章写作方式等相关内容概括介绍。第二章《殷虚文字丙篇》所收 YH127 坑宾组卜辞释文、整理与研究。第三章《殷虚文字乙篇》所收 YH127 坑宾组卜辞释文、整理与研究。第四章 YH127 坑宾组刻辞分类研究，对战争对象分类排谱、祭祀对象分类研究、伤疾事件分类研究。第五章 YH127 坑宾组腹甲尺寸、钻凿与贡入记事研究，对 YH127 坑龟腹甲尺寸分析与比例还原、YH127 坑宾组字甲钻凿形态与排列布局、贡入记事刻辞分类研究、首甲人为刮痕现象略探。第六章结语，第七章参考文献。

附录有四：一、YH127 坑宾组人物氏族地名表；二、YH127 坑女性人物表；三、YH127坑宾组伤疾（含"梦"）相关事类表；四、《殷虚文字丙编》自重表。

该书以 YH127 坑出土的宾组甲骨卜辞为研究对象，对甲骨实物检验，进行完整的释文与考释，并对有关战争、祭祀、伤疾等卜辞事类排谱系联，从而获得对该坑宾组甲骨内容较前人更深入的认识。对甲骨比例还原、人为刮痕等研究，也同样具有重要作用。本书是研究 YH127 坑宾组甲骨的专著，对于该坑甲骨及整个宾组甲骨的进一步深入研究，将起推动作用。

348. 殷墟花东 H3 甲骨刻辞所见人物研究

古育安著。2013 年 9 月台北花木兰文化出版社，十六开本，上、中、下三册。

内容有黄天树序、凡例、引书简称对照表、正文、参考书目、附录、后记七部分。

正文共八章。第一章绪论，讨论了花东卜辞的研究概况、研究动机与研究方法、章节架构、花东时代四个问题。第二章花东卜辞中的商王武丁、妇好与子，对王与丁、妇好、子进行了系统讨论。第三章花东卜辞所见诸子考，分"子"关心的"子某"、与"子"有臣属关系的"子某"、"子称"者与存疑待考者三种情况予以探讨。第四章花东子家族臣属考（一），分受到子"呼""令""使"的人物、其他臣属于子的人物、人名格式"某友某"与"某友"三种情况讨论。第五章花东子家族臣属考（二），分花东卜辞所见记事刻辞人物考、贞卜人物考两种情况讨论。第六章花东卜辞所见俘虏、奴隶与人牲考，分所见俘虏、奴隶考，人牲考，存疑待考者三种类型讨论。第七章其他人物，对不臣属于子的人物、身份地位待考的人物、无法确定是否为人物者三种情形讨论。

该书系统研究花东甲骨刻辞中的人物,是花东甲骨卜辞研究的力作,对花东甲骨刻辞进一步深入研究,将起促进作用。

349. 甲骨文字形类组差异现象研究

王子杨著。2013年10月中西书局出版,十六开本,一册。

内容有黄天树序、凡例、正文、参考文献、后记五部分。

正文共五章。第一章绪论,对类组及类组差异进行解题,对字形类组的研究基础与相关研究成果简单回顾,对字形类组研究的选题意义及主要工作进行交待。第二章甲骨文字形的类组差异现象举例,对裸1、裸2、祝、禦1、禦2等123个字的形体差异进行分析与研究。第三章从"异体分工"和"特殊讹混"再论甲骨文字形的类组差异现象。第四章甲骨文字形类组差异现象的成因分析,从时代因素在解释类组差异现象时的合理性,时代因素在解释类组差异现象时存在的问题,卜辞刻手是导致类组差异现象的主要因素三方面予以分析。第五章基于甲骨文字形类组差异现象的文字考释,共19篇,并对已释文字提出新的看法。

该书对甲骨文字的字形类组差异现象分析、研究,丰富了学界对甲骨文字形存在类组差异现象的认识,为分期分类考察法研究甲骨文字提供了理论支持,对甲骨文字考释、研究富有学术价值。

350. 凿破鸿蒙:纪念董作宾逝世五十周年

李宗焜编著。2013年10月中研院历史语言研究所出版,十六开本,一册。

内容有李宗焜的殷墟跫音——记"凿破鸿蒙"特展一文,其后分三部分。一、重庆到台北——甲骨主题展;二、平庐生活——档案文书、学术札记、篆刻与文房用品;三、翰墨会友——董作宾甲骨书法;四、附录。

1942年12月25日,第三次全国美展在重庆举行,董作宾选了殷墟出土的五十件甲骨参展。为纪念董作宾先生逝世五十周年,2013年10月16日至2014年3月29日,历史语言研究所在台北举办"凿破鸿蒙"特展,将这五十件甲骨重展。与上次展览不同之处是:此五十件参展甲骨新缀合的成果也予以展现。把原拓片用黑色表示,加缀部分,则刷淡拓片,图版号用棕色以示区别。从董先生所选五十版甲骨,可以了解董作宾对甲骨分期、断代的看法,也可让观众通过甲骨文展,认识甲骨文字的不同风格,了解商代文化。

档案文书等展,主要着重两个主题:一是"重庆美展"往来的公文书;二是关于殷墟发掘和《殷虚文字甲编》印刷的曲折过程。

书法作品是董作宾用甲骨文字写成联语诗文,以文会友,每一件作品背后,都有背景与故事。此书法作品是今人研究甲骨文书法的重要代表作。

附录有四:一、董作品的生平纪要;二、纪念文集及展览纪事;三、著作目录;四、纪念专书文集。

该书是一部印刷精美的展览图录。从书中李宗焜的《殷墟跫音》一文及多幅展品图片与说明,读者可具体地了解一代甲骨学大师董作宾对甲骨学做出的巨大贡献。此书对甲骨学史的研究有重要价值。

351. 新中国甲骨学六十年

王宇信著。2013年11月中国社会科学出版社出版,十六开本,一册。

内容有"鼓励与期望 起点与追求",胡厚宣、李学勤的《建国以来甲骨文研究》序,前言,正文,附录,附图,索引,后记,后记之后,补记十部分。

正文分三大块:一、小引:新中国成立前五十年甲骨学的形成与发展回顾(1899—1949年);上篇:甲骨学深入发展阶段(1949—1978年);下篇:甲骨学全面深入发展阶段(1978年至今)。

小引部分对1899年甲骨文的发现至1949年以前甲骨学的形成进行学术回顾。上篇共七章,第一章甲骨文发现和著录。第二章甲骨文研究。第三章甲骨文研究与考古学。第四章甲骨文研究和历史学。第五章甲骨文研究和古代科学技术。第六章郭沫若对甲骨文研究的卓越贡献。第七章30年来甲骨学的进展与我国甲骨文研究的展望。下篇共九章,第八章甲骨文新资料的不断出土及所谓的"新发现"种种。第九章传世甲骨的集大成与新出甲骨的公布,为研究的全面深入发展奠定了基础。第十章新时期不断出版的甲骨著录,为甲骨学研究全面深入发展注入了新活力。第十一章甲骨文断片缀合不断取得新成果。第十二章甲骨学的新分支学科。第十三章甲骨文断代研究的新成果及敲响"两系说"构架的一记重槌。第十四章甲骨学商史研究新作与突破性成果。第十五章殷墟"申遗"的成功,开启了保护、弘扬与研究的新阶段。第十六章古文字学研究生培养60年。

附录有三:一、甲骨文著录目及简称;二、新中国前30年甲骨文编年论著目;三、甲骨学大事记(1899年至今)。

该书是一部综述性的学术著作,书中回顾、总结、展望了建国60年来有关殷商都城遗址和商周甲骨文的新发现、发掘、研究、探索,以及甲骨文与甲骨碎片的缀合、修缮、珍藏、管理方面取得的重大成就。特别是对甲骨文分期、卜辞排谱、文字考释、辩难解疑、甲骨学著录和商史研究、海内外学术交流等方面取得的突出成绩予以总结。该书对老一辈甲骨学家在甲骨学研究领域和弘扬中国传统文化方面做出的杰出贡献深深地缅怀,对今后的甲骨学发展予以展望。

352. 甲骨文与殷商时代神灵崇拜研究

具隆会著。2013年12月中国社会科学出版社出版,十六开本,一册。

内容有王宇信序、正文、附录、参考文献、插图来源表、后记、同行专家推荐意见七部分。

正文共五章。绪论,就殷商时代神灵崇拜研究简单回顾、本书选题和研究动机简单阐述。第一章简论人类社会宗教起源及演变,分两节:一、万物有灵论;二、中国氏族社会生殖崇拜与图腾崇拜之产生。第二章殷商时代神灵崇拜观念形成及神灵崇拜,分三节:一、天神、地祇崇拜;二、祖先神崇拜;三、殷商时代的神世界观念。第三章甲骨文所见的祭祀,分七节:一、殷商时代祭祀概述;二、殷商时代祭祀之一:天神、地祇类;三、殷商时代祭祀之二:祖先神之远祖、先公类;四、殷商时代祭祀之三:先王类;五、殷商时代祭祀之四:父、兄、子类;六、殷商时代祭祀之五:先妣、母类;七、殷商时代祭祀之六:旧臣类。第四章甲骨文所见的神灵在社会上的作用,分两节:一、殷商时代祭祀目的概述;二、神灵在社会上的作用。第五章简论晚商时期社会机制对西周社会的影响,分两节:一、商王朝的"宗法制度";二、周王朝的"宗法制度"。

附录有三:一、甲骨文所见殷商时代祭祀分类表;二、谈九世之乱与殷人屡迁问题;三、试论甲骨文和《圣经》所见的"上帝"观比较研究。

该书系统、全面收集甲骨文中的祭祀材料,在前人研究的基础上,对商代神灵崇拜做了进一步研究,并对商代以前神灵崇拜的情况也进行了探索。作者的不少论断较前人有所细化、深入和创新。此书不仅是甲骨学、殷商史研究的力作,而且对先秦史、先秦思想史研究都具有较重要参考价值。

353. 殷墟花园庄东地甲骨文例研究

孙亚冰著。2014年3月上海古籍出版社出版,十六开本,一册。

内容有宋镇豪序、凡例、正文、附录、参考文献、引书简称对照、后记七部分。

正文共七章。绪论,分三节:一、关于甲骨文例;二、花东甲骨文的研究概况;三、本书研究的内容和方法。第一章花东卜辞的行款特点,分两节:一、行款与卜兆;二、行款与龟甲部位。第二章花东卜辞的段落结构,分四节:一、叙辞;二、占辞;三、用辞;四、孚辞。第三章花东卜辞的贞卜次序，分两节：一、同版卜辞的贞卜次序；二、异版卜辞的贞卜次序。第四章花东的成批卜辞。第五章花东记事刻辞文例。第六章花东卜辞的契刻特例，分八种：一、合文例；二、重文例；三、补刻例；四、误刻例；五、夺字例；六、衍字例；七、倒书例；八、侧书例。

附录有二：一、附表，分别是：1.《花东》中甲卜兆类型表；2.花东同一条卜辞的序数排列形式；3.花东同版成套卜辞贞卜次序；4.张秉权《甲骨文与甲骨学》中所举宾组同版成套卜辞的贞卜次序。二、附图，共98幅摹本。

该书作者有幸观摩殷墟花东甲骨实物，借助考古类型学分析方法，结合卜辞内容分析，系统研究甲骨文例，在总结前人对甲骨文例研究成果基础上，研究的切入点放在以下诸方面："一、卜辞和记事刻辞的行款形式、书契字体特点等；二、卜辞的结构形式；三、同版或异版卜辞的组合形式。"该书总结了花东龟版卜辞的行款特征，考察了中甲卜辞的行款特征，研究了同版龟版上"同一条卜辞的卜兆次序"、"成套卜辞的贞卜次序"、"正反对贞卜辞的贞卜次序"等专题，探讨了数龟并用的占卜习惯，提出了"成批卜辞"的新概念，同时对卜辞的某些用语作出了新的解释。"该书思路细腻，逻辑严饬，是一篇全面系统探讨花东甲骨文例的力作"（见宋镇豪序）。

354. 殷墟村南系列甲骨卜辞整理与研究

刘凤华著。2014年6月上海古籍出版社出版，十六开本，一册。

有李学勤丛书前言、凡例、正文、主要参考书目、后记五部分。

正文共十章。第一章绪论，概述殷墟小屯村南系列甲骨刻辞的整理与研究内容。第一章对村南系列各组类卜辞的综合考察（上），对《屯南》师历类卜辞、历一类、历二类、历一类和历二类卜辞中共时的部分、历草类卜辞五种分类考察。第二章对村南系列各组类卜辞的综合考察（下），对历无类卜辞、无一和无二类卜辞、非典型无二类卜辞、无三类和无黄类卜辞、《屯南》午组卜辞等五种作分类考察。第三章村南系列的祭祀类卜辞，对自然神祇、先公、先王、先妣、先臣伊尹五种神祇的祭祀卜辞研究。第四章村南系列的战争类卜辞，分商王对召方的战争和无名组的战争类卜辞加以研究。第五章村南系列的田猎卜辞，对各类组田猎卜辞的主要内容、田猎与农耕、祭祀、战争类卜辞的关系加以研究。第六章村南系列的卜旬辞，对历组、无名组卜旬辞予以研究。第七章村南系列的同文卜辞，对历组的同文卜辞、无名组同文卜辞、同文卜辞的字形、村南系列同文卜辞增补系统研究。第八章村南系列胛骨新缀，共缀22例。第九章对村南系列若干语辞的研究，对若干占卜用语的考察、若干祭祀动词的考察、若干一般语辞的考察、无名组田猎卜辞固定语辞九种四类现象加以研究。第十章村南系列的字形研究，对干支字、异体字、具有典型组类特征的字形、无名组中独有的字形给予分析与研究。

该书对殷墟小屯村南系列甲骨系统整理与研究,全方位展示了该系列甲骨的特色和所记录的主要史料内容,使学术界全面认识(殷墟小屯)村南甲骨的学术价值,并在此基础上继续对这一系列的卜辞作进一步研究。作者是用李学勤的"两系说"理论指导来研究甲骨的,所以此书是甲骨分期新说的又一部力作,受到学术界的重视。

355. 殷墟甲骨文宾语语序研究

齐航福著。2015年8月中西书局出版,十六开本,一册。

内容有黄天树序、内容提要、凡例、引书简称、正文、参考文献、附录、后记八部分。

正文共十一章。绪论,介绍了选题的研究现状和意义、研究对象和研究方法。第一章宾语前置句,分六节:一、"惠"字宾语前置句,二、"唯"字宾语前置句,三、否定句中代词宾语前置句(附:否定句中代词宾语后置),四、否定句中名词宾语前置句(附:"不/勿唯+名词宾语+V"句),五、肯定句中名词宾语前置句,六、宾语前置句小结。第二章兼语句,分五节:一、"呼"字兼语句,二、"令"字兼语句,三、"使"字兼语句,四、"速"字兼语句,五、兼语句小结。第三章兼语前置句。第四章非祭祀动词双宾语句,分四节:一、给予类双宾语句,二、取得类双宾语句,三、其他类双宾语句,四、非祭祀动词双宾语句小结。第五章祭祀动词双宾语句,分三节:一、甲类祭祀动词双宾语句,二、乙类祭祀动词双宾语句,三、祭祀动词双宾语句小结。第六章三宾语句。第七章介宾结构,分六节:一、"于"字介宾结构,二、"自"字介宾结构,三、"在"字介宾结构,四、"从"字介宾结构,五、介宾结构小结,六、介宾结构连用。第八章殷墟甲骨文中句式使用的组类差异考察。第九章甲骨文宾语研究中的若干语法问题。第十章甲骨文宾语研究中的焦点问题。第十一章甲骨文宾语研究中的疑难辞例疏通。结语。

附录有三:一、甲骨新缀十六组;二、甲骨校重七十组;三、殷墟甲骨文分组分类表。

该书广搜甲骨语料,对殷墟甲骨文宾语语序分组类研究,分析细致,言之成理,持之有据,是研究甲骨文语法的力作,将对甲骨文语法进一步深入研究起促进作用。

356. 甲骨文与民族传统体育因素研究

芦金峰著。2015年8月中国社会科学出版社出版,十六开本,一册。

内容有凡例、自序、正文、附录、参考文献、后记六部分。

正文共四章。第一章绪论,对本课题国内外研究现状述评,本课题研究的意义,研究材料、方法、重点与难点及创新之处,甲骨文述要,民族传统体育相关概念予以介绍。第二章(甲骨文)竞技类体育,分跑步、摔跤、乐舞、射箭、弹射五类运动。第三章休闲体育类,分登高、护卫礼仪、骑马、驾车、游泳运动、划船运动、渔猎活动七类。第四章其他类,分三部分:文字篇:论"疋戈为武"的形成与会意;武器篇:殷商五种常用兵器;武器篇:殷商论剑。

该书首次使用甲骨文资料对中国早期出现的体育形态进行研究,以甲骨文字和卜辞内容为基础,从体育学视角,对中国早期民族传统体育因素分析与研究,是甲骨学与其他学科相互交叉研究的有益尝试,也是殷商体育史研究的重要专著。

357. 甲骨文书法探微

朱彦民著。2015年11月北京大学出版社出版,十六开本,一册。

内容有范曾题《甲骨文书法探微》、前言、正文、后记四部分。

正文共八章。第一章甲骨文的刻写。第二章以"六书"理论分析甲骨文字。第三章甲骨文字形特征与演变规律。第四章甲骨文字的形体美。第五章甲骨文字的结构美。第六章甲骨卜辞的章法美。第七章现代甲骨文笔墨书法大观。第八章当代甲骨文书法艺术。

该书是一部从美学角度探讨甲骨字形书法的研究论著,该书中论述了甲骨文书法艺术的特点和甲骨文字形、结构、章法之美,也对近代甲骨文书法史进行考略,对甲骨文书法名家及其作品等进行品评,对当今甲骨文书法热进行概述,对其中一些不良现象予以批评。作者的论述,既总结了前人对甲骨文书法的研究成果,又提出不少独到的见解。该书资料丰富,图文并茂,文字流畅。它的出版,将对今后甲骨文书法艺术研究产生推动作用。

四、汇 集

（字书、诗联、目录、索引、年表）

四、汇 集

358. 殷虚书契待问编

罗振玉编著。1916年(民国五年)5月自写影印本,线装,一册。又,1970年4月收入台湾大通书局出版的《罗雪堂先生全集》三编第三册中。

全书包括自序和正文(待问)。

罗氏在序中谓:"乃又最录不可遽释之字得千名,合以重文,共得千四百有奇,兼旬而校录竟。""大抵编中诸文,古今异体者什二三,古有今佚者什六七。今日所不知者,异日或知之,在我所不知者他人或知之。……阙疑待问,敢俟高贤"。

书中收录的一千四百多字,是选自《铁云藏龟》、《铁云藏龟之余》、《殷虚书契前编》、《殷虚书契后编》、《殷虚书契菁华》五部书。每个字均摹出原形,标出所出书的卷数、页码。少数可知形义的字,罗氏还附上简要的说明。例如:

(第8页):"象举鼎形。举鼎以肩贯两耳,故两手在上。"

(第9页):"两手持木,植于土上,疑是树薮之薮。"

(第15页):"象两手奉鸡牲于示前,或从一手。"

这些看法是可取的。不过,也有一些字,作者之解释是错误的。例如:第7页,将字左边之宙,释为邕之异体;第26页,将"族"字释作侯字;第36页,将"黍"二字误为一字,等等。

总之,本书反映了罗氏以"知之为知之,不知为不知",阙疑待问、实事求是的治学态度,这是应当肯定的。所以,本书对后来的古文字研究影响较大,有些书也仿照它的体例。如:《殷虚文字类编》书末附有待问编十三卷,《金文编》、《古玺文字征》、《汉印文字征》、《甲骨文编》等书,均附录有不可识的字。

359. 簠室殷契类纂

王襄编著。1920年(民国九年)12月天津市博物馆石印本,线装,二册。又,1929年(民国十八年)10月增订本,二册。1988年3月台北艺文印书馆影印线装本,一函四册。

这是第一部甲骨文字典。全书分正编十四卷,附编一卷,存疑十四卷,待考一卷。

第一册包括:著者序,王守恂书后,华毓崧书后,正编卷一至七。

第二册包括:正编卷八至十四,附编。

第三册包括:存疑卷一至七。

第四册包括:存疑卷八至十四,待考,勘误。

初印本正编，录《说文》中可识文字八百七十三个，重文二千一百一十个；附编，录合文二百四十三个，重文九十八个；存疑，录《说文》所无及难确识的文字一千八百五十二个；待考，录存疑文字一百四十二。

重订本正编九百五十七字，存疑、待考一千八百零八字，补录十一。又，增附后序一篇于卷前。

本书取材于《前》、《后》、《菁》等书及王氏自己所藏的甲骨。书中考释出来的字，比罗振玉《殷虚书契考释》要多三百八十多个。而且，在内容编排上也有创造性：正编、存疑是按《说文》的次第排列；各字之下列出卜辞的原文，便于读者了解该字在卜辞中的意义；合文特著一编；能考释的字入正编，稍有所知，不能确识的字入存疑，完全不能识别的字入待考，留待古文字学者今后进一步作深入研究。这几点为后来出版的字典所仿效。

但此书也有一些不足之处，如：各字及各字之下所引的卜辞不注书名、页数、片号，不便读者核对原文。书中有一些错释的字，如上、下颠倒，各、出不分，周、鲁无别，皿、骨相混等等（参见陈炜湛《甲骨文简论》第 28 页，上海古籍出版社，1987 年）。但瑕不掩瑜，此书在甲骨学史上是占有重要地位的。

360. 殷虚文字类编

商承祚编。1923 年（民国十二年）决定不移轩自刻本，线装，八册。又，1927 年（民国十六年）删校本，六册。1971 年台北艺文印书馆影印本。

全书正文十四卷，附待问编十三卷，《殷虚书契考释》一卷。

第一册，王国维序、自序、卷一、卷二；第二册，卷三、卷四；第三册，卷五、卷六；第四册，卷七—卷九；第五册，卷十一——卷十二；第六册，卷十三、卷十四、检字；第七册，待问编十三卷；第八册，罗振玉《殷虚书契考释》前四章。

全书依《说文》次第，分别部居。各字之下注明出处，其后是该字的解释。正编录七百九十字（附增了《说文》所无，依偏旁分析可隶定之字），重文三千三百四十字，待问编七百八十五字，共一千五百七十五字。

所用的材料有《铁》、《前》、《后》、《菁》、《余》、《林》六种。各种的解释基本上是抄录罗振玉、王国维之说。作者自释者仅十之一、二，在书中加上"祚案"二字，以示区别。

作者的解释，有的是对罗、王之说加以引申，有的是自己的新说。现略举数例：

屰（卷三，一页下）："《说文解字》逆，不顺也。从干下凵逆之也。案 ϒ 为倒人形，示人自外入之状，与逆同字，同意，故卜辞逆字亦如此作。"（上引罗振玉：《增考》66 页的解释）。

祚案："秦绎山石刻，逆字从 ϒ，尚存古谊，后世小篆移一于中间，形益晦矣。"

八（卷二，一至二页）：祚案，"《说文解字》八，分也，从重八，《孝经》曰，故上下有别。

四、汇　集

段先生云,此即今之兆字,其作 ⚎ 者,非古也。今征之卜辞,亦有 ⚏ 字,与许书重八正合"。

壬(卷八,五页):柞案,"《说文解字》壬,善也。从人士,士,事也。一曰象物出地挺生也。此正象土上生物之形,与许书第二说相符,则此字当从土,不应从士"。

珏(卷二,十九页上):柞案,"以玉作 丰 半征之,则此当为珏字"。

齿(卷二,十九页上):柞案,"此字与《说文解字》古文齿作 ⚏ 相近,象张口见齿之形"。

上述这些字的解释,均是可取的。

361. 集殷虚文字楹帖汇编

罗振玉编。1925 年(民国十四年)石印本,线装,一册。又,书法家欧阳可亮手书,1961 年日本春秋学院出版;1969 年 7 月收入《罗雪堂先生全集续编》第十三册,台湾大通书局影印本。

全书编汇罗、章、高、王四家用殷虚文字作成的四言至十言的联语四百二十联:章钰作一百三十四联;高德馨作八十五联;王季烈作二十四联;罗振玉作一百七十七联。

每联均用殷虚文字及楷书二体对照,便于书法爱好者临摹。

362. 殷契书录

陈振东著。1930 年(民国十九年)8 月排印本,线装,一册(二卷)。

全书包括作者自序、卷一、卷二、戚元良跋。

这是一本介绍甲骨文著作的书。

卷一:甲骨著录,包括《铁》、《前》、《菁》、《林》、《余》、《后》、《待问编》、《明》、《戬》、《簠类》、《类编》、《簠》、《拾》、《写》共十四部。

卷二:介绍考释甲骨文的书,包括《举例》、《殷商贞卜文字考》、《殷考》、《戬考》、《先公先王考》、《续考》及叶玉森、陈邦怀、陈邦福、余永梁、胡光炜、董作宾、闻宥、林泰辅、陈邦直等人的著作,共二十三部。

作者简介了各书的主要内容,对某些著作还略加评论。

363. 甲骨类目

容媛辑。《甲骨类》一卷,载《金石书录目》卷七中,1930 年(民国十九年)中央研究院历史语言研究所单刊乙种之二,线装,一册。又,1936年上海印书馆增订本;1963年与《金石书录目补编》合为一册,由日本东京大安书店出版。

共录甲骨书籍四十五部,分为七类:(一)目录,一部;(二)图象,即著录殷墟古器物图形诸书,共三部;(三)文字,著录甲骨拓本、影本、摹本诸书,共十六部;(四)通考,即考释文字、应用甲骨文研究古史及古代礼制等书,共十七部;(五)义例,研究甲骨文例的书,共二部;(六)字书,即甲骨文的字典,共五部;(七)杂著,一部。

所录各书,在书名、卷数之下,载著者姓名、书之版本及出版日期。所录书至1929年止。

364. 甲骨学文字编

朱芳圃编著。1933年(民国二十二年)12月商务印书馆石印本,线装,二册。

全书包括正文十四卷、附录二卷、补遗一卷。

第一册,甲骨学序例,文字编目录,摹录诸书文字目录,采集诸家著述目录,正文卷一至卷七。

第二册,正文卷八至卷十四,附录上:合书(数名、人名、地名、常语、偶语)、分书、倒书,附录下:罗振玉《殷虚书契考释序》、王国维《殷虚书契考释序》、容庚《甲骨文字之发现及其考释》(节录)、郭沫若《甲骨文字研究序》、董作宾《甲骨文研究的扩大》(节录),补遗,订误。

本书正文编共收八百四十五字,重文三千四百六十九字,补遗录文一百四十九字,除已见正编不计外,还有八十个字。总计本书释字九百二十五个。

所纂诸字,均出自摹写,在字下注明出处,其后辑录各家之说。若诸家著述互相因袭者,只录一家,其说可两通者则并存之。各字之排列依《说文》次第,分别部居。正编中还附增了形义可知而《说文》所无之字。

本书所用之材料有《铁》、《前》、《后》、《菁》、《余》、《戬》、《拾》、《林》、《明》、《写》、《佚》、《燕》、《簠》等书。所辑录的解释有孙诒让、罗振玉、王国维、王襄、商承祚、叶玉森、陈邦怀、容庚、沈兼士、陈柱、余永梁、戴家祥、胡光炜、丁山、郭沫若、徐中舒、董作宾等。

此书便于初学者了解各家对各字的解释。不足之处是:所录诸家释语,仅在编首略举书名,在字下不注明出处,不便读者进一步核对原文。另外,作者没有发表自己的见解。

本书的评论,见戴家祥:《评〈甲骨学文字编〉》,载于1934年(民国二十三年)8月4日天津《大公报》,图书副刊二十五期。

四、汇　集

365. 甲骨文编

孙海波编著,商承祚校。1934年(民国二十三年)10月哈佛燕京学社石印本,十四卷,附合文、附录、检字、备查各一卷,线装五册。1965年9月中华书局出版,十六开增订本一册;1982年6月中华书局再版本。

第一册:唐兰序、容庚序、商承祚序及编者自序,凡例,卷一至卷四;第二册:卷五至卷九;第三册:卷十至卷十四;第四册:合文、附录;第五册:检字、备查。

这是一部甲骨文的字典。正编收录一千零七字(原书谓一千零六字),包括《说文》中有的七百六十五字,《说文》所无的一百九十三字,重文四十九,附录收一千一百十字。全书共二千一百十七字。

书中各字的排列次序,按《说文解字》分部别居,《说文》所无之字而可识读者,附于各部之末。

每字之下注明该字出自某书、某页、某片,便于读者查检。重文过繁,而形体相同,如:贞、卜及干支等最常见的字,编入备查,只记其号数。

本书取材于《铁》、《余》、《拾》、《前》、《后》、《菁》、《林》、《戬》等八部书。

书中收录十多家之解释,但以孙诒让、罗振玉、王襄、王国维、叶玉森之说为主。

本书的优点是摹写较真。书中纂集诸字,均出影摹,形构大小,仍依原拓契刻之旧。采录之说较多,解释简明扼要。

不足之处是,所收材料不全,如:较早出版的《簠》、《明》等书的甲骨文字,没有收录。对一些字的编排欠妥,如把"止"、"虫"、"生"均置于"之"字下;又如唐兰所释之"咒",丁山所释之"梦"与"疾",已为学术界绝大多数人所承认,但此书均归入附录等等。

本书的评论,见云斋:《评孙海波〈甲骨文编〉》,载于1937年(民国二十六年)4月9日、16日天津《益世报》人文周刊十四、十五期;杨树达:《读〈甲骨文编〉记》,载1940年(民国二十九年)湖南大学《文哲丛刊》卷一。

六十年代,孙海波将《甲骨文编》作了增订,由中国科学院考古研究所编辑,1965年9月中华书局出版,十六开本,一册。

增订本全书包括序言、凡例、正文(单字、合文、附录)、引书简称表、甲骨文编检字。

增订本与1934年的初版本内容有较大的不同。前者取材于八本著录,后者是四十本,即增加了三十二本,基本上将1959年以前出版的甲骨著录均收集在内。所录的字也比过去大大增加。增订本正编为一千七百二十三字(见于《说文》的九百四十一字),附录二千九百四十九字,共计四千六百七十二字。另外,在文字的考订上,采纳了许多新的研究成果。此书无论对初学者还是专业工作者,都是一本很有用的工具书。

366. 甲骨书录解题

邵子风著。1935年(民国二十四年)11月上海商务印书馆石印本,线装,一册。

全书包括刘节序、略例、目录、赘言、甲骨书录解题卷一至卷五及附录、附甲骨论文解题卷一至卷三及附录、甲骨学论著索引。

各部分的目次如下：

赘言：甲骨学与中国学术发现。甲、金石与甲骨,乙、孔氏壁经,丙、汲冢竹书,丁、汉晋木简,戊、敦煌卷轴,己、大库书档,庚、民元以来之地下发现,结语。

书录解题：载甲骨书籍六十六种,分为五卷：卷一,著录第一,文字之属,器物之属。卷二,通考第二,总义之属。卷三,文化之属,史地之属,礼制之属,杂考之属。卷四,字书第三。卷五,纪述第四,目录第五。后面是附录一、附录二。

论文解题：载甲骨论文一百四十七种,分为三卷：卷一,文字第一,史地第二,文化第三。卷二,社会第四,礼制第五,历法第六,龟卜第七,杂考第八。卷三,纪述第九,图表第十,目录第十一。附录。

作者介绍各书及单篇论文时,均记名称、版本、出版日期、序跋题记、内容提要。对较重要的著作还加以评论,指出其优缺点,并略述在甲骨文研究上的地位。本书作者采摭甚广,以殷墟文字及器物为范围,有关殷代文化及历史之著作亦酌量采辑。全书收1934年以前的有关著作共二百十三种,叙述简明扼要,有条不紊。直至今天,对于初学甲骨文者仍是值得一读的目录书。

367. 古籀汇编

徐文镜编。1935年(民国二十四年)8月商务印书馆石印本线装,十四册。又,1982年12月武汉古籍书店影印本,三册。

本书依《说文》分为十四卷,即每册一卷,每卷又分为上、下,遗者附于卷末。在第一卷前附作者自序、凡例及检字。

本书萃集甲骨刻辞、铜器铭文、石鼓文以及古代印玺、陶器、兵器、货币上的各种文字,依诸家之解释汇纂为一编。

各卷中字的排列依《说文》之次序,凡《说文》所无之字,均列于各部之末。

各字之排列,首先以《说文》的字为提行,并抄录《说文》对各字的解释。其后,依次列举汪立名的《钟鼎字源》、吴大澂的《说文古籀补》、丁佛言的《说文古籀补补》、容庚的《金文编》、罗福颐的《古玺文字征》、商承祚的《殷虚文字类编》六部书的字。

总计全书《说文》提行之字为二千四百四十五字，《说文》重文为七百零二字，古籀重文为二万七千七百七十二字，《说文》所无提行之字为五百九十字，《说文》所无古籀重文为一千二百五十二字。

本书材料丰富，又附有检字，查找较方便，是研究古文字及甲骨文有参考价值的工具书。

368. 甲骨集古诗联·上编

简琴斋著。1937年（民国二十六年）2月商务印书馆发行，线装，一册。又，1969年6月收入《集契汇编》，由台北艺文印书馆出版。

全书包括叶恭绰序、容庚序、商承祚序、自序、诗联。

作者收集古代著名诗人、文学家的诗句，用甲骨文书写。全书集诗三十七首，联语百四十余条。

其中有的字，如秋、花、白、斜、交、古等，书写错误。

369. 甲骨年表

董作宾、胡厚宣合编。1937年（民国二十六年）4月中央研究院历史语言研究所单刊乙种之四，商务印书馆发行，线装，一册。又，1977年11月收入台北艺文印书馆出版的《董作宾先生全集》乙编第六册中。

全书包括编纂略例、甲骨年表、甲骨文论著分类索引、甲骨文论著撰人索引。

甲骨年表分纪年、纪事、撰著三项。

纪年：始自1899年（清光绪二十五年），讫于1936年8月（民国二十五年）。民国纪元以前以阴历为主，民国纪元以后，以阳历为主。

纪事：略记甲骨文字发现之始末、流传情形及研究者撰著之经过，共录九十七条。

撰著：备列关于甲骨文字之专著及论文。除中文之外，西文、日文作品亦均收录。撰著中有的虽尚未出版，但据他书称引，知其确已撰成者，亦酌量收录，共三百三十三条。

370. 甲骨地名通检

曾毅公著。1939年（民国二十八年）齐鲁大学国学研究所出版，线装，一册。

全书包括凡例、检字、甲骨地名通检、待考。

本书取材于1903—1937年间出版的二十五种甲骨著录，即《铁》、《余》、《拾》、《戬》、《前》、《后》、《续》、《菁》、《殷图》、《库》、《柏》、《林》、《明》、《福》、《燕》、《簠》、《佚》、《纂》、《别二》、《粹》、《写》、《大龟四版》、《侯》、《河南通志·文物志》、《甲骨文录》。

地名之排列依笔画为次。其字不可识者列入待考。待考依自然分部法为次。在地名之下均注明出自某书、某卷、某页、某片。

本书列举了可以隶定的地名、方国五百二十四个，《待考》中列了没有隶定的地名、方国三百九十五个，共九百十九个。

本书也有错漏，所列之字，有些不是地名，如：众、湄日、东、南等；有些是公认的方名、地名，如：大方、大录等，没有收录。

本书的评论，见孙海波：《评〈甲骨地名通检〉》，载1940年(民国二十九年)1月《中和》一卷一期。

371. 集契集

汪怡、董作宾撰。1950年撰成(1960年刊于《中国文字》第一期)，1976年欧阳可亮手书的《集契集》由日本春秋书院出版，1984年又出版日文版。又，1978年台北艺文印书馆影印本出版，三十二开本，一册。

内容有汪怡序、严一萍跋、正文三部分。

正文分卷上、下两部分：卷上部分，分四言：田家三首、漫兴、寿词、长征。五绝：春游五首、山居、遣怀三首、别情十四首、春晓、快晴、暮春、夜泊遇雨、渔父、小饮偶赋、秋江晚泊、秋夕、闻涛、观水嬉、对月、寿词三首、新婚词二首。六言：漫兴、寿词四首、新婚词。七绝：游春三首、春日访友未值、南游杂诗六首、问燕、西窗、别情五首、秋燕、老农、道经古墓前、川上、秋夜闻虫、新婚词。五律：漫兴二首、春光、春日偕友同游郊外、访友未值、客中有忆、别情、寿词、新婚词。七律：漫兴、别情。

卷下部分，词：南歌子四首、三台六首、南天好二十二首、春晓曲九首、渔歌子四首、潇湘神、捣练子、桂殿秋、南乡子二首、江南春十五首、忆王孙、天仙子二首、感恩多、醉公子、点绛唇、采香子二首、浣谿沙、菩萨蛮四首、凭栏人、落梅风三首、天净沙、十样花。

本书有对联182对，诗91首，词77阕，令6首，共356篇，全用甲骨文字书写而成，具商代甲骨文风韵，是一部很有价值的甲骨文书法用书，在甲骨文书法界中产生很大影响。

372. 五十年甲骨学论著目

胡厚宣著。1952年1月中华书局出版，1983年9月中华书局再版，三十二开本，一册。

目次包括序言、略例、正文和附录。

正文分八章。一、发现：分报告、记述、推测，共五十种。二、著录：分影照、墨拓、摹录，共五十四种。三、考释：分专著、散篇，共十五种。四、研究：分文字、文法、文例、文学、历史、地理、帝王、礼制、社会、经济、文化、宗教、风俗、历象、考古，共五百五十三种。五、通说：分概论、方法，共六十七种。六、评论：分总论、校补、序跋、书评，共八十四种。七、汇集：分字书、诗联、考证、目录、索引、年表，共三十二种。八、杂著：共二十一种。

附录有著者、篇名及编年三个索引。

本书是为纪念甲骨文发现五十周年而作。辑录自1899—1949年五十年来关于甲骨学的中、日、英、法、德、意、俄等文字的专著书目及论文篇目，共计八百七十六种，是按类编纂，详细注出出版时间、版本出处等，是一部研究甲骨学、古代史及古文字很有用的工具书。

373. 续甲骨文编

金祥恒著。1959年10月台北艺文印书馆出版，影印本，线装，一函四册。又，1990年12月收入台北艺文印书馆出版的《金祥恒先生全集》第五册中。

目次包括自序、凡例、正文、附录，书后附有检字表。

正文共四卷，按《说文解字》部首为序。

本书的编辑，正如作者自序中言：自1934年孙海波《甲骨文编》问世二十五年后，由于新出土及刊布的甲骨文字、甲骨著录日益增多，故继孙氏之后编纂此书。收二千五百余字，连重文共录五万余字。

凡孙氏所收的八种著录不收。本编摹写之字以拓本复印为准，凡写本不收。凡收之字下皆注其书名(简称)及片号，其部首以《说文》为准。凡《说文》有的字，以笔画多少为序。每字前标以大徐本《说文》篆文以资参考。为避免谬误，拓本不清者不收。字的考订采取公认的或参照己说，比孙氏之书增加三百余文。凡重文者皆注明。《说文》无，以其所属部首附于后。合文与一辞者另列为附录一，不能隶定及无法分其偏旁者，另为附录二。

共收录三十七部著录书，附有摹写拓本书目，列于书中。

总之，本书所收录的材料丰富，内容较全，尤其书后附的检字表，除按字笔画多少为序外，还将单字与合文等分别注出，便于读者查检。不足之处是，所收的甲骨文字，多摹写不精，没有分期，同时，也缺少一些如卷数、次序等方面的索引。但它仍是继《甲骨文编》之后又一部甲骨文研究的有用的工具书。

本书的评论，见[日]加藤：《金祥恒辑〈续甲骨文编〉》，载日本《甲骨学》第八号，1960年3月。

374. 殷墟卜辞综类

［日］岛邦男著。1967年（日本昭和42年）11月，日本东京汲古书院出版。又，1971年（日本昭和46年）7月增订版，十六开本，一册。日文版；1977年增订本再版；1979年中国书店翻印本。

本书增订版目次包括自序、凡例、增订版凡例、部首、正文、附录（包括五期的称谓、世系、先王先妣祀序、贞人署名版、通用・假借・同义用例、帝辛时甲日的祀谱等）、本书所引用甲骨著录书目、检字索引、释字一览、汉字索引、后记。

本书综辑了所见到的已发表的全部卜辞的文字。由于《说文解字》的部首不能包括全部甲骨文字，因而独自确立了一百六十五个部首；按部首将所收的全部甲骨文的字、词[①]，进行分类。在每类每条辞例中，按时代之早晚而排列[②]，同时各辞例的书体保留原来的字形，描录出各期的特点。

本书出版了三年后又再版。再版中，作者进行了增补与订正。增补的主要有：在各字下加字释，因诸说不一，皆以李孝定的《甲骨文字集释》的解释为准，字释数共八百四十字，并附李氏书的页数，以便参考。在汉字索引、释字一览及各参照项中，一一记入本书页数，查阅极方便。增订了《甲释》、《丙》上（二）以后的各辑编号。另外，对已发现的一些错误，以及本书在排列和内容方面，也作了订正。

本书是继《甲骨文编》、《续甲骨文编》以后的一部较全面、系统的综辑甲骨文字的工具书。引用材料从1903年至1967年间的著录达六十五种，内容极为丰富。按甲骨卜辞时代早晚分类排比，较为新颖，并能突破《说文》的局限，根据甲骨文本身的形体结构特点，归纳出一百六十四部首。尤其各辞例都分期排列，便于比较及综合研究。书后附录各种索引，也极便读者检索。

本书尚存在一些不足之处，如不少材料核对不严，有错误和遗漏者；引用书号、卷数也有差错；在引用的一些材料中，亦发生前后不一的情况。但本书仍是目前研究甲骨学和商代历史的一部重要的、必备的工具书，具有很高的学术价值，深受读者欢迎。

本书的评论，见姚孝遂：《〈殷墟卜辞综类〉简评》，载1980年11月《古文字研究》第三辑；刘锐：《介绍岛邦男近著〈殷墟卜辞综类〉》，载1980年《外国研究中国》第四期。

---

① 《库》及其他资料中被确定为伪刻者未收入；干支及数词的用例省略；常用的若干文字，如卜、贞、旬、王等字，只是节录。

② 本书甲骨分期是按董作宾五期分法。在贞人分期方面同意董氏的文武丁卜辞"复古"说，但在细节上又异于董氏。详情见岛氏《殷虚卜辞研究》一书。

375. 京都大学人文科学研究所藏甲骨文字索引

[日]贝塚茂树著。1968年（日本昭和43年）3月日本京都大学人文科学研究所发行，十六开本，一册。日文版。又，1980年12月与《京都大学人文科学研究所藏甲骨文字》增订版合为一编，日本京都同朋舍出版。

目次包括作者自序、部首一览（按《说文》顺序，共分十四篇）、京都大学人文科学研究所藏甲骨文字索引正文、检字表、凡例。书后附有英文提要（美国威士基尼大学的约翰·玛尼作）。

本索引的体例与孙海波的《甲骨文编》、金祥恒的《续甲骨文编》都是按《说文》部首排列，不同的是本书各字下除了标出《京人》的甲骨片号，还附有《甲骨文编》、《续甲骨文编》的页数对照。原则上以单字为准，成语及合文等以第一字排列，不能释定的附录于索引之后。

检字表，细分为：已释字表（按其笔画顺序排列）；未释字表（分部首明确的及不明确的两种），这样便于查检。

不足的是在本索引中将京都大学人文科学研究所藏甲骨文字中所没有的字，也按孙、金二氏的排法列入，以致其重点不突出。

376. 集契汇编

严一萍著。1969年6月台北艺文印书馆出版，一册。

本书收辑了六家甲骨集古诗联：罗振玉集、章钰集、高德馨集、王季烈集，这四家所集已于1925年（民国十四年）编为《集殷虚文字楹帖汇编》出版；丁辅之集的《商卜文集联》及《商卜文集诗》，已于1928年（民国十七年）出版；简琴斋集的《甲骨集古诗联·上编》，已于1937年（民国二十六年）出版。今由严氏将上述各家所集的诗联汇集一起而成此书。

377. 甲骨关系文献序跋辑成

[日]玉田继雄编，日本立命馆大学文学部中国文学研究室、日本东京朋友书店发行，手写影印本，三十二开本，五辑。日文版。

本书收录了重要的甲骨著作的序与跋，共分五辑。序、跋都收录全文，皆以中、日文对照。注释中对每部书的内容及著者生平都作了简介。有些注既介绍了情况，也谈了作者的观点。书前有作者写的前言。

第一辑：1972年（日本昭和47年）11月发行，共收录二十七部书：《铁云藏龟》、《契文举例》、《名原》、《殷商贞卜文字考》、《殷虚书契前编》、《殷虚书契菁华》、《增订殷虚书契考释》、《铁云藏龟之余》、《殷虚书契后编》、《殷虚古器物图录》、《殷虚书契待问编》、《戬寿堂所藏殷虚文字》、《龟甲兽骨文字》、《文源》、《簠室殷契类纂》、《殷虚文字类编》、《殷契钩沉》、《殷虚书契考释小笺》、《铁云藏龟拾遗》、《古史新证》、《簠室殷契征文》、《殷虚薶契考》、《甲骨文例》、《传古别录》第二集、《殷契书录》、《殷虚文字存真》、《甲骨文字研究》。

第二辑：1973年（日本昭和48年）11月发行，共收录十五部书：《甲骨文断代研究例》、《福氏所藏甲骨文字》、《卜辞通纂》、《殷契卜辞》、《殷虚文字存真第一集考释》、《殷虚书契后编》、《殷契佚存》、《龟甲文字概论》、《甲骨学文字编》、《古代铭刻汇考》、《殷虚书契前编集释》、《甲骨文编》、《甲骨学商史编》、《殷虚文字记》、《古文声系》。

第三辑：1975年（日本昭和50年）11月发行，共收录二十二部书：《邺中片羽初集》、《殷虚卜辞讲话》、《甲骨书录解题》、《殷契粹编》、《邺中片羽二集》、《甲骨文录》、《天壤阁甲骨文存》、《铁云藏龟零拾》、《殷契遗珠》、《甲骨叕存》、《殷虚书契续编校记》、《诚斋殷虚文字》、《双剑誃殷契骈枝》、《邺中片羽三集》、《殷契摭佚》、《双剑誃殷契骈枝续编》、《甲骨文辩证》上集、《双剑誃殷契骈枝三编》、《甲骨学商史论丛初集》、《甲骨学商史论丛二集》、《殷历谱》、《甲骨学商史论丛三集》。

第四辑：1976年（日本昭和51年）发行，共收录十一部书：《殷虚文字甲编》、《殷虚文字乙编》、《殷契摭佚续编》、《甲骨缀合编》、《五十年甲骨文发现的总结》、《战后宁沪新获甲骨集》、《殷契征醫》、《殷契拾掇》、《战后南北所见甲录》、《五十年甲骨学论著目》、《殷虚刻辞的语法研究》。

第五辑：1979年（日本昭和54年）发行，共收录三十四部书：《殷契拾掇二编》、《战后京津新获甲骨集》、《积微居甲文说》、《耐林庼甲文说》、《殷虚文字缀合》、《甲骨学五十年》、《续殷历谱》、《甲骨续存》、《殷虚文字外编》、《殷虚卜辞综述》、《巴黎所见甲骨录》、《殷代社会史料征存》、《殷虚文字丙编》、《龟卜》、《殷代贞卜人物通考》、《甲骨文字集释》等。

本书作者不但全文收录各甲骨著作的序、跋，而且全部译为日文；尤其是在注释中概括地介绍了著者的简单生平，为读者提供了丰富的参考资料。

378. 汉语古文字字形表

徐中舒主编。汉语古文字字形表编写组编。1980年8月四川人民出版社出版，线装，三册。又，1981年12月增订本。

四、汇　集

目次包括徐中舒序、凡例、正文一至十四卷、附录（检字表、引用参考书目）。

本表的编写是为编纂《汉语大字典》而作的准备工作。

本字表的甲骨文、金文字的取材，主要参考《甲骨文编》、《金文编》，保留其中所有不同的典型形体。本表所收的古文字以音义明确的为限，共收列甲骨文、金文、战国文字的字头约三千个。《说文》所有的，以小篆为字头；《说文》所无的，则写成楷书并注明所见之字书；不识者一律不收。各家考释有分歧的，斟酌情况择善而从。古文字中，凡最初一个形体而有几种用法，后演化为几个字的，或先只有假借，后来才有专字的，参照《金文编》等书成例，采取重见办法。字表分三栏排列，次序为殷、西周、春秋战国。字形排列，既有形体演变的对应关系，又依时代先后为序，不受甲骨文、金文、竹简帛书及其他种类的限制。对甲骨文、金文的断代，主要根据董作宾、郭沫若的说法，也参照其他一些专著。表中选用的古文字字体约一万多个，绝大多数从原拓本或原件照片上摹取，有些字由于版面的需要，或放大或缩小。

本字表是继《甲骨文编》、《金文编》之后，与《古文字类编》同年出版的一部古文字大型工具书，对学习和研究先秦文字者，有较高的参考价值。

不足之处是：（1）有些字所选的形体不够典型，如吉、更、辛、庚、酉、彭、贞、祖等字；（2）字表前未列目录，同时，字表上虽标出卷数，但在检字表中未注出，仅标页号，查找不大方便；（3）字表中选用的甲骨文、金文虽然标明出处与器名，但未进一步注明期别；（4）书后附的引用参考书目，仅列书名，作者及一部分书的简目，未注明出版单位与年份。

379. 古文字类编

高明著。1980年11月中华书局出版，十六开本，一册；1982年再版本。又，2008年上海古籍出版社十六开增订本，全二册。2014年7月上海古籍出版社小十六开缩印本。两种增订本均署高明、涂白奎编。

目次包括作者自序、凡例、第一编古文字、第二编合体文字、第三编徽号文字、引书目录、引器目录、检字索引。

本书的基础原为作者在北京大学历史系考古专业讲授古文字的讲义中的第二章——古文字表。原表仅有甲骨文、两周金文及秦代小篆三栏字表，以单字计不足一千。由于收字太少，又缺战国部分，经补充作者扩展为三编，即：

第一编古文字：由原来三栏改为四栏。增加了春秋、战国时代的石刻、竹简、帛书、载书、符节、金印、陶器及泉货等。增收的文字相当于旧字表的五倍。以单字计共三千零五十六字，连同异体、重文等，共计一万七千零五种形体。

第二编合体文字：收甲骨文、金文及战国时代的其他文书，分三栏，收三百零四种，连同重文等共计五百三十六种形体。

第三编徽号文字：分甲骨文、金文二栏，共五百九十八种，连同重文共计九百四十二种形体。

本书字序是按时代先后编排。如甲骨文，除将子、午、自组归第一期外，其他按董作宾的五期划分时代。金文分期，由于学术界分歧较大，作者按照求同存异的原则，将西周的铜器分为早、中、晚三期，即自武王至昭王为早期，穆王至夷王为中期，厉王至幽王为晚期。至于东周，则只分为春秋、战国两大阶段。

所收之字，或放大，或缩小，皆为摹录，不失原形。每字之下附有小字简注，说明其出处和时代。

所收之字，以现在认识的古文字为主，一般都可在古文字书中找到。凡不识之字，虽经学者考释但尚未公认者，暂不收录。

本书所收以同文异体为主，凡时代同而字体异者皆收。但每种形体只收一个，不录重形。时代不同而形体相似者则兼收，一般不收同时相重之字形。

凡一字多义，都以本义或最早的古义为主。对同源异字，为说明它们的共生关系，一般排在同一栏内并加以说明。

本书的检字索引，单字按笔画多少而分先后，笔画同者又将同旁字编在一起。

本书将古文字汇集在一起，分类编次，有些字也有作者自己的见解，对学习古文字，尤其是对了解从甲骨文、金文至战国时代的各种文字的发展过程起着引导作用，是继《甲骨文编》《续甲骨文编》及《金文编》之后，与《汉语古文字字形表》同年出版的一部综合先秦文字的很有价值的工具书。

不足之处是：有些字选的不够典型。所收之字，按原形进行摹录，但有些字由于放大或缩小而有所失真。

380. 殷虚文字丙编通检

高岛谦一著。1985 年 12 月中研院历史语言研究所发行，十六开本，一册。

《殷虚文字丙编》简称《丙编》，编著者为张秉权，自 1957—1972 年陆续出版。《丙编》是由《乙编》及编余的甲骨缀合复原，重新传拓、编辑，并加以考释而成，是《乙编》所录甲骨的拼合复原选录，共有 632 版（确数为 613 版）。

本通检中的字、词，依循张秉权在《丙编》中的隶定。以《丙编》中出现的每一字、词为字头，其下罗列这个字在《丙编》所出现的全部卜辞文句。其格式为：《丙编》编号、《丙编》中此字出现在此版上第几条辞序编号、甲骨文句。可释读的汉字，按照《康熙字典》的部首

四、汇　集

先后排列。根据偏旁而隶定的文字，排列在该部首之下。未释读的甲骨文原字，按照岛邦男的《殷墟卜辞综类》中的部首法编排。某些常见字，如贞人名、否定词、方国名、先祖名集中排在本书最后。

本书还附部首索引表、拼音索引表、读音不详索引表、各龟版及刻辞分布页数。这些索引可快速、迅捷地检索某一字或任何一版甲骨全文。本书为读者全面了解《丙编》丰富的内容提供了极大方便，从而促进甲骨学者对《丙编》甲骨作深层次的研究。这部重要的工具书，受到学术界的重视与欢迎。

381. 甲骨文集句简释

刘兴隆撰。1986年11月中州古籍出版社出版，十六开本，一册。

内容有胡厚宣序、前言、凡例、正文、附录、王宇信跋六部分。

正文分四部分：一、成语和短句，共一百四十三条。二、唐诗选句，选七句。三、集联，共二十五幅。四、甲骨文刻印，共四十三幅。著录格式为，每页分三栏：上栏甲骨文单字之楷书写法；中栏为甲骨文书写的句子及单字形意解释，单字下注明其字之出处；下栏为单字小篆写法。

附录有二：一、引书简介；二、检字表。

该书所撰的每一甲骨文字，均有出处可比对，释文博采众家之长，简明扼要，甲骨文笔法遒劲有力。本书是甲骨文书法、篆刻者较重要的参考书。

382. 龟甲兽骨文字集联

孙常叙撰集。1987年4月东北师范大学出版社出版，十六开本，一册。2014年11月商务印书馆重印。一册，十六开本。

内容有张志毅序、罗继祖序、自序、重订题词代序、例言、龟甲兽骨文字集联、挽罗雪堂先生、挽李静山代家大人作、附录九部分。

龟甲兽骨文字集联分四言、五言、六言、七言、八言、九言、十言、十一言、十二言、十六言、十七言、二十三言等句式。作者用甲骨文字书写若干两两相对的联语，部分甲骨文字形做过"改旧从新"的处理，并于一旁以行书的形式重写以便读者辨识参考。文中使用的甲骨文字，作者根据《甲骨文字集释》《殷虚文字类编》等文献对甲骨文字形音义考证。此书合甲骨文集联的警句、熟语及甲骨文书法于一体，既有学术研究成分，也有美学欣赏价值，对甲骨文书法的普及和提高很有价值。

383. 甲骨学小词典、甲骨学词典

孟世凯著。1987年12月上海辞书出版社出版，三十二开本，一册。

内容有杨向奎序、李学勤序、自序、凡例、词目笔画索引、正文、附录、后记八部分。

本书所收词目是以"殷墟"甲骨文及其有关内容为主，共收660条甲骨词条，以第一字笔画数为序排列。全书内容框架为：字、词、术语、著录书、甲骨学家等类。作者在《自序》中谓："采诸家之说，合各家所长，间述己之浅见，简释八十年来甲骨学中所见之部分词汇、术语。试图为读者提供点滴方便；为甲骨学工具书之编写作一次尝试。"该书出版早，字体为手写体，阅读不太方便。本书后作修订，并更名为《甲骨学词典》

甲骨学词典，孟世凯著。2009年1月上海人民出版社出版，三十二开本，一册。

内容有自序、凡例、笔画目录表、正文、附录、后记六部分。

正文部分共收录殷墟和周原甲骨文及甲骨学等相关内容，收录至2001年，共收录甲骨词条3 182条。内容框架与《甲骨学小词典》基本相同。字体改为印刷体。

附录有十：一、商代世系对照表；二、甲骨卜辞中父母兄子称谓表；三、各家所定甲骨卜辞贞人时期表；四、殷墟卜辞所见先妣表；五、甲骨刻辞中所见诸子表；六、殷墟甲骨文所见诸妇表；七、甲骨文干支表；八、甲骨学大事年表；九、殷墟甲骨文著录书简表；十、《甲骨文合集》图版检索表。

该书是一本较好的甲骨词典工具书，李学勤认为该书"具有现代水平而又能深入浅出"，"不但对初学甲骨的人非常有用，对甲骨学专门研究者，也是应置于座右的工具书"（参见李学勤《甲骨学小词典》序）。

384. 甲骨文简明词典——卜辞分类读本

赵诚著。1988年1月中华书局出版，十六开本，一册。

内容有前言、正文、索引三部分。

正文部分，按照卜辞所反映的内容以及商代语言的现实，分为二十六类。一、上帝和自然神；二、先公和祭祀对象；三、先王；四、旧臣；五、祖、父、兄、弟、子；六、妣、母、女、妇；七、配偶之称谓；八、侯、伯、职官；九、军队；十、地名；十一、方国；十二、疾病、人体的各部位；十三、平民、奴隶、战俘及其他；十四、人名；十五、天象、自然；十六、动物；十七、植物、粮食；十八、建筑物；十九、器物、用品及其它；二十、祭祀；二十一、数词和量词；二十二、时间；二十三、空间、方位；二十四、形容词、吉凶用语、成语；二十五、虚词；二十六、动词。

此书有几个特点：一、分类细致，将卜辞分为二十六类，便于读者认识该卜辞的主要内容。二、甲骨文是一字多义的，故书中一个字往往在不同的类别中出现多次。三、对甲骨文的解释通俗易懂，简明扼要。书中对甲骨文的叙述大多吸收了各家的成果。在一些字词的解释上也包含了作者多年研治甲骨学的心得，有不少独到的见解。本书也有不足之处，个别字形出现误判，如 ⺧ 字（第 66 页，此字实际是永字），⺮ 字（第 67 页，此字实际是大字），Φ（第 67 页，此字实际是卯字）。但瑕不掩瑜，此书是普及甲骨文知识的优秀读本，对专业工作者，也有较高的参考价值。

385. 殷墟甲骨刻辞摹释总集

姚孝遂主编，肖丁副主编，何琳仪、吴振武、黄锡全、汤余惠、刘钊编辑，王少华抄录。1988 年 2 月中华书局出版，八开本，上、下两册。

上册内容有姚孝遂序、甲骨文合集摹释（第一至第八册）。下册为甲骨文合集摹释（第九至第十三册），小屯南地甲骨摹释，英国所藏甲骨集摹释，东京大学东洋文化研究所藏甲骨文字摹释，怀特氏等所藏甲骨文集摹释。正文的著录格式是：以《合集》等五种材料的著录号为顺序号，依次逐版释读甲骨。排版形式是：分上下两行排列。上列上部是著录号，下部是原形甲骨文字摹写的不加标点的甲骨文文句；下列是与摹写原形甲骨文字文句对应的现代汉语释文；文字是用现代汉字（有的是繁体字）、隶定字、原形甲骨文字书写。一版甲骨上有多少条甲骨文辞，就有多少个著录号与每一辞相对应。同一版甲骨，先摹释正面甲骨文句，再摹释反面文句，然后是骨臼文句。全书共整理 52 486 版甲骨。殷墟甲骨刻辞，是迄今为止所能见到的最早古籍，经过近九十年来广大学者的整理，基本上可以通读。《合集》的出版，使零散的甲骨汇集成册，这些著录，多数仅有甲骨拓片，没有文字整理，大大影响了这些成果的利用率。《殷墟甲骨刻辞摹释总集》，对以上甲骨文著录文字的系统整理，可以说是当时一部甲骨文辞条集大成式的著作，它不仅把甲骨文原形字摹录成文句，而且还全部配备了释文，为学术界利用甲骨文资料进行各方面研究，提供了很大的方便。但由于当时主、客观上的种种限制，本书存在甲骨文摹字释字不准，文句丢失或全辞释读不当等失误。白于蓝对此进行一次全面的校改，写成《殷墟甲骨刻辞摹释总集校订》（2006 年福建人民出版社出版），希望读者在阅读《摹释总集》时，也应同时翻看《摹释总集校订》。

386. 殷墟甲骨刻辞类纂

姚孝遂主编，肖丁副主编，何琳仪、吴振武、黄锡全、汤余惠、刘钊编辑，王少华抄录。

1989年1月中华书局出版,八开本,上、中、下三册。

内容有部首表、姚孝遂序、凡例、(甲骨文)字形总表、亲属称谓表、正文、卜辞世系表、贞人系联及分组表、贞人统计表、部首检索、笔画检索、拼音检索十二部分。本书以《甲骨文合集》(简称《合集》)、《小屯南地甲骨》(简称《屯》)、《英国所藏甲骨集》(简称《英》)、《怀特氏等收藏甲骨文集》(简称《怀》)四种甲骨著录为资料收录范围(《合集》第十三册因是摹本不加收录),共有49 692版甲骨。对每版甲骨上的每一文字(包括此字所组成的语词)分类编纂。

正文部分以文字形体为主要线索,以辞条为基本单位。其排列格式是:按照部首表的顺序,依次排列人、大、卩等150个部首下的所有文字,同字异形体列于此甲骨文字之下;然后分上下两行分类排列,上列是本甲骨文字的原著录号码,除《合集》号码省略外,其他均标《屯》、《英》、《怀》之名;资料著录号码下为此甲骨文字所在的、用甲骨文原形字摹写的甲骨文句;下列是此甲骨文句汉语释文。共整理3 547个甲骨文单字,9个十至九十的单字,先王先妣称谓(合文形式)83个,父母兄子称谓(合文形式)34个,共计3 673个甲骨文字。(甲骨文)字形总表格式为:每一单元共5行,第一行是摹写的甲骨文字,第二行为此甲骨文字对应汉字,第三行是此甲骨文字的第二种字义,第四行是此字的甲骨单字的顺序号,第五行是此字所在正文的页码(页码只标在此页第一字下)。部首检索表格式是:一、部首;二、以此为偏旁的甲骨文字。每一单元分两行,上行为原形甲骨文字,下行是此字所在的页码。笔画检索表格式是:上行是甲骨文字可释读的现代汉字或可根据偏旁而隶定的字;下行有一个、两个或三个页码,分指此字所在页码。

本书是《甲骨文合集》出版以后的一部较全面、系统的综辑甲骨文字的工具书。它继承了岛邦男《殷墟卜辞综类》部首、偏旁排列甲骨文字的方法,以文字形体为主要线索,以辞条为基本单位,结合辞条的内容进行分类编纂成册的,各种索引配合使用,便于检索;文字有甲骨文原形字及其对应的汉字和隶定字,文句有甲骨文原形字摹写的甲骨文句和翻译。此书是目前考释甲骨文字、研究甲骨学和商代历史的一部较为重要的、必备的工具书。

本书存在一些不足之处,如部分甲骨文字描摹不准,有错误和遗漏等现象,对此进行校订的有:沈建华:《〈殷墟甲骨刻辞类纂〉字形总表的校订与整理》,《纪念殷墟甲骨文发现一百周年国际学术研讨会论文集》第252—259页,社会科学文献出版社,2003年);洪飏:《〈殷墟甲骨刻辞类纂〉字形校订(一)》,载于《渤海大学学报(哲学社会科学版)》2011年第3期。

本书的书评,见裘锡圭:《评〈殷墟甲骨刻辞类纂〉》(上、下),《书品》1990年第1、2期;李宗焜:《〈殷墟甲骨刻辞类纂〉删正》,《大陆杂志》第94卷第6期,1997年。

387. 甲骨文字典

徐中舒主编,常正光、伍仕谦副主编,彭裕商、何崝、方述鑫、陈复澄、黄波、李曦、黄奇逸、王辉、林小安、王培真编纂。1989年5月四川辞书出版社出版，十六开本，一册。

内容有徐中舒序言、凡例、(十四卷)目录、(笔画)目录、检字、本书所引甲骨著录书目、正文七部分。

正文共收录了2837个甲骨文字。采用《说文》部首分部别居其文字，并冠以《说文》篆文于每字之首。全书共分十四卷，某些按偏旁隶定而《说文》所无之字，均附于各部之后。著录格式为：一、此甲骨文对应的篆字；二、篆字下是根据原甲骨著录拓本而摹写的原形字，原形甲骨文字下是按照五期断代法断定的期别及文字的出处；三、解字，解说甲骨文字的本义及引申假借义；四、释义，列举各类有代表性的辞条，以说明所释各字在殷商时期具体语言环境中的各种词义。字形、解字、释义三部分，有机结合，互为表里，可详细了解甲骨文字形、字义及文化内涵。

该书不仅广泛吸收九十年来甲骨文研究成果，而且融入了徐中舒数十年研究甲骨文的重要收获，它是一部有较高学术价值的甲骨文字释义的大型工具书，在学术界产生了重大的影响。

该书也存在一些不足之处，如不编附录，未充分利用海外刊布的甲骨资料，解字释义也有不妥之处。读者可参见陈炜湛：《读〈甲骨文字典〉兼论甲骨文工具书之编纂》，《中山大学学报》1998年第4期。

388. 新编甲骨文字典

刘兴隆著。1993年3月国际文化出版公司出版，十六开本，一册。

内容有胡厚宣序、李学勤序言、作者简言、凡例、正文、引书简介、许顺湛跋、检字表(笔画检字表、索引检字表)八部分。

正文共收录单字3000多个(包括异体字和通假字)。按照《说文》部首分部别居甲骨文字，无法与《说文》相对应之字均归入与其字相近之偏旁部首之后。收录文字的格式是：每页分上、中、下三栏，上栏是甲骨文单字之楷书写法，中栏为甲骨文原形字、此字的原著录出处及释义，并尽可能列举金文、陶文、石鼓文以及《说文》之古文作对照，释义多引证先秦及两汉典籍资料或吸取当代著名甲骨学者的见解，下栏是甲骨文单字之小篆。卷末附有检字表，分笔画检字表和索引总表(按页码顺序)两种。

该书是一部有一定学术价值的甲骨文工具书，2005年12月增订版出版。

389. 甲骨文虚词词典

张玉金著。1994年3月中华书局出版，三十二开本，一册。

内容有前言、凡例、目录、正文、本书所引甲骨著录书目、检字、后记七部分。

正文有：必，卬(比)，弜，竝，不，迟，此，从，大，哉(待)，鼎，爾，非，弗，後，乎，惠，及，暨，即，既，皆，厥，曆，擎，乃，迺，其，氣(汔)，眹，羊(羌)，女(汝)，若，兑(鋭)，异(式)，率，巳，改，同，我，唯，毋，勿，先，咸，逞(讯)，延，亦，抑，永，用，由，囚(猷)，有，于，余，俞，允，在，朕，之，执，至，终，兹，自，卒(裨)，作。

以上是见于甲骨文中的虚词，它大致能反映殷代语言虚词系统的全貌。

此书是第一部甲骨虚词词典。在书中，作者将甲骨文中 65 个虚词作了系统的整理、研究，分析细致，叙述有据，有不少创见(见于对惠、即、暨、先、延、由等词的研究上)。此书既是一本有使用价值的甲骨文工具书，也是甲骨文语法研究的重要参考书，受到学术界的重视。

390. 甲骨文字字释综览

松丸道雄、高岛谦一编著。1993 年 3 月东京大学出版会出版，十六开本，一册。

内容有松丸道雄序、凡例、字释综览正文、文献目录、字释索引、《甲骨文编》内相关番号检索表、《殷墟卜辞综类》及《甲骨文编》检索表、后记。

正文共十九篇，其体例分六类：一、以《甲骨文编》所收字的顺序号为编码(编码下有此字在《甲骨文编》中之卷数)，顺次排列所收文字；二、此字所在《殷墟卜辞综类》部首及顺序号(此部首是《综览》一书所确定的部首)；三、此字及同字异形体；四、此甲骨文字的汉语释文；五、参考，即文字字义解释；六、出典，即文字考释的出处。

本书是对 1899—1988(部分至 1989 年)甲骨文字考释成果加以归类、收录的著作。共收录了海内外约 471 名甲骨文研究者在甲骨文字考释方面的研究成果，收录的文字为 3 395 个，包括一部分伪刻文字及误摹文字。

本书有几个显著特点：一、收录的资料丰富、完备。二、录海内外学者考释甲骨文字的成果简明扼要，一般只录其结论和主要观点。三、书中的几个附录将《甲骨文编》、《殷墟卜辞综类》及《甲骨文字集释》等几部大型工具书融为一体，相互参照。学者研究某一文字时，既可知前人研究成果，又可了解该字在各条卜辞出现的位置和作用，进而作出更深入的研究。[1]

此书也存在不足之处，如有一些甲骨文字形摹录不大准确或存在误摹的情况。

总之，此书是一部受学术界欢迎的甲骨文工具书，有很高的学术价值。

---

[1] 王宇信：《中国甲骨学》，上海人民出版社，2009 年，第 317、318 页。

四、汇　集

391. 百年甲骨学论著目

宋镇豪主编,宋镇豪、常耀华编纂。1999年7月语文出版社出版,十六开本,一册。

内容有"甲骨学一百年"成果总序、宋镇豪序、凡例、正文、索引。

正文共十部分。一、甲骨发现,包括考古与记述两部分。二、甲骨综论,包括通论、概说两部分。三、甲骨著录,包括专书与散篇两部分。四、甲骨研究,包括占卜、断代、文字、文例文法、校订缀合五部分。五、专题分论,分国家、社会、历史、世系、礼制、职官、刑狱、军事、族属、地理、经济、文化、生活、风俗、思想、宗教、艺术、文学、教育、历象、技术二十一部分。六、甲骨类编,分字书、诗联、索引、目录、年表五部分。七、书刊评介,分评述、序跋、书讯三种。八、其他杂著,分动态、辑集、杂谈三种。九、人物传记。十、附录,分两部分：一、殷墟遗存,分遗址遗迹、墓葬、青铜器、玉石器、陶器及其他六部分；二、殷墟以外甲骨等刻文发现与研究。索引有编年索引、作者索引、篇名索引三种。

该书搜汇了自1899年殷墟甲骨文发现迄至1999年6月以前海内外所有公开或正式发表的关于甲骨文与商代史之专书与论文,中国大陆及台、港、澳,日本、美国、加拿大、英国、法国、德国、意大利、比利时、荷兰、瑞典、瑞士、俄国、匈牙利、澳大利亚、韩国、新加坡等十多个国家刊布的各种语种的有关论著,均详加著录。还辑集殷墟考古学、史前陶符及周代甲骨文等发现与研究之相关论著目,作为全书之两个附录。总计收入有关论著目10 946种。

此书正文后面的三个索引很有实用价值。"编年索引"可据年代查找发表于该年的论著,"作者索引"可据姓氏笔画查找有关学者的著作,"篇名索引"可查出已知篇名的论著发表的时间、作者、刊名、出版单位等,为研究者提供了极大的方便。

总之,该书详细地展示了百年甲骨学研究的成果,便于后学者掌握该学科的发展动态,在前人研究的基础上,继续攀登甲骨文的新高峰。此书出版后深受欢迎,成为海内外研治甲骨学与殷商文化学者的必备工具书。

392. 甲骨文合集材料来源表

胡厚宣主编,肖良琼、谢济、顾潮编纂。1999年8月中国社会科学出版社出版,八开本,分上、下两编,共三册。

上编分二册,各册之内容为：上编依《甲骨文合集》片号顺序,按合集号、著拓号、选定号、重见号、拼合号、现藏及备注等七项说明其材料来源,并于书后附著录书与拓本简称表及现藏单位简称表。下编则将著录书与《甲骨文合集》片号作一对照，按著录书出版先后排列，并附有著录书简称表。

《甲骨文合集材料来源表》对正清甲骨文源流，追溯甲骨文早年著录概况，具有重大学术意义。

393. 新编甲骨文字形总表

沈建华、曹锦炎编著。2001年香港中文大学出版社出版，十六开本，一册。

内容有饶宗颐序、李学勤前言、绪论、凡例、甲骨文字形部首总表、甲骨文字形表、《殷墟甲骨刻辞类纂》（字形总表）校记、参考文献目录、后记。

该书把殷墟所有甲骨文字分为149个部首，以岛邦男创立的甲骨文偏旁部首对甲骨文字分类排列，共收录甲骨文字4 071个（同字异形体属于一字）。

此书每单元的排列采用横排格式，共有四行，第一行是此字的编码（即在本书中的顺序号），第二行是甲骨文字原形字，第三行是此字的释文（或隶定字），第四行是此字在《殷墟甲骨刻辞类纂》字形总表号码和补遗之甲骨片号。

本书是对殷墟甲骨文字形的又一次系统整理，对《类纂》部首设置失当、字形误摹、漏收、重出以及隶定问题加以修正，为学者准确引用甲骨文资料提供了方便。因甲骨拓片模糊等客观原因，此书也有一些描摹不当之字，如该书45页的586号、52页的806号、95页的1991号就是其例。

读者在使用本书的甲骨文字形时，需与原甲骨拓片等原始资料核对。

本书的书评，见孙亚冰：《〈新编甲骨文字形总表〉简评》，《中国史研究动态》2003年第5期。

本书于2008年又进行了一次修订，书名更改为《甲骨文字形表》，2008年11月上海辞书出版社出版，一册，十六开本。

相比2001香港版而言，新版收集原《总表》遗漏的异体字形，同时又增加了《甲骨文合集补编》和《殷墟花园庄东地甲骨》新见的甲骨文字和异体字，全部收集甲骨文字总计6 213个，包括单字4 026字（按顺序号），异体字2 187字（修补字头380个）。总之，此书资料收集齐全，又便于检索，是很有用的工具书，受到甲骨学界的欢迎。作者历经数年，多方校勘，使《甲骨文字形表》更加完备，它与2007年出版的《甲骨文校释总集》配套成书。

394. 殷墟甲骨刻辞摹释总集校订

白于蓝著。2004年12月福建人民出版社出版，十六开本，一册。

四、汇 集

内容有林沄序、前言、凡例、引书简称表、正文、主要参考文献、后记。

本书正文,以《殷墟甲骨刻辞摹释总集》摹录顺序,以《合集》第一至十三册、《屯南》、《英藏》、《东京》、《怀特》各自为单元进行校对。出校的刻辞,逐版编号,以[1]、[2]、[3]……顺序号排列。在顺序号之后,标出此辞的出处,如《合集》第一册的第 1 辞,为[001]一四正,指的是:校对的第一条辞是《合集》第十四版甲骨正面的卜辞。编号之下,先引《摹释总集》原甲骨文及释文,再写出该辞正确的摹文和释文,摹文和释文不加标点符号,以横排格式排列;卜辞文句缺字之处,以……号标出;需要进一步申述者,加按语说明。《摹释》致误原因有多种,诸如拓本不清致使原甲骨文字误摹误释、对辞例认识不够致使一条辞分为二条辞、判断失误、疏忽致误等等,经过作者认真、细致的校订后,大大提高了《殷墟甲骨刻辞摹释总集》的准确性、科学性。此书是学术价值较高的工具书。

395. 甲骨文合集分组分类总表

杨郁彦编著。2005 年 10 月台北艺文印书馆出版,十六开本,一册。

内容有王初庆序、季旭昇序、自序、凡例、前言及分组分类表。

该书对《合集》收录的 41956 版甲骨进行了分组分类,分为典宾,宾一、二、三,师宾间 A、B,师大、小字,师肥笔,师历间 A、B,劣体类,圆体类,子组,妇女类,午组,亚组,出一、二,何一、二组,历无名间,无名,何组事何,无名黄间,历组一、二类,历草,黄类等类。

该书是根据李学勤、彭裕商及黄天树的分类标准和研究成果,对《甲骨文合集》收录的甲骨文进行分组、分类研究的有益尝试。

396. 殷墟甲骨文实用词典

马如森编著。2008 年 4 月上海大学出版社出版,十六开本,一册。

内容有胡厚宣序、孙常叙序、李学勤序、王宇信序、作者自序、甲骨文可释字是怎样确定下来的、凡例、笔画检字表、殷墟甲骨文实用词典正文、汉语拼音索引、参考文献。

本书是《殷墟甲骨学》一书后半部分的修订增补版。正文共 14 卷,每卷收录字数如下表:

1卷	2卷	3卷	4卷	5卷	6卷	7卷	8卷	9卷	10卷	11卷	12卷	13卷	14卷
54	89	114	78	92	67	90	71	46	70	73	96	47	69

另增订十四卷,每卷增订收录字数如下表:

1卷	2卷	3卷	4卷	5卷	6卷	7卷	8卷	9卷	10卷	11卷	12卷	13卷	14卷
2	12	8	13	11	13	12	13	5	15	10	18	5	10

该书共收录1203个可释读的甲骨文字。著录格式为：一、此字的编号；二、此字的现代汉字；三、此字的汉语拼音；四、原形甲骨文字及异体字,并标出其期别,以董作宾的五期分法为据；五、源于某著录书籍的简称；六、此字的释义,包括甲骨文的造字规则,探求其本义,引用《说文》及其他字书,采用各家一说,以解释卜辞中该字之义。

本书是宣传、普及甲骨文字较重要的工具书,专业学者也可从中受到裨益。

397. 新甲骨文编

刘钊、洪飏、张新俊等编著。2009年5月福建人民出版社出版,十六开本,一册。

内容有凡例、正编、合文、附录、笔画检字表、后记。

正编、合文、附录部分,共收录了3 613个甲骨文字[包括西周甲骨文字,其中,能释读或可隶定之字为2 239个,不能释读之字(即无法归类的)为1 204个,合文字170个]。甲骨文字形的处理：商代甲骨文字形采用抓图软件截取图片,经黑白翻转处理；字形模糊或残字,直接截取图片,不做黑白翻转处理；西周甲骨文经人工摹写后扫描成电子文本。字形大小视编排需要作适当缩放处理。正编部分,按《说文》分为十四卷。每个单字的著录格式为：上部是该甲骨字的汉字或隶定字,下部是甲骨文字的各种同字异形体。每一个原形甲骨文字下,标注该字出处与组别。合文与正编著录格式相同。附录部分,是无法释读或隶定的甲骨文字,单字的著录格式为：上部是甲骨文字的编号,下部是甲骨文字及其同字异形体。

该书是第一部用计算机抓图软件截取并进行黑白翻转甲骨文字字形(图片)的甲骨文字典,这种方法,保证了甲骨文字形的原始性、真实性、科学性。所以书中绝大多数甲骨文字较以往的甲骨文字典中的字更准确、美观。但由于个别甲骨拓片模糊,截取的甲骨文字形图片经黑白翻转后,导致文字笔画粗细不均,字形不大美观,有的字还出现笔画断开、连笔、模糊、缩短等情况,造成字形有些失真。尽管该书存在一些不足,但它是一部学术价值高的甲骨文字典,出版后受到古文字学界的欢迎和重视。

398. 甲骨文字编

李宗焜编著。2012年2月中华书局出版,十六开本,四册。

四、汇　集

内容有李学勤序、前言、凡例、甲骨文书目简称表、字表目录、正文、残文、摹本、合文、检索、附录、后记。

该书收录截至 2010 年底所见的殷墟甲骨文字。共计单字 4378 号,残文 52 个,摹本 26 个,合文 328 组。单字 4378 号中,可隶定的有 2369 号,其中可释者有 1682 号(见于《汉语大字典》者 1365 号,未见于《汉语大字典》而音义基本可定者 317 号)。全书摹录甲骨字形总数为 46 635 个。

每个单字的著录格式为:一、此字的编号;二、此字可释读的汉字或隶定字(一、二项在甲骨文字表之左侧);三、甲骨文形体;四、字的出处(标于甲骨文字之右下侧);五、该字的分类及时代。①

检索有部首检索、笔画——拼音检索、笔画——注音检索、拼音检索、注音检索五种方法。

附录有三:一、本书与《类纂》对照表;二、《类纂》与本书对照表;三、本书与《甲骨文编》对照表。

该书纠正了《甲骨文编》、《殷墟甲骨刻辞类纂》中部分错误的字形。但因甲骨文字形的复杂性,本书中也有误摹之字。如第 0283、0320、0333、0831、0910、0945 等号就是其例。

此书有几个显著的优点:一、收集资料完备,囊括了 2008 年以前的甲骨文著录。二、甲骨文字形摹写较精,具殷人刀笔之风韵,这与作者深厚的书法功底有关。三、书末的几种检索,使不同地区、不同背景、不同层次的读者都可以顺利地从中查找到有关的甲骨文资料。

这是一部富有学术价值的甲骨文字典,受到学术界的重视与欢迎,成为治甲骨文学者案头必备的书籍。

399. 甲骨文献集成

宋镇豪、段志洪主编。2001 年 4 月四川大学出版社出版,八开本,四十册。

内容有顾问委员会及学术委员会名单、李学勤序、饶宗颐序、段志洪前言、宋镇豪前言、凡例、正文。

篇目的具体编排为:第一册全书总类目。一、甲骨文考释,第二至第六册著录片考释;第七至第十四册文字考释。二、甲骨研究,第十五至第十六册分期断代,第十六至第十七册卜法,第十七至第十八册文例文法,第十九册校订缀合。三、专题分论,第二十至二十一册世系礼制,第二十一至二十五国家与社会,第二十五至二十六册经济与科技,第二

---

① 此书甲骨的分类分期采用李学勤的"两系说"理论,以 A 表示村北系甲骨(分 13 组),B 表示村南系甲骨(分 7 组),C 代表非王卜辞(分 5 组)。在正文每一甲骨文字所出著录号右侧标出其所属的类组。

十七册军事征伐,第二十七至二十八册方国地理,第二十八至二十九册文化生活,第二十九至第三十册宗教与风俗,第三十一至第三十二册天文历法。四、西周甲骨与其他,第三十三册。五、综合,第三十四册甲骨文的发现与流传,第三十四至第三十八册甲骨学通论,第三十八至第三十九册古文字研究,第三十九至第四十册序跋与述评。全书以分册为单位编通码,部分专著完整保存原版页码。

该书所收资料范围从甲骨文发现的一八九九年至一九九九年间。所收文献,以类相从,按甲骨文考释、甲骨研究、专题分论、西周甲骨与其他、综合五大类顺序排列。五大类下再设分目,类目之中以先专著后论文资料排序,专著、论文又各以出版或发表年代先后为序。各类目中论文以一九四九年前、一九四九——一九六五等七个时段划分,年代原则上以首次发表的时间为准。收录论著种类达数千种,作者涉及中(包括台湾和香港地区)、日、美、英、法、加、俄、韩等国。宋镇豪在《前言》谓"其规模已远远超过唐宋以来类书,且保留文稿版本原貌,均非辑录摘要"。该书收录甲骨文发现一百年来甲骨文殷商史研究成果,堪称为世纪性大型甲骨文献资料库,为读者查找甲骨文与商史资料提供了极大方便。

400. 甲骨文研究资料汇编

甲骨文研究资料汇编编委会编。2008年6月北京图书馆出版社出版,全二十册,十六开本。

内容包括出版说明、甲骨文研究资料汇编。

本汇编收录的甲骨文资料多为1949年以前的50余种甲骨学著作。第一册有铁云藏龟、铁云藏龟之余。第二册有殷虚书契前编。第三册有殷虚书契续编、殷虚书契考释、殷商贞卜文字考、殷虚书契菁华。第四册有殷虚书契续编校记、簠室殷契类纂、簠室殷契序。第五册簠室殷契征文、殷代贞史待征录。第六册有甲骨文字研究(郭沫若撰)、甲骨文字研究(商承祚撰)。第七册有殷契粹编。第八册有卜辞通纂。第九册有甲骨学商史论丛初集。第十册甲骨学商史论丛二集、甲骨六录。第十一册有战后京津新获甲骨集、元嘉造像室所藏甲骨文字、颂斋所藏甲骨文字。第十二册有战后宁沪新获甲骨集、战后南北所见甲骨录。第十三册有殷虚文字类编、殷虚文字待问编、福氏所藏甲骨文字。第十四册有殷契佚存、天壤阁甲骨文存并考释。第十五册有甲骨地名通检、甲骨缀合编、甲骨叕存。第十六册有殷契卜辞、卜辞研究、殷契鉤沉、说契、研契枝谭、铁云藏龟拾遗。第十七册殷墟书契前编集释(卷一至四)。第十八册殷墟书契前编集释(卷五至八)、柏根氏旧藏甲骨文字、库方二氏藏甲骨卜辞、中央大学史学系藏甲骨文字。第十九册有契文举例、龟甲文字概论、殷墟蘁契考、殷契辨疑、殷契琐言、龟甲兽骨文字、叙圃甲骨释略。第二十册有殷契通释。

四、汇 集

甲骨文自1899年发现以来,形成了一门新的学科,孙诒让、刘鹗、罗振玉、叶玉森、王襄、王国维、郭沫若、容庚、唐兰、商承祚、胡厚宣等一大批早期学者对出土的甲骨文进行了著录、考释与研究,产生了大量具有重要学术意义的甲骨学著作,因时代久远及刊本少等缘故,极大地影响后世学者对建国之前甲骨学研究的了解。本汇编收录的著作,有三方面,一、甲骨文著录之作;二、考释、研究型著作;三、工具书。这些著作学术价值高,出版时代早,学界影响大,系统整理,结集出版,为学者进行甲骨学、古文字学的研究提供了极大方便。

401. 殷墟花园庄东地甲骨刻辞类纂

齐航福、章秀霞编著。2011年8月线装书局出版,一册,十六开本。

内容有前言、凡例、引书简称、部首表、字形检字表、殷墟花园庄东地甲骨刻辞类纂、补遗、参考文献、附:花东子类甲骨拼合表、笔画检字表。

类纂部分,以甲骨文字为线索,对《花东》每个字所有的甲骨文辞例收罗于此甲骨文字之下,共整理627个甲骨文字、词。著录格式为:一、此字的编码及汉字或隶定字(或词组);二、截取甲骨拓本(不清晰者附照片或摹本)上此字原形。三、此字在《花东》第六册释文里出现的全部辞条。

本书有部首表、字形检字表、笔画检字表,可快速检索到每一甲骨文字及词条。

《花东》一书著录了1991年殷墟花园庄东地甲骨文坑H3发现的"子卜辞"561号,因其内容新颖、重要,受到学术界的高度重视,研究者甚多。本书作者能敏锐地观察到学术界的研究动态,将《花东》全部甲骨辞条作了系统的整理,编成这本《殷墟花园庄东地甲骨刻辞类纂》。此书的出版对花东甲骨的深入研究,起到较大的推动作用。

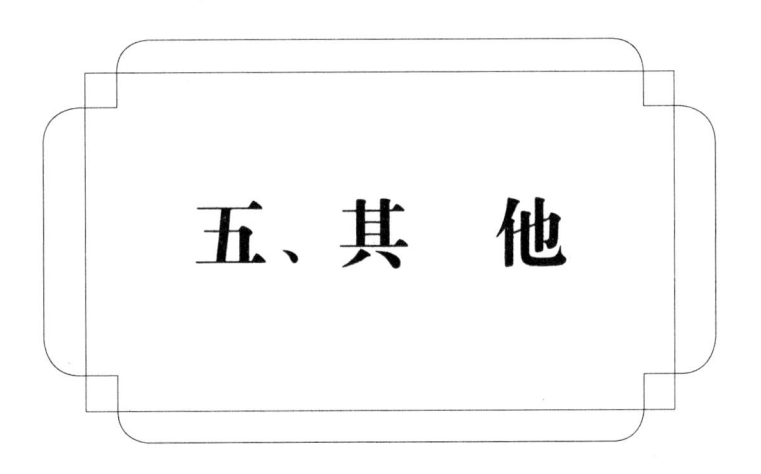

五、其 他

五、其　他

402. 五十日梦痕录

罗振玉著。1915年(民国四年)雪堂丛刊本,线装,一册。又,1970年收入台北文华出版公司出版的《罗雪堂先生全集》三编第二十册中。

全书包括自序、正文。

作者于辛亥革命后流亡日本,1915年2月下旬回国后五十多天,曾到上海、徐州、曲阜、安阳、洛阳等地,本书是他1915年2月24日至4月17日的日记。

本书在三月三十日记述了殷墟地势及龟甲出土的情况。"三十日巳刻抵彰德……至小屯,其地在郡城之西北五里,东西北三面洹水环焉。《彰德府志》以此为河亶甲城,宋人《考古图》载古礼器之出于河亶甲城者不少,殆即此处。近十余年间龟甲兽骨悉出于此。询之土人,出甲骨之地约四十余亩,因往履其地,则甲骨之无字者,田中累累皆是。拾得古兽角一,甲骨盈数掬。其地种麦及棉,乡人每以刈棉后即事发掘,其穴深者二丈许,掘后即填之,复种植焉。所出之物,骨甲以外,蜃壳至多,与甲骨等,往岁所未知也。古兽角亦至多,其角非今世所有"。

这些记载,可供研究甲骨文的学者参考。

403. 安阳发掘报告

中央研究院历史语言研究所专刊之一,十六开本,共四期(四册)。第一期,1929年(民国十八年)出版;第二期,1930年(民国十九年)出版;第三期,1931年(民国二十年)出版;第四期,1933年(民国二十二年)6月出版。

四期共发表殷墟发掘报告八篇,研究文章与甲骨文资料等二十三篇,其中较重要的有关甲骨文的研究文章,如《大龟四版考释》、《商代龟卜之推测》、《释后冈出土的一片卜辞》等,已分别作单篇介绍,在此只介绍几篇较重要的发掘报告。

《中华民国十七年十月试掘安阳小屯报告书》,董作宾著,载第一期。此篇叙述殷墟第一次发掘的情况。这次发掘时间是1928年10月13日至31日,历时十八天。地点小屯村北及村中,获甲骨资料七百八十四片,古器物十余种。

《民国十八年秋季发掘殷墟工作之经过及其重要发现》,李济著,载第二期。此篇介绍第三次殷墟发掘的经过。时间是1929年10月7日至21日,11月15日至12月12日,前后两次共四十二天。地点在小屯村北及村西北,所获甚丰,得甲骨资料二千七百四十二片,及铜器、陶器、石器、骨器等。

《安阳最近发掘报告及六次工作之总估计》，李济著，载第四期。此篇叙述第四、五、六次发掘之经过，并对1928年以来的六次发掘作一总的估计。第四次发掘时间是1931年3月21日至5月11日，地点小屯村北及四盘磨，获甲骨资料七百八十一片，及铜器、陶器、石器、骨器、蚌器二百余箱。此次还在后冈发现一片甲骨文，可知殷墟之范围不限于小屯村。第五次发掘在1931年11月7日至12月19日，地点小屯村北、村内及后冈，获甲骨资料三百八十一片。第六次发掘在1932年4月1日至5月31日，地点小屯村北、王裕口、霍家小庄及侯家庄，得甲骨一片。

《后冈发掘小记》，梁思永著，载第四期。后冈发掘计两次，第一次是1931年4月16日至5月12日，第二次是1931年11月10日至12月14日。本文叙述了后冈遗址两次发掘的经过，地层、建筑的遗留，几种文化遗物。本文主要是阐明了后冈遗址的地层关系，即上层是殷文化，中层是龙山文化，下层是仰韶文化，也即仰韶文化早于龙山文化，龙山文化早于殷文化。

上述的报告，叙述了殷墟遗址的发掘经过，地层关系，遗迹、遗物，甲骨资料的出土情况，是研究甲骨文及殷代历史应读之书。

404. 甲骨文字理惑

徐英著。1936年（民国二十五年）7月安徽出版部代售。又，1937年（民国二十六年）2月中华书局石印本，线装，一册。

作者步章太炎之后尘，认为甲骨文非殷代遗物。书中先是列出二十二证，以明其说，然后又从甲骨文字形上分析，进一步指出甲骨文是伪物。作者的这种看法是十分错误的。

本书的评论，见陈庚：《评〈甲骨文字理惑〉》，载1939年（民国二十八年）2月4日天津《大公报》，图书副刊168期。

405. 洹洛访古记

罗振常著。1936年（民国二十五年）上海蟫隐庐石印本，线装，二册。又，1987年河南人民出版社翻印本。

第一册，卷上，包括序、正文，第二册，卷下，包括正文、正误。

本书中，作者记述了1911年（宣统三年）阴历二月十七日至四月初二，与范恒轩奉罗振玉之命到安阳采购甲骨的详细经过。此行共购得甲骨一万三千多片。过去，古董商只注意收买大片的甲骨，此次则大片及小片的有字甲骨均收购，所以收获较大。如：得到一些帝乙、帝辛时的小片龟甲,这对以后研究帝乙、帝辛时的周祭,是很好的资料。除了收购甲骨外,罗氏还收集了不少商人所摒弃的古物,如石磬、嵌松绿石的铜戈残部、玉器、骨器、象牙器、贝壳、兽骨等等。后来,罗振玉把这些古物收进《殷虚古器物图录》中。

本书除文字外,还有插图十四幅。包括殷墟地形图、玉琯、石磬、石刀、石斧、石凿、骨铤等器物的草图。

406. 殷虚书契续编校记

曾毅公编著。1939年(民国二十八年)齐鲁大学国学研究所汇编之一;又,单行本,线装,一册。

全书包括序例、附影、卷一至卷五、再识、勘误表。

作者在序中谓,《殷虚书契续编》一书的拓本大多数已见著录,新材料仅占少部分。故"录其重见于各书者,表而出之,后之引用是书者可知其源之所自出,或可省翻检劳乎!"

作者据以下各书校对《续编》,分别是:《铁云藏龟》、《铁云藏龟之余》、《戬寿堂所藏殷虚文字》、《簠室殷契征文》、《殷虚书契前编》、《殷虚书契后编》、《殷契佚存》、《卜辞通纂》、《凡将斋殷虚文字》(未印行)、《北京大学国学门藏殷虚文字》(未印行)。

本书是列表校勘,表分为页、片、重见、附记四项。前二项是《续编》之页数、片号。重见一项,即指出该片在哪些著录中重出,标明书名、页码及片号。附记包括:1. 在《续编》一书中重出之片;2. 在其他著录(绝大多数是《簠》)重出时所剪去或涂去之字;3. 可拼合之片号。

《编者再识》中总结了校对的结果,说:"《殷虚书契续编》六卷计收墨本二千零十六片,除重出七十五片,三见一片,实收墨本一千九百四十片。所收已见著录者有《戬寿堂所藏殷虚文字》约六百片(《戬寿》收六百五十三片,本书只六十六片未载),《簠室殷契征文》约六百片,《铁云藏龟之余》三十八片(《余》收四十片,本书只二片未载),所收几尽三书之全。其他见于《殷契佚存》者约百片,《铁云藏龟》、《殷虚书契前、后编》、《卜辞通纂》等书约二百片。而北大凡将斋所藏除《佚存》、《通纂》所已收不计外,散见于他书中者亦若干片。其未见著录者约六百片,仅占全书四分之一而羡。"

本书条理清楚,便于翻检,直至今天,仍然是一本有用的工具书,特别是对我们利用《续》、《戬》、《簠》等书的材料,有较大的参考价值。

本书的评论,见孙海波:《评〈殷虚书契续编校记〉》,载1940年(民国二十九年)1月《中和》一卷一期;胡厚宣:《读曾毅公君〈殷虚书契续编校记〉》,载1941年(民国三十年)10月成都齐鲁大学国学研究所《责善半月刊》二卷十五期;又,收入《商史论丛》初集第四册。

407. 甲骨文辩证（上卷）

金祖同著。1941年（民国三十年）11月，影印本，线装，一册。

全书包括郭沫若序、章炳麟致著者书信四札、马叙伦跋、著者跋。

章炳麟在第一、二两封信中，有时主张甲骨是伪刻，有时对甲骨之真伪又持怀疑态度。他谓刘铁云所得之物"殆北宋祥符天书之类耳"。又谓"甲骨之为物，真伪尚不可知，其释文则更无论也"。在第三封信中则谓，"龟甲且勿论真伪。即是真物，所著占繇不过晴雨弋获诸杂事，何足以补商史"。极力贬低甲骨文作为商代重要史料之价值。

郭、马、金三人不同意章氏的看法，并对他的观点进行批评。如郭沫若在序中指出："章太炎先生之蔽，在乎尽信古书。一若于经史字书有征者则无不可信，反之则无一可信。"他还进一步指出：许氏之《说文》乃文字学之源，并非文字之源。识字通常有赖于师弟之传授，有赖于字书之检阅，但不是唯一的方法。对"古文奇字不见于字书虽无征于典献，苟非只字单文率可繇客观之论证，参验互雠而得"。

408. 甲骨文之父——王懿荣

吕伟达主编，翟如潜、吕伟达、山曼撰稿。1995年12月山东画报出版社出版，三十二开本，一册。

内容有图版、引言、正文两部分。

正文分七部分。一、官宦世家，分始祖盐场公、移居古现村、疆吏与馆臣、诗书传家、从祖姑与从祖姑丈五部分。二、少年时代，分在硝烟弥漫中诞生、"娃娃亲"、家道中落、有棣堂四部分。三、仕途生涯，分八次乡试、会试联捷、锋芒初露、三任祭酒、弘扬文教五部分。四、家庭春秋，分父亲资政公、元配黄夫人、四男三女、亲弟与从弟、妹妹与妹夫五部分。五、从金石学家到甲骨文之父，分收藏与鉴赏、主要著述、甲骨文之父三部分。六、兴办团练，分疏谏"点景"、宝刀歌、"毁家纾难"三部分。七、丹心照汗青，分殉国之念、名垂史册两部分。

王懿荣是一位爱国者，也是一位著名的文物收藏家和金石学家。他是甲骨文第一个发现者、购藏者，他开创了我国甲骨文研究的历史，在甲骨学史上占有重要地位。作者写此书的目的，是纪念著名的爱国者"甲骨文之父"王懿荣诞辰150周年、壮烈殉国95周年。

五、其　他

409. 罗振玉评传

罗琨、张永山著。1996年12月百花洲文艺出版社出版，十六开本，一册。

内容有张岱年总序、重写近代诸子春秋（钱宏执笔）、李学勤序言、英文提要、正文、附录、后记等部分。

正文共八章。第一章家世，分上虞罗氏分支、祖母和母亲两部分。第二章植基古学的青少年时代，分启蒙读书、应童子试、承乏家事、劬学与交游三部分。第三章开拓现代农学，分创办学农社与《农学报》、编辑出版《农学丛书》、从总理农务学堂到京师大学堂农科监督三部分。第四章究心教育，有创办东文学社和《教育世界》、从参议学务到创建师范学堂、海外视学、进入学部四部分。第五章殚力国学，分从倡议建立国学馆到创办《国学丛刊》、大库档案的抢救、保存和印行，古籍佚书的搜集、刊布，金石考古辟新途四部分。第六章甲骨学的奠基人，分甲骨四堂、雪堂与两部最早的甲骨学著作、甲骨出土地与王朝占卜遗物的确认、甲骨的搜集整理与刊布、甲骨文的考释研究、关于《殷虚书契考释》的公案六部分。第七章敦煌学的最早倡导者，分抢救国宝、致力刊布、见微知著三部分。第八章罗振玉与王国维，分流沙坠简研究、罗王之学的形成、观堂之死与《遗书》的辑印三部分。结束语。

附录有二：一、罗振玉学术活动编年；二、主要参考书简目。

本书是罗琨伉俪以独特的人生见闻为祖父撰写的个人传记。追述罗振玉对中国考古学、甲骨学和现代农学开辟草莱的重大贡献，回顾"罗王之学"兴起的始末，同时按迹循踪，以大量第一手史料廓清"罗王失和"、"王国维之死"等问题的历史迷雾，还原罗王关系的本来面目。

本书的出版，对学术史研究很有意义。

410. 灿烂的殷商文化

史昌友著。2006年7月中国社会科学出版社出版，三十二开本，一册。

内容有王宇信序、前言、正文、结束语、主要参考书目、附录、跋、后记。

正文共七章。第一章殷商文化的源头——传说中的炎黄文化，有华夏众部落大发展演变与传说中的炎黄文化——远古先民的伟大创造两部分。第二章商王朝和殷商古文化的埋没与重现，有埋没了的商王朝与殷商古文化、叩开古王朝的大门——商王朝和殷商古文化的重现两部分。第三章殷商文化的肥沃土壤——繁荣的殷商社会，有商王朝称名的由来及世系、商王朝政权的演变和繁荣的殷商社会三部分。第四章灿烂的殷商文化,有宗教文化、人文文化、器物文化、农耕文化、建筑文化、科学技术、饮食文化、服饰文化、姓名文化、礼仪风俗文化、道德观念、方术文化十二部分。第五章殷商文化对中华后世文化的影响,有殷商文化对周代(包括春秋战国)文化的影响、殷商文化对周边地区文化的影响两部分。第六章殷商文化对世界文明的贡献。第七章殷商文化与同时期世界文明发展概况之比较,从殷商时期世界文明发展概况、殷商文化与世界古文明之比较两方面予以论述。附录:殷商文化百年大事记。

本书是介绍殷商文化及其在世界文明发展史上之地位的通俗读物。

后　　记

这本小册子,是我们近几年于业余时间系统地阅读两百多种甲骨文论著时所作的笔记摘要的基础上汇集成的。

本书所用的材料,收到一九八四年底为止。其本意是希望尽可能地收全有关甲骨的书籍,但是,有些书籍,尤其是有一些外文书,因条件所限,目前还收集不齐。同时由于我们水平不高,对所介绍的一些甲骨文书籍的理解,看法不一定准确,所以本书存在的一些缺点错误在所难免。

本书在写作的过程中,得到了中国社会科学院考古研究所的同志们的鼓励与支持。中国社会科学院历史研究所研究员张政烺先生给予了热情的指导。张先生在百忙中,抽出时间仔细审阅了整个书稿。他建议把以编年为序的目次改为以类划分的编排,增加著者索引等。又对一些重要的书籍提出了一些修改意见,甚至连书稿中的标点、错漏之字、书名号等都予以校正,并且为本书封面提字。刘起釪先生利用休息时间欣然为本书写了较长的序言。文物出版社的郑昌政同志,历史研究所的王宇信同志,考古研究所的陈公柔诸先生,在本书的编写过程中,给予了积极支持和热情帮助及鼓励。

此外,我们在查阅甲骨文书籍的过程中,得到了中国社会科学院考古研究所图书室的姚从善、高月宏等有关同志的大力协助,他们不厌其烦地为我们查找书籍。总之,这本小册子能与读者见面,是和以上诸师友的支持分不开的,于此深表感谢!

如果这本小册子,对学术界能有帮助的话,首先应归功于诸师友。至于书中的一些错误是因为我们对甲骨文的学习、钻研的不够,由衷希望得到专家和同志们的批评指正。

刘一曼、郭振录、徐自强
一九八五年六月

再 版 后 记

《甲骨文书籍提要》增订本由刘一曼、韩江苏合作而成,刘一曼负责对原书的230篇进行勘误、补充,韩江苏撰写1985年后出版的甲骨文书籍180篇,并对三个附录进行修订、补充。虽然分工不同,但在编纂过程中二人经常讨论、切磋。扉页后的甲骨书籍彩照主要由安阳队技师何凯进行拍摄。此书即将出版,我们首先感谢罗琨先生,由于她的建议与鼓励,我们才下决心进行本书的增订工作。我们还要感谢上海古籍出版社的领导,特别是六编室主任吴长青先生及有关同志,由于他们的支持、帮助,才使这本工具书能顺利出版。

因我们的水平有限,书中肯定会存在一些错误或不妥之处,敬希读者批评指正。

刘一曼　韩江苏
二〇一六年九月

六、附　录

附录一：甲骨文书籍编年简目
附录二：著者索引
附录三：甲骨文书名通用简称

六、附　录

附录一：甲骨文书籍编年简目（1903—2015）

一、本简目所收的是从1903年至2015年底一百一十余年间出版的甲骨文书籍。

二、按出版时间先后为序；凡再版或重印者，皆在初版条目下依次注明。

三、简目所列除本书已收的全部著录、论著之外，还有一些著录、专著、零星的甲骨文资料及论文，有的是没有收入本书提要，有的是没有收集到而引自其他书籍目录中所载，也均列入本简目以供参考，并在书名前加"△"号标明。

一九〇三年

《铁云藏龟》刘鹗，抱残守缺斋石印本，1903年（光绪二十九年）10月出版。又，1931年（民国二十年）5月上海蟫隐庐石印本。1959年台湾艺文印书馆重印。

一九〇四年

《契文举例》孙诒让，自刻本，1904年（清光绪三十年）写成。① 1917年（民国六年）吉石盦丛书本。又，1927年（民国十六年）上海蟫隐庐石印本。1993年12月齐鲁书社出版楼学礼点校本。

一九〇五年

《名原》孙诒让，自刻本，1905年（清光绪三十一年）11月，自刻本。又，上海千顷堂书局翻印本。1986年5月齐鲁书社出版戴家祥校点本。

一九一〇年

《殷商贞卜文字考》罗振玉，玉简斋石印本，1910年（清宣统二年）6月出版。又，1970年4月收入台北大通书局出版的《罗雪堂先生全集》三编第二册中。

一九一一年

《殷虚书契》罗振玉，国学丛刊石印本，三期三卷（不全），1911年（清宣统三年）出版。又，1913年（民国二年）影印本；1932年（民国二十一年）重印本；1970年10月台北艺文印书馆重印。2015年3月收入中华书局出版的《殷虚书契五种》的上册与中册里。

一九一四年

《殷虚书契菁华》罗振玉，珂罗版影印。1914年（民国三年）出版。2015年3月收入中华书局出版的《殷虚书契五种》中册里。

《殷虚书契考释》罗振玉，王国维手写石印本。1914年（民国三年）12月出版。又，

---

① 若按出版时间，本书应排列在1917年。如此，则隔写成的时间相距十三年，我们考虑到它是第一部考释甲骨文的名著，另外，过去有些学者也将此书列于此年，所以，按其写成的时间排列于此，这在本书中是个特例。

1927年（民国十六年）东方学会石印增订本。1970年收入台北大通书局出版的《罗雪堂先生全集》三编第一册中。

一九一五年

《铁云藏龟之余》罗振玉，珂罗版影印。1915（民国四年）1月出版。又，1927年（民国十六年）再版。

《五十日梦痕录》罗振玉，雪堂丛刊本，1915（民国四年）出版。又，1970年收入台北文华出版公司出版的《罗雪堂先生全集》三编第二十册中。

一九一六年

《殷虚书契后编》罗振玉，《艺术丛编》第一集本，珂罗版影印，1916年（民国五年）出版。又，1970年10月台北艺文印书馆重印。2015年3月收入中华书局出版的《殷虚书契五种》的中册里。

《殷虚古器物图录》罗振玉，影印本，1916年（民国五年）4月出版。又，《艺术丛编》第一集本。1969年7月收入台湾大通书局出版的《罗雪堂先生全集》续编第六册中。

《殷虚书契待问编》罗振玉，自写影印本，1916年（民国五年）5月出版。又，1970年4月收入台湾大通书局出版的《罗雪堂先生全集》三编第三册中。

一九一七年

《殷卜辞中所见先公先王考》、《殷卜辞中所见先公先王续考》王国维，自写石印本，1917年（民国六年）2月出版。又，1923年（民国十二年）乌程蒋氏仿宋聚珍本；收入1927年（民国十六年）《王忠悫公遗书》；收入1940年（民国二十九年）《王静安先生遗书》。1959年6月收入中华书局影印的《观堂集林》第二册卷九。1983年9月收入上海古籍出版社影印的《王国维遗书》中。

《殷虚卜辞》[加]明义士，自写石印本，1917年3月出版。又，上海别发洋行石印本。1980年台北艺文印书馆影印本。

《戬寿堂所藏殷虚文字》王国维，《艺术丛编》第三集石印本，1917年（民国六年）5月出版。1980年台北艺文印书馆影印本。

《殷周制度论》王国维著，编入《学术丛书》，1917年（民国六年）7月出版。又，1923年（民国十二年）乌程蒋氏仿宋聚珍本；收入1927年（民国十六年）《王忠悫公遗书》；收入1940年（民国二十九年）收入《王静安先生遗书》北新书局活页文选本；收入朱芳圃：《甲骨学商史编》。1959年6月收入中华书局影印的《观堂集林》第二册卷十。1983年9月收入上海古籍出版社影印的《王国维遗书》中。

一九二〇年

《簠室殷契类纂》王襄，天津市博物馆石印本，1920年（民国九年）12月出版。又，1929年（民国十八年）10月增订本。1988年3月台湾艺文印书馆影印线装本，一函四册。

六、附 录

《文源》林义光,北京中国大学石印本,1920年(民国九年)出版。又,1972年香港书店影印本。

一九二一年

《龟甲兽骨文字》[日]林泰辅,日本商周遗文会影印本,1921年(日本大正10年)出版。又,1930年(民国十九年)北京富晋书社翻印本。1973年台北艺文印书馆翻印本。

《殷虚书契补释》柯昌济,1921年(民国十年)出版。

一九二三年

《殷契钩沉》叶玉森,手写石印本,载《学衡》第二十四期,1923年(民国十二年)12月出版。又,1929年(民国十八年)北京富晋书社影印本。

《殷虚文字类编》商承祚,决定不移轩自刻本,1923年(民国十二年)出版。又,1927年(民国十六年)删校本。1971年台湾艺文印书馆影印本。

一九二四年

《矍契枝谭》叶玉森,1924年(民国十三年)7月出版。又,1929年(民国十八年)北京富晋书社影印本,与《说契》合一册。

《说契》叶玉森,1924年(民国十三年)7月出版。又,1929年(民国十八年)北京富晋书社影印本,与《矍契枝谭》合一册。1972年香港书店影印本。

一九二五年

《殷虚书契考释小笺》陈邦怀,1925年(民国十四年)2月出版。

《铁云藏龟拾遗》叶玉森,石印本,1925年(民国十四年)5月出版。又,1972年香港书店影印本,一册。

《簠室殷契征文》王襄,天津博物院石印本,1925年(民国十四年)5月出版。

《古史新证》王国维,清华研究院油印讲义本,1925年8月出版。又,1927年(民国十六年)载《国学月报》第二卷八、九、十期合刊,"王静安专号";1930年(民国十九年)2月载《燕大月刊》七卷二期;1934年(民国二十三年)北京来薰阁书店影印王氏稿本。1968年收入台北文化公司出版的《王观堂先生全集》卷六中。

△《古籀篇》(百卷)[日]高田忠周,日本古籀刊行会印本,1925年(日本大正十四年)出版。

《集殷虚文字楹帖汇编》罗振玉,石印本,1925年(民国十四年)线装,一册。

一九二七年

《殷礼征文》王国维,收入(民国十六年)《王忠悫公遗书》二集,1927年(民国十六年)出版。又,1968年收入台北文化公司出版的《王观堂先生全集》卷六。1983年9月收入上海古籍出版社影印的《王国维遗书》。

《殷契拾遗》陈邦怀,自写石印本,1927年(民国十六年)出版。

一九二八年

《殷虚薶契考》陈邦福,自写石印本,1928年(民国十七年)6月出版。

《甲骨文例》胡光炜,广州中山大学语言历史学研究所出版,石印本,1928年(民国十七年)7月出版。又,1939年(民国二十八年)中央大学讲义增订本。1995年10月收入上海古籍出版社出版的《胡小石论文集》三编中。

《新获卜辞写本》董作宾,石印本,1928年(民国十七年)12月出版。又,1929年(民国十八年)载《安阳发掘报告》第一期;收入1977年11月台湾艺文印书馆出版的《董作宾先生全集》甲编第二册。

《传古别录》第二集,罗福成,墨拓石印本。1928年(民国十七年)出版。又,1976年台北艺文印书馆重印。

一九二九年

《商代龟卜之推测》董作宾,载《安阳发掘报告》第一期,1929年(民国十八年)12月出版。又,收入1977年台北艺文印书馆出版的《董作宾生全先集》甲编第三册。

《殷契说存》陈邦福,自写石印本,1929年(民国十八年)出版。

《殷契辨疑》陈邦福,自写石印本,1929年(民国十八年)出版。

《安阳发掘报告》第一期,中央研究院历史语言研究所专刊之一,1929年(民国十八年)出版。

一九三〇年

《卜辞中的古代社会》郭沫若,载《中国古代社会研究》第三编,1930年(民国十九年)3月出版。又,此书曾多次再版,主要有1954年9月、1964年10月、1977年12月人民出版社再版。1960年、1961年科学出版社再版。1982年9月收入人民出版社出版的《郭沫若全集·历史编》第1卷中。

△《甲骨文及钟鼎文字研究》商承祚,北京大学讲义石印本,1930年(民国十九年)6月出版。

《殷契书录》陈振东,排印本,1930年(民国十九年)8月出版。

《殷契剩义》陈邦直,自写石印本,1930年(民国十九年)出版。

《甲骨类目》容媛,载《金石书录目》卷七,中央研究院历史语言研究所单刊乙种之二,1930年(民国十九年)出版。又,1936年上海印书馆增订本;1963年与《金石书录目补编》合为一册,由日本东京大安书店出版。

《安阳发掘报告》第二期,中央研究院历史语言研究所专刊之一,1930年(民国十九年)出版。

六、附　录

一九三一年

《甲骨文字研究》郭沫若，大东书局石印本，1931 年（民国二十年）出版。又，1952 年 9 月改订再版，人民出版社；1962 年 9 月新一版，科学出版社。1982 年 9 月收入人民出版社出版的《郭沫若全集·考古编》第一卷中。

《殷虚文字存真》关葆谦，河南省博物馆拓本，第一集，1931 年（民国二十年）—1935 年（民国二十四年）出版。

《大龟四版考释》董作宾，载《安阳发掘报告》第三期，1931 年（民国二十年）。又，抽印本；收入 1977 年台湾艺文印书馆出版的《董作宾先生全集》甲编第二册。

《书道全集》第一卷［日］下中弥三郎，日本平凡社，1931 年（日本昭和 6 年）出版。

《安阳发掘报告》第三期，中央研究院历史语言研究所专刊之一，1931 年（民国二十年）出版。

△《商代之文化》［加］明义士，1931 年（民国二十年）出版。

一九三二年

《甲骨文字研究——今后怎样研治甲骨文》董作宾，北京大学讲义排印本，1932 年（民国二十一年）9 月。又，收入 1977 年台北艺文印书馆出版的《董作宾先生全集》乙编第三册。

《周汉遗宝》［日］原田淑人，日本帝室博物馆，1932 年（日本昭和 7 年）出版。1981 年日本国书刊行会重印本。

一九三三年

△《殷周史料考订大纲》徐中舒，北京大学讲义本，1933 年（民国二十二年）1 月。

《福氏所藏甲骨文字》商承祚，金陵大学中国文化研究所，1933 年（民国二十二年）4 月出版。又，1973 年香港书店影印本。

《殷契卜辞》容庚、瞿润缗，北平哈佛燕京学社，石印本，1933 年（民国二十二年）5 月出版。又，1971 年台北艺文印书馆影印本，题为《燕京大学所藏甲骨卜辞》。

《卜辞通纂》郭沫若，日本东京文求堂，石印本，1933 年（日本昭和 8 年）5 月出版。又，收入 1982 年科学出版社出版的《郭沫若全集·考古编》第二卷。

《殷虚文字存真第一集考释》许敬参，河南省博物馆，影印本，1933 年（民国二十二年）6 月出版。

《释后冈出土的一片卜辞》董作宾，载《安阳发掘报告》第四期，1933 年 6 月。又收入 1977 年台北艺文印书馆出版《董作宾生全先集》甲编第二册。

《甲骨文》王子玉，与《金石录》合一册，载《续安阳县志》，1933 年（民国二十二年）8 月出版。

《殷虚书契续编》罗振玉，珂罗版影印拓本，1933 年（民国二十二年）9 月出版。又，

1970年10月台湾艺文印书馆重印。2015年3月收入中华书局出版的《殷虚书契五种》中册与下册中。

《殷契佚存》商承祚，金陵大学中国文化研究所丛刊甲种，珂罗版影印拓本，1933年（民国二十二年）10月出版。又，1966年日本东京影印本。

《殷虚书契前编集释》叶玉森，上海大东书局石印本，1933年（民国二十二年）10月出版。又，1968年台北艺文印书馆影印本。

《龟甲文字概论》陈晋，中华书局，石印本，1933年（民国二十二年）11月出版。

《殷契通释》徐协贞，北京文楷斋，1933年（民国二十二年）12月出版。

《甲骨学文字编》朱芳圃，商务印书馆，石印本，1933年（民国二十二年）12月出版。

《殷契余论》郭沫若，载《古代铭刻汇考》，日本东京文求堂书店，石印本，1933年12月出版。又，收入1982年科学出版社出版的《郭沫若全集·考古编》第一卷。

《甲骨文断代研究例》董作宾，载《中研院历史语言研究所集刊外编——庆祝蔡元培先生六十岁论文集》上册，1933年（民国二十二年）。又，1965年台湾《中研院历史语言研究所专刊》之五十附册；收入1977年台北艺文印书馆出版的《董作宾生全先集》甲编第二册。

△《甲骨研究初编》［加］明义士，齐鲁大学讲义石印本，1933年（民国二十二年）。又，1996年2月齐鲁书社影印本。

《安阳发掘报告》第四期，中央研究院历史语言研究所专刊之一，1933年（民国二十二年）6月。

△《中国商代之卜骨》［加］明义士，济南广智院单行本，1933年（民国二十二年）。

一九三四年

《殷契锁言》陈邦福，自写石印本，1934年（民国二十三年）4月出版。

《古籀汇编》徐文镜，商务印书馆，石印本，1934年（民国二十三年）8月出版。又，1982年12月武汉古籍书店影印本，三册。

《甲骨文字与殷商制度》周传儒，上海开明书店，1934年（民国二十三年）9月出版。

《甲骨文编》孙海波，哈佛燕京学社，石印本，1934年（民国二十三年）10月出版。又，1965年9月中华书局出版，十六开增订本一册；1982年6月中华书局再版本。

《殷虚书契解诂》吴其昌，分载武汉大学《文哲季刊》三卷第二、三、四号；四卷第二、四号，五卷第四号。1934年—1936年。又，1959年6月台北艺文印书馆重印。

《殷虚文字记》唐兰，北京大学讲义，石印本。1934年（民国二十三年）12月出版。又，1978年中国社会科学院历史研究所，油印本，1981年5月中华书局出版刻写本。

一九三五年

《甲骨学商史编》朱芳圃，中华书局，石印本，1935年（民国二十四年）2月出版。又，

六、附　录

1973年香港书店影印本。

《殷虚卜辞讲话》金祖同,上海中国书店,石印本,1935年(民国二十四年)出版。

《邺中片羽》初集,黄濬,珂罗版影印,1935年(民国二十四年)2月出版。

《衡斋金石识小录》黄濬,北京尊古斋影印本,1935年(民国二十四年)2月出版。

△《殷虚甲骨相片》[美]白瑞华,美国纽约影印单行本,1935年出版。

《甲骨书录解题》邵子风,上海商务印书馆,石印本,1935年(民国二十四年)11月出版。

《库方二氏藏甲骨卜辞》[美]方法敛摹,白瑞华校。商务印书馆,石印本,1935年(民国二十四年)12月出版。又,1966年6月收入台北艺文印书馆影印的、由严一萍编的《方法敛摹甲骨卜辞三种》一书中。

《柏根氏旧藏甲骨文字》[加]明义士,齐鲁大学国学研究所,1935年(民国二十四年)出版。又,1978年3月台北艺文印书馆影印本。

△《安阳龟甲兽骨》[苏]布那柯夫,苏联研究院马尔博士语言思想研究所单刊第三,1935年。

《古文字学导论》唐兰,北京大学讲义本,1935年(民国二十四年)出版。又,1957年4月中国科学院历史研究所据1935年北京大学讲义本翻印;1963年中央党校历史教研室据1935年原稿影印(加图、加跋)。1981年1月济南齐鲁书社影印本。

△《古文声系》(二卷)孙海波,北京来薰阁,石印本,1935年(民国二十四年)。

一九三六年

△《中国古代之上帝》[加]明义士,齐鲁大学单行本,石印本,1936年(民国二十五年)6月。

《甲骨文字理惑》徐英,安徽出版部,1936年(民国二十五年)7月出版。又,1937年(民国二十六年)2月,中华书局,石印本。

《卜辞时代的文学和卜辞文学》唐兰,载《清华学报》十一卷第三期,1936年(民国二十五年)7月出版。

《安阳侯家庄出土之甲骨文字》董作宾,载中央研究院历史语言研究所《田野考古报告》第一集,1936年(民国二十五年)。又,收入1977年台北艺文印书馆出版的《董作宾先生全集》甲编第二册。

《骨文例》董作宾,载《中研院历史语言研究所集刊》第七本第一分本,1936年(民国二十五年)出版。又,收入1977年台湾艺文印书馆出版的《董作宾先生全集》甲编第二册。

《洹洛访古记》罗振常,上海蟫隐庐石印本,1936年(民国二十五年)出版。又,1978年河南人民出版社翻印本。

一九三七年

《甲骨集古诗联·上编》简琴斋,商务印书馆,1937年(民国二十六年)2月出版。又,1969年6月收入《集契汇编》,由台北艺文印书馆出版。

《甲骨年表》董作宾、胡厚宣,中央研究院历史语言研究所单刊乙种之四,商务印书馆,1937年(民国二十六年)4月出版。又,收入1977年台湾艺文印书馆出版的《董作宾先生全集》乙编第六册。

《殷契粹编》郭沫若,日本东京文求堂,石印本,1937年(日本昭和12年)5月出版。又,1965年5月中国科学院考古研究所编辑,考古学专刊甲种第二号,科学出版社;1976年2月,(日本昭和51年),日本东京三一书房重印。

《甲骨文录》孙海波,河南通志馆,珂罗版影印拓本,1937年(民国二十六年)10月出版。又,1958年5月台北艺文印书馆重印;1971年又依原式再重印。

《邺中片羽》二集黄濬,珂罗版影印,1937年(民国二十六年)8月出版。此书的甲骨拓本,1972年收入台北艺文印书馆影印的由严一萍编的《邺中片羽甲骨编》一书中。

△《殷虚甲骨拓片》[美]白瑞华,美国纽约影印单行本,1937年(民国二十六年)

一九三八年

《甲骨卜辞七集》[美]方法敛摹,白瑞华校,1938年美国纽约出版。又,1966年6月收入台北艺文印书馆影印的《方法敛摹甲骨卜辞三种》一书中。

一九三九年

《天壤阁甲骨文存》唐兰,北京辅仁大学丛书之一,1939年(民国二十八年)4月出版。

《殷契遗珠》金祖同,上海中法文化出版委员会,孔德图书馆丛书第一种,1939年(民国二十八年)5月出版。又,1974年台北艺文印书馆重印拓本部分。

《铁云藏龟零拾》李旦丘,上海中法文化出版委员会,孔德图书馆丛书第二种,珂罗版影印拓本,1939年(民国二十八年)5月出版。

《商王名号考》陈梦家,载重庆《中央日报》《读书》第一号,1939年(民国二十八年)10月8日。又,1940年(民国二十九年)6月改订后载《燕京学报》第二十七期。

《甲骨叕存》曾毅公,齐鲁大学国学研究所,1939年(民国二十八年)出版。

《金璋所藏甲骨卜辞》[美]方法敛摹,白瑞华校,美国纽约影印本,1939年(民国二十八年)出版。又,1966年6月收入台北艺文印书馆影印的由严一萍编的《方法敛摹甲骨卜辞三种》一书中。

《甲骨地名通检》曾毅公,齐鲁大学国学研究所,1939年(民国二十八年)出版。

《殷虚书契续编校记》曾毅公,齐鲁大学国学研究所汇编之一,1939年(民国二十八年)出版。

《卜辞杂例》胡厚宣,《中研院历史语言研究所集刊》第八本第三分本,1939年(民国二

六、附　录

十八年)出版。

△《商王国的始末》顾颉刚,云南大学讲义本,1939 年(民国二十八年)。又,1941 年(民国三十年)载《文史杂志》第一卷第二期。

一九四〇年

《诚斋殷虚文字》孙海波,北京修文堂,珂罗版影印,1940 年(民国二十九年)2 月出版。

《双剑誃殷契骈枝》初编于省吾,石印本,1940 年(民国二十九年)10 月出版。

《双剑誃古器物图录》于省吾,影印本,1940 年(民国二十九年)11 月出版。又,1976 年台北艺文印书馆翻印本。

《河南安阳遗宝》[日]梅原末治,影印本,1940 年(日本昭和 15 年)11 月出版。又,1984 年收入梅原末治《考古图录集》第七种。

《中央大学史学系所藏甲骨文字》李孝定,石印本,1940 年(民国二十九年)8 月出版。

一九四一年

《殷契摭佚》李旦丘,上海孔德图书馆丛书第三种,珂罗版影印拓本,1941 年(民国三十年)1 月出版。

《双剑誃殷契骈枝》续编于省吾,石印本,1941 年(民国三十年)8 月出版。

《甲骨文辩证》上卷金祖同,影印本,1941 年(民国三十年)11 月出版。

一九四二年

《卜辞研究》容庚,北京大学讲义,石印本,1942 年(民国三十一年)出版。

《邺中片羽》三集黄濬,珂罗版影印,1942 年(民国三十一年)1 月出版。

一九四四年

《甲骨学商史论丛初集》胡厚宣,齐鲁大学国学研究所专刊之一,1944 年(民国三十三年)3 月出版。又,2002 年河北教育出版社再版,平装,三十二开本。

《双剑誃殷契骈枝》三编于省吾,石印本,1944 年(民国三十三年)5 月出版。

一九四五年

《奭字解》张政烺,载《六同别录》上册,1945 年(民国三十四年)1 月出版。又,1948 年(民国三十七年)载《中研院历史语言研究所集刊》第十三本。2012 年 4 月收入中华书局出版的《张政烺文集·甲骨金文与商周史研究》中。

《甲骨学商史论丛》二集胡厚宣,齐鲁大学国学研究所专刊之一,1945 年(民国三十四年)4 月出版。

《殷历谱》董作宾,中研院历史语言研究所专刊,石印本,1945 年(民国三十四年)4 月。又,1963 年台湾艺文印书馆再版;收入 1977 年台北艺文印书馆出版的《董作宾先生全集》乙编第一、二册。

《甲骨六录》胡厚宣，齐鲁大学国学研究所专刊之一，1945年（民国三十四年）7月出版。又，收入《甲骨学商史论丛》三集。1983年台北大通书局翻印本。

△《古文字学研究》杨树达，湖南大学讲义，1945年（民国三十四年）出版。

一九四六年

《战后平津新获甲骨集》胡厚宣，齐鲁大学国学研究所专刊之一，1946年（民国三十五年）出版。又，收入《甲骨学商史论丛》四集。

一九四八年

《龟卜》金祖同，上海温知书店，影印本，1948年（民国三十七年）1月出版。又，1974年台北艺文印书馆翻印《殷契遗珠》，将《龟卜》附于该书之后。

《殷虚文字甲编》董作宾，中央研究院历史语言研究所，1948年（民国三十七年）4月商务印书馆出版。又，1976年11月中研院历史语言研究所重印本。

《闻一多全集》第二册闻一多，开明书店，1948年（民国三十七年）8月出版。

《殷虚文字乙编》上辑董作宾，中央研究院历史语言研究所，1948年（民国三十七年）10月出版。又，1994年6月中研院历史语言研究所重印本。

一九四九年

《殷虚文字乙编》中辑董作宾，中央研究院历史语言研究所，1949年3月出版。又，1994年6月中研院历史语言研究所重印本。

△《中国文字学》唐兰，开明书店，1949年3月出版。又，1979年9月重印。

△《古代史——殷代奴隶制社会史》吴泽，长风书店，1949年8月出版。又，1952年2月，四版修订本，棠棣出版社。

△《中国通史简编》范文澜，人民出版社，1949年9月出版。又，1953年8月修订本，第二版，人民出版社；1955年4月修订本，第三版，人民出版社；1964年8月修订本，第四版，人民出版社；1978年6月修订本，第五版，人民出版社。

一九五〇年

《甲骨缀合编》曾毅公，修文堂书房，1950年出版。

《古代研究的史料问题》胡厚宣，商务印书馆，1950年6月出版。又，1986年台北谷风翻印本。

《殷契摭佚续编》李亚农，中国科学院考古研究所特刊第一号，商务印书馆，1950年9月出版。

《甲骨学》第一号，日本甲骨学会会刊，1950年（昭和25年）10月出版。

《集契集》（欧阳可亮手书）欧阳可亮，1950年撰成（1960年刊于《中国文字》第一期），1976年欧阳可亮手书的《集契集》由日本春秋书院出版，1984年又出版日文版。又，1978年台北艺文印书馆影印本出版。

六、附　录

一九五一年

《五十年代甲骨文发现的总结》胡厚宣,商务印书馆,1951年3月出版。又,1952年再版,1953年三版,1957年香港华夏出版社翻印本。

《战后宁沪新获甲骨集》胡厚宣编,来薰阁书店,1951年4月出版。

《殷契拾掇》郭若愚,上海出版公司,1951年8月出版。

《甲骨学》第二号,日本甲骨学会会刊,1951年(昭和26年)10月出版。

《战后南北所见甲骨录》胡厚宣,来薰阁书店,1951年11月出版。

△《古代中国的十进制氏族组织》张政烺,分别载《历史教学》二卷三、四、六期,1951年9—11月。

△《本院新获卜辞喜讯》南京博物院,载《南博旬刊》第十七期,1951年。

一九五二年

《五十年甲骨学论著目》胡厚宣,中华书局,1952年1月出版。

△《中国的古代国家》[日]贝塚茂树,日本东京弘文堂,1952年(日本昭和27年)5月。

△《奴隶制时代》郭沫若,新文艺出版社,1952年6月出版。又,1954年第一版,人民出版社;收入1963年《郭沫若文集》第十七卷,人民出版社;1973年第二版,北京人民出版社。

一九五三年

《殷契拾掇》二编郭若愚,来薰阁书店,1953年3月出版。

《台湾大学所藏甲骨文字》董作宾,载《台湾大学文学院考古人类学刊》第一期,1953年5月出版。又,收入1977年台北艺文印书馆出版的《董作宾先生全集》甲编第二册。

《殷虚甲骨刻辞的语法研究》管燮初,中国科学院,1953年10月出版。

《殷虚文字乙编》下辑,董作宾,中研院历史语言研究所,台湾艺文印书馆,1953年12月出版。又,1956年3月中国科学院考古研究所编辑,考古学特刊第四号,科学出版社翻印。1994年6月中研院历史语言研究所重印本。

一九五四年

《战后京津新获甲骨集》胡厚宣,群联出版社,1954年3月出版。

《积微居甲文说·卜辞琐记》杨树达,中国科学院,1954年5月出版。又,1986年12月上海古籍出版社将此书与《耐林庼甲文说·卜辞求义》合为一册再版。

△《中国古代社会研究》郭沫若,人民出版社,1954年9月出版。又,1960年2月,新一版,科学出版社;1977年12月,第二版,人民出版社。

《钞本武乙卜辞十一版》董作宾,载台湾《大陆杂志》第九卷第二期,1954年9月出版。又,收入1977年台湾艺文印书馆出版的《董作宾先生全集》乙编第三册。

《甲骨学》第三号,日本甲骨学会会刊,1954年(昭和29年)10月出版。

《耐林庼甲文说·卜辞求义》杨树达,群联出版社,1954年11月出版。又,1955年1月再版。1986年12月上海古籍出版社将此书与《积微居甲文说·卜辞琐记》合为一册再版。

△《解放后甲骨的新资料和整理研究》陈梦家,《文物参考资料》,1954年第5期。

一九五五年

△《甲骨金文学论丛》初集、二集、三集(油印本)[日]白川静,1955年(昭和30年)3、5、8月。又1973年(日本昭和48年)12月,改名《甲骨金文论文集》,日本京都朋友书店。

△《记方杰人先生所藏的两片胛骨》金祥恒,载台湾《大陆杂志》第十卷五期,1955年3月。

《殷虚文字缀合》郭若愚、曾毅公、李学勤,考古学专刊乙种第一号,科学出版社,1955年4月出版。

《殷墟发掘》胡厚宣,学习生活出版社,1955年5月出版。

《殷代社会生活》李亚农,上海人民出版社,1955年6月出版。又,1964年9月收入上海人民出版社出版的《李亚农史论集》中。

《甲骨学五十年》董作宾,台湾大陆杂志社,1955年7月出版。又,收入1977年台北艺文印书馆出版的《董作宾先生全集》乙编第五册。

《续殷历谱》严一萍,台北艺文印书馆,1955年10月出版。又,1979年1月台北艺文印书馆再版本。

《甲骨续存》胡厚宣,群联出版社,1955年12月出版。

一九五六年

《殷虚文字外编》董作宾,台湾艺文印书馆,1956年6月出版。又,收入1977年台北艺文印书馆出版的《董作宾先生全集》乙编第七册。

《日本所见甲骨录》饶宗颐,香港大学《东方文化》第三卷一期。又,抽印本,1956年6月。

《殷虚卜辞综述》陈梦家,考古学专刊甲种第二号,中国科学院考古研究所编辑,科学出版社,1956年7月出版。又,1964年(昭和39年)日本东京大安翻印本。1979年台湾大通书局翻印本,1988年中华书局重印本。

《甲骨文所见氏族及其制度》丁山,科学出版社,1956年9月出版。又,1971年台湾大通书局翻印本,1988年4月中华书局新1版,1999年8月中华书局第2次印刷。

△《谈安阳小屯以外出土的有字甲骨》李学勤,《文物参考资料》1956年第11期。

《甲骨学》第四、五号合刊号,日本甲骨学会会刊,1956年(昭和31年)10月出版。

《古史零证》周谷城,上海新知识出版社,1956年12月出版。

六、附　录

《巴黎所见甲骨录》饶宗颐,香港,1956年12月出版。

一九五七年

△《年代世系表》董作宾、严一萍,台湾艺文印书馆,1957年5月出版。

《汉城大学所藏大胛骨刻辞考释》董作宾,台湾《中研院历史语言研究所集刊》二十八本,下册,1957年5月出版。又,收入1977年台北艺文印书馆出版的《董作宾先生全集》甲编第二册。

△《灿烂的郑州商代文化》许顺湛,河南人民出版社,1957年5月出版。

《殷虚文字丙编》上辑(一)张秉权,台湾中研院历史语言研究所,1957年8月出版。又,1992年中研院历史语言研究所出版《丙编》上、中、下辑的重印本。

《古代殷帝国》[日]贝塚茂树,日本东京みすず书房,1957年(日本昭和32年)12月出版。又,1958年、1962年、1967年重版。

一九五八年

《商殷帝王本纪》周鸿翔,香港,1958年出版。

《古史考存》刘节,人民出版社,1958年2月出版。

《甲骨学》第六号,日本甲骨学会会刊,1958年(日本昭和33年)3月出版。

《殷虚卜辞研究》[日]岛邦男,日本弘前大学文理学部中国学研究会,1958年(日本昭和33年)7月出版。又,1975年8月日本东京汲古书院重印;1975年12月台湾鼎文印书局出版温天河、李寿林译中文本。

《郑州二里冈》河南省文化局文物工作队,考古学专刊丁种第七号,科学出版社,1958年8月出版。

《中国书谱殷商编》严一萍,台北艺文印书馆,1958年9月出版。

△《世界考古学大系(六)》(殷周时代)[日]水野清一,日本东京平凡社,1958年(日本昭和33年)8月出版。

《海外甲骨录遗》饶宗颐,香港大学出版社,1958年出版。又,载1961年香港大学《东方文化》第四卷1—2期。

△《商代社会经济基础初探》许顺湛,河南人民出版社,1958年10月。

一九五九年

《殷代地理简论》李学勤,科学出版社,1959年1月出版。又,1980年台北木铎出版社翻印本。

《京都大学人文科学研究所藏甲骨文字》[日]贝塚茂树,日本京都大学人文科学研究所,1959年(日本昭和34年)3月出版。又,1980年日本京都同朋舍再版本。

《日本散见甲骨文字搜汇》[日]松丸道雄,分载日本《甲骨学》第七号、八号、九号、十号、十一号、十二号,又,1959年(日本昭和34年)3月至1980年(日本昭和55年)8月。

《甲骨学》第七至十二号所载文,刘明辉(即刘一曼、温明荣、郭振录)译为中文并摹图,转载于《古文字研究》第三辑及第八辑,1980年11月、1983年2月。

《甲骨学》第七号,日本甲骨学会会刊,1959年(昭和34年)3月出版。

△《观堂集林》附别集,王国维,中华书局,1959年6月。

△《中国上古史纲》王玉哲,上海人民出版社,1959年7月。

《甲骨文零拾》陈邦怀,天津人民出版社,1959年9月出版。又,1970年(日本昭和45年)6月日本汲古书店翻印本。《殷代社会史料征存》陈邦怀,天津人民出版社,1959年9月出版。又,1963年3月日本东京大安书店影印本;1970年日本东京汲古书院翻印本。

△《甲骨文字》[日]松丸道雄,日本东京奎星会出版部,1959年(日本昭和34年)10月。

《殷虚文字丙编》上辑(二)张秉权,台湾中研院历史语言研究所,1959年10月出版。

《续甲骨文编》金祥恒,台北艺文印书馆,1959年10月出版。又,1959年10月台湾大学出版社影印。又,1990年12月收入台北艺文印书馆出版的《金祥恒先生全集》第五册中。

《殷代贞卜人物通考》饶宗颐,香港大学出版社,1959年11月出版。

△《国立历史博物馆所藏甲骨文字》董作宾,载《教育与文化》二二三、二二四,1959年11月。又,收入1977年台湾艺文印书馆出版的《董作宾先生全集》乙编第三册。

一九六〇年

△《中国年历总谱》(上、下)董作宾,香港大学出版社,1960年1月。又,收入1977年台湾艺文印书馆出版的《董作宾先生全集》甲编第四、五册。

《京都大学人文科学研究所藏甲骨文字释文篇》[日]贝塚茂树,日本京都大学人文科学研究所,1960年(日本昭和35年)3月出版。又,1980年日本京都同朋舍再版本。

《甲骨学》第八号,日本甲骨学会会刊,1960年(昭和35年)3月出版。

《商周史料考证》丁山,上海龙门联合书局,1960年4月出版。

一九六一年

△《中国古代宗教与神话考》丁山,上海龙门联合书局,1961年2月出版。

《殷虚文字甲编考释》屈万里,台湾中研院历史语言研究所,1961年6月出版。1976年、1992年再版。又,1984年收入台北联经出版事业公司出版的《屈万里先生全集》第二集六、七册中。

《甲骨学》第九号,日本甲骨学会会刊,1961年(昭和36年)8月出版。

《本系所藏甲骨文字》董作宾、金祥恒,台湾大学文学院古人类学刊第十七、十八期合刊,1961年11月出版。又,收入1977年台北艺文印书馆出版的《董作宾先生全集》甲编第二册。

六、附 录

一九六二年

△《中国奴隶社会的几个问题》金景芳,中华书局,1962 年 2 月。

△《殷周时代的中国社会》吕振羽,三联书店,1962 年 6 月。

△《方地山所藏之一版卜辞》董作宾,载台湾《中国文字》第九册,1962 年 9 月。又,收入 1977 年台北艺文印书馆出版的《董作宾先生全集》乙编第三册。

《殷周文字释丛》朱芳圃,中华书局影印,1962 年 11 月出版。

《殷虚文字丙编》中辑(一)张秉权,台湾中研院历史语言研究所,1962 年出版。

一九六三年

《商王庙号新考》张光直,台湾《中研院民族学研究所集刊》第十五期(抽印本),1963 年出版。

《关于殷墟卜辞中的田猎地——从另方面研究殷代国家构造》[日]松丸道雄,日本东洋文化研究所纪要第三十一册,抽印本,1963 年(日本昭和 38 年)3 月出版。

《吉林大学所藏甲骨文字选释》姚孝遂,《吉林大学社会科学学报》1963 年第 4 期。

△《殷·甲骨文集》[日]白川静,日本东京二玄社,1963 年(日本昭和 38 年)8 月出版。

一九六四年

《殷墟》[日]梅原末治,日本朝日新闻社,1964 年(昭和 39 年)1 月出版。

《甲骨学》第十号,日本甲骨学会会刊,1964 年(日本昭和 39 年)7 月出版。

△《殷虚书契后编释文稿》[日]池田末利,日本广岛创元社,1964 年(日本昭和 39 年)12 月。

一九六五年

《安阳殷墟》杨建芳,中华书局,1965 年 6 月出版。又,1978 年 8 月,中华书局重印。

《甲骨学六十年》董作宾,台湾艺文印书馆,1965 年 6 月出版。又,收入 1977 年台北艺文印书馆出版的《董作宾先生全集》乙编第五册。

《甲骨文字集释》李孝定,台湾中研院历史语言研究所,1965 年出版。又,1970 年再版。1974 年三版。1983 年北京光华书店翻印本。

《殷虚文字丙编》中辑(二)张秉权,台湾中研院历史语言研究所,1965 年出版。

一九六六年

《故小川睦之辅氏藏甲骨文字》[日]伊藤道治,日本《东方学报》(京都)第三十七册,1966 年(日本昭和 41 年)3 月出版。

《"国立中央图书馆"所藏甲骨文字》,金祥恒,载台湾《中国文字》第十九、二十册,1966 年 3、6 月出版。

△《方法敛摹甲骨卜辞三种(库方二氏藏甲骨卜辞、甲骨卜辞七集、金璋所藏甲骨卜

辞)》[美]白瑞华校,台北艺文印书馆,1966年6月。

一九六七年

《续甲骨年表》董作宾、黄然伟,台湾中研院历史语言研究所单刊乙种,1967年6月出版。又,收入1977年台湾艺文印书馆出版的《董作宾先生全集》乙编第六册。

△《冬饮庐藏甲骨文字》张秉权,载台湾《中研院历史语言研究所集刊》第三十七本下册,1967年6月出版。

《殷墟卜辞综类》[日]岛邦男,日本东京汲古书院,1967年(日本昭和42年)11月出版。又,1971年(日本昭和46年)7月增订版。

《殷虚文字丙编》下辑(一)张秉权,台湾中研院历史语言研究所,1967年出版。

一九六八年

《大原美术馆所藏甲骨文字》[日]伊藤道治,日本《仓敷考古馆研究集报》第四号,1968年(日本昭和43年)1月出版。又,抽印本。

《京都大学人文科学研究所藏甲骨文字索引》[日]贝塚茂树,日本京都大学人文科学研究所,1968年(日本昭和43年)3月出版。又,1980年12月与《京都大学人文科学研究所藏甲骨文字》增订版合为一编,由日本京都同朋舍出版。

《殷卜辞中五种祭祀的研究》许进雄,《"国立"台湾大学文史丛刊》,1968年出版。

△《冬饮庐藏甲骨文字考释》李殿魁,载台湾《中国文字》第三十册,1968年12月出版。

一九六九年

《集契汇编》严一萍,台北艺文印书馆,1969年6月出版。

《东莞邓氏旧藏甲骨》李棪,香港《联合书院学报》第七期,1969年出版。

△《说文新义》[日]白川静,日本五典书院,1969年(日本昭和44年)出版。

一九七〇年

《欧美亚所见甲骨录存》饶宗颐,(新加坡)《南洋大学学报》第4期,1970年出版。

《北美所见甲骨选粹》李棪,香港中文大学《中国文化研究所学报》第三卷二期,1970年出版。

△《善斋藏契萃编》(不分卷)刘体智,台北艺文印书馆,石印本,1970年10月。

△《加拿大多伦多大学安大略博物馆所藏一片牛胛骨刻辞考释》金祥恒,载台湾《中国文字》第三十八册,1970年12月。

△《汉字的起源》[日]加藤常贤,日本东京角川书店,1970年(日本昭和45年)12月。

一九七一年

《藤井有邻馆所藏甲骨文字》[日]伊藤道治,日本《东方学报》(京都)第四十二册,

六、附　录

1971年(日本昭和46年)3月出版。

《薇顾甲骨文原》马薇顾,台北艺文印书馆,1971年4月出版。又,1991年台北增订本。

一九七二年

《殷虚文字丙编》下辑(二)张秉权,台湾中研院历史语言研究所,1972年出版。

《明义士收藏甲骨文字》许进雄,加拿大皇家安大略博物馆,1972年出版。

《甲骨文的世界——古代殷王朝的构造》[日] 白川静,日本东京平凡社,1972年(日本昭和47年)2月出版。又,1976年8月重印本。1977年9月台北巨流公司出版蔡哲茂、温天河的中译本。

《殷虚卜辞后编》[加] 明义士著,许进雄编,台北艺文印书馆,1972年3月台出版。

△《安阳新出土的牛胛骨及其刻辞》郭沫若,载《考古》,1972年第2期。又,收入1982年9月出版的《郭沫若全集·考古编》第一卷。

《甲骨学》日本甲骨学会编辑,(即甲骨学会会刊《甲骨学》第一至十号合订本),日本东京汲古书院印刷所,1972年(日本昭和47年)6月出版。

△《出土文物二、三事》郭沫若,人民出版社,1972年8月。

《甲骨关系文献序跋辑成》第一辑,[日] 玉田继雄,日本立命馆大学文学部中国文学研究室,手写影印本,1972年(日本昭和47年)11月出版。

△《加拿大安省皇家博物馆所藏一片大胛骨的刻辞考释》史景成,台湾《中国文字》第四十六册,1972年12月。

一九七三年

《美国纳尔森美术馆藏甲骨刻辞考释》严一萍,台北艺文印书馆,1973年1月出版。

《卜辞衷田及其相关诸问题》张政烺,载《考古学报》,1973年第1期。又,2012年4月收入中华书局出版的《张政烺文集·甲骨金文与殷商史研究》一书中。

《卜骨上的凿钻形态》许进雄,台湾艺文印书馆,1973年8月出版。

《临淄孙氏旧藏甲骨文字考辨》胡厚宣,载《文物》,1973年第9期。

《甲骨关系文献序跋辑成》第二辑,[日] 玉田继雄,日本立命馆大学文学部中国文学研究室,手写影印本,1973年(日本昭和48年)11月出版。

《辅仁大学所藏甲骨文字——明义士先生藏拓本》金祥恒,载台湾《中国文字》第五十册,1973年12月出版。

一九七四年

△《骨卜技术与卜辞断代》许进雄,加拿大多伦多,1974年5月出版。

《介绍一片伐人方的卜辞》沈之瑜,载《考古》1974年第4期。

△《中国奴隶社会》张景贤,中华书局,1974年11月出版。

△《安阳殷墟又出土一批甲骨文》肖纯,载《光明日报》1974年12月6日。

一九七五年

△《1973年小屯南地发掘简报》中国社会科学院考古研究所安阳工作队,载《考古》1975年第1期。

《甲骨集成·第一集》,严一萍,台北艺文印书馆,1975年出版。

《甲骨缀合新编》严一萍,台北艺文印书馆,1975年6月出版。又,1990年收入台北艺文印书馆出版的《严一萍先生全集甲编》第四、五函中。

△《中国古代奴婢制度史》(由殷代至两晋南北朝)刘伟民,香港龙门书店,1975年6月。

《铁云藏龟新编》严一萍,台北艺文印书馆,1975年5月出版。

《甲骨关系文献序跋辑成》第三辑,[日]玉田继雄,日本立命馆大学文学部中国文学研究室,1975年(日本昭和50年)11月出版。

△《由考古资料中看商周奴隶社会的阶级压迫》顾维勤,中华书局,1975年12月出版。

一九七六年

△《中国考古学大系(二)——殷代的中国》郑德坤著,[日]松崎寿和译,日本东京雄山阁,1976年(日本昭和51年)5月出版。

△《甲骨古文字研究》严一萍,台北艺文印书馆,1976年6月出版。

△《中国史稿》第一册,郭沫若,人民出版社,1976年7月。

△《殷墟——奴隶社会的一个缩影》河南省安阳市文化局,文物出版社,1976年8月出版。

《美国所藏甲骨录》周鸿翔,美国加利福尼亚大学,1976年出版。

《甲骨学》第11号,日本甲骨学会会刊,1976年(日本昭和51年)6月出版。

《甲骨关系文献序跋辑成》第四辑[日]玉田继雄,日本立命馆大学文学部中国文学研究室,1976年(日本昭和51年)11月出版。

△《汉字的世界——中国文化的起源》[日]白川静,日本东京平凡社,1976年(日本昭和51年)11月出版。

一九七七年

《明义士收藏甲骨释文篇》许进雄,加拿大皇家安大略博物馆,1977年出版。

《日本所见甲骨录》[日]伊藤道治,日本京都朋友书店,1977年(日本昭和52年)7月出版。

《董作宾先生全集》董作宾先生全集编辑委员会,台北艺文印书馆,1977年11月出版。

六、附 录

△《陕西周原地区发现一万多片西周早期甲骨》新华社,载《光明日报》1977年10月17日。

△《我省周原地区发现西周早期甲骨》载《陕西日报》1977年10月17日。

△《陕西周原地区发现西周早期甲骨》新华社,载《人民日报》1977年10月23日。

一九七八年

《甲骨学》严一萍,台湾艺文印书馆,1978年2月出版。又,1990年收入台湾艺文印书馆出版的《严一萍先生全集》甲编第八函中。

《董作宾先生逝世十四周年纪念刊》,纪念董作宾先生逝世十四周年委员会,1978年3月出版。

△《陕西出土一万余片周初甲骨》载《文物特刊》第四十三期,1978年3月15日。

《甲骨文合集》第二分册,郭沫若主编,中华书局,1978年10月出版。又,第三分册于同年12月出版。

△《天津师范学院图书馆藏甲骨选介》李先登,《天津师范学院学报》1978年第4期。

《商代史料——中国青铜时代的甲骨文》[美]大卫·恩·吉德炜,美国加利福尼亚大学出版社,1978年出版。

一九七九年

《甲骨上钻凿形态的研究》许进雄,台湾艺文印书馆,1979年3月出版。

△《中国史纲要》第一册,翦伯赞,人民出版社,1979年3月出版。

《东洋文库所藏甲骨文字》日本东洋文库古代史研究委员会,1979年(日本昭和54年)3月东京株式会社出版。

《中国古代再发现》[日]贝塚茂树,日本岩波书店,1979年(日本昭和54年)4月出版。

《怀特氏等收藏甲骨文集》许进雄,加拿大皇家安大略博物馆,1979年6月出版。

《甲骨文字释林》于省吾,中华书局影印本,1979年6月出版。又,1983年再版本。

△《古文字研究》第一辑,中华书局,1979年8月出版。

△《周原出土的甲骨文所见人名、官名、方国、地名浅释》徐锡台,载《古文字研究》第一辑,1979年8月出版。

△《探讨周原甲骨文中有关周初的历法问题》徐锡台,载《古文字研究》第一辑,1979年8月出版。

《谢氏瓠庐殷墟遗文》[日]松丸道雄解题,日本东京汲古书院,1979年(日本昭和54年)9月出版。

△《说文古文考》(上、下)胡小石(光炜),中国社会科学院历史研究所翻印,1979年9月。

《文字源流浅说——释例篇》康殷,荣宝斋,1979年11月出版。又,1992年北京国际文化出版公司修订本。

《甲骨文合集》第四、五、六分册郭沫若主编,中华书局。第四分册1979年8月;第五分册1979年10月;第六分册1979年12月出版。

△《周代的甲骨文》王宇信,载《中国史研究》1979年第3期。

△《周初甲骨文的发现》罗哲文,载《人民画报》,1979年第8期。

△《甲骨学论著目录》(1949—1979年)肖楠(即小屯南地甲骨组笔名),载《古文字研究》第一辑,中华书局,1979年8月出版。

一九八〇年

《说文部首——附简释》康殷,荣宝斋,1980年5月出版。

《甲骨文史话》萧艾,文物出版社,1980年6月出版。

《汉字古文字字形表》徐中舒主编,四川人民出版社,1980年8月出版。又,1981年12月增订本。

《甲骨文合集》第七分册,郭沫若主编,中华书局,1980年8月出版。

《甲骨学》第十二号,日本甲骨学会会刊,1980年(日本昭和55年)8月出版。

《释流散到德国的一片卜辞》胡厚宣,载《郑州大学学报》1980年第2期。

《北京大学国学门藏殷虚文字考释》严一萍,台北艺文印书馆,1980年9月出版。

《小屯南地甲骨》上册(一、二分册)中国社会科学院考古研究所,中华书局,1980年10月出版。

《殷墟甲骨文简述》孟世凯,文物出版社,1980年11月出版。

《古文字类编》高明,中华书局,1980年11月出版。2008年上海古籍出版社十六开增订本,全二册。又,2014年7月上海古籍出版社小十六开缩印本。两种增订本均署高明、涂白奎编。

△《古文字研究》第三辑,中华书局,1980年11月出版。又,第四辑,1980年12月出版。

《甲骨文字考释》胡澱咸,安徽师范大学历史系中国古代史教研室,1980年油印本。

一九八一年

△《古文字研究》第二辑、第五辑,中华书局,1981年1月出版。

《甲骨文合集》第八分册,郭沫若主编,中华书局,1981年1月出版。又,第九分册于同年6月出版。第十分册于同年12月出版。

《记故宫博物院新收的两片甲骨卜辞》胡厚宣,载《中华文史论丛》第一辑,1981年2月出版。

《建国以来甲骨文研究》王宇信,中国社会科学出版社,1981年3月出版。又,1982年

六、附　录

7月再版本。

《甲骨文选读》李圃,华东师范大学出版社,1981年6月出版。

△《戬寿堂所藏殷虚文字补正》沈之瑜、郭若愚,载《上海博物馆馆刊》第一期,1981年7月出版。

△《古文字研究》第六辑,中华书局,1981年11月出版。

一九八二年

△《古文字研究论文集》四川大学古文字研究室,四川人民出版社,1982年5月出版。

△《古文字研究》第七辑,中华书局,1982年6月出版。

《甲骨断代问题》严一萍,台北艺文印书馆,1982年8月出版。

△《甲骨探史录》胡厚宣主编,生活·读书·新知三联书店,1982年9月出版。

《甲骨文合集》第一分册郭沫若主编,中华书局,1982年10月出版。又,第十一分册于同年1月出版。第十三分册于同年3月出版。

一九八三年

△《古文字研究》第八辑,中华书局,1983年1月出版。

《东京大学东洋文化研究所藏甲骨文字·图版篇》[日] 松丸道雄,日本东京大学东洋文化研究所,1983年3月出版。

《甲骨文与殷商史》胡厚宣主编,上海古籍出版社,1983年3月出版。

△《说文中之古文考》商承祚,上海古籍出版社,1983年3月出版。

△《古文字研究》第十辑,中华书局,1983年7月出版。

△《古文字论集》(一)陕西《考古与文物》编辑部,1983年11月出版。

《殷墟卜辞研究——科学技术篇》温少峰、袁庭栋,四川省社会科学院,1983年12月出版。

《甲骨文合集》第十三分册郭沫若主编,中华书局,1983年6月出版。

一九八四年

△《古文字研究》第九辑,中华书局,1984年1月出版。

△《古文字学》姜亮夫,浙江人民出版社,1984年4月出版。

《西周甲骨探论》王宇信著,中国社会科学出版社,1984年4月出版。

《小屯南地甲骨》下册(一、二、三分册)中国社会科学院考古研究所,中华书局,1984年10月出版。

△《商周甲骨文总集》严一萍,台北艺文印书馆,1984年8月。

一九八五年

《法国所藏甲骨录》雷焕章,台北光启出版社,1985年1月影印本出版。

《小屯南地甲骨考释》姚孝遂、肖丁,中华书局,1985年8月出版

《英国所藏甲骨集》（上编）李学勤、齐文心、[美]艾兰编著，中华书局，1985年9月出版。

《中国甲骨学史》吴浩坤、潘悠，上海人民出版社，1985年12月出版。

《殷虚文字丙编通检》高岛谦一，中研院历史语言研究所，1985年12月发行。

《小屯第一本·遗址的发现与发掘丁编·甲骨坑层之一———次至九次出土甲骨》（上、下册）石璋如，中研院历史语言研究所，1985年上册出版，1986年8月下册出版。

一九八六年

《古文字研究简论》林沄，吉林大学出版社，1986年9月出版。

《甲骨文集句简释》刘兴隆，中州古籍出版社，1986年11月出版。

一九八七年

《龟甲兽骨文字集联》孙常叙，东北师范大学出版社，1987年4月出版。又，商务印书馆，2014年11月重印。

《甲骨文简论》陈炜湛，上海古籍出版社，1987年5月出版。

《天理大学附属天理参考馆甲骨文字》[日]伊藤道治，天理时报社，1987年8月出版。

《商代周祭制度》常玉芝，中国社会科学出版社，1987年9月出版。又，线装书局，2009年12月增订版出版。

《甲骨学小词典》、《甲骨学词典》孟世凯，上海辞书出版社，1987年12月出版。又，上海人民出版社，2009年1月出版。

一九八八年

《甲骨文简明词典——卜辞分类读本》赵诚，中华书局，1988年1月出版。

《殷墟甲骨刻辞摹释总集》姚孝遂、肖丁、何琳仪、吴振武、黄锡全、汤余惠、刘钊等，中华书局，1988年2月出版。

《苏德美日所见甲骨集》胡厚宣，四川辞书出版社，1988年3月出版。

《商史探微》彭邦炯，重庆出版社，1988年5月出版。

《文字学概要》裘锡圭，商务印书馆，1988年8月出版。

《甲骨文与甲骨学》张秉权，台湾编译馆，1988年9月出版。

一九八九年

《殷墟甲骨刻辞类纂》姚孝遂、肖丁、何琳仪、吴振武、黄锡全、汤余惠、刘钊等，中华书局，1989年1月出版。

《甲骨文字典》徐中舒、常正光、伍仕谦、彭裕商、何崝、方述鑫、陈复澄、黄波、李曦、黄奇逸、王辉、林小安、王培真等，四川辞书出版社，1989年5月出版。

《甲骨学通论》王宇信，中国社会科学出版社，1989年6月出版。1993年2月增订版。1999年8月重印。

六、附　录

《甲骨文选注》李圃,上海古籍出版社,1989年9月出版。
《商周古文字读本》刘翔、陈抗、陈初生、董琨编著,李学勤审订,语文出版社,1989年9月出版。
《殷商卜辞地理论丛》钟柏生,台北艺文印书馆,1989年9月出版。
《甲骨文精萃选读》王宇信等主编,语文出版社,1989年10月出版。
《商周制度考信》王贵民,台北明文书局股份有限公司,1989年12月出版。又,2014年河北教育出版公司重版。
《殷墟甲骨文字通释稿》朱歧祥,台湾文史哲出版社,1989年12月出版。

一九九〇年

《商周家族形态研究》朱凤瀚,天津古籍出版社,1990年8月出版。又,2004年7月增订本出版。

一九九二年

《英国所藏甲骨集》(下编)李学勤、齐文心、[美]艾兰编著,中华书局,1992年4月出版。
《殷墟卜辞断代研究》方述鑫,台湾文津出版社,1992年7月出版。
《龟之谜——商代神话、祭祀、艺术和宇宙观研究》(美)艾兰著,汪涛译,四川人民出版社,1992年8月出版。2010年11月商务印书馆(增订版)出版。
《古文字论集》裘锡圭,中华书局,1992年8月出版。
《商代经济史》杨升南著,贵州人民出版社,1992年10月出版。
《殷墟甲骨卜辞语序研究》沈培,文津出版社,1992年11月出版。
《小屯第一本·遗址的发现与发掘丁编·甲骨坑层之二——十三次至十五次出土甲骨》(上、下册)石璋如,中研院历史语言研究所,1992年出版。

一九九三年

《新编甲骨文字典》刘兴隆著,国际文化出版公司,1993年3月出版。
《甲骨文字学纲要》赵诚,商务印书馆,1993年6月出版。又,2005年中华书局再版。
《殷商社会生活史》李民等,河南人民出版社,1993年8月出版。
《殷墟妇好墓铭文研究》曹定云,台湾文津出版社,1993年12月出版。又,云南人民出版社,2007年4月再版。
△《甲骨金文与古史研究》蔡运章,中州古籍出版社,1993年12月出版。

一九九四年

《甲骨文虚词词典》张玉金,中华书局,1994年3月出版。
《殷墟甲骨断代》彭裕商,中国社会科学出版社,1994年5月出版。
《商代地理概论》郑杰祥,中州古籍出版社,1994年6月出版。

《夏商社会生活史》宋镇豪,中国社会科学出版社,1994年9月出版。又,1996年4月再版。2005年10月增订版。

《殷墟的发现与研究》郑振香、杨锡璋、陈志达、杨宝成、刘一曼,科学出版社,1994年9月出版。

《甲骨文字释综览》松丸道雄、高岛谦一,东京大学出版会,1994年12月出版。

一九九五年

《殷墟文字乙编补遗》钟柏生,中研院历史语言研究所,1995年5月出版。

《甲骨文之父——王懿荣》翟如潜、吕伟达、山曼,山东画报出版社,1995年12月出版。

△《甲骨文文字学》李圃,学林出版社,1995年1月出版。

一九九六年

《甲骨研究》[加拿大]明义士,齐鲁书社,1996年2月出版。

《甲骨文字诂林》于省吾主编,姚孝遂按语编纂,中华书局,1996年5月出版。

《甲骨续存补编》胡厚宣,天津古籍出版社,1996年6月出版。

《中岛玉振旧藏甲骨片》[日]荒本日吕子,东京创荣出版(株),1996年4月出版。

《早期奴隶制社会比较研究》胡庆钧、廖学盛、彭邦炯、宋镇豪、周怡天、周用宜等,中国社会科学出版社,1996年8月出版。2000年重印。

《殷墟甲骨分期研究》李学勤、彭裕商,上海古籍出版社,1996年12月出版。

《罗振玉评传》罗琨、张永山,百花洲文艺出版社,1996年12月出版。

△《殷商考古论丛》曹定云,台北艺文印书馆,1996年1月出版。

一九九七年

《德瑞荷比所藏一些甲骨录》[法]雷焕章,台湾利氏学社、台北光启出版社,1997年1月出版。

《甲骨文农业资料考辨与研究》彭邦炯,吉林文史出版社,1997年12月出版。

一九九八年

《山东省博物馆珍藏甲骨墨拓集》刘敬亭,齐鲁书社,1998年3月出版。

《甲骨文合集补编》彭邦炯等,语文出版社,1998年7月出版。

《殷商历法研究》常玉芝,吉林文史出版社,1998年9月出版。

《商周文化志》齐文心、王贵民,上海人民出版社,1998年10月出版。

△《林沄学术文集》林沄,中国大百科全书出版社,1998年12月出版。

△《甲骨卜辞研究》郑慧生,河南大学出版社,1998年4月出版。

一九九九年

《殷墟第三四期甲骨断代研究》吴俊德,台湾艺文印书馆,1999年元月出版。

六、附　录

《商代文明》张光直著,毛小雨译,北京工艺美术出版社,1999年1月出版。又,该书另一种译本,名《商文明》,由张良仁等译,陈星灿校,辽宁教育出版社,2002年出版,2013年3月再版。

《甲骨文自然分类法简编》唐兰,山西教育出版社,1999年3月出版。

《甲骨文书法艺术》董玉京,大象出版社,1999年4月出版。

《瑞典斯德哥尔摩远东古物博物馆藏甲骨文字》李学勤、齐文心、[美]艾兰,中华书局,1999年6月出版。

《百年甲骨学论著目》宋镇豪、常耀华,语文出版社,1999年7月出版。

《甲骨文合集释文》胡厚宣主编,王宇信、杨升南总审校,中国社会科学出版社,1999年8月出版。

《甲骨文合集材料来源表》胡厚宣、肖良琼、谢济、顾潮编纂,中国社会科学出版社,1999年8月出版。

《甲骨学一百年》王宇信、孟世凯、宋镇豪、杨升南、常玉芝,社会科学文献出版社,1999年9月出版。

《甲骨文字学述要》邹晓丽、李彤、冯丽萍,岳麓书社,1999年9月出版。

《甲骨缀合集》蔡哲茂,台北乐学书局,1999年9月出版。

二〇〇〇年

《明义士和他的藏品》方辉,山东大学出版社,2000年1月出版。

《甲骨文与商代文化》赵诚,辽宁人民出版社,2000年1月出版。

二〇〇一年

《甲骨文献集成》宋镇豪、段志洪,四川大学出版社,2001年4月出版。

《巫史重光——殷墟甲骨发现记》朱彦民,百花文艺出版社,2001年5月出版。

《河南省运台古物甲骨文专集》董玉京、于镇州等,河南省运台古物监护委员会,2001年7月出版。

《甲骨文语法学》张玉金,学林出版社,2001年9月出版。

《新编甲骨文字形总表》沈建华、曹锦炎,上海辞书出版社,2001年出版。

△《甲骨文动词词汇研究》陈年福,巴蜀书社,2001年9月出版。

二〇〇二年

《甲骨文解谜》罗琨,长江文艺出版社,2002年5月出版。

《周原甲骨文》"夏商周断代工程丛书",曹玮,世界图书出版公司,2002年10月出版。

《甲骨文讲疏》沈之瑜,上海书店出版社,2002年10月出版。

《中国古代王朝的形成——以出土资料为主的殷周史研究》伊藤道治著,江蓝生译,中华书局,2002年10月出版。

△《甲骨征史》刘桓,黑龙江教育出版社,2002年1月出版。
△《甲金语言文字研究论集》喻遂生,巴蜀书社,2002年12月出版。

二〇〇三年

《殷商史》中国断代史系列胡厚宣、胡振宇,上海人民出版社,2003年4月出版。
《甲骨文例研究》李旼妗,台湾古籍出版有限公司,2003年6月出版。
《西周甲文注》陈全方、侯志义、陈敏,学林出版社,2003年8月出版。
《殷墟花园庄东地甲骨》中国社会科学院考古研究所编著(编纂者刘一曼、曹定云),云南人民出版社,2003年12月出版。
《甲骨文字根研究》季旭昇,台湾文史哲出版社,2003年12月出版。
《古文字与商周史新证》王晖,中华书局,2003年12月出版。
△《商文化论集》(上、下册)李伯谦,文物出版社,2003年9月出版。

二〇〇四年

《甲骨文精粹释译》王宇信、杨升南、聂玉海,云南人民出版社,2004年1月出版。
《甲骨缀合续集》蔡哲茂,台湾文津出版社,2004年8月出版。
《商代分封制度研究》李雪山,中国社会科学出版社,2004年8月出版。
《商周祭祖礼研究》刘源,商务印书馆,2004年10月出版。
《殷墟甲骨刻辞摹释总集校订》白于蓝,福建人民出版社,2004年12月出版。
△《字学论集》王蕴智,河南美术出版社,2004年9月出版。

二〇〇五年

《汉字书法通解·甲骨文》贾书晟、张鸿宾,文物出版社,2005年4月出版。
《甲骨文合集分组分类总表》杨郁彦,台北艺文印书馆,2005年10月出版。
△《甲骨文解读》梁东淑,首尔《书艺文人画》月刊社,2005年出版。
△《李学勤文集》李学勤,上海辞书出版社,2005年5月出版。

二〇〇六年

《殷墟花园庄东地甲骨卜辞研究》魏慈德,台湾古籍出版有限公司,2006年2月出版。
《甲骨学殷商史研究》宋镇豪、刘源,福建人民出版社,2006年3月出版。
《甲骨金文释林》胡澱咸,安徽人民出版社,2006年4月出版。
《洹宝斋所藏甲骨》郭青萍编著,内蒙古人民出版社,2006年7月出版。
《商周甲骨文》王宇信、徐义华,文物出版社,2006年7月出版。
《中国文字学》陈梦家,中华书局,2006年7月出版。
《灿烂的殷商文化》史昌友,中国社会科学出版社,2006年7月出版。
《殷墟花园庄东地甲骨卜辞的初步研究》姚萱,线装书局,2006年10月出版。
《殷墟甲骨非王卜辞研究》常耀华,线装书局,2006年11月出版。

六、附　录

《殷商甲骨文形义关系研究》[韩]朴仁顺,中国社会科学出版社,2006年11月出版。

《甲骨文校释总集》(全二十卷)饶宗颐、沈建华、曹锦炎,上海辞书出版社,2006年12月出版。

△《花园庄东地甲骨论丛》王建生、朱歧祥,台北圣环图书公司,2006年7月出版。

△《古文字论集》黄天树,学苑出版社,2006年8月出版。

△《甲骨文字构形系统研究》郑振峰,上海教育出版社,2006年8月出版。

二〇〇七年

《殷墟甲骨学》(世界文化遗产丛书)马如森,上海大学出版社,2007年1月出版。

《殷墟花东H3卜辞主人"子"研究》韩江苏,线装书局,2007年4月出版。

《殷墟甲骨文人名与断代的初步研究》赵鹏,线装书局,2007年4月出版。

《先秦社会思想研究》晁福林,商务印书馆,2007年6月出版。

《商周姓氏制度研究》陈絜,商务印书馆,2007年6月出版。

《中国国家博物馆馆藏文物研究丛书·甲骨卷》中国国家博物馆,上海古籍出版社,2007年7月出版。

《商族的起源、迁徙与发展》朱彦民,商务印书馆,2007年8月出版。

《殷墟王卜辞的分类与断代》黄天树,科学出版社,2007年10月出版。

《甲骨文与殷商人祭》王平、(德)顾彬,大象出版社,2007年11月出版。

《〈洹宝斋所藏甲骨〉释读》郭青萍,北京艺术与科学电子出版社,2007年12月出版。

《走近甲骨学大师董作宾》(世界文化遗产中国殷墟丛书)董作宾原著,董敏编选,张坚作传,上海大学出版社,2007年12月出版。

△《甲骨文商史丛考》杨升南,线装书局,2007年4月出版。

△《董作宾与甲骨学研究续编》李雪山,中国社会科学出版社,2007年12月出版。

△《甲骨金文考释论集》陈剑,线装书局,2007年4月出版。

△《中国古代文明与国家形成研究》李学勤等,中国社会科学出版社,2007年3月出版。

△《甲骨文词义论稿》陈年福,上海古籍出版社,2007年7月出版。

二〇〇八年

《甲骨文医学资料释文考辨与研究》彭邦炯,人民卫生出版社,2008年1月出版。

《甲骨文字研究》商承祚、商志𩡺,天津古籍出版社,2008年4月出版。

《殷墟甲骨文实用词典》马如森,上海大学出版社,2008年4月出版。

《殷虚书契考释原稿信札》罗振玉、商志𩡺、罗随祖,文物出版社,2008年5月出版。

《甲骨文研究资料汇编》甲骨文研究资料汇编编委,北京图书馆出版社,2008年6月出版。

《殷墟甲骨辑佚——安阳民间藏甲骨》段振美、焦智勤、党相魁、党宁，文物出版社，2008年9月出版。

《北京大学珍藏甲骨文字》李钟淑、葛英会，上海古籍出版社，2008年11月出版。

《当甲骨遇上考古——导览YH127坑》李宗焜，中研院历史语言研究所，2008年11月出版

《殷墟花园庄东地甲骨论稿》朱歧祥，台湾里仁书局，2008年11月出版。

△《殷商文明论集》郭旭东，中国社会科学出版社，2008年1月

二〇〇九年

《上海博物馆藏甲骨文字》濮茅左，上海辞书出版社，2009年1月出版。

《商周甲骨文》中国书法全集第1卷（附史前文字遗迹）刘一曼、冯时，荣宝斋出版社，2009年7月出版。

《中国甲骨学》王宇信，上海人民出版社，2009年8月出版。

《史语所购藏甲骨集》"中研院"历史语言研究所，2009年11月出版。

《图说殷墟甲骨文》韩鉴堂，文物出版社，2009年12月出版。

《云间朱孔阳藏戬寿堂殷虚文字旧拓》宋镇豪、朱德天，线装书局，2009年12月出版。

《张世放所藏殷墟甲骨集》宋镇豪，线装书局，2009年12月出版。

《殷墟甲骨文五种记事刻辞研究》方稚松，线装书局，2009年12月出版。

二〇一〇年

《殷商甲骨文研究》王蕴智，科学出版社，2010年3月出版。

《殷卜辞先王称谓综论》吴俊德，台北里仁书局，2010年3月出版。

《古文字形体考古研究》邵英，科学出版社，2010年5月出版。

《甲骨学导论》王宇信、魏建震，中国社会科学出版社，2010年6月出版。

△《甲骨学论文集》肖楠，中华书局，2010年7月出版。

《甲骨拼合集》黄天树主编，学苑出版社，2010年8月出版。

《甲骨文图解——汉字溯源》姬克喜、王新燕、陆雅然，中州古籍出版社，2010年8月出版。

《〈殷本纪〉订补与商史人物徵》(《商代史》卷二)韩江苏、江林昌，中国社会科学出版社，2010年12月出版。

《商族起源与先商社会变迁》(《商代史》卷三)王震中，中国社会科学出版社，2010年11月出版。

《商代都邑》(《商代史》卷五)王震中，中国社会科学出版社，2010年10月出版。

《商代经济与科技》(《商代史》卷六)杨升南、马季凡，中国社会科学出版社，2010年10月出版。

《商代社会生活与礼俗》(《商代史》卷七)宋镇豪，中国社会科学出版社，2010年10月

六、附　录

出版。

《商代宗教祭祀》(《商代史》卷八)常玉芝,中国社会科学出版社,2010年10月出版。

《商代方国与地理》(《商代史》卷十)孙亚冰、林欢,中国社会科学出版社,2010年10月出版。

《商代战争与军制》(《商代史》卷九)罗琨,中国社会科学出版社,2010年11月出版。

△《殷墟甲骨文摹释全编》(全十册)陈年福,线装书局,2010年12月出版。

二〇一一年

《甲骨缀合汇编》蔡哲茂,台湾花木兰文化出版社,2011年3月出版。

《醉古集——甲骨的缀合与研究》林宏明,台湾万卷楼图书股份有限公司,2011年3月出版。

《商代史论纲》(《商代史》卷一)宋镇豪,中国社会科学出版社,2011年7月出版。

《商代国家与社会》(《商代史》卷四)王宇信、徐义华,中国社会科学出版社,2011年7月出版。

《殷遗与殷鉴》(《商代史》卷十一)宫长为、徐义华,中国社会科学出版社,2011年7月出版。

《甲骨文字源流简释》姬克喜、苏鹏程、王新燕,中州古籍出版社,2011年7月出版。

《甲骨文的由来与发展》谢玉堂,山东人民出版社,2011年7月出版。

《中国社会科学院历史研究所藏甲骨集》宋镇豪、赵鹏、马季凡,上海古籍出版社,2011年8月出版。

《殷墟花园庄东地甲骨刻辞类纂》齐航福、章秀霞,线装书局,2011年8月出版。

《殷墟YH127坑甲骨卜辞研究》魏慈德,台湾花木兰文化出版社,2011年9月出版。

《甲骨拼合续集》黄天树,学苑出版社,2011年12月出版。

《先秦卜法研究》朴载福,上海古籍出版社,2011年12月出版。

《殷契释亲——论商代的亲属称谓及组织制度》赵林,上海古籍出版社,2011年12月出版。

《百年来甲骨文天文历法研究》冯时,中国社会科学出版社,2011年12月出版。

二〇一二年

《宾组甲骨文字体分类研究》崎川隆,上海人民出版社,2012年2月出版。

《甲骨文字编》李宗焜,中华书局,2012年2月出版。

《殷墟小屯村中村南甲骨》中国社会科学院考古研究所(编纂者,刘一曼、岳占伟、严志斌),云南人民出版社,2012年4月出版。

《殷墟考古发掘与甲骨文研究》朱彦民,花木兰文化出版社,2012年9月出版。

△《张政烺文集·甲骨金文与殷商史研究》张政烺,中华书局,2012年4月出版。

△《裘锡圭学术文集·甲骨文卷》裘锡圭,复旦大学出版社,2012年6月出版。

二〇一三年

《中国最早的历史空间舞台——甲骨文地名体系概述》马保春、宋久成,学苑出版社,2013年1月出版。

《颜色与祭祀——中国古代文化中颜色涵义探幽》[英]汪涛著,郅晓娜译,上海古籍出版社,2013年3月出版。

《安徽大学汉语言文字研究丛书——高岛谦一卷》高岛谦一,北京师范大学出版集团、安徽大学出版社,2013年3月出版。

《商代青铜器铭文研究》严志斌,上海古籍出版社,2013年3月出版。

《甲骨拼合三集》黄天树,学苑出版社,2013年4月出版。

《殷代商王国政治地理结构研究》韦心滢,上海古籍出版社,2013年4月出版。

《殷墟YH127坑宾组甲骨新研》张惟捷,台湾万卷楼图书股份有限公司,2013年8月出版。

《殷墟花东H3甲骨刻辞所见人物研究》古育安,台湾花木兰文化出版社,2013年9月出版。

《契合集》林宏明,(台湾)万卷楼图书股份有限公司,2013年10月出版。

《甲骨文字形类组差异现象研究》王子杨,中西书局,2013年10月出版。

《凿破鸿蒙:纪念董作宾逝世五十周年》李宗焜,中研院历史语言研究所,2013年10月出版。

《新中国甲骨学六十年》王宇信,中国社会科学出版社,2013年11月出版。

《俄罗斯国立爱米塔什博物馆藏殷墟甲骨》宋镇豪、玛丽娅,上海古籍出版社,2013年12月出版。

《甲骨文与殷商时代神灵崇拜研究》具隆会,中国社会科学出版社,2013年12月出版。

二〇一四年

《殷墟村南系列甲骨卜辞整理与研究》刘凤华,上海古籍出版社,2014年6月出版。

《旅顺博物馆所藏甲骨》宋镇豪、郭富纯,上海古籍出版社,2014年10月出版。

△《甲骨金文论集》黄天树,学苑出版社,2014年1月。

《殷墟花园庄东地甲骨文例研究》孙亚冰著,上海古籍出版社,2014年3月出版

二〇一五年

《殷虚书契四编》罗福颐、罗琨、张永山,中华书局,2015年3月出版。

《卡内基博物馆所藏甲骨研究》周忠兵,上海人民出版社,2015年8月出版。

《殷墟甲骨文宾语语序研究》齐航福,中西书局,2015年8月出版。

《甲骨文与民族传统体育因素研究》芦金峰,中国社会科学出版社,2015年8月出版。

《甲骨文书法探微》朱彦民,北京大学出版社,2015年11月。

附录二:著者索引

一、著者姓名按笔画次序排列;
二、每个著者条下所收的书目,仅以收入本书的为限;凡本书未收录者皆不收入索引。
三、凡外国著作,在姓名前加国号简称,如[日]、[美]等。

二 画

丁　山:《甲骨文所见氏族及其制度》
　　　《商周史料考证》

三 画

于省吾:《双剑誃殷契骈枝》、《二编》、《三编》
　　　《双剑誃古器物图录》
　　　《甲骨文字释林》
　　　《甲骨文字诂林》
[日]下中弥三郎:《书道全集》(第一卷)
[美]大卫·恩·吉德炜:《商代史料——中国青铜时代的甲骨文》
马如森:《殷墟甲骨学》
　　　《殷墟甲骨文实用词典》
马保春等:《中国最早的历史空间舞台——甲骨文地名体系概述》
马薇顾:《薇顾甲骨文原》

四 画

王国维:《殷卜辞中所见先公先王考》、《续考》
　　　《戬寿堂所藏殷虚文字》
　　　《殷周制度论》
　　　《古史新证》
　　　《殷礼征文》
王　襄:《簠室殷契类纂》
　　　《簠室殷契征文》
王子玉:《甲骨文》
王子杨:《甲骨文字形类组差异现象研究》
王平等:《甲骨文与殷商人祭》
王宇信:《建国以来甲骨文研究》

《西周甲骨探论》
《甲骨学通论》
《中国甲骨学》
王宇信等:《甲骨文精粹释译》
《甲骨学一百年》
《商周甲骨文》
《甲骨学导论》
《商代国家与社会》(《商代史》卷四)
王震中:《商族起源与先商社会变迁》(《商代史》卷三)
王震中:《商代都邑》(《商代史》卷五)
王贵民:《商周制度考信》
王　晖:《古文字与商周史新证》
王蕴智:《殷商甲骨文研究》
方述鑫:《殷墟卜辞断代研究》
方　辉:《明义士和他的藏品》
方稚松:《殷墟甲骨文五种记事刻辞研究》
〔美〕方法敛:《库方二氏藏甲骨卜辞》
《甲骨卜辞七集》
《金璋所藏甲骨卜辞》
〔日〕贝塚茂树:《古代殷帝国》
《京都大学人文科学研究所藏甲骨文字》
《京都大学人文科学研究所藏甲骨文字释文篇》
《京都大学人文科学研究所藏甲骨文字索引》
《中国古代再发现》
中央研究院历史语言研究所:《安阳发掘报告》
中研院历史语言研究所:《史语所购藏甲骨集》
中国社会科学院考古研究所:《小屯南地甲骨》上册(一、二分册)、下册(一、二、三分册)
中国社会科学院考古研究所:《殷墟花园庄东地甲骨》(刘一曼、曹定云编纂)
中国社会科学院考古研究所:《殷墟小屯村中村南甲骨》(刘一曼、岳占伟、严志斌编纂)
韦心滢:《殷代商王国政治地理结构研究》

五　画

冯　时:《百年来甲骨文天文历法研究》
古育安:《殷墟花东H3甲骨刻辞所见人物研究》

六、附　录

石璋如：《小屯第一本·遗址的发现与发掘丁编·甲骨坑层之一——一次至九次出土甲骨》

《小屯第一本·遗址的发现与发掘丁编·甲骨坑层之二——十三次至十五次出土甲骨》（上、下册）

史昌友：《灿烂的殷商文化》

叶玉森：《殷契鉤沉》

《孪契枝谭》

《说契》

《铁云藏龟拾遗》

《殷虚书契前编集释》

白于蓝：《殷墟甲骨刻辞摹释总集校订》

[日]白川静：《甲骨文的世界——古代殷王朝的构造》

[日]玉田继雄：《甲骨关系文献序跋辑成》

[日]东洋文库古代史研究委员会：《东洋文库所藏甲骨文字》

[美]艾兰：《龟之谜——商代神话、祭祀、艺术和宇宙观研究》

甲骨文研究资料汇编编委：《甲骨文研究资料汇编》

六　画

齐文心等：《商周文化志》

齐航福等：《殷墟花园庄东地甲骨刻辞类纂》

齐航福：《殷墟甲骨文宾语语序研究》

朱芳圃：《甲骨学文字编》

《甲骨学商史编》

《殷周文字释丛》

朱彦民：《巫史重光——殷墟甲骨发现记》

《商族的起源、迁徙与发展》

《殷墟考古发掘与甲骨文研究》

《甲骨文书法探微》

朱歧祥：《殷墟甲骨文字通释稿》

《殷墟花园庄东地甲骨论稿》

朱凤瀚：《商周家族形态研究》

刘　鹗：《铁云藏龟》

刘一曼等：《商周甲骨文》中国书法全集第1卷（附史前文字遗迹）

刘　节：《古史考存》

刘敬亭：《山东省博物馆珍藏甲骨墨拓集》
刘　源：《商周祭祖礼研究》
刘兴隆：《甲骨文集句简释》
　　　　《新编甲骨文字典》
刘翔等：《商周古文字读本》
刘凤华：《殷墟村南系列甲骨卜辞整理与研究》
关葆谦：《殷虚文字存真》
孙诒让：《契文举例》
　　　　《名原》
孙海波：《甲骨文编》
　　　　《甲骨文录》
　　　　《诚斋殷虚文字》
孙亚冰：《殷墟花园庄东地甲骨文例研究》
孙亚冰等：《商代方国与地理》（《商代史》卷十）
孙常叙：《龟甲兽骨文字集联》
许敬参：《殷虚文字存真第一集考释》
许进雄：《殷卜辞中五种祭祀的研究》
　　　　《明义士收藏甲骨文字》
　　　　《殷虚卜辞后编》
　　　　《卜骨上的凿钻形态》
　　　　《明义士收藏甲骨释文篇》
　　　　《甲骨上钻凿形态的研究》
　　　　《怀特氏等收藏甲骨文集》
［日］伊藤道治：《故小川睦之辅氏藏甲骨文字》
　　　　　　　《大原美术馆所藏甲骨文字》
　　　　　　　《藤井有邻馆所藏甲骨文字》
　　　　　　　《日本所见甲骨录》
　　　　　　　《天理大学附属天理参考馆甲骨文字》
　　　　　　　《中国古代王朝的形成——以出土资料为主的殷周史研究》
［韩］朴仁顺：《殷商甲骨文形义关系研究》
［韩］朴载福：《先秦卜法研究》

七　画

宋镇豪：《夏商社会生活史》

六、附　录

　　　　《张世放所藏殷墟甲骨集》
　　　　《商代社会生活与礼俗》(《商代史》卷七)
宋镇豪等:《早期奴隶制社会比较研究》
　　　　《百年甲骨学论著目》
　　　　《甲骨文献集成》
　　　　《甲骨学殷商史研究》
　　　　《云间朱孔阳藏戬寿堂殷虚文字旧拓》
　　　　《中国社会科学院历史研究所藏甲骨集》
　　　　《商代史论纲》(《商代史》卷一)
　　　　《俄罗斯国立爱米塔什博物馆藏殷墟甲骨》
　　　　《旅顺博物馆所藏甲骨》
李孝定:《中央大学史学系所藏甲骨文字》
　　　　《甲骨文字集释》
李旦丘(亚农):《铁云藏龟零拾》
　　　　《殷契摭佚》
李亚农:《殷契摭佚续编》
　　　　《殷代社会生活》
李　圃:《甲骨文选读》
　　　　《甲骨文选注》
李学勤等:《殷虚文字缀合》
　　　　《殷代地理简论》
李学勤等:《英国所藏甲骨集》上编
　　　　《殷墟甲骨分期研究》
　　　　《瑞典斯德哥尔摩远东古物博物馆藏甲骨文字》
李　棪:《东莞邓氏旧藏甲骨》
　　　　《北美所见甲骨选粹》
李　民等:《殷商社会生活史》
李雪山:《商代分封制度研究》
李旼姈:《甲骨文例研究》
李宗焜:《当甲骨遇上考古——导览YH127坑》
　　　　《甲骨文字编》
　　　　《凿破鸿蒙:纪念董作宾逝世五十周年》
[韩]李钟淑等:《北京大学珍藏甲骨文字》
邵子风:《甲骨书录解题》

吴其昌:《殷虚书契解诂》
陈邦怀:《殷虚书契考释小笺》
　　　　《殷契拾遗》
　　　　《殷代社会史料征存》
　　　　《甲骨文零拾》
陈邦福:《殷虚薶契考》
　　　　《殷契说存》
　　　　《殷契辨疑》
　　　　《殷契琐言》
陈邦直:《殷契剩义》
陈振东:《殷契书录》
陈　晋:《龟甲文字概论》
陈梦家:《商王名号考》
　　　　《殷虚卜辞综述》
　　　　《中国文字学》
陈炜湛:《甲骨文简论》
陈全方:《西周甲文注》
陈　絜:《商周姓氏制度研究》
严一萍:《续殷历谱》
　　　　《中国书谱殷商编》
　　　　《集契汇编》
　　　　《美国纳尔森美术馆藏甲骨刻辞考释》
　　　　《甲骨集成·第一集》
　　　　《甲骨缀合新编》
　　　　《铁云藏龟新编》
　　　　《甲骨学》
　　　　《北京大学国学门藏殷虚文字考释》
　　　　《甲骨断代问题》
沈之瑜:《介绍一片伐人方的卜辞》
　　　　《甲骨文讲疏》
沈　培:《殷墟甲骨卜辞语序研究》
沈建华等:《新编甲骨文字形总表》
杨建芳:《安阳殷墟》
杨树达:《积微居甲文说·卜辞琐记》

六、附　录

　　《耐林庼甲文说・卜辞求义》
芦金峰：《甲骨文与民族传统体育因素研究》
严志斌：《商代青铜器铭文研究》
吴浩坤等：《中国甲骨学史》
吴俊德：《殷墟第三四期甲骨断代研究》
　　　　《殷卜辞先王称谓综论》
汪怡等：《集契集》
[英]汪涛：《颜色与祭祀——中国古代文化中颜色涵义探幽》
张政烺：《奭字解》
　　　　《卜辞裒田及其相关诸问题》
张光直：《商代文明》
　　　　《商王庙号新考》
张秉权：《甲骨文与甲骨学》
　　　　《殷虚文字丙编》
张玉金：《甲骨文虚词词典》
　　　　《甲骨文语法学》
张惟捷：《殷墟 YH127 坑宾组甲骨新研》
[日]岛邦男：《殷虚卜辞研究》
　　　　　《殷墟卜辞综类》
杨升南：《商代经济史》
杨升南等：《商代经济与科技》(《商代史》卷六)
杨郁彦：《甲骨文合集分组分类总表》
邵　英：《古文字形体考古研究》
邹晓丽等：《甲骨文字学述要》

八　画

周传儒：《甲骨文字与殷商制度》
周谷诚：《古史零证》
周鸿翔：《商殷帝王本纪》
　　　　《美国所藏甲骨录》
[加]明义士：《殷虚卜辞》
　　　　　《柏根氏旧藏甲骨文字》
　　　　　《殷虚卜辞后编》
　　　　　《甲骨研究》

［日］林泰辅：《龟甲兽骨文字》
林义光：《文源》
林宏明：《醉古集——甲骨的缀合与研究》
　　　　《契合集》
林沄：《古文字研究简论》
金祖同：《殷虚卜辞讲话》
　　　　《殷契遗珠》
　　　　《甲骨文辩证》（上卷）
　　　　《龟卜》
金祥恒：《续甲骨文编》
　　　　《本系所藏甲骨文字》（与董作宾合编）
　　　　《"国立中央图书馆"所藏甲骨文字》
　　　　《辅仁大学所藏甲骨文字——明义士先生藏拓本》
季旭昇：《甲骨文字根研究》
罗振玉：《殷商贞卜文字考》
　　　　《殷虚书契》
　　　　《殷虚书契菁华》
　　　　《殷虚书契考释》
　　　　《铁云藏龟之余》
　　　　《五十日梦痕录》
　　　　《殷虚书契后编》
　　　　《殷虚古器物图录》
　　　　《殷虚书契待问编》
　　　　《集殷虚文字楹帖汇编》
　　　　《殷虚书契续编》
罗振常：《洹洛访古记》
罗福成：《传古别录》第二集
罗琨：《甲骨文解谜》
　　　《商代战争与军制》（《商代史》卷九）
罗琨等：《罗振玉评传》
罗福颐等：《殷虚书契四编》
孟世凯：《殷墟甲骨文简述》
　　　　《甲骨学小词典》、《甲骨学词典》
周忠兵：《卡内基博物馆所藏甲骨研究》

六、附　录

［韩］具隆会：《甲骨文与殷商时代神灵崇拜研究》
屈万里：《殷虚文字甲编考释》
［日］松丸道雄：《日本散见甲骨文字搜汇》
　　　　　　　《关于殷墟卜辞中的田猎地——从另方面研究殷代国家构造》
　　　　　　　《东京大学东洋文化研究所藏甲骨文字·图版篇》
　　　　　　　《谢氏瓠庐殷墟遗文》解题
松丸道雄等：《甲骨文字释综览》
河南省文化局文物工作队：《郑州二里冈》

九　画

宫长为等：《殷遗与殷鉴》(《商代史》卷十一)
郑杰祥：《商代地理概论》
郑振香等：《殷墟的发现与研究》
柯昌济：《殷虚书契补释》
胡厚宣：《甲骨年表》(与董作宾合编)
　　　　《卜辞杂例》
　　　　《甲骨学商史论丛》初集
　　　　《甲骨学商史论丛》二集
　　　　《甲骨六录》(收入《甲骨学商史论丛》三集)
　　　　《战后平津新获甲骨集》(收入《甲骨学商史论丛》四集)
　　　　《古代研究的史料问题》
　　　　《五十年甲骨文发现的总结》
　　　　《战后宁沪新获甲骨集》
　　　　《战后南北所见甲骨录》
　　　　《五十年甲骨学论著目》
　　　　《战后京津新获甲骨集》
　　　　《殷墟发掘》
　　　　《甲骨续存》
　　　　《临淄孙氏旧藏甲骨文字考辨》
　　　　《释流散到德国的一片卜辞》
　　　　《记故宫博物院新收的两片甲骨卜辞》
　　　　《苏德美日所见甲骨集》
　　　　《殷商史》
　　　　《甲骨续存补编》

　　　　　《甲骨文合集释文》
　　　　　《甲骨文合集材料来源表》
胡光炜：《甲骨文例》
胡澱咸：《甲骨文字考释》
　　　　　《甲骨金文释林》
姜亮夫：《古文字学》
饶宗颐：《日本所见甲骨录》
　　　　　《巴黎所见甲骨录》
　　　　　《海外甲骨录遗》
　　　　　《殷代贞卜人物通考》
　　　　　《欧美亚所见甲骨录存》
饶宗颐等：《甲骨文校释总集》（全二十卷）
钟柏生：《殷商卜辞地理论丛》
　　　　　《殷墟文字乙编补遗》
段振美等：《殷墟甲骨辑佚——安阳民间藏甲骨》
姚孝遂：《吉林大学所藏甲骨文字选释》
姚孝遂等：《小屯南地甲骨考释》
　　　　　《殷墟甲骨刻辞摹释总集》
　　　　　《殷墟甲骨刻辞类纂》
姚　萱：《殷墟花园庄东地甲骨卜辞的初步研究》
赵　诚：《甲骨文简明词典——卜辞分类读本》
　　　　　《甲骨文与商代文化》
闻一多：《闻一多全集》第二册
[日]荒本日吕子：《中岛玉振旧藏甲骨片》
赵　林：《殷契释亲——论商代的亲属称谓及组织制度》
赵　鹏：《殷墟甲骨文人名与断代的初步研究》

十　画

唐　兰：《殷虚文字记》
　　　　　《古文字学导论》
　　　　　《卜辞时代的文学和卜辞文学》
　　　　　《天壤阁甲骨文存》
　　　　　《中国文字学》
　　　　　《甲骨文自然分类法简编》

六、附　录

［日］原田淑人：《周汉遗宝》
容　媛：《甲骨类目》
容　庚：《殷契卜辞》
　　　　《卜辞研究》
高岛谦一：《殷虚文字丙编通检》
　　　　　《安徽大学汉语言文字研究丛书——高岛谦一卷》
徐文镜：《古籀汇编》
徐　英：《甲骨文字理惑》
徐协贞：《殷契通释》
徐中舒：《汉语古文字字形表》
徐中舒等：《甲骨文字典》
高　明：《古文字类编》
郭沫若：《卜辞中的古代社会》
　　　　《甲骨文字研究》
　　　　《卜辞通纂》
　　　　《殷契余论》
　　　　《殷契粹编》
　　　　《安阳新出土的牛胛骨及其刻辞》
　　　　《甲骨文合集》
郭若愚：《殷契拾掇》
　　　　《殷契拾掇》二编
　　　　《殷虚文字缀合》（与曾毅公、李学勤合编）
郭青萍：《洹宝斋所藏甲骨》
　　　　《〈洹宝斋所藏甲骨〉释读》
贾书晟等：《汉字书法通解·甲骨文》
晁福林：《先秦社会思想研究》
姬克喜等：《甲骨文字源流简释》
姬克喜等：《甲骨文图解——汉字溯源》

十一画

商承祚：《殷虚文字类编》
　　　　《福氏所藏甲骨文字》
　　　　《殷契佚存》
　　　　《说文中之古文考》

　　　　　《甲骨文字研究》
常玉芝：《商代周祭制度》
　　　　　《殷商历法研究》
　　　　　《商代宗教祭祀》(《商代史》卷八)
常耀华：《殷墟甲骨非王卜辞研究》
[日]梅原末治：《河南安阳遗宝》
　　　　　　　《殷墟》
黄　浚：《邺中片羽》
　　　　　《衡斋金石识小录》
黄天树：《殷墟王卜辞的分类与断代》
黄天树等：《甲骨拼合集》
　　　　　《甲骨拼合续集》
　　　　　《甲骨拼合三集》
萧　艾：《甲骨文史话》
康　殷：《文字源流浅说——释例篇》
　　　　　《说文部首——附简释》
曹定云：《殷墟妇好墓铭文研究》
曹　玮：《周原甲骨文》
崎川隆：《宾组甲骨文字体分类研究》

十二画

曾毅公：《甲骨叕存》
　　　　　《甲骨地名通检》
　　　　　《殷虚书契续编校记》
　　　　　《甲骨缀合编》
　　　　　《殷墟文字缀合》(与郭若愚、李学勤合编)
谢玉堂：《甲骨文的由来与发展》
董作宾：《新获卜辞写本》
　　　　　《商代龟卜之推测》
　　　　　《大龟四版考释》
　　　　　《甲骨文字研究——今后怎样研治甲骨文》
　　　　　《释后冈出土的一片卜辞》
　　　　　《甲骨文断代研究例》
　　　　　《安阳侯家庄出土之甲骨文字》

六、附　录

　　《骨文例》
　　《甲骨年表》
　　《殷历谱》
　　《殷虚文字甲编》
　　《殷虚文字乙编》
　　《台湾大学所藏甲骨文字》
　　《钞本武乙卜辞十一版》
　　《甲骨学五十年》
　　《殷虚文字外编》
　　《汉城大学所藏大胛骨刻辞考释》
　　《本系所藏甲骨文字》（与金祥恒合编）
　　《甲骨学六十年》

董作宾先生全集编辑委员会：《董作宾先生全集》
董作宾先生逝世十四周年纪念刊编辑委员会：《董作宾先生逝世十四周年纪念刊》
董作宾等：《走近甲骨学大师董作宾》
董玉京：《甲骨文书法艺术》
董玉京等：《河南省运台古物甲骨文专集》
温少峰等：《殷墟卜辞研究——科学技术篇》
彭邦炯：《商史探微》
　　　　《甲骨文农业资料考辨与研究》
　　　　《甲骨文医学资料释文考辨与研究》
彭邦炯等：《甲骨文合集补编》
彭裕商：《殷墟甲骨断代》
韩江苏：《殷墟花东 H3 卜辞主人"子"研究》
韩江苏等：《〈殷本纪〉订补与商史人物徵》(《商代史》卷二)
韩鉴堂：《图说殷墟甲骨文》

十三画

简琴斋：《甲骨集古诗联·上编》
裘锡圭：《文字学概要》
[法]雷焕章：《法国所藏甲骨录》
　　　　　　《德瑞荷比所藏一些甲骨录》

十四画

管燮初：《殷虚甲骨刻辞的语法研究》

蔡哲茂：《甲骨缀合集》
《甲骨缀合续集》
《甲骨缀合汇编》
翟如潜等：《甲骨文之父——王懿荣》

十七画

魏慈德：《殷墟花园庄东地甲骨卜辞研究》
《殷墟YH127坑甲骨卜辞研究》
濮茅左：《上海博物馆藏甲骨文字》

六、附　录

附录三：甲骨文书名通用简称

刘　鹗：《铁云藏龟》	《铁》
孙诒让：《契文举例》	《举例》
罗振玉：《殷虚书契》	《前》
罗振玉：《殷虚书契菁华》	《菁》
罗振玉：《殷虚书契考释》	《殷考》
罗振玉：《增订殷虚书契考释》	《增考》
罗振玉：《铁云藏龟之余》	《余》
罗振玉：《五十日梦痕录》	《梦录》
罗振玉：《殷虚书契后编》	《后》
罗振玉：《殷虚古器物图录》	《殷图》
罗振玉：《殷虚书契待问编》	《待问编》
王国维：《殷卜辞中所见先公先王考》	《先公先王考》
明义士：《殷虚卜辞》	《明》
王国维：《戬寿堂所藏殷虚文字》	《戬》
王国维：《殷卜辞中所见先公先王续考》	《续考》
王　襄：《簠室殷契类纂》	《簠类》
林泰辅：《龟甲兽骨文字》	《林》
柯昌济：《殷虚书契补释》	《补释》
叶玉森：《殷契钩沉》	《钩沉》
商承祚：《殷虚文字类编》	《类编》
叶玉森：《挈契枝谭》	《枝谭》
陈邦怀：《殷虚书契考释小笺》	《小笺》
叶玉森：《铁云藏龟拾遗》	《拾》
王　襄：《簠室殷契征文》	《簠》
陈邦怀：《殷契拾遗》	《殷拾》
董作宾：《新获卜辞写本》	《写》
陈邦福：《殷契说存》	《说存》
陈邦福：《殷契辨疑》	《辨疑》
陈邦直：《殷契剩义》	《剩义》
郭沫若：《甲骨文字研究》	《甲研》

关葆谦：《殷虚文字存真》　　　　　　　　　　　《真》
下中弥三郎：《书道全集》（第一卷）　　　　　　《书》
商承祚：《福氏所藏甲骨文字》　　　　　　　　　《福》
容　庚：《殷契卜辞》　　　　　　　　　　　　　《燕》
郭沫若：《卜辞通纂》　　　　　　　　　　　　　《通》
罗振玉：《殷虚书契续编》　　　　　　　　　　　《续》
商承祚：《殷契佚存》　　　　　　　　　　　　　《佚》
叶玉森：《殷虚书契前编集释》　　　　　　　　　《前释》
朱芳圃：《甲骨学文字编》　　　　　　　　　　　《文字编》
陈邦福：《殷契琐言》　　　　　　　　　　　　　《琐言》
孙海波：《甲骨文编》　　　　　　　　　　　　　《文编》
吴其昌：《殷虚书契解诂》　　　　　　　　　　　《解诂》
唐　兰：《殷虚文字记》　　　　　　　　　　　　《文字记》
朱芳圃：《甲骨学商史编》　　　　　　　　　　　《商史编》
金祖同：《殷虚卜辞讲话》　　　　　　　　　　　《讲话》
黄　浚：《邺中片羽》　　　　　　　　　　　　　《邺》
邵子风：《甲骨书录解题》　　　　　　　　　　　《解题》
方法敛：《库方二氏藏甲骨卜辞》　　　　　　　　《库》
明义士：《柏根氏旧藏甲骨文字》　　　　　　　　《柏》
唐　兰：《古文字学导论》　　　　　　　　　　　《导论》
董作宾：《安阳侯家庄出土之甲骨文字》　　　　　《侯》
郭沫若：《殷契粹编》　　　　　　　　　　　　　《粹》
孙海波：《甲骨文录》　　　　　　　　　　　　　《录》
方法敛：《甲骨卜辞七集》　　　　　　　　　　　《七》
唐　兰：《天壤阁甲骨文存》　　　　　　　　　　《天》
金祖同：《殷契遗珠》　　　　　　　　　　　　　《珠》
李旦丘：《铁云藏龟零拾》　　　　　　　　　　　《铁零》
曾毅公：《甲骨叕存》　　　　　　　　　　　　　《叕》
方法敛：《金璋所藏甲骨卜辞》　　　　　　　　　《金》
孙海波：《诚斋殷虚文字》　　　　　　　　　　　《诚》
于省吾：《双剑誃殷契骈枝》　　　　　　　　　　《骈枝》
于省吾：《双剑誃古器物图录》　　　　　　　　　《双图》
梅原末治：《河南安阳遗宝》　　　　　　　　　　《宝》
李旦丘：《殷契摭佚》　　　　　　　　　　　　　《摭》

六、附　　录

胡厚宣：《甲骨学商史论丛初集》	《论丛初》
胡厚宣：《甲骨学商史论丛二集》	《论丛二》
胡厚宣：《甲骨六录》	《六》
胡厚宣：《战后平津新获甲骨集》	《平津》
董作宾：《殷虚文字甲编》	《甲》
董作宾：《殷虚文字乙编》	《乙》
曾毅公：《甲骨缀合编》	《缀合编》
李亚农：《殷契摭佚续编》	《摭续》
胡厚宣：《战后宁沪新获甲骨集》	《宁沪》
郭若愚：《殷契拾掇》	《掇一》
胡厚宣：《战后南北所见甲骨录》	《南北》
郭若愚：《殷契拾掇》第二编	《掇二》
胡厚宣：《战后京津新获甲骨集》	《京津》
杨树达：《积微居甲文说·卜辞琐记》	《甲文说》
杨树达：《耐林廎甲文说·卜辞求义》	《耐林》
郭若愚等：《殷虚文字缀合》	《缀合》
胡厚宣：《甲骨续存》	《续存》
董作宾：《殷虚文字外编》	《外》
陈梦家：《殷虚卜辞综述》	《综述》
饶宗颐：《巴黎所见甲骨录》	《巴》
张秉权：《殷虚文字丙编》	《丙》
饶宗颐：《海外甲骨录遗》	《海》
贝塚茂树：《京都大学人文科学研究所藏甲骨文字》	《京人》
陈邦怀：《殷代社会史料征存》	《征存》
陈邦怀：《甲骨文零拾》	《甲零》
金祥恒：《续甲骨文编》	《续文编》
饶宗颐：《殷代贞卜人物通考》	《通考》
屈万里：《殷虚文字甲编考释》	《甲释》
李孝定：《甲骨文字集释》	《集释》
岛邦男：《殷墟卜辞综类》	《综类》
饶宗颐：《欧美亚所见甲骨录存》	《欧美亚》
李　棪：《北美所见甲骨选粹》	《北美》
许进雄：《明义士收藏甲骨文字》	《明藏》
明义士、许进雄：《殷虚卜辞后编》	《后编》

严一萍：《美国纳尔森美术馆藏甲骨刻辞考释》　　　　　　　　《纳尔森》
胡厚宣：《临淄孙氏旧藏甲骨文字考辨》　　　　　　　　　　《临孙》
周鸿翔：《美国所藏甲骨录》　　　　　　　　　　　　　　　《美藏》
郭沫若：《甲骨文合集》　　　　　　　　　　　　　　　　　《合集》
许进雄：《怀特氏等收藏甲骨文集》　　　　　　　　　　　　《安怀》
于省吾：《甲骨文字释林》　　　　　　　　　　　　　　　　《释林》
松丸道雄：《东京大学东洋文化研究所藏甲骨文字》　　　　　《东化》
中国社会科学院考古研究所：《小屯南地甲骨》上册、下册　　《屯南》
雷焕章：《法国所藏甲骨录》　　　　　　　　　　　　　　　《法藏》
李学勤：《英国所藏甲骨集》　　　　　　　　　　　　　　　《英藏》
[日]伊藤道治：《天理大学附属天理参考馆甲骨文字》　　　　《天理》
胡厚宣：《苏德美日所见甲骨集》　　　　　　　　　　　　　《苏德美日》
钟柏生：《殷墟文字乙编补遗》　　　　　　　　　　　　　　《乙遗》
胡厚宣：《甲骨续存补编》　　　　　　　　　　　　　　　　《续补》
[日]荒本日吕子：《中岛玉振旧藏甲骨片》　　　　　　　　　《中岛》
雷焕章：《德瑞荷比所藏一些甲骨录》　　　　　　　　　　　《德瑞荷比》
刘敬亭：《山东省博物馆珍藏甲骨墨拓集》　　　　　　　　　《山博》
彭邦炯等：《甲骨文合集补编》　　　　　　　　　　　　　　《补编》或《合补》
齐文心：《瑞典斯德哥尔摩远东古物博物馆藏甲骨文字》　　　《瑞斯》
中国社会科学院考古研究所：《殷墟花园庄东地甲骨》　　　　《花东》
郭青萍：《洹宝斋所藏甲骨》　　　　　　　　　　　　　　　《洹宝》
中国国家博物馆：《中国国家博物馆藏文物研究丛书·甲骨卷》《国博藏甲》
段振美等：《殷墟甲骨辑佚》　　　　　　　　　　　　　　　《辑佚》
李钟淑、葛英会：《北京大学珍藏甲骨文字》　　　　　　　　《北珍》
濮茅左：《上海博物馆藏甲骨文字》　　　　　　　　　　　　《上博》
宋镇豪等：《云间朱孔阳藏戬寿堂殷墟文字旧拓》　　　　　　《戬旧拓》
宋镇豪等：《张世放所藏殷墟甲骨集》　　　　　　　　　　　《张藏》
中研院历史语言研究所：《史语所购藏甲骨集》　　　　　　　《史购》
中国社会科学院考古研究所：《殷墟小屯村中村南甲骨》　　　《村中南》
宋镇豪等：《中国社会科学院历史研究所藏甲骨》　　　　　　《历史所藏》
宋镇豪、玛丽娅：《俄罗斯国立爱米塔什博物馆藏殷墟甲骨》　《俄国》
宋镇豪、郭富纯：《旅顺博物馆所藏甲骨》　　　　　　　　　《旅博》
蔡哲茂：《甲骨缀合集》　　　　　　　　　　　　　　　　　《缀合》
蔡哲茂：《甲骨缀合续集》　　　　　　　　　　　　　　　　《缀续》

六、附　录

蔡哲茂：《甲骨缀合汇编》	《汇编》
黄天树：《甲骨拼合集》	《拼合》
黄天树：《甲骨拼合续集》	《拼续》
黄天树：《甲骨拼合三集》	《拼合三集》
曹　玮：《周原甲骨文》	《周原》
罗福颐等：《殷虚书契四编》	四编
周忠兵：《卡内基博物馆所藏甲骨研究》	《卡内基》
王宇信等：《甲骨文精粹释译》	《精粹》
王宇信等：《甲骨文精粹选读》	《精粹选读》
姚孝遂、肖丁：《小屯南地甲骨考释》	《屯南考释》
姚孝遂等：《殷墟甲骨刻辞摹释总集》	《摹释总集》
姚孝遂等：《殷墟甲骨刻辞类纂》	《类纂》
于省吾：《甲骨文字诂林》	《诂林》
饶宗颐、沈建华、曹锦炎：《甲骨文校释总集》	《校释总集》